SV

Peter Sloterdijk

Der Zauberbaum

Die Entstehung der Psychoanalyse
im Jahr 1785
Epischer Versuch zur
Philosophie
der Psychologie

Suhrkamp

Erste Auflage 1985

Druck: May + Co., Darmstadt
Printed in Germany

Inhalt

Szenen aus der psychologischen Revolution

Le Comte: Sauvons-nous!
Figaro: Pourquoi?

Beaumarchais, *Le Barbier de Seville*

Für Suni

Personen in der Reihenfolge des Auftretens

Balsamo Scaferlatti Magier und Scharlatan, mit starker Ausstrahlung, besonders auf das schöne Geschlecht; Geisterseher, wahrscheinlich swedenborgianischer Provenienz

Jan van Leyden ein junger Arzt aus Wien, passiver Charakter, lernfähig, spekulativ begabt, polymorph erotisch bei okkasionalistischer Grundhaltung, Typus des Psychonauten

LeBrasseur ein alter Medizinprofessor aus Straßburg, Mesmerianer mit Tendenzen zur politischen Medizin, Philanthrop und Freimaurer

Amélie eine Dienerin, etwas über dreißig, energisch, große Brüste

Zwei Kutscher mit den groben Manieren des Volkes

Gabriele di Canetti Major des Straßburger Artillerieregiments, humoristisch, großsprecherisch

Madame Tremouille Bürgermeisterswitwe aus Obernai

Curé Exner Landgeistlicher mit listigem Blinzeln, Mystiker, der eine Art von Theologie nach dem Tode Gottes lehrt

Ein Wirt höflich aus beruflichen Gründen

Marius Rosier Prinzipal des Théâtre de la lune, Schauspieler mit großem Erzähltalent, Neigung zum Pathos, auf seine Weise fast ein Philosoph

Marthe eine schöne Schauspielerin, von van Leyden zunächst für eine Göttin gehalten, dann zugänglicher als vermutet, vom Typus der Frauen, die neue Erfahrungen suchen, um schlechte alte zu vergessen; manchmal konfus, öfter lebhaft, strahlend, mutig

Coco Schauspieler, ein Spaßvogel mit Sinn für impertinente Sticheleien

Michel Schauspieler

Cléandre Schauspieler

Clément Tremouille Sohn der obengenannten Dame, entlaufener Priesterzögling mit einem Hang zur Bühne

Berittene Soldaten

Ein Kutscher redselig

Maître LeJeune Jurist am *parlement* von Paris, Gesellschaftsmensch, immer auf dem laufenden

Madame de Polignac Gouvernante bei Hof, sehr vornehm, geistreich und ambitioniert, Mittelpunkt eines exklusiven Salons, vom Mesmerismus völlig fasziniert

Monsieur Merri Subintendant des Hôpital Général de la Salpêtrière, ein Mann der Ordnung, der geborene Organisator, nach schöngeistigen Dingen schielend

Monsieur Boisdeffre Biedermann, reicher Kunstfreund und -kenner, *un homme de bonne volonté*

Marquis de Sponti ein glänzender Zyniker, galant, lebensmüde, träumt vom Mississippi und von den Hügeln Oregons

Rameaus Neffe ehemaliger Theologiestudent, Stadtstreicher, verdient sein Brot als Musiklehrer, Schnorrer und Fremdenführer, van Leydens Gelegenheitenmacher

Madame de Salé füllige Dame mittleren Alters, noch schön, nicht ohne Wohlwollen für jüngere Männer, auf eine listige Weise mütterlich

Vier Gauner aus dem Quartier Latin

Bürgerliche und adlige Gäste des Café Procrutes im Palais Royal, darunter Madame de Gomorrhe in Gesellschaft einer schwarzen Dogge

Vicomte de Saint-Malbaux Verfasser pornographischer Aufklärungsromane, Stammgast des Palais Royal; überzeugt, daß das Verbrechen nicht weniger vernünftig sei als die Tugend; *décadent* und Sexualzyniker *pur sang*

Monsieur Alfort dessen Freund, ein Schöngeist

Monsieur Adrien Duport Mesmerianer, Moralist, Freund der Philosophen und der Bankiers, umtriebiger Unternehmer und Intrigant

Marquis von Condorcet Philosoph, Mathematiker, Fortschrittstheoretiker

Doktor Marat vom Studium her Arzt, *de facto* Journalist, wütende Kämpfernatur mit philanthropisch gefärbter Rhetorik, Volksfreund

Abbé Galiani Zyniker, *bonvivant,* bucklig, Diplomat neapolitanischer Herkunft, Atheist im Priesterrock, berühmt für seine boshafte Konversation sowie seine Ansichten über den Getreidehandel

Doktor Guillotin praktischer Chirurg, ein Freund der Ordnung und der glatten Lösungen

Monsieur Manivaux ein Verrückter, mit ausgeformtem Majestätswahn, hält sich für Ludwig den Fünfzehnten

Charlotte Comblée eine Verrückte, die als Madame Dubarry auftritt, man weiß nicht, ob im wirklichen Delirium oder aus Opportunismus

Insassen des Hôpital Général de la Salpêtrière

Thérèse junge Dienerin, hübsch, witzig, infam, kann lesen und schreiben, mit lebhaftem Geschlechtstrieb

Zwei Advokaten auf der Reise nach Arras

Ein Wirt im Rasthaus von Soisson

Einige Kranke

Marquis von Puységur Mesmerist, Artillerieoffizier, Philanthrop, Herr von Buzancy, Erfinder des künstlichen Somnambulismus, später als Hypnose bekannt; von naivem freundlichem Wesen, mit starker Neigung zu einer spiritualistischen Mystik

Fürstin Golowin eine nervöse Russin, die häufig Männerkleidung trägt, Exzentrikerin, mit Neigung zum Wasser, behauptet, sie habe zuviel Phosphor im Leib

Girolamo Decembrini ein humanistischer Philosoph aus Siena, eloquent, ein wenig dubios in seinem forcierten Rationalismus

Gardisten in Paris

Der Vorsitzende des Revolutionstribunals

Einige Henkersgehilfen

Strickerinnen vor der Guillotine

Soldaten am Fort Douaumont

Passanten auf dem Wiener Ringstraßenkorso

Ein alter Psychoanalytiker

Ankündigung

Die nachfolgende Geschichte spielt vor fast genau zweihundert Jahren – am Vorabend einer Serie von Ereignissen, die unter dem Namen Französische Revolution in die Geschichtsbücher eingegangen sind.
Doch handelt es sich hier nicht um einen historischen Roman. Es wird von der Gegenwart die Rede sein, der reinen Gegenwart und nichts als der Gegenwart. Das Buch unternimmt eine Expedition in eine unvergangene Vergangenheit, die in den Bestand der heutigen Verhältnisse eingebrannt ist. Die Geschichte, die zu erzählen ist, spielt bereits in dem erweiterten Jetzt, das wir Modernität nennen. Alles, was sich in dieser größeren Gegenwart zuträgt, ist gewissermaßen von heute und könnte von beliebigen Zeitungen als Nachricht vom Tage gemeldet werden, falls Zeitungen von dem berichteten, worauf es ankommt. Es wird sich niemand von den Rokoko-Allüren und den rhetorischen Sprüngen des Textes täuschen lassen. Man erkennt in ihm mühelos die nervöse Schrift der aktuellen Seelenverfassungen wieder, und es gehört nur wenig detektivischer Scharfsinn dazu, um herauszufinden, daß diese Geschichte mit derselben Tinte verfaßt ist, mit der wir am Ende von zermürbenden Tagen, lange nach Mitternacht, wenn wir zu gleichgültig sind, um zu lügen, die Geständnisse unserer vernichtenden Banalität und unserer tödlichen Sehnsüchte niederschreiben.
Der Held der Geschichte – falls der überspannte Titel ihn trifft – erscheint wie ein jüngerer Bruder des Psychologen, der um die Wende vom neunzehnten zum zwanzigsten Jahrhundert eine neue Sprache für die Seele entwickelt hatte. Jener Psychologe bestand darauf, auch die verworrensten Träume seiner Patienten ernst zu nehmen, und beharrte auf der Meinung, daß die extremsten Delirien der Nervosität einen entzifferbaren Sinn ergeben müßten, den zu entdecken mit Heilung gleichbedeutend sei. Es konnte nichts zu abseitig oder zu menschlich sein, als daß

es nicht durch eine großzügige Erklärung aus seiner Befremdlichkeit befreit und einer allesdurchdringenden Vernunft ans Herz gelegt werden sollte. Der große Psychologe ließ es sich nicht nehmen, die unauffälligsten Kleinigkeiten des alltäglichen Lebens argwöhnisch zu analysieren. Einen seiner charakteristischen Erfolge verbuchte er, als es ihm gelang, das Gelächter, das beim Anhören von Witzen aus uns hervorbricht, mit dem größten wissenschaftlichen Ernst auf verborgene Motive zurückzuführen.

Jan van Leyden, die Hauptfigur dieses Berichts, ist im Gegensatz zu seinem berühmten Pendant als wissenschaftlicher Kopf ohne Bedeutung. Man tritt ihm nicht zu nahe mit der Feststellung, daß seiner Erscheinung alles Seriöse und Beeindruckende fehlt. Dennoch ist sein Fall von philosophischem und psychologischem Interesse. Durch eine ironische Kombination unwahrscheinlicher Umstände ist ausgerechnet van Leyden in die Lage oder die Verlegenheit geraten, der geistige Urheber der modernen Psychologien zu werden. Wenn wir die inzwischen hohl gewordene Vokabel »Selbsterfahrung« in den Mund nehmen, hätte er mehr als jeder andere Denker – was für ein Titel – einen Anspruch darauf, daß man seinen Namen zitierte. Gewiß fällt es schwer, sich ein romantisches Individuum vom Typus vagabundierender Studenten in der Rolle eines Initiators der modernen Tiefenpsychologien vorzustellen. Es ist eine Zumutung für die Fachwelt, einen so epochemachenden Impuls auf eine bisher kaum gewürdigte Nebenfigur der Ideengeschichte zurückzuführen – eine Figur, die selbst in den exzellenten Abhandlungen über die Entdeckung des Unbewußten von Ellenberger, Wyss, Babinski, Assenmacher, Kackhorn, Zweig, Ribot, Phallenspender u. a. höchstens nebenbei erwähnt wird.

An den historischen Fakten jedoch läßt sich nicht rütteln. Wir haben hier erstmals den Versuch unternommen, die Geschichte van Leydens, soweit sie im Licht der Dokumente erhellt werden konnte, im Zusammenhang darzustellen und vor die Öffentlichkeit zu bringen. Natürlich wäre die Lebensgeschichte eines weitgehend wirkungslosen Autors für sich allein betrachtet kaum der Rede wert, und ihre noch so akribische Rekonstruktion könnte unser Bild der Vergangenheit weder bereichern noch modifizieren. Ginge es nur um die Privatperson van Leyden, dürfte die philosophische und psychologische Öffentlichkeit mit Recht behaupten, daß sie Dringenderes zu tun habe, als von den dilettantischen Entwürfen eines jungen Arztes Notiz zu nehmen, der sich am Vorabend der Französischen Revolution in Straßburg, Verdun und Paris aufhielt und dessen Lebensweg in dieser Zeit durch ein paar kürzlich entdeckte Tagebuchaufzeichnungen, Briefe und Traktatentwürfe fragmentarisch genug dokumentiert ist.* Es ist der große historische Kontext, aus dem ein außergewöhnliches Licht auf van Leydens Geschichte fällt.

Soviel zur ersten Information: Im Frühsommer 1785 reiste van Leyden, etwa vierundzwanzig Jahre alt, soeben promoviert, nach Frankreich, wo es schon unruhig zuging. In seinen Reiseerlebnissen, wie sie hier zum ersten Mal rekonstruiert werden, enthüllt sich ein verborgener Wirkungszusammenhang, den die offizielle Historie selten verrät. Wenige Jahre vor der großen Revolution von 1789 hatte ein Schüler des Magnetiseurs Franz Anton Mesmer (1734–1815), der aristokratische Philanthrop Amand-Marie-Jacques de Chastenet, Marquis von Puységur (1751–1825), die später so genannte Hypnose als therapeutisches Hilfsmittel entdeckt. Er erprobte die Wirkungen des rätselhaften Verfahrens in einem befremdlich anmutenden öffentlichen Arrangement unter der Dorfulme von Buzancy an seinen Untergebenen und den Bauern der Region, später (als sein Ruf weltweit bekannt wurde) auch an anderen Patienten. Puységurs Entdeckung brachte einen fiebrigen Forschungsprozeß in Gang, der dem Verlangen der Menschen nach psychischem und physischem Heil eine unbekannte Richtung gab. In derselben Zeit vibrierten in den Pariser Praxen die nervösen Herrschaften an Mesmers elektrischen Wannen. Sie wälzten sich in schamlosen Konvulsionen auf dem Boden und überließen sich unklassifizierbaren, im höchsten Maße faszinierenden Körpergefühlen, auf

* Die wesentlichen Texte aus dem Nachlaß sind erstmals zugänglich gemacht in den Kapiteln 1, 9, 14 und 21 der folgenden Abhandlung. Vgl. Manuskriptensammlung der Bayrischen Staatsbibliothek München, MS N. 610/4435/2300.

die man zu Recht den Begriff »Sensationen« anwandte. Unter der Ulme von Buzancy brachten Knechte und Kleinbürger in der magnetischen Trance unerhörte Bekenntnisse aus ihrem »Inneren« zutage und gaben im induzierten Schlaf ihre kränkenden Träume preis. Nur wenige Jahre, nachdem die Bastille des Unbewußten gestürmt worden war, errichtete die bürgerliche Klasse im blutigen Tumult ihre Herrschaft. Man richtete Freiheitsbäume und Guillotinen auf; man enthauptete einen ineffektiven König; man proklamierte in konvulsivischem Überschwang beispiellose Rechte und Freiheiten; man war überzeugt, daß keine andere Instanz als die vernünftige Natur selbst auf diese Weise durch die Zeitgenossen redete. Das Toben der Revolution und der anschließenden Kriegsära erschien vielen Beobachtern nur als eine umfangreiche politische Therapie, die für das physische und moralische Heil der Menschheit notwendig war.

Van Leydens Geschichte dokumentiert einen Augenblick, in dem das moderne Bewußtsein Anstalten traf, einen Sprung ins Unbekannte zu tun – was vielleicht nur ein anderes Wort für den Sinn der Freiheit ist. Er wurde Zeuge eines Umbruchs, von dem so vieles herkommt, was auf uns zuzukommen nicht aufhört.

Es macht das Wesen des Zeugen aus, zur richtigen Zeit an der Stelle zu stehen, von der aus die verworrenen Ereignisströme des Lebens wie ein zusammenhängendes Bild erscheinen. Ihm fällt das Privileg zu, deutliche Linien zu erkennen, wo die Handelnden sich in dem aussichtslosen Durcheinander ihrer Entwürfe bewegen. Doch fordert das Privileg des Zeugen von dem Begünstigten einen Preis, vor dem realistische Sterbliche instinktiv zurückschrecken, als sei das Zeugenamt an riskante Zumutungen gebunden, von denen der Alltagsmensch in seiner rotwangigen Lebenswut nichts wissen will. Die Wahrheit ist, daß der Zeuge sich zu Lebzeiten auf einen Standpunkt stellt, der dem der Toten gleicht. Das gibt ihm die Kraft, den Wahrheiten ins Auge zu sehen, vor denen die Nichtzeugen, ihrer dumpfen Selbsterhaltung zuliebe, sich in Engagements und Hoffnungen flüchten.

Ein Zeuge dieser Art ist Jan van Leyden, von dem in den folgenden Untersuchungen die Rede sein wird. Wie es bei seiner fragilen Konstitution kaum anders zu erwarten wäre, sind die Spuren seiner geschichtlichen Existenz ebenso flüchtig wie seine ideengeschichtlichen Wirkungen. Sie verlieren sich nach den hier geschilderten Vorgängen so plötzlich, wie sie mit deren Beginn auftauchen. Besäßen wir nicht vorliegende Dokumente über die Vorkommnisse des Sommers und Herbstes 1785, so müßten wir zugeben, daß wir von diesem abenteuerlichen Kapitel der europäischen Philosophiegeschichte so gut wie nichts wüßten.

Reiseszenen

Und das Schlimmste: was ich weiß, muß ich weitersagen. Wie ein Liebender, wie ein Betrunkener, wie ein Verräter. Es ist ganz und gar ein Laster und führt ins Unglück.

Bertolt Brecht, *Leben des Galilei*

I
Scharlatanerie

Der Fall van Leydens ist nicht leicht darzustellen – sei es auch nur deswegen, weil es nicht möglich ist, auf korrekte Weise mit dem Anfang zu beginnen. Für die gesamte Vorgeschichte ist die Quellenlage so unergiebig, daß der Biograph in der Verlegenheit ist, ohne richtige Vorbereitung *in medias res* gehen zu müssen. Für alles, was sich vor dem Juli 1785 zutrug, sind wir auf Konjekturen angewiesen, denen nur wenige Hinweise in zeitgenössischen Quellen zugrundeliegen.
Zu Beginn die Daten, die als gesichert gelten dürfen:
Jan van Leydens Familienname deutet auf flandrische Vorfahren. Sein Vater, ein jüdischer Advokat aus Antwerpen namens Jakob van Leyden, hatte sich aus unbekannten Gründen in Wien niedergelassen und dort eine (soviel man erschließen kann) recht erfolgreiche juristische Praxis eröffnet. Er heiratete (laut standesamtlichen Registereintragungen) drei Mal und zeugte mit seinen Gattinnen (von denen die beiden ersten, Rebecca und Caroline, im Kindbett starben) ein Dutzend Kinder – davon sieben mit seiner dritten Frau, Amalie, die, nach den Zeugnissen zu urteilen, eine außerordentlich energische und schöne Frau gewesen sein muß. Sie vergötterte ihren Erstgeborenen, Jan, mit jener tyrannischen Art der Hingabe, wie sie den Frauen dieser Epoche eigen war, die nicht vor der Geburt eines Sohnes ihr eigenes Dasein gerechtfertigt fühlen konnten.
Man darf annehmen, daß die Traditionen der mosaischen Religion in Jakob van Leydens Familie bereits verblaßt waren. Die Neugeborenen wurden nicht mehr zum Rabbiner getragen – vermutlich aus religiöser Indifferenz, vielleicht auch aufgrund atheistischer Ideen, unter deren Einfluß Jan van Leydens Vater stand.
Was die Mutter angeht, so wird sie in einem erhaltenen Brief

einer Cousine als cholerische, ja fast hysterische Person porträtiert, die nur um ihren Erstgeborenen, Jan, einen Zirkel der Schonung und Zärtlichkeit gezogen habe. Den Männern, wurde ihr nachgesagt, habe sie zeitlebens schöne Augen gemacht, selbst in einem Alter, in dem Frauen von Natur aus zu Resignation bestimmt sind.

Der Vater soll in seinen reiferen Jahren gesehen worden sein, wie er geistesabwesend, über kleine Tische gekrümmt, in Wiener Kaffeehäusern saß und mit sich selbst grüblerische Schachpartien spielte. Er las zeitgenössische französische Romane, von denen geargwöhnt wurde, sie seien lasziven oder blasphemischen Inhalts. Vieles deutet darauf, daß Jakob van Leyden eine melancholische Ader hatte, die mit höheren Jahren zunehmend hervortrat. Daß er für seine Nachkommen kein wirkliches väterliches und menschliches Interesse aufbrachte, wird nach alledem kaum überraschen.

Jan erhielt seine erste Ausbildung, soviel man weiß, durch einen Hauslehrer oder, wie man damals zu sagen pflegte, einen Hofmeister, der ihn in Algebra und Geometrie, in den klassischen Sprachen sowie im Französischen unterrichtete, dazu natürlich im Spanischen, das für das damalige bessere Wien als Prüfstein der kosmopolitischen Bildung galt. Jan van Leydens Lehrer war ein vormaliger Jesuit, der sich nach der Liquidation seines Ordens einem mystisch getönten Libertinismus verschrieben hatte. Dieser Mann blieb seiner Umwelt durch eine gelehrte und burleske Redeweise in Erinnerung, als legte er es darauf an, seinen frustrierten Katholizismus mit zynischen Sprachspielen zu parodieren. Daß Jan seine intellektuelle Weckung einem Mann dieses Typs verdankte, mag für seine spätere Geschichte insofern von Bedeutung sein, als er frühzeitig eine Gelegenheit erhielt, mit dem Grundprinzip der österreichischen Lebensphilosophie vertraut zu werden, das heißt mit einem ernsten Unernst oder besser unernsten Ernst, aus dem sich der welke Geist in jeder Richtung gehen läßt, bis alles denkbar wird, aber nichts mehr gilt.

Die Gründe, die den Heranwachsenden bewogen, die medizinische Fakultät zu wählen, liegen im dunkeln. War es jugendlicher Idealismus, der für Jan den Beruf des Arztes als besonders erstrebenswert erscheinen ließ? Oder war es die Anziehungskraft der ärztlichen Magie, die in dem jungen van Leyden die narzißtische Ambition weckte, an der Gewalt der Medizin über Leben und Tod teilzuhaben? Oder erfaßte ihn der Zeitgeist, der damals der ärztlichen Kunst die größten politischen und anthropologischen Perspektiven vorzeichnete und die Medizin an die Spitze einer revolutionären Kampagne gegen die Weltübel setzte?

Es trifft jedenfalls zu, daß ziemlich genau in dem Jahrzehnt, in dem Jan mit seinen Studien begann, für den Ärztestand insgesamt das Zeitalter zu Ende ging, in dem das breite Volk die Mediziner wie die Totenvögel fürchtete und in dem die Gebildeten den Arzt wegen der Hilflosigkeit seines geschwollenen Lateins vor den essentiellen Krankheiten verspotteten. Es hatte mit einem Mal den Anschein, als seien die Jahrhunderte der fatalen Epidemien für immer vorüber. Hygiene und Vernunft begannen ihre Rezepte in die Massen zu tragen. Die Erforschung physiologischer Funktionen entwickelte sich in allen gebildeten Kreisen zur Modeleidenschaft. Die Salons und die Buchhandlungen wurden von diätetischen Traktaten überschwemmt, die dem allgemeinen Publikum die Prinzipien eines vernünftigen, gehorsamen und folglich gesunden Lebens leicht faßlich vor Augen führten. Es traten nicht wenige Pamphletisten auf, die vor der Behauptung nicht zurückschreckten, Politik und Medizin »seien so innig verbunden, daß sowohl physische als auch soziale Übel durch eine Kombination von kalten Bädern, Kopfwäschen, Diät und philosophischen Büchern kuriert werden könnten«.* Noch nie war die Hoffnung besser begründet, die Menschheit werde demnächst von Mißständen aller Art zu befreien sein. Man war dabei, die Konstruktionspläne der Natur aufzudecken und ihre verborgensten Elemente und Kräfte durchsichtig und verfügbar zu machen. Kaum ein Naturforscher trat an die Öffentlichkeit ohne die Behauptung, ein neues Fluidum entdeckt zu haben, oder ohne zumindest ein revolutionäres *système*

* Über die ideengeschichtlichen Strömungen, vor deren Hintergrund sich der Mesmerismus entfaltete, unterrichtet Robert Darntons klassische Studie: Der Mesmerismus und das Ende der Aufklärung in Frankreich, München 1983.

de la nature oder eine kühne Hypothese über das Wesen der Elektrizität, der Verbrennung und des Lichts vorzulegen. Die Heilkundigen gingen daran, ihre Beobachtungen strenger zu organisieren und mit schärferen Sonden in die verschlossenen Räume der Körper einzudringen. Sie sammelten präzise Beschreibungen über die Stockungen der Säfte im Leib, maligne Knoten und wandernde Schmerzen, über harte und weiche Geschwüre und farbige Ausflüsse, über Affekte und Schwellungen und über die Metamorphose der Substanzen in den Innereien. Unwiderstehlich prägte sich das Modell der Zirkulation des Blutes in alle Vorstellungen vom Wesen des Lebendigen ein und übertrug sich suggestiv auf Spekulationen über die Kommunikation der Kräfte im Kosmos, im Staat, in der Kunst und im Umgang der Seelen. Die praktischen Erfolge der neuen naturwissenschaftlichen Heilkunde waren nicht geringer als ihre metaphorische Ausstrahlungskraft. Wenn der Tod nicht schon eindeutig seinen Anspruch auf einen Kandidaten angemeldet hatte, fanden die Ärzte immer häufiger eine Dosis, die den Kranken wieder auf die Beine brachte.
Es war, als wollte man sich durch die fatale Überzeugung, eines Tages sterben zu müssen, in seinen weltlichen Lebensansprüchen nicht länger entmutigen lassen. Fanden sich nicht immer neue wirksame Waffen, die Sterblichkeit auf allen Fronten zum Rückzug zu zwingen? Schritt nicht die Revolte der Selbstbehauptung gegen das Gesetz des Schicksals von Sieg zu Sieg? Was war es, was den Patienten und Ärzten auf einmal die Entschlossenheit gab, an Heilkräfte zu glauben, wo man bis dahin in resignierten Krämpfen den Übeln erlegen war? Ja, hat es nicht sogar gelegentlich den Anschein, als hätten die Zeitgenossen – unter ihnen besonders die Damen der gehobenen Gesellschaft – damals mit manchen bisher unbekannten Übeln zu kokettieren begonnen, um in den Genuß der neuen Heilungen zu gelangen, die ihnen der Zeitgeist durch den Mund seiner literarischen Propagandisten versprochen hatte?
Das erste präzis datierbare Ereignis in van Leydens Geschichte (das bezeugt wird durch den Brief eines später nach Rumänien emigrierten Jugendfreundes) ruft die Erinnerung an eine Veranstaltung wach, die man in heutiger Sprache wohl als eine

spiritistische Zusammenkunft bezeichnen würde. Von dieser *séance* muß hier um der historischen Wahrheit willen die Rede sein, obwohl dies mit dem Risiko verbunden ist, daß alles weitere durch diesen Auftakt in ein zweifelhaftes Licht gerückt wird. Vielleicht wäre es angebracht, den Vorgang zu verschweigen, denn es ist gut möglich, daß unser ganzer Bericht durch die Art, wie er beginnt, kompromittiert erscheinen wird. Am besten wäre es, wenn man das folgende als Beweis dafür nähme, daß eine bedeutende Sache auch in dubioser Nachbarschaft nichts von ihrer Kraft verlieren muß. *Inter faeces et urinam nascimur* (zwischen Harnkanal und After treten die Menschen ihre Karrieren an), aber nur ein Narr würde deswegen an seiner Selbstachtung zweifelnd werden.

Die Sache beginnt also wie folgt:

Balsamo Scaferlatti, dessen Name damals durch die Salons der europäischen Gesellschaft flog, reiste im Frühjahr 1785, von Mailand kommend, nach Österreich. Schon auf dem Weg zur Hauptstadt hatte er in Trient und Bozen so skandalöse Proben seiner Kunst geliefert, daß die Nachricht von seinem Kommen die labilen Seelen Wiens in Trance versetzte.

In Trient hatte er bei einer stark besuchten *séance* die Stimme von Papst Pius IV.* beschworen, der zum Entsetzen der Anwesenden gestand, daß er seinerzeit, als das große gegenreformatorische Konzil zu Trient tagte, von lutherischen Konkubinen zur Todsünde und zum Abfall vom wahren römischen Glauben verführt worden sei. Darum gehörte er zu den verlorenen Seelen, die sich im Tod nicht ordentlich dematerialisieren, um in die ewige Ruhe einzugehen, sondern die dazu verdammt bleiben, in einer Zwischenwelt auszuhalten, ewig zerrissen von der Sehnsucht nach dem völligen Erlöschen oder nach Rückkehr zu den solide inkarnierten Kreaturen. Man verbreitete dieses Kirchengeheimnis diskret in den interessierten Kreisen.

In Bozen ereignete sich der peinliche Zwischenfall, daß die fast achtzigjährige Freiherrin von Kaltern bei Scaferlattis Versuch, den Geist ihres lange verstorbenen »geliebten Mannes« herbei-

* Derselbe, unter dessen Pontifikat das katholische Glaubensbekenntnis des Tridentinums formuliert wurde.

zurufen, plötzlich gellende Mädchenschreie auszustoßen begann und obszöne Liebesworte hervorkrächzte, die aus dem Mund der Greisin klangen, als ob ein diabolischer Automat mit knarzender Ironie den Sinnentaumel jugendlicher Körper imitieren wollte. Darauf sei sie unter Leibkrämpfen mit einem unanständigen mechanischen Meckern vom Stuhl gesunken und mußte von den Helfern des Magiers zur Beruhigung aus dem Salon getragen werden.

Wenn Scaferlattis Kutsche, wie immer mit mächtigen schwarzen Schrankkoffern beladen, durch die Straßen Wiens rollte, blieben die Menschen stehen und schauten beklommen dem Fuhrwerk nach. Man erzählte sich, im Gepäck befinde sich ein Glaskolben mit dem Exemplar eines menschlichen Fötus, in dessen Ohrläppchen schwere Goldringe voller Diamanten hingen – jeder ein Vermögen wert. Einer von Scaferlattis Dienern habe behauptet, es seien die Reste einer alternden Dame aus Palermo, die in ihrer Sucht, jungen Männern zu gefallen, eine Überdosis vom Verjüngungselixier des Meisters eingenommen habe und darauf zu vorgeburtlicher Gestalt geschrumpft sei; selbst Scaferlatti habe kein Mittel gewußt, sie in ihr ursprüngliches Alter zurückzurufen.

Am 7. Mai 1785, als sich der Magier bereits mehrere Wochen in Wien aufgehalten hatte, ohne sich öfter als zwei, drei Mal in exklusiven Zirkeln zu zeigen, wurde van Leyden von dem oben erwähnten, später nach Rumänien emigrierten Freund mit dem alchemistisch klingenden Namen Silberstein zu einer *soirée* eingeladen, als deren Höhepunkt ein Auftritt Scaferlattis angekündigt war. Wir wissen nicht, was der eben promovierte junge Arzt von diesen magischen Umtrieben gehalten hat. Wahrscheinlich nahm er sie, wie die meisten jungen Rationalisten seiner Epoche es taten, als eine Art von literarischem Amüsement in Kauf. Sicher ist nur, daß er die Einladung seines Studienfreundes zu dieser *soirée* angenommen haben muß.

Es ist für unsere Studie ein außerordentlicher Glücksfall, daß vor wenigen Jahren in einem Wiener Archiv ein Bündel mit Briefen Silbersteins an van Leyden entdeckt wurde, von denen sich einer auf Scaferlattis magische *soirée* bezieht. Obwohl in diesem Schreiben manches nach späterer Hinzudichtung klingt und seine Ausführlichkeit den Verdacht erregt, es sei nicht nur für den Adressaten bestimmt, ist es unumgänglich, es hier vollständig zu zitieren. Es ist das einzige Dokument, das wenigstens ein indirektes Licht auf ein Erlebnis van Leydens vor dem Beginn seiner Frankreichreise wirft. Wir dürfen uns von dem überreizten Stil des Textes ebenso wenig abschrecken lassen wie von dem Verdacht, daß der Autor ein an sich wenig bedeutsames Erlebnis durch nachträgliche Fabulationen überhöhen wollte. Für die Echtheit des Dokuments sprechen eine Fülle nachprüfbarer Details ebenso wie die politischen Kommentare am Schluß des Briefes, die sich auf einige bekannte blutige Episoden* der gleichzeitigen Französischen Revolution beziehen. Das Schreiben stammt vom Spätherbst des Jahres 1792, wurde also siebeneinhalb Jahre nach dem fraglichen Ereignis verfaßt.

Zu Bukarest,
am Allerheiligentag, trüb,
Anno Luciferis 1792

Liebster Jan,
mein teuerstes *alter ego*, sei herzlich gegrüßt von Deinem alten Silberstein aus dem rumänischen Orient!
Was mag es sein, was mich so lebhaft an Dich denken macht? Mir ist nicht anders, als ob ich wie in den alten Zeiten neben Dir durch die Straßen streifte und mit Dir spräche über Gott und Welt.
Sind es nur die französischen Umwälzungen, die meine Erinnerungen an Dich wachgerufen haben und an unsere überschwenglichen Wochen vor Deiner Frankreichreise? Diese Vorfälle spielen zweifellos eine Rolle, aber nicht sie sind in erster Reihe dafür verantwortlich, daß mir Dein Bild nicht mehr aus der Erinnerung geht. Es ist die Begegnung mit einem Nachbild eines gemeinsamen Erlebnisses, das mit einem Mal die ganze Vergangenheit in mir hat auferstehen lassen, ...
Du mußt wissen, seit ein paar Wochen treibt sich ein Imitator des

* Es sind hiermit einige Stellen gemeint, von denen außer Zweifel steht, daß sie auf die berüchtigten Septembermassaker des Jahres 1792 anspielen. Zwischen dem 2. und 6. September wurden in Paris und in der Provinz circa 15 000 Menschen auf zum Teil bestialische Weise niedergemetzelt.

erleuchteten Gauklers von Saint-Germain zu Bukarest herum, wohl in der Meinung, in diesem Paris des Balkans bei den Melancholikern und Phantasten sein Glück machen zu können. Ich konnte der Versuchung nicht widerstehen und habe eine seiner Demonstrationen besucht. Enttäuscht bin ich davongegangen – nichts mehr von dem früheren magnetischen Prickeln, nur noch müde Gaukelei und schofle Routine. Es mag sein, daß ich ihm Unrecht tue, unserem Bukarester Cagliostro, da wir meistens dazu neigen, die Gegenwart mit Bildern aus der Vergangenheit unvorteilhaft zu vergleichen. Aber was vom Heutigen könnte einen Vergleich aushalten mit dem, was uns seinerzeit die Haare zu Berge stehen ließ?

Weißt Du noch, mein Freund, wie wir beide unsere erste Bekanntschaft mit der Geisterwelt machten, damals in Wien, auf Scaferlattis *soirée* im Haus des inzwischen verstorbenen Barons von Rosenkotz? Ich sehe die Szenerie vor mir, als wäre es gestern gewesen: das vornehme Haus festlich illuminiert, die Damen schnatterten erregt, unter ihnen manches vertrocknete Fräulein, das plötzlich in einer suspekten Hitze zu phosphoreszieren begann; die Herren dagegen gaben sich alle Mühe, verwegene Witze zu reißen, nein, vor diesem Spuk hat man gar keine Angst, die Geister mögen sich getrost sehen lassen, man werde schon wissen, wie man mit dem jenseitigen Gelichter umzugehen habe. Don Giovanni konnte nicht besser prahlen.

Du saßest am Rande dieser Gesellschaft abweisend auf Deinem Stuhl. Dein Blick musterte die Versammelten so spöttisch und überlegen, daß einer Dich sehr gut kennen mußte, um Dich nicht für einen arroganten misanthropischen Sonderling zu halten. Wir beide tauschten von Zeit zu Zeit Augurenblicke. Oh, wie genossen wir unsere Jovialität. Schließlich waren wir gelehrte *doctores,* daher zu jeder Skepsis berechtigt und durch nichts verpflichtet, die *vapeurs* der besseren Damenwelt für etwas anderes zu halten als für galante Ohnmachten und physiologisch unmißverständliche Wallungen.

Dann, unversehens, wie aus dem Nichts aufgetaucht, war Scaferlatti eingetreten. Mit einem Mal stand er mitten im Salon, düster glitzernd, ein wahrer Abgesandter des Unheimlichen. Was für ein Auftritt! Sofort erstarben alle Gespräche... Wie er so dastand, aufrecht und gesammelt, fast böse vor Unabhängigkeit, mit unbewegtem, doch satanisch lebendigem Gesicht, in seinem violetten Hohepriestergewand, das bis zum Boden reichte, die Ärmel mit silbernen Linien bestickt, auf der Brust ein bombastischer Orden mit dem Bild der Medusa, aus deren Kopf Sonnenstrahlen wie Schlangen krochen, auf dem Haupt eine weiße phrygische Mütze mit dem silbernen Halbmond als Kokarde – da gab es keinen Zweifel mehr. Wirklich, dieser Mann verfügte über Kräfte nicht alltäglicher Art. Er schwieg lange und veränderte seine Stellung nicht. Er schwieg so durchdringend, daß die Stille um ihn wie eine Glaskugel schwebte, die gleich zerspringen will. Er zog alle Blicke in seinen Bann. Sämtliche Energien im Raum schienen um ihn zu kreisen. Ein erwartungsvolles Flimmern bewegte die Luft, und die Anwesenden hingen bald wie erschöpft an seinen Lippen.

Dann ließ er sich endlich herbei, das Schweigen zu brechen. Er begrüßte lächelnd mit leiser Stimme die Versammlung, die »so vornehm wie wißbegierig« sei. In seiner Stimme spielte eine rohe provozierende Ironie, die man jedem anderen als zynische Unverfrorenheit ausgelegt hätte. Bei ihm jedoch schien es Vertrautheit mit höheren Sphären zu bezeugen, wenn er die Versammelten mit einem so infamen Akzent anredete. Das Entzücken der Damen und Herren war unbeschreiblich.

Zum Erstaunen aller jedoch wollte sich der Meister darauf zum Gehen wenden, es sei kein günstiger Tag, um mit den Geistern in eine glückliche Verbindung zu treten. Störende Strahlen hätten sich im Raum ausgebreitet und das Fluidum werde gefährliche Wirbel und Stauungen hervorrufen. War es jetzt nur eine Einbildung von mir, daß Scaferlatti für einen Augenblick zu uns beiden herüberzuschauen schien? Mir war zumute, als blickte ich in das leere heiße Auge eines Tigers vor dem Sprung, und ich sage nicht zuviel, wenn ich gestehe, daß mir elend zumute war und ein Abgrund sich vor mir öffnete, aus dem Lust und Entsetzen mich anwehten ...

Nein, nein, verehrtester Meister, so kommen Sie uns nicht davon, riefen die Damen. Sie dürfen uns keineswegs schon verlassen. Sie müssen uns ein Zeichen geben oder ein geheimnisvolles Wort sprechen, das ist das mindeste, was Sie denen schulden, die vor Erwartung fast sterben ...

Endlich ließ sich Scaferlatti dazu bewegen, in einem Sessel Platz zu nehmen, den man für ihn in die Mitte des Salons getragen hatte. Er schlug bedachtsam die Beine übereinander, wobei mir auffiel, daß er eine seiner Sandalen am Boden ließ. Langsam und sehr ernst wanderte sein Blick über den Halbkreis der Zuhörer. Dann hob er überraschend behutsam seinen Zeigefinger und deutete mit einer unendlich vorsichtigen Geste, als müsse er unsere Blicke auf der Fingerspitze balancieren, zu dem Halbmond an seiner Mütze. Man hörte Seufzer im Raum, und die Fürstin von Morawitzky gab ein tief versinkendes Oooh von sich, als hätte sich ihr in dieser Sekunde das Welträtsel enthüllt.
»Ihr Wißbegierigen«, begann Scaferlatti, dann machte er eine Pause, wieder ging ein Anflug des zynischen Lächelns über sein Gesicht. Ich fühlte, wie sich Kälteschauer über meinen Rücken und meine Unterarme ausbreiteten.
»Wenn wir träumen, daß wir träumen, sind wir dem Aufwachen nahe. Unruhige Träumer, das seid ihr – nicht mehr fest schlafend und doch nicht erwacht. Noch ist die Geisterwelt euch verschlossen, noch braucht ihr Dolmetscher, um mit den Geistern ins Gespräch zu kommen, die uns in jedem Augenblick unseres Lebens umgeben. Sie sind so nahe bei uns, daß wir sie nicht wahrnehmen, denn das Nächste sehen wir nie. Darum braucht ihr Hilfe, um die Unsichtbaren zum Sprechen zu bringen, blind und taub wie ihr seid... Von allen Seiten umgeben uns die Geister, in uns selber hausen sie, und neben uns und hinter uns. Viele Generationen von subtilen Begleitern flüstern an unseren Ohren, zerstörende, aber auch freundliche, solche von Toten und solche von Ungeborenen. Jeder von uns hat viele unsichtbare und sichtbare Zwillinge, und niemand existiert nur einmal. Habt ihr es denn nie bemerkt? Manchmal leiht sich einer deiner Doppelgänger einen Körper aus und fängt an, dich zu necken und dir wie zufällig über den Weg zu laufen. Ihr kennt diese Augenblicke. Du gehst an einem Zimmer vorbei und wirfst einen flüchtigen Blick hinein, und nach zwanzig Schritten fällt es dir wie Schuppen von den Augen und du begreifst, daß Er dort neben dem Ofen gesessen hat, Er, der du selber bist! Bald biegt er ein paar Schritte vor dir um die Ecke, du eilst ihm nach, aber längst ist er in der Menge verschwunden. Nie läßt er sich auf

Begegnungen mit dir ein ... Und wie ungeschickt benehmen wir uns in diesen Augenblicken, wenn die Geister uns ihre Winke geben. Wir haben keine Manieren, mit ihnen umzugehen. Wir beleidigen sie jeden Tag, weil wir nicht hören und nicht sehen, was sie uns zeigen wollen. Und doch ist es höchste Zeit, mit ihnen zu reden, denn wir sind in größter Gefahr. Schreckliche Dinge werden über uns hereinbrechen, wenn wir nicht bereit werden, auf sie zu hören. Unsere Zeit läuft ab – im Inneren der Erde gären ungeheure Ereignisse ... die Geister rufen häufiger in diesen Tagen, sie stammeln und schreien, als wollten sie uns warnen oder uns Wege zeigen in der Gefahr. Ihr aber wollt nicht hören und ihr rennt taub vor euch hin, als sollte für immer alles beim alten bleiben ... Nichts kann jetzt dringender sein, als mit den Geistern reden zu lernen. Ich kann euch vielleicht lehren, mit den Kräften der dunklen Seite des Mondes zu kommunizieren und die verborgenen Botschaften der Geister zu entziffern ...«

Danach erging sich Scaferlatti, als ob er sich in einen Rausch geredet hätte, in arabischen, lateinischen und hebräischen Brokken, von denen niemand mehr ein Wort verstand, und doch saßen alle atemlos da, mit heißen Köpfen, und konnten nicht genug bekommen von dem abenteuerlichen Gestammel.

Wir brauchten Luft, als das Spektakel glücklich vorüber war. Arm in Arm liefen wir durch Wien und redeten wirres Zeug um die Wette. Ich weiß noch, daß Du wie im Fieber von einer Geistermedizin phantasiertest (warum nur wollen die Ärzte ihren Patientenkreis immerzu ausweiten?) und von einer völlig neuartigen Heilkunst. Vor allem die Phrase von der dunklen Seite des Mondes hatte es Dir angetan.

Herrgott – wer will es leugnen? –, wir waren sentimentale Hamlets zu dieser Zeit. Jedes dritte Wort hieß Menschheit. Alles Verschiedene und Getrennte in der Welt wartete nur darauf, daß wir es wieder zusammenfügten. Wir schossen ins Allgemeine, wir trafen immer, wir waren toll vor guten Absichten.

Vergangene Zeiten, nicht wahr? Klingt das alles nicht schon wie eine Mythe aus einer lange untergegangenen Welt? Daß ein paar Jahre einen so unüberwindlichen Abstand erzeugen konnten! Doch was für Jahre ... und in was für eine neue

Art von Gegenwart uns die Ereignisse dieser Jahre gestürzt haben. –
Was mögen es für Geister sein, die die Revolution in Paris entfesselt hat? Und wie wird der Magnetiseur heißen, der diese Kräfte in heilsame Bahnen zu lenken verstehen wird? Man wird wohl auch in Wien von den Pariser Septemberereignissen gehört haben? Seit Wochen redet man hier in Bukarest von nichts anderem mehr. Kein Thema kann die Gemüter so sehr erregen wie die Schreckensnachrichten von den Gemetzeln in den Gefängnissen und Hospitälern der französischen Hauptstadt. Vergeblich versucht die blutigste Phantasie sich auszumalen, welch ein Greuel da in der Conciergerie, in der Salpêtrière, im Châtelet, im Abteigefängnis und an anderen Schauplätzen losgebrochen ist. Was für eine Orgie im Blut der Verdächtigen! Was für eine Bartholomäusnacht der Vernunft! Welche Wildnis begann da zu wuchern inmitten der Stadt der Lichter, als wäre diese nie stolz darauf gewesen, an der Spitze der Zivilisation zu marschieren. Und was für eine Absurdität, daß über den Körpern der Ermordeten die glänzendsten Reden deklamiert werden, beflügelt von der hochtönendsten Moral und vom besten Gewissen gebläht, als erlebten wir die erhabensten Tage der Menschheitsgeschichte. Und es ist wahr, die Bürgerrepublik wird ausgerufen, ein Fanal der Freiheit ertönt, wie es in den Annalen der Welt seinesgleichen nicht hat. Doch was hindert uns daran, unbefangen einzustimmen in die allgemeine Teilnehmung, die nahe am Enthusiasm steht? Was macht uns zögern bei der Einladung zum Tanz um die bürgerlichen Freiheitsbäume und um die goldenen Kälber der Emanzipation? Wie gerne würden wir tanzen, aber noch hören wir die Todesschreie der Verrückten, der Stadtstreicher und der Prostituierten in den Hospitälern und das Röcheln der unglücklichen Adligen, deren Verbrechen darin bestand, sich noch in Paris aufzuhalten, als die deutschen Monarchen mit dem Braunschweiger Tölpel an der Spitze anfingen, eine Invasionsarmee aufzustellen, und den französischen Patrioten den Krieg androhten.* Mit zitiert sei

* Silberstein bezieht sich vermutlich auf das berüchtigte Braunschweiger Manifest vom 26. Juli 1792.

hier das geflügelte Wort eines Bürgersoldaten aus der Salpêtrière: ›Seit Stunden haue ich links und rechts Gliedmaßen ab, ich bin müder als ein Maurer, der seit zwei Tagen Gips rührt.‹ So kommt der Humor eines liberalen Henkers auf die Nachwelt.
Daß die Jugend vorbei ist, merken wir, wenn uns eines Tages gewisse Worte nicht mehr leicht von den Lippen gehen. Es ist vielleicht die Rache der Geschichte an jungen Phantasten, daß sie alt genug werden, um die Greuel mitanzusehen, die im Namen ihrer Ideale begangen werden. Die Ereignisse zwingen uns inzwischen, jeden Begeisterten zu fragen, wie viele Tote auf ein großes Wort kommen.
Mein liebster Jan, ich hoffe nur, meine trübsinnigen politischen Reflexionen werden nicht den geringsten Einfluß haben auf Deine Laune. Willst Du einem alten Freund einen Herzenswunsch erfüllen, so gib ihm so bald wie möglich Nachricht von Deinem Wohlergehen. Bis dahin umarmt Dich mit der immergleichen Zuneigung

Dein alter Silberstein

Soweit die Wiedergabe von Silbersteins Brief. Über andere Vorgänge zwischen der magischen *soirée* und van Leydens Abreise aus Wien besitzen wir keine Informationen. Man weiß nur, daß er mit seiner Hauswirtin Abmachungen traf über die Instandhaltung seiner Wohnung in der Berggasse, und man kann vermuten, daß er alles Nötige für seinen Aufbruch vorbereitete. Bei Kollegen und Lehrern besorgte er sich, was ihm an Auskünften und Empfehlungen nützlich schien. Es muß gegen Ende Juni gewesen sein, als er Wien in Richtung Westen verließ. Er reiste langsam. In München machte er, man weiß nicht aus welchem Grund, einen kurzen Zwischenaufenthalt.

2
Das Straßburger Skelett oder Erste Gründe der Transzendentalorthopädie

Am 13. Juli 1785 überquerte van Leyden vor Straßburg den Rhein, ausgestattet mit diversen Empfehlungsschreiben der Wiener Fakultät an die berühmten Kollegen der Sorbonne, dazu einer Börse mit dem Reisestipendium, das wohlwollende Professoren der Universitas Rudolphina beschafft hatten (man argumentierte gegenüber der Finanzkasse damit, daß man in wissenschaftliche Grundlagenforschung langfristig investieren müsse), einem Bündel Wäsche, das er die meiste Zeit über wie ein Vagant auf einem Stab über der Schulter trug, und einem kleinen chirurgischen Besteck (ein Examensgeschenk seines Vaters), das in den schmalen Täschchen einer Leinenbinde aufgereiht war. Er trug diese Binde um den rechten Oberarm gewickelt, so daß er beim Gehen von Zeit zu Zeit kleine Stiche von gekrümmten Haken auf der Haut und das unmerkliche Klirren kleiner Lanzetten wahrnahm.

Er präsentierte sich in Straßburg bei einem früheren Studienkollegen seines Wiener Doktorvaters, dem Professor der Medizin LeBrasseur, einem verschrobenen Exemplar vom Typus des paracelsischen Arztes, für den die Heilkunst untrennbar ist von abgründigen Betrachtungen über die Analogien zwischen der Großen und der Kleinen Welt. LeBrasseur hieß den Schüler des einstigen Kollegen in seinem Haus willkommen. Er verhörte ihn über den Stand der medizinischen Wissenschaft und das Spitalwesen der Stadt Wien. Daneben gab er einer Bediensteten die Anweisung, ein Zimmer für den Gast zu richten.

Es dauerte nicht lange, bis LeBrasseur den Besucher in sein physiologisches Kabinett führte, auf das er besonders stolz zu sein schien. Er lenkte van Leydens Aufmerksamkeit ausdrücklich auf eine Galerie von großen Glasflaschen, in denen die Organe des menschlichen Inneren in systematischer Reihenfolge (von oben nach unten fortschreitend) in klarer Flüssigkeit schwebten – zumeist in mehreren Exemplaren, wobei in der Regel neben einem wohlgebildeten Organ eine Serie von pathologischen Varianten zu sehen war. Die Galerie wurde von einigen Gehirnen angeführt, gefolgt von blaßblauen oder rötlichen Herzen, aus denen die Arterien- und Venenstücke herausragten, danach kamen bräunliche und violette Lungenflügel, darunter einige, die von schwarzen Geschwüren bedeckt waren, dann Mägen, weißlich und rot, an die sich eine Serie von Gläsern anschloß, in denen sich menschliche Gedärme auf jede nur vorstellbare Weise verschlangen, und schließlich die Nieren, die sich wie kleine braune Fäustlinge in dem transparenten Medium erhoben.

LeBrasseur trommelte mit den Fingern gegen eins der Gläser, in denen diverse Varianten der Gebärmutter ausgestellt waren, wobei er einen Ausdruck kauziger Ironie an den Tag legte, etwa so wie wenn er ein schlafendes Reptil in seinem Terrarium zu einem Lebenszeichen herausfordern wollte.

»Das ist es! Nun, Herr Kollege!« sagte er in einem überraschend bissigen Ton. »Was lehrt Vesalius? Schnell, sagen Sie Ihren Text auf!«

Van Leyden war auf diesen plötzlichen Appell nicht gefaßt und sah den alten Professor fragend an.

»Was soll ich sagen ... ich verstehe nicht recht, was Sie meinen, verehrter Meister!«

LeBrasseur kicherte eigensinnig.

»Junger Doktor«, sagte er dann, »ich lege Ihnen dieses Organ besonders ans Herz. Da gibt es ein paar offene Fragen, an denen Sie Ihren Scharfsinn beweisen könnten. Sehen Sie es sich genau an! Ein friedliches Gefäß, nicht wahr? Dem Anschein nach das demütigste Organ unter allen, und doch ein tückisches Subjekt, voller Launen und Ausfälle, als wüßte es insgeheim, daß es mehr bedeutet als die übrigen. Immerhin, es ist die Schleuse vom Nichtsein zum Sein, wie der Philosoph sagt, und somit nicht mehr und nicht weniger als die Alchemistenküche, in der gegen die Gesetze der Logik aus einem Nichts etwas wird – oder wollen Sie den männlichen Beitrag zu dieser Abkochung im Ernst als ein Etwas veranschlagen? Demnach haben wir hier den Fokus alles

Lebendigen. Das ist die mystische Kupplerin in den schlüpfrigen Verhältnissen, die der Geist mit der Materie anzettelt. Und zugleich ist es doch bloß ein billiges Séparée für die Hochzeit der Säfte. Auch *vis imaginativa* scheint darin zu wohnen, und macht sich bemerkbar als Quelle von Erhitzung und heftigen Vorstellungen. Schon bei den Alten hieß es *aenigmatica uterus mulieris anima*, und das war gut gesagt.«

Van Leyden versuchte sich gegen die befremdliche Tirade des alten Professors zu schützen. Um seine Verwunderung auf eine halbwegs höfliche Weise zum Ausdruck zu bringen, sagte er: »Das ist eine sehr originelle Betrachtungsweise, verehrter Meister, aber ich verstehe nicht ganz, worauf Sie hinauswollen.«

»Das dachte ich mir!« sagte LeBrasseur launig. »Darin sind Sie eben nicht examiniert, wie? Feigheit vor dem Unbekannten! Unglückliches Österreich, du schickst deine Quacksalber zu den Franzosen und hoffst, daß sie als Ärzte zurückkommen!«

Van Leyden fühlte sich nun äußerst verlegen. Obwohl er in seiner Konfusion kaum wußte, was er dagegensetzen sollte, versuchte er ein wenig zu protestieren; er sei doch eigens aufgebrochen, um sich weiterzubilden und um, wenn man so sagen dürfte, die dunkle Seite des Mondes zu erforschen.

»Dunkle Seite des Mondes...«, LeBrasseur richtete einen prüfenden Blick auf seinen Besucher, »das klingt nicht übel. Vielleicht, junger Doktor...« Er unterbrach sich und sah van Leyden erneut aufmerksam an. »Vielleicht sind Sie sogar geeignet, einer der Unsrigen zu werden, ... ja, das könnte angehen. Es ist gut möglich, daß ich Ihnen etwas zu erklären hätte. Wollen Sie mir folgen?«

Da van Leyden keinen Grund fand, LeBrasseurs Angebot abzulehnen (mochte es auch äußerst unklar sein), stimmte er aufs Geratewohl zu.

Der alte Arzt führte seinen Besucher durch die engen Straßburger Gassen. Sie schlugen einen Weg ein, der vom Haus des Professors am Münsterplatz vorbei zu dem Hospital führte. Durch einen Einlaß, der in den großen Torflügel eingesetzt war, betraten sie eine Vorhalle, von der aus man in die Korridore gelangen konnte. LeBrasseur geleitete seinen Gast an einigen Krankensälen vorbei, von denen jeder nach einem der großen

Schutzheiligen benannt war (wie man an den Inschriften über den Türen zu den Sälen lesen konnte). Man hörte von allen Seiten das Murmeln der Bettlägrigen. Urinöse Dünste erfüllten die Gänge des ganzen Gebäudes.
Am Ende des Korridors gelangte man über eine Treppe ins zweite Stockwerk, wo ein Unterrichtsraum in einem Seitenflügel der Anstalt untergebracht war. LeBrasseur ließ van Leyden eintreten, dann schloß er sorgfältig die Tür. Vorn, auf einem leicht erhöhten Podium, stand ein Anatomietisch mit steinerner Platte, ein Stück weit daneben eine Lehrkanzel, zur Saalseite hin zwei Reihen Sitzbänke, dahinter freier Raum.
LeBrasseur wartete, bis van Leydens Blick an einer Stelle des Raumes stockte. An der Stirnwand des Saales erhob sich auf einem Sockel, wie man ihn gewöhnlich zum Postieren von Standbildern verwendet, ein Skelett, zu beiden Seiten flankiert von anatomischen Karten, die an den Wänden aufgezogen waren. All dies hätte keine besondere Aufmerksamkeit hervorgerufen, wäre nicht das Skelett selbst in einer, wie es van Leyden schien, etwas aufreizenden, ja provozierenden Positur aufgestellt gewesen. Er ging langsam auf es zu, gefolgt von LeBrasseur, der unmerklich vor sich hin gluckste.
Das Skelett erhob sich vor einer Art Galgenbaum, von dem ein Metallfaden in den Schädel herabführte. Das Knochenwerk war kunstvoll präpariert und wurde durch einen nahezu unsichtbaren Mechanismus von kleinen Drahtschlingen und Fäden aufrechtgehalten. Es war, als ob das Skelett vor einem Maler posierte: das Spielbein leicht nach vorn gesetzt, das Standbein fest aufruhend, die Hüfte gelassen ein wenig zur Seite geschoben, ein Arm selbstsicher in die Seite gestemmt und der andere Arm sehr elegant mit preziös gespreizten Fingern nach vorn zum Betrachter ausgestreckt wie zu einem herablassenden Kompliment. Der Schädel war erhoben und eine Winzigkeit zur Seite geneigt. Nur die Zahnreihen grinsten sehr breit und gleichsam plebejisch.
»Ein hübscher Herr, wirklich!« sagte LeBrasseur. »Ein durch und durch aristokratischer Anblick, finden Sie nicht? Wir waren ihm die standesgemäße Aufstellung schuldig. Im Tod wie im Leben, nicht wahr. Was halten Sie vom Adel unter Skeletten?«

Van Leyden war über die Bemerkungen des alten Arztes zunehmend bestürzt. Er schaute LeBrasseur zweifelnd an und fragte sich, ob es er mit einem Geisteskranken zu tun haben könnte.

»Hören Sie, junger Doktor«, begann der Alte unbeirrt, »damit Sie eines Tages im Bilde sind, wenn Sie sich über habsburgisch regiertes Fleisch und Bein hermachen. Ich frage: worauf stützt sich die Wissenschaft, außer auf die Logik? Auf die Forschung, jawohl. Und worauf stützt sich die Forschung? Auf die Tatsachen! Und worauf die Tatsachen? Auf die Leichen. Ohne Leichen keine Tatsachen, merken Sie sich das. Also bleibt nur die Frage, wer uns die Leichen liefert. Können Sie folgen? Wer läßt sich dazu herab, die *doctores in spe* seine Leiche inspizieren zu lassen? Wer trifft sich da in der Anatomie zum Rendezvous mit den Tatsachen? Kleine Diebe, Galgenvögel, Abschaum der Straßen und der Mirakelhöfe, am Tag zuvor vom Strick geschnitten oder aus dem Verlies eines Grandseigneurs herbeigeschafft. Man wirft sie uns in den Hinterhof vor eine Luke, von der eine Blechrutsche in die Leichenkammer hinabführt. Jaja, die Wissenschaftsförderung liegt den großen Herren sehr am Herzen. Sie unterstützen die Studien unermüdlich mit den Kadavern ihrer Übeltäter, so wie Lukullus, der Feinschmecker, seine Muränen im Teich mit ausgedienten Sklaven fütterte.«

LeBrasseur lachte über seinen eigenen Witz, bevor er in einem sarkastisch schnarrenden Tonfall fortfuhr:

»Aber wissen Sie, junger Doktor, die Wissenschaft ist nicht nur gefräßig, sie wird manchmal auch leckermäulig. Wenn wir sonst unsere *studiosi* vor das Sinnbild der Ewigkeit führten und ihnen das Gebälk des Menschenleibes erklären wollten, hatten wir ihnen nichts Besseres zu bieten als die abgeschliffenen Knochen von Arbeitstieren mit allen servilen Deformationen, hier die ländlichen Skoliosen, da die arthritischen Verknollungen von Dienstbotenknien, dort den rachistischen Thorax eines skrofulösen Faktotums. Die Wissenschaft rümpft die Nase, und sagen Sie selbst, ob nicht zu Recht. *Imaginem hominis* sollen wir den Studenten vor Augen führen! Es ist unsere Pflicht, ihnen den aufrechten Menschen in seiner vollen Beweglichkeit, wie Gott ihn geschaffen hat, in der größten orthopädischen Distinktion zu präsentieren, und wir unterrichten sie mit Abfällen. Es ist skandalös. Schon lange wollte ich dem Anspruch der Wissenschaft Genugtuung verschaffen. Hier sehen Sie, was ich erreicht habe.«

LeBrasseur betrachtete eine Weile das Skelett auf dem Sockel, ehe er weiterredete.

»Um sich ein Bild vom übrigen zu machen, müßten Sie natürlich das Porträt des Herrn kennen. Es hängt keine zwanzig Meilen westlich von Straßburg in der Ahnengalerie des Schlosses von S. Das wesentliche Substrat jedoch steht triumphierend vor uns, für jeden sichtbar, der seine Augen gebrauchen kann. Es steht hier *ad maiorem sapientiae gloriam,* und hier wie dort, in der Ahnengalerie wie im Anatomiesaal, ist es die edle Haltung, die uns erbaulich berührt, die feine Ironie der Gebärde, das ungebrochene freie Stehen...

Ich wette, daß man uns dieses Objekt für das Studium der Tatsachen freiwillig unter keinen Umständen überlassen hätte, was meinen Sie? Im übrigen zeigt das Porträt in der Galerie den Grafen, wie er nach der Jagd die Schar seiner Treiber entläßt. Wen mag er hier entlassen mit seinem brillant präparierten knöchernen Kompliment? Bedeutet es die Entlassung aus jedem Dienst, der dumpf und unfrei macht? So ist es – der feine Herr sagt, daß die alte Herrschaft beendet ist, alle Servituten abgegolten. Der Rest fällt in die Anthropologie. Unser hübscher Herr hat keine andere Funktion mehr, als ein Exempel abzugeben für die ideale Architektur des menschlichen Leibes. Das ist eine Freiheit, die man sieht. Welcher Privilegien könnte er sich in seinem reduzierten Zustande rühmen? Es würden sich die Skelette von allen Friedhöfen Frankreichs erheben und ihn mit ihrem klappernden Gelächter in die Flucht schlagen.«

Van Leyden stützte sich mit beiden Händen auf die steinerne Platte des Anatomietisches. Er fühlte, wie eine unbekannte Kälte seine Finger durchdrang und die Arme heraufkroch. Wie stets, wenn er sich bewußt war, den Sinn einer Äußerung nur halb zu erfassen, begann er sich verloren zu fühlen. Er war in einen Sog geraten, in dem ihm die gewohnten Zusammenhänge seines Lebens entglitten. Er schaute den alten Arzt fragend an.

»Wie war es möglich?« sagte er schließlich, um überhaupt etwas hervorzubringen.

LeBrasseur nickte, als habe van Leyden keine Frage gestellt, sondern eine kluge Bemerkung von sich gegeben.

»Ganz recht, junger Doktor, man muß nur erfaßt haben, daß es möglich ist. Und es ist immer möglich, verstehen Sie, immer und zu jeder Zeit. Es hat nichts mit den äußeren Umständen zu tun. Wenn Sie das begreifen, werden Sie sich nie mehr von den Schauspielen der Macht beeindrucken lassen.«

Van Leyden schwieg. Er hörte die Worte, aber sie ergaben für ihn keinen verständlichen Sinn. Er hätte sich wehren mögen, aber undeutlich gab er sich Rechenschaft darüber ab, daß er den sicheren Boden unter den Füßen verloren hatte, von dem aus es möglich gewesen wäre, die Reden des alten Arztes als verworrenes Zeug abzutun.

»Die großen Herren, junger Doktor«, begann LeBrasseur wieder in einem verbindlicheren Ton, indem er auf das Skelett deutete, »haben dem Volk seinen wichtigsten Verbündeten abspenstig gemacht. Es darf den Tod der Herrschenden um nichts in der Welt sehen. Man verbindet dem Pöbel die Augen, wenn die Großen sterben, oder wenn das nicht geschehen kann, muß man die vornehme Leiche bis zur Unkenntlichkeit kostümieren, man muß sie balsamieren und ausstatten, die Trommel schlagen und Landestrauer befehlen, Gespanne mit zwölf tragischen Rössern durch die Städte rollen lassen, und im äußersten Fall sogar die treuesten Diener mit dem Herrn unter die Erde schaffen. Wenn Sie aus Wien kommen, dann kennen Sie den Pomp. Die Habsburger verstanden sich seit jeher gut auf diese Art des Karnevals, wo man selbst im anderen Zustand die Ungleichheit zur Schau trägt. Auch auf den Friedhöfen unterscheiden wir sie sofort. Sie wohnen in ihren Mausoleen, sie residieren in reservierten Kapellen, sie belegen die besten Plätze in den Kathedralen unter den Altären.

Gehen Sie nach Paris, junger Doktor, und erleben Sie, daß ein Großer dahingeht. Man wird Hof und Stadt alarmieren, an den Häusern Plakate im großen Stil anschlagen und alle Wände mit der Nachricht bekleben. Am Tag der Zeremonie versammelt sich alles, was *grande société* heißen will, im Dom zur Trauerfeier. Der Tote liegt eingebacken in seinen Katafalk wie ein Brillant in einer Hochzeitstorte, die vielstöckig hinaufragt bis an die Kämpfersteine, verziert mit unzähligen Figuren und Kerzen, umstellt von vier Skeletten, die dem Verstorbenen das Totsein abnehmen, so wie Diener, die beim Auskleiden die Gewänder des Herrn über dem Arm tragen. Über den Skeletten erblickt man – wen? – natürlich die vier Künste, die über das Dahinscheiden ihres Beschützers untröstlich sind, dann noch höher die vier Kardinaltugenden, die ihrem Liebling entgegeneilen, und ganz oben empfangen vier Engel seine Seele. Die größten Staatskünstler wetteifern in Entwürfen zu den Bestattungsdekorationen...«

Van Leyden spürte ein heftiges Verlangen, den Wortschwall des Alten zu unterbrechen. Er hätte Halt rufen wollen, um zur Besinnung zu kommen, jedoch LeBrasseur war im Schwung seiner Rede nicht mehr zu hemmen und sprach durch sein Gegenüber hindurch wie zu einem größeren Auditorium.

»Nun, bei unserem hübschen Herrn ging es genauso zu, aber doch nicht ganz, denn wir hatten uns eine kleine Abweichung vom Trauerprotokoll ausgedacht. Man bestattete in der Schloßkapelle von S. nicht den Sprößling des Hauses, den armen Herrn Grafen, sondern ein dürres Bauernmädchen von kaum zehn Jahren, das auf der Tenne im Staub der Drescharbeiten zu husten begonnen hatte und nach wenigen Wochen starb, eben in derselben Nacht, in der der junge Graf von S. man weiß nicht an welchen Geschwüren im Leib zugrunde ging.

Es gelang unseren Logenbrüdern, die aufgebahrten Leichname vor der Sarglegung zu vertauschen. Wir gaben dem Kind einige mit Stoff umwickelte Ziegel mit, um ein standesgemäßes Gewicht vorzutäuschen. Im Triumphzug fuhr der elende kleine Körper in die Gruft. Die Musikanten boten das Miserere von Lully zum Weinen schön dar, und der Kanzelredner übertraf sich selbst, indem er die Versammelten mit Sturzbächen der Beredsamkeit bezauberte und all denen die Sorge nahm, die gefürchtet hatten, die Macht des Wortes werde es mit dem Prunk des Grabschmuckes nicht aufnehmen können...

Den Rest sehen Sie selbst. Ich habe mir erlaubt, die hochgeborene Leiche auf einem Leiterwagen mitzunehmen. Wer weiß, ob sie zu Lebzeiten ein Buch in der Hand hatte? Ich habe den Baron posthum für die Wissenschaft begeistert. Es wurden ihm die

schneidendsten Beweise für die Gleichheit der Menschen geliefert. Ich nehme an, ich habe ihn überzeugt.«
Van Leyden stand aufrecht neben dem Anatomietisch, er war sehr blaß geworden. In wenigen Augenblicken begannen sich die Worte des alten Professors zu einem Ganzen zusammenzusetzen, das er auf einmal verstand. Es war ihm zumute, als werde ein fremdes Gehirn mit einem System greller Bilder und Gedankenkombinationen in seinen Kopf eingepflanzt. Er spürte, wie sich in seinem Innern ein Raum öffnete für dieses fremde Gehirn, das mit einer geradezu bösartigen Folgerichtigkeit extreme Verknüpfungen herstellte. Die schneidende Stimmigkeit dieses anderen Geistes schmerzte ihn. In Österreich sagte man keine so harten Wahrheiten. Allenfalls gab es den periodischen kleinen Aufruhr, im Abstand von ein, zwei Jahren sorgten gesellschaftliche Skandale für das Maß an Empörung, das den schönen Seelen unentbehrlich ist, um sicherzustellen, daß ihre Moral eine bessere sei als beim Rest der Welt. Aber in Österreich ließ nichts vermuten, daß jemals eine nackte Wirklichkeit die Menschen ins Freie locken und zu Entscheidungen zwingen würde. Hier, jenseits des Rheins, wehte ein schärferer Wind.
Noch einmal setzte LeBrasseur zum Sprechen an.
»Das Volk wird seinen Verbündeten vielleicht wiederentdecken. Es könnte sich bei ihm über seine Rechte informieren. Vielleicht wird es so die große Lektion eines Tages doch noch lernen. Der Tod ist Republikaner, unter seiner Fahne werden die umnebelten und bedrückten Völker vielleicht dereinst zur Besinnung kommen. Er könnte ihnen zeigen, wie sie handeln müssen. Wir sehen heute vor allem zwei Dinge, die Ungerechtigkeit und Dumpfheit bewirken, Geburt und Besitz. Gegen die erste zu kämpfen, ist heute kein Ding der Unmöglichkeit. Die Schauspiele der Herren sind längst hohl geworden, sie begraben schon eingewickelte Ziegelsteine als Verwandte. Gegen das große Geld etwas zu unternehmen, wird schwieriger sein, lieber Kollege, aber für uns ist das eine *cura posterior!*«
LeBrasseur kicherte.
»Sie müssen zugeben, junger Doktor, daß Diskretion eine Tugend ist. Sie kennen jetzt ein lebensgefährliches Geheimnis, verwahren Sie es gut. Was mich anbelangt, so riskiere ich nicht

viel – und außerdem, was hätte ein alter Mann zu verlieren? Vor meinen Studenten brauche ich nicht *expressis verbis* zu sprechen, dafür habe ich den hübschen Herrn als Koreferenten angestellt. Seit einer Weile erledigen wir das Pensum gemeinsam, wobei ich die anatomischen Einzelheiten übernehme, er hingegen die größeren Zusammenhänge. Er exekutiert seinen republikanisch-orthopädischen Lehrsatz *d'outre-tombe* mit beispielhaftem Stoizismus. Vielleicht läßt sich demnächst sogar beweisen, daß von der *res publica post mortem* zu der der Lebenden kein weiter Weg ist?«

3
Noch etwas – die Türme und das moderne Ich betreffend

Van Leyden verbrachte eine schlaflose Nacht. Er verlor sich in Grübeleien über die Demonstration, deren Zeuge er geworden war.
Warum gelang es ihm nicht, den Sinn des Erlebnisses wieder so deutlich vor sich zu bringen, wie er ihn am Ende von LeBrasseurs grimmigem Diskurs zu fassen geglaubt hatte? Während das Ereignis in seinem Körper pulsierte wie eine scharfe Droge, begann sich sein Verstand von dem Vorfall skeptisch abzustoßen. War es denn nicht offensichtlich, daß er einer Mystifikation erlegen war? Wieder einmal war er ein Opfer seines leicht beeinflußbaren Naturells geworden. Wie wäre es sonst möglich gewesen, daß er nicht in der Lage war, auszusprechen, was er erfahren hatte? Vielleicht aber lag es daran, daß LeBrasseur nicht alles preisgegeben hatte und das Entscheidende noch für sich behielt? Hatte er, Jan, nur einem theatralischen Effekt nachgegeben und sich durch das exzentrische Gerede des Alten aus der Reserve locken lassen?
Aber soviel van Leyden sich bemühte, von den Eindrücken des Tages Distanz zu gewinnen, es blieb doch ein unauflösbarer Rest in ihm zurück – ein leises durchdringendes Vibrieren in den Nerven... Was mochte es bedeuten? Woher kam dieses drängende Gefühl, daß etwas Unleugbares vor ihm aufgegangen war – ein eigenartiges Glimmen im Bewußtsein, das er in einigen früheren Augenblicken seines Lebens gestreift hatte (wie er sich jetzt erinnerte), ein Gefühl, als sei an die Stelle des üblichen Wirklichen etwas um vieles Wirklicheres getreten, so daß alles Bisherige sich daneben wie ein verblassendes Bild ausnahm. Dieses Glimmen – wie hätte er es einem anderen deutlich machen können? Es war am ehesten mit dem Rausch zu vergleichen, den Reisende kennen, wenn sie in eine fremde Welt eindringen und

sich im Strudel unerwarteter Situationen selbst zu vergessen beginnen. Plötzlich kann sich eine unvorhergesehene Einsicht melden – daß all das Neue nicht dem mitgebrachten routinierten Ich zustößt, sondern daß mit den überraschenden Ereignissen zugleich ein völlig neues, ganz in die Welt eingeschmolzenes Inneres da ist, das nur aus Wachheit und Gegenwart besteht – einer Gegenwart, die der Vergangenheit nichts mehr verdankt und erst mit diesem Atemzug, plötzlich und ohne Herkunft, ins Dasein eintritt ...

Van Leyden sah ins Dunkle und horchte in die Stille. Manchmal dachte er, sein Leben gehöre nicht mehr ganz ihm selbst, er sollte acht geben, damit er nicht völlig die Herrschaft über sich und seine Laufbahn verliere. – Außerdem wäre es besser, wenn er schliefe. Hatte nicht LeBrasseur angekündigt, er werde ihn sehr früh wecken lassen, um ihm ›noch etwas‹ zu zeigen – zwei Wörter, an deren eigenartige Betonung er sich mit leisem Widerwillen erinnerte.

Nachdem er gegen Morgen für kurze Zeit etwas eingeschlafen war, erwachte er mit einem Satz und fragte sich sofort, wie spät es sein mochte. Dann erinnerte er sich, durch den Schlaf hindurch das Schlagen einer Turmuhr gehört zu haben. Zugleich kam das Klangbild der Glockenschläge in seinem Gedächtnis herauf, und die Beobachtung stellte sich ein, daß er, ohne es zu wissen, mitgezählt hatte – es waren fünf schwere langsame Schläge. In diesem Augenblick klopfte es an der Tür.

LeBrasseur wartete bereits zum Ausgehen fertig an der Haustür. Er befand sich, wie es van Leyden erschien, in einer undefinierbar grollenden Laune, als sei er über irgend etwas sehr erregt. Als van Leyden auf ihn zuging, war der Alte jedoch von der größten Verbindlichkeit. Er wünschte seinem Gast einen guten Morgen. Dann faßte er ihn mit herzlichem Nachdruck am Arm: »Sie haben doch ordentlich ausgeschlafen? Ich will Sie nämlich ein wenig anstrengen!« – und zog ihn hinaus ins Freie. Die beiden Männer schlugen die Richtung zum Münsterplatz ein, wobei LeBrasseur, wie von überschießender Unternehmungskraft getrieben, immer ein wenig vorausging, während van Leyden, der die wenigen hundert Schritte bis zum Ziel ohne rechte eigene Initiative folgte, sich etwas darüber ärgerte, daß er sich durch die brüske Energie des Alten erneut hatte außer Gefecht setzen lassen. Er nahm sich vor, in Zukunft mehr eigenen Willen zu haben – obgleich er in diesem Moment nicht hätte sagen können, ob er etwas anderes wollte, als sich von dem alten Professor an einen Ort führen zu lassen, an dem möglicherweise ›noch etwas‹ zu lernen wäre.

In kurzer Zeit hatten die beiden das Münster erreicht. An der Sakristei klingelte LeBrasseur den Kirchendiener heraus und verlangte von ihm, die Pforte am rechten Turmaufgang aufzuschließen. Man habe wieder einmal oben zu tun. Das spitznasige Männlein schlurfte mit einem schweren Schlüsselbund vor den Besuchern her zum Turmeingang, sperrte umständlich die Tür auf und ließ die Herren eintreten.

Sie begannen mit dem Aufstieg zum Turm durch eine Wendeltreppe, die als dunkler Schacht in engen Windungen steil durch den Pfeiler in die Höhe führte. Nachdem sie den dunkelsten Teil am Fuß des Turmes durchstiegen hatten, sah van Leyden durch die schmalen Luken im Mauerwerk, wie die Stadt draußen sich in die Tiefe schraubte. Hielt er inne, so brachte er die kreisenden Häuser zum Stehen und konnte die Kamine und Giebel fixieren. Bald war die Höhe des Seitenstrebewerks erreicht, und das riesige Feld des Daches tauchte auf, an dessen Schräge der Horizont abzugleiten schien.

Die frühe Sonne warf orangegelbe Flecken an die Mauern im Turminneren, ein gesprenkeltes Muster aus schrägen Stäben, Rauten und Punkten. An den Absätzen des Turmes öffnete sich die Treppe auf kleine Plattformen, von denen aus man an dem Bauwerk emporschauen konnte. Van Leyden sah einmal an dem Gemäuer hinauf, wo gerade über seinem Kopf ein raubtierschädliger Teufel seinen Hals aus dem Stein streckte, mit höhnisch rundem Mund und aufgezogenen Lefzen.

»Nur Menschen«, sagte LeBrasseur, der vor van Leyden die Treppen hinaufstieg. Van Leyden konnte sich nicht entschließen, den Alten zu fragen, was mit der Bemerkung gemeint war, denn er fürchtete, LeBrasseur wieder Anlaß zum Sprechen zu geben und so erneut zum Empfänger von verwirrenden Instruktionen zu werden.

Sie hatten zwei Drittel der Höhe überwunden, als van Leyden

bei einem Blick in die Tiefe der furchterregenden monumentalen Größe des Bauwerks innewurde. Er kam sich vor wie ein Insekt im Panzer eines urzeitlichen Ungeheuers. Es fehlte nicht viel dazu, daß das Bauwerk mit einem entsetzlichen Knistern aus seiner Starre erwachte, sich reckte und dehnte, und mit apokalyptischem Hufschlag die Stadt und die umliegende Welt in Schutt legte. Van Leyden fühlte sein Hemd feucht am Rücken kleben. Er vermied es nun, ins Freie zu sehen.
LeBrasseur ging unbeirrt mit pfeifendem Atem Stufe um Stufe aufwärts, als wollte er keine Zeit mit Pausen verlieren. Van Leyden folgte ihm beharrlich, seinen Blick bewußt auf die Dinge heftend, die nahe vor seinen Augen lagen – auf die behauenen Steine der Mittelsäule, um die sich die Treppe emporwand, auf LeBrasseurs Stiefel und den schaukelnden Mantelsaum des Alten. Dann wurde seine Aufmerksamkeit von den in die Quader geritzten Zeichen angezogen, die wie eine unauffällige Hieroglyphenschrift das ganze Turminnere überzogen. Es waren Halbmonde und Winkelmaße, rätselhaft ineinander verschachtelte Buchstaben und Pyramiden. Welche Botschaften mochten die Steinmetze in diesen Zeichen hinterlassen haben? Van Leyden entdeckte mit leisem Erschrecken in einer Nische ein Koitussymbol, in dem die Organe bei ihrem verbotenen Akt von angewinkelten Beinen umgeben waren wie von den Flügeln eines Nachtfalters. Ein flüchtiger Beobachter hätte die Figur für ein ungeschickt ausgeführtes Unendlichkeitszeichen halten können.
Van Leyden schaute nach oben, ob nicht schon der Ausgang in Sicht wäre. Das Kreischen der Mauervögel erinnerte ihn an die feindliche Höhe. Die Morgenbrise trug die Geräusche der erwachenden Stadt herauf.
Endlich hatten die beiden Besucher den Ausstieg auf die gewaltige Plattform erreicht, die den rechten Turmstumpf und das mittlere Fassadenfeld des Münsters überdachte. Wie auf einer mit Steinplatten belegten Piazza traten sie unter den offenen Himmel hinaus, der in frischer Bläue über der Stadt leuchtete. Unvermutet, in einem überwältigenden Aufschwung, stieg vor van Leydens Blick die Spitze des linken vollendeten Turmes in die Höhe – eine Masse aus Schwere und Licht, die sich von der

Erde ohne Mühe ins Grenzenlose erhob. Van Leyden fühlte sich jäh angezogen von der Ungeheuerlichkeit dieses Aufschwungs. Er meinte, durch das Gestein eine Bewegung gehen zu sehen, die sein ganzes Empfinden in dieses furchterregende Empor hineinzog. Es gab nirgendwo einen Schutz vor der Übermacht der Höhe und des gleißenden Lichts. Er konnte sich nicht erinnern, zuvor in seinem Leben auf einem so hohen Punkt gestanden zu haben. Er kannte auch niemanden, der etwas Derartiges schon getan hätte. Das einzige, was ihm einfiel, waren Erzählungen, die er in seiner Kindheit gehört hatte – von Bauernsöhnen, die auf hohe Berge gestiegen und daraufhin wahnsinnig geworden waren. Er schloß die Augen und kehrte schwer atmend der Turmspitze den Rücken.

»Halten Sie sich gerade, junger Doktor!« sagte LeBrasseur. »Von ein bißchen Höhenangst müssen Sie nicht den Kopf verlieren. *Pavor altitudinis* in vulgärer Symptomatik, reines Nervenprodukt, abdominales Vakuum, Sausen zwischen den Schläfen, man denkt an Fallen durch leeren Raum. Aber ich sage Ihnen, es ist nichts Besonderes damit, es sind die normalen Turmsymptome bei Anfängern, vor allem wenn eine gewisse Labilität hinzukommt. Fassen Sie ein Objekt am Horizont ins Auge, das hilft der Orientierung.«

LeBrasseur zog seinen widerstrebenden Begleiter an die vordere Balustrade der Plattform, von wo aus man in die Tiefe auf den Münsterplatz hinabsah.

»Wollen Sie sich endlich zusammennehmen? Mir scheint fast, Sie nähmen sich selbst zu wichtig. Wer sich wichtig nimmt, bekommt Angst um sich. Denken Sie etwa, der Turm wollte Ihretwegen einstürzen? Orientieren Sie sich!«

Van Leyden begann benommen, sich umzusehen. Dort drüben, hinter dem Badischen Land, weit hinter dem Horizont, über dem vor einer Stunde die Sonne aufgegangen war, lag Wien, unbegreiflich weit entfernt, fast so unwirklich wie eine von den Städten des Orientes – Beirut, Isfahan, Bombay –, von denen man sich nie vorstellen kann, daß man durch beharrliches Geradeausgehen auf gewöhnlichen Straßen zu ihnen gelangte. Und da drüben im Westen mußte Paris sein, die große elektrisierende Stadt, das Mekka des vernünftigen Wunderbaren, die Metropole der zivilisierten Welt, die Stadt der Enzyklopädisten, die Hochburg der modernen Nervosität, wo Mesmer mit seiner konvulsivischen Heilkunst triumphiert hatte...

Allmählich begannen sich die Dimensionen zu ordnen. Van Leyden überblickte die Landschaften hinter dem Stadtrand, er sah die sommerlichen Felder in braunen und gelben Streifen und kleine Kirchturmhauben in der Ferne. Von der Seite der Straßburger Stadtgarnison her drangen helle verwehte Kommandoschreie durch die Luft. Drunten, dem Münster seitlich vorgelagert, erhoben sich die prunkvollen Schloßgemäuer derer von Rohan, erbaut im Stil des fünfzehnten Ludwig. Über dem Wirtschaftstrakt des Schlosses stiegen, glitzernd wie diamantene Halsbänder, zwei helle Rauchsäulen zum Himmel auf. Die Türme der Garnisonskirche stachen im Südosten dunkel vor dem Horizont ab. Schon zur frühen Stunde hingen bräunliche Schwaden über den Dietrichschen Eisenhütten. Das Morgenlicht breitete sich kühl über die Stadt und tauchte die der Sonne zugekehrten Flächen in ein sachtes Gelb, während die Rückseiten der Häuser in braunen und blauen Schatten lagen.

Plötzlich hörte von Leyden ein Kettenrasseln und das Schnarren eines mechanischen Werks. Im selben Augenblick schlug der Hammer an die Stundenglocke, dann noch einmal, ein drittes, ein viertes, ein fünftes, ein seschtes Mal. Einige Sekunden lang summte der Turm mit einer dünnen verklingenden Stimme.

»*Pavor altitudinis*«, wiederholte LeBrasseur in einem Ton, der anzeigte, daß er auf einen neuen Gedanken gekommen war, »das ist kein schlechter Aspekt.« Dann vollführte er mit der rechten Hand eine Geste, die verriet, daß er dabei war, wieder zu einer größeren Erklärung auszuholen, während van Leyden ihn mit einem zugleich nachgiebigen und widerspenstigen Blick ansah.

»*Eh oui,* es ist nicht anders, die Wissenschaften fordern Individuen, die bereit sind, den höchsten Standpunkt einzunehmen, denn wo das Bewußtsein erwacht, dort ist die entscheidende Höhe, da ist die Front des Ganzen, da ist die Stelle, wo Himmel und Erde einander ins Auge sehen. Nur von der gefährlichen Höhe aus kann man die Einsicht gewinnen, ohne die es keinen sinnvollen Umgang mit den Dingen gibt... und darum sind wir hier, Herr Kollege, sozusagen um Sie einzuüben in den Standort, der die höhere Heilkunst ermöglicht.«

Van Leyden schaute den Alten fragend an. Er unterließ es, nach dem Sinn dieser Andeutungen zu fragen, weil allzu deutlich war, daß LeBrasseur ihm mit seinen Erklärungen in jeder Hinsicht zuvorkommen würde.

»Ah, *mon pauvre ami,* ich sehe schon wieder an Ihrem Gesicht, daß Sie kein Wort verstehen. Wahrscheinlich muß ich nach einer einfacheren Methode vorgehen, bis es auch dem österreichischen Schulverstand einleuchtet. Also fangen wir sehr umständlich von ganz außen an. Stellen Sie sich vor, junger Kollege, Sie selbst wären einer von Montesquieus persischen Edelleuten, die durch die europäischen Länder reisen und sich über unsere Sitten und Einrichtungen nicht genug wundern können. Oder noch besser: nehmen wir an, Sie seien geradewegs aus dem polynesischen Archipel hier eingetroffen, ein kaffeefarbener Insulaner, mit arger Not alphabetisiert und kaum daran gewöhnt, Ihre naiven Palmenkostüme mit parisischen Pantalons und Lyoneser Seidenwesten zu vertauschen... Sie vagabundieren, wollen wir weiter annehmen, durch die Hauptstädte der westlichen Hemisphäre, voll Staunen und Entsetzen über unseren Prunk und unsere Misere, über unsere Kenntnisse und unseren Wahnwitz. Was Ihnen besondere Rätsel aufgeben wird, ist der Umstand, daß Sie in allen Städten, die etwas gelten wollen, diese bizarren Christentempel finden mit ihren monströs in den Himmel ragenden Türmen, die jeden irdischen Maßstab zu verachten scheinen. Sie kommen nicht umhin, die Eingeborenen von Reims oder Ulm oder Rouen zu fragen, was es mit diesen gigantischen Fetischen auf sich hat. Nun müssen Sie gut aufpassen. Man wird Ihnen erklären, diese Türme seien Zeichen der Gottesfurcht unserer Vorfahren, es seien Monumente der leidenschaftlichen Unterwerfung des Menschen unter das Absolute und dauernde Symbole für die Hingabe des menschlichen Willens an die göttliche Vorsehung – denn was ist der Mensch anderes als ein Staubkorn unter dem Fuß des Unendlichen, eine hinfällige Kreatur, die sich den Launen ihres Schöpfers hilflos ausgeliefert weiß? Zur alleinigen Herrlichkeit Gottes habe man diese Bauwerke aufgestellt, Majestätstürme, Anbetungstürme, Zerknirschungstürme, Absolutheitstürme, Unendlichkeitstürme – perfekte Summen der steinernen Scholastik, architektonische Gottesbeweise, aufgeführt nach der unerbittlichen Logik des doktoralen Absolutismus, der alles bloß Menschliche auslöschen will, um es im Göttlichen zu liquidieren – freilich in einem Göttlichen, das die Vertikale bevorzugt und das hoch oben in transzendentalen Himmeln aus Kristall, Zahl und reinen Ermöglichungen schwebt, wohin nichts hinaufreicht von dem, was wenig von sich halten darf, insofern es stirbt und stinkt ... In den majestätischsten Türmen sollte der Höhengott residieren, und wenn je die Frage auftauchte, wie hoch man bauen sollte, konnte die Antwort nur heißen, höher und noch höher, übermenschlich hoch, denn es ist das Wesen der Majestät, daß ihr kein Ausdruck entspricht, der nicht von einem größeren übertroffen werden müßte, *quia semper aliud maius concipimus,* um es mit einem Wort Spinozas zu sagen ...

Das alles wird man Ihnen erklären, bis Ihr schlichtes Insulanergehirn über unsere Paradoxien strauchelt. Sie werden sich zu entscheiden haben, ob Sie an unsere turmtheologischen Doktrinen glauben wollen, oder ob Sie sich auf Ihre Augen verlassen, die etwas völlig anderes sehen, als Ihre Ohren hören. Sie sehen Unglaubliches, falls Sie sich dafür entscheiden zu sehen. Sie sehen, während von Ohnmacht die Rede ist, in diesen Türmen den schrecklichsten Willen zur Macht angekündigt; Sie sehen, während von Gottesfurcht gesprochen wird, die anmaßendste Respektlosigkeit unter dem Himmel sich austoben; Sie sehen, während mit schönen Worten demütige Hingabe beschworen wird, eine gespenstische Revolte des Willens sich vollziehen. Wenn der theologische Wortschwall sich in Zerknirschung, Selbstlosigkeit und Unterwerfung unter die Majestät des Absoluten ergeht, steht Ihnen der unerhörteste Hochmut, die kraftvollste Selbstgewißheit und die bedingungslose Kampfansage an die Souveränität jedes höheren Seins unmißverständlich vor Augen, immer vorausgesetzt, Sie ließen sich nicht vom europäischen Schwindel fangen und behielten den Blick von draußen, refraktär, störrisch, insulanisch ...

So ist es, junger Doktor, Sie sind mitten in der größten Revolution. Seit diese Türme stehen, ist die Menschheit im Aufstand.

Die demütige Maskerade kann nicht verhehlen, daß wir dem alten Gott das Messer an die Kehle gesetzt haben, um nach seinem Verbluten selber an seine Stelle zu treten. Geben Sie zu – der Turmbau von Babylon war ein armseliges Präludium zum Türmebau von Europa. Wir waren es, die den babylonischen Dilettantismus überwunden haben, um einen größeren Wurf zu versuchen, ein neubabylonisches Experiment, das uns von ohnmächtigen Kreaturen zu eigensinnigen Göttern machen soll...

Jeder Turm enthält die Ursprungsgeschichte des modernen Ich. Darum sage ich, daß keine künftige Heilkunst erfolgreich sein kann, wenn sie nicht mit einem höhenpsychologischen Erwachen beginnt. Unsere Kollegen haben natürlich noch nicht begriffen, daß die Medizin längst auf neuen Fundamenten steht. Es geht nicht mehr um diese oder jene Krankheit, sondern um das Prinzip der Krankheit schlechthin, um den Riß, der durch das Leben turmbauender Subjekte geht. Wer derart in die Höhe gebaut hat, dem wird der Boden zum Problem. Wer so weit hinaufsteigt, den gähnt die böse Muttererde an als grausiger Abgrund. Höhensymptome, nichts als Höhensymptome – damit haben wir es zu tun. Die neue Kunst muß den höhensteifen, kulturkrummen Bürger aus seiner Siegerstarre lösen und ihn einbetten in eine bereicherte und wieder befreundete Natur. Um den Beschwerden der Höhenkranken beizukommen, müssen wir Schächte in ihre leibliche Existenz graben. Wir müssen den emporgekämpften Eigensinn hinablocken mit allen Sirenengesängen der Tiefe und den Lustversprechen der Gewöhnlichkeit. Aber glauben Sie nicht, junger Doktor, daß dies eine einfache Aufgabe wäre. Denn je höher die zivilisierte Seele sich über ihre Natur hinaufgerungen hat in die Selbstsicherheit, desto drohender wird ihr jeder Blick nach unten scheinen, und was ihr zur Entspannung am meisten heilsam wäre, wird sie als eine infame Zumutung von sich weisen. Unsere mühsam aufgerichteten Höhenseelen, melancholisch verliebt in ihr Groß- und Hartseinmüssen, erfroren vom Beharren auf sich selbst, steif vom Abstandhalten, klirrend vor Überlegenheit – sie werden es nicht wahrhaben können, daß auch der höchste Mensch zunächst nur ein sonderbar dressiertes und verstiegenes Tier ist, sagen wir ein Hund mit Flügeln, oder eine politisierende Dogge...

Diesem vor Selbstbeherrschung kranken Tier muß sein Körperleben zur Qual werden. Es schaudert ihm vor allem, was aus der alten Natur heraufquillt und an animalische Herkunft denken läßt, vor den großen Bewegungsräuschen und der kalten Wut des Geschlechts, vor dem physischen Zerfall und vor den urzeitlichen Lefzen der Mütter. Das alles erinnert an erbärmliche Ohnmacht und an wilde Natur im eigenen Inneren, und was ist das zivilisierte Ich anderes als eine Maschine gegen die Ohnmacht? – eine komplizierte melancholische Maschine, starr, gewaltsam und zerbrechlich, ein hypochondrischer Automat, der in Panik gerät über das unheimliche Zirpen und Petzen in seinen Gliedern, wenn das Leben trotz allem immer noch vibriert und klopft...

Sie müssen mir glauben, junger Kollege, daß es eine diffizile Kunst sein wird, moderne Menschen zu kurieren, denn wir haben es nicht mehr nur mit der Krankheit zu tun, die sie haben, sondern mit der Krankheit, die sie sind... Von jetzt an wird jede Heilkunst eine Kunst sein und jede Kunst Heilkunst. Dazu ist ziemlich viel List nötig und eine Portion Verschwiegenheit, denn wer moderne Kranke *lege artis* zu sich bringen will, darf die erste Klugheitsregel der neuen Kunst nie vergessen: Man soll im Haus des Arztes nicht von Revolution reden...

Aber es ist für mich höchste Zeit zu gehen. Ich denke, es dürfte genug sein für diesmal.«

4
Von mystisch-elektrischer Republik und von den blau bemalten Hüften der Damen in Tahiti

Van Leyden trennte sich von dem Alten auf dem Platz vor dem Münster. Während LeBrasseur sich auf den Weg zum Hospital machte, ging van Leyden zum Haus des Professors zurück – froh, dem Turm und den Belehrungen entronnen zu sein. Es war gut, wieder den Boden unter den Füßen zu fühlen. Nur seine Gelenke schmerzten ein wenig, da er das Steigen so vieler Stufen nicht gewohnt war. Bei jedem Schritt fühlte er das Münster wie eine Drohung in seinem Rücken.
In seinem Zimmer angekommen, zog er die Vorhänge zu und ließ sich angekleidet auf das Bett fallen. Er wollte die Augen schließen und sich in eine Ecke seines Inneren zurückziehen, wohin nichts von außen eindringen konnte – keine schneidenden Gedanken und kein Glimmen der Wirklichkeit. Vom Münster hörte er es siebenmal schlagen.
Was war in Wirklichkeit geschehen? War es denn möglich, daß nur eine kleine Stunde vergangen war, seit er auf die Plattform hinausgetreten war und den Terror der Höhe verspürt hatte? Hatte eine einzige Stunde genügt, um ihn durch die Jahrhunderte zu jagen und ihn über die Schwelle der Gegenwart zu stoßen? Und warum widerfährt das alles ausgerechnet mir? Die Glokkenschläge störten sein Bedürfnis, sich an einen gedankenlosen inneren Ort zu flüchten, wo keine neue Wirklichkeit an seinem Verständnis zehren würde. Aber was war bei Licht betrachtet schon passiert? Würden diese Episoden nicht schnell verflogen sein, sobald er zu seinen geregelten Studien zurückkehrte? Was war dabei, auf einem Turm zu stehen und ein paar Bemerkungen anzuhören, die einem etwas unberechenbaren Professorengehirn entstiegen? Der ganze Diskurs mochte ja aufrührerisch klingen, aber er war im Grunde nur kauziges Gerede, das man nicht über Gebühr ernst zu nehmen hatte. Der Alte war ein

harmloser Philanthrop, der es auf eine verworrene Weise außerordentlich gut meinte. Im ganzen gesehen ergab das theologisch-medizinische Kauderwelsch über den Aufstand der Türme um keine Spur mehr Sinn als die transzendental-orthopädische Lektion vom Tag zuvor...

Trotzdem – war nicht unter der Wirkung dieser Reden die vertraute Welt ins Flackern geraten, so wie die Dinge ihre feste Form verlieren, wenn man sie durch gekörntes Glas oder eine Feuerwand betrachtete? Das Universum versank, aufgelöst in Millionen von tanzenden Atomen, in die Tiefe einer neuen Zeit. Und doch wird alles so bleiben, wie es immer war, dachte van Leyden, während er einschlief.

Er erwachte davon, daß etwas Weiches seinen Kopf berührte. Als er die Augen öffnete, sah er LeBrasseurs Hausdienerin, die die Vorhänge zur Seite zog, wobei ihre Röcke seine Haare streiften.

»Es ist fast Mittag, Monsieur«, sagte sie, »der Herr Professor bittet Sie zu Tisch.«

Vom Schlaf benommen, erhob sich van Leyden von seinem Lager und zog seinen Anzug zurecht.

»Wenn Sie erlauben, Monsieur«, sagte die Dienerin, indem sie sein Hemd mit beiden Händen am Kragensaum faßte, es glättend auseinanderzog und dann ihre Hände mit einem flinken Strich über seine Schultern und Arme herabgleiten ließ.

»C'est plus joli comme ça, n'est-ce pas?« setzte sie hinzu.

»Gewiß, danke«, sagte van Leyden mechanisch, während er schon aus dem Zimmer ging.

Beim Mittagessen zeigte sich LeBrasseur gesprächiger denn je. Er entwickelte vor seinem Gast ein Bild von dem Leben der Straßburger Ärzteschaft, von der er sagte, sie gleiche mehr einem Orden oder einem Geheimbund als einer Standesorganisation. Er berichtete von den Veranstaltungen der elsässischen Mesmeristen, die sich seit einigen Jahren in der *Société des amis réunis* zusammengeschlossen hatten. Sie sei eine der ersten Gesellschaften gewesen, die die Flamme der Pariser Loge in die Provinz getragen habe. Heute hingegen gebe es kaum mehr eine Stadt in Frankreich, in der nicht eine Filiale der großen magnetischen

Bruderschaft für die Sache der universellen Kommunikation am Werk sei. Denn soviel sei für jeden wachen Zeitgenossen gewiß, daß ein magnetisches Millenium anbreche, mit dessen Beginn alle bisherige Geschichte der Menschheit zu einer bloßen Vorgeschichte herabsinkt. Für jeden wirklichen Zeitgenossen sei es ein berauschendes Gefühl, sich als einen der ersten Zeugen des elektrischen Weltstaates zu wissen, der sich im geheimen vorbereite. Harmonie und nochmals Harmonie hieß das Losungswort der Straßburger Sozietät, in der sich der beste Teil des elsässischen Adels mit dem progressiven Bürgertum zusammengefunden hatte, um die disharmonischen Kräfte zu überwinden, die das moralische Leben des Landes ebenso hemmten, wie sie die physische Wohlfahrt der Individuen beeinträchtigten.
Dazu müsse man eine Grundtatsache der kosmischen Ordnung zur Kenntnis nehmen: ein feinstoffliches Medium, flüchtiger als Gas, subtiler als Gedanken, durchströme den gesamten Kosmos. Von dem unbehinderten Fluß und der richtigen Verteilung dieses Mediums hänge die Harmonie der Verhältnisse in allen Bereichen ab, im Staat nicht anders als im Weltall, in den Beziehungen der Menschen ebenso wie im Inneren jedes einzelnen. Denn der Mensch sei nicht nur, wie es vielen erscheint, ein separates Einzelwesen, das, für den Blick der anderen undurchdringlich, auf seinen egoistischen Absichten beharre, sondern er sei ebensogut ein durchscheinendes Partikel des universellen Fluidums, dessen Wesen sich darin bekunde, daß es den Funken zwischen den getrennten Subjekten überspringen und sympathetische Beziehungen nach allen Seiten entstehen lasse. Daher seien unter dem fluidalen Aspekt Gesundheit und Freiheit nur zwei Seiten derselben Münze.
Aber in dieser Zeit der Künstlichkeiten seien die Individuen von der natürlich fließenden Harmonie entfremdet. Vor allem der menschliche Körper sei das Opfer dieser Entstellungen geworden. Bei fast allen zivilisierten Subjekten finde man nämlich etwa in der Leibmitte (quer durch das Hypochondrium unterhalb des Brustkorbes) eine Sperre, die die Menschen in zwei nahezu unverbundene Hälften zerteile. Die Kunst der Magnetiseure bestehe nun unter anderem darin, das versperrte Hypochondrium aufzuschließen, so daß das Fluidum in seiner gleichmäßi-

gen Verteilung nicht länger behindert werde. »Haben Sie nie bemerkt, wie wenige Menschen in unseren Kreisen noch imstande sind, aus Leibeskräften zu lachen, zu schreien oder zu schluchzen?« Für diese Unfähigkeit seien die Einrichtungen verantwortlich, die die Stagnation des Fluidums bedingten, mit anderen Worten, die gekünstelte Erziehung unserer Tage, die alles einschnürt, was ans Licht kommen wolle, und die widernatürliche Verfassung der Gesellschaft, in welcher perverse Privilegien und sinnlose Verbote den freien Verkehr zwischen den Menschen zum Stocken bringen.

LeBrasseur schloß seine Abschweifungen mit der Mitteilung, daß er sich noch am selben Tag von van Leyden trennen müsse. Ein Logenbruder, seines Zeichens Bibliothekar im nahegelegenen Schloß von Salm, habe einen apoplektischen Schlag erlitten. Die Sache sei bedenklich, er müsse noch am Nachmittag abreisen, um das Mögliche zu tun.

»Sie kennen das, Herr Kollege, der Arzt gehört nicht sich selbst, und so soll es sein. Was Sie angeht, junger Freund – da Sie doch inzwischen so gut wie einer der Unseren sind, nicht wahr? –, so möchte ich Ihnen für Ihre Reise einen Schlüssel mitgeben, von dem Sie zur rechten Zeit Gebrauch machen sollten...

Sie werden nach Paris gehen, das ist obligatorisch. Sie werden in dem tollen Rumoren Ihre Studien treiben, auch das muß sein. Sie werden sich nach Herzenslust umsehen und ihre intellektuelle Neugier befriedigen, wie es sich für einen Mann der Wissenschaft gehört. Ich nehme an, Sie werden erkennen, daß Mesmers Tage in der Hauptstadt gezählt sind. Seit seinem plötzlichen Verschwinden vor einem Jahr gerät die von ihm gestiftete Bewegung außer Kontrolle und nimmt jeden Tag unerfreulichere Züge an. Wenn Sie bereit sind, die Pariser Spielereien hinter sich zu lassen und das Entscheidende kennenzulernen, müssen Sie dem geistigen Trubel den Rücken kehren. Sie verlassen Paris und fahren nach Soissons, etwa achtzig Meilen nordöstlich der Hauptstadt. Der Ort heißt Buzancy, ein winziger Flecken, sehr versteckt in den Wäldern. Ich werde Ihnen einen Brief an unseren Bruder, den Marquis de Puységur, mitgeben. Er praktiziert in Buzancy eine völlig neue Form der Therapie. Puységur ist übrigens mit unserer Straßburger Gesellschaft aufs engste verbunden, seit man ihn ins Corps der Straßburger Artilleristen versetzt hat. Er war Mesmers Meisterschüler, er ist es, der den künstlichen Schlaf in die fluidale Praxis eingeführt hat. Es gibt nicht wenige klare Köpfe, die ihn für den einzigen legitimen Erben der magnetischen Mission halten, wie sehr sich auch die Herren Bergasse, Carra, Deslon und Brissot in den Pariser Feuilletons um die besten Stücke aus der mesmerschen Beute schlagen mögen …

In wenigen Tagen geht die Kutsche nach Verdun. Von dort aus gibt es die bequemsten Verbindungen nach Paris … Leben Sie wohl, junger Kollege. Ihr Besuch hat mich mehr gefreut, als Sie sich vorstellen können. Ich verspreche Ihnen eine große Zukunft – und schreiben Sie mir, wenn Sie Lust danach verspüren.«

Nach LeBrasseurs plötzlicher Abreise fühlte sich van Leyden einsam in dem von Büchern und naturwissenschaftlichen Präparaten überfüllten Haus. Bei seinen Erkundigungen nach der Kutsche zur Weiterreise hatte er erfahren, daß er frühestens in vier Tagen Straßburg verlassen könnte. Zum Warten verurteilt, hielt er sich – wenn er nicht durch die nach sommerlicher Fäulnis riechende Stadt wanderte – am meisten in LeBrasseurs Bibliothek auf, wo er lange Stunden damit zubrachte, in Reiseberichten zu blättern und anatomische Atlanten zu studieren. Manchmal drehte er an dem großen Globus, der in einem Ständer aus Rosenholz inmitten von LeBrasseurs Studio aufgestellt war. Eine winzige rote Fahne steckte in dem Abbild der Erdkugel über der Karibischen See und markierte, sah man genauer hin, die von den Franzosen okkupierte Insel Santo Domingo.

Es gelang van Leyden nicht, sich mit Lektüre zu zerstreuen. Er versuchte vergeblich, unterhaltende Romane aus der Feder jüngerer französischer Autoren zu lesen. Nach wenigen Kapiteln langweilten ihn diese Geschichten, in denen stets die gleiche Mixtur aus galanten Affären, schurkischen Entführungen und bravourösen Rückeroberungen zu finden war; es vergingen selten zehn Seiten, auf denen keine Kurierpferde eiliger Briefchen wegen zuschandengeritten und keine jungen Frauen von zügellosen *libertins* in ihre Lustkabinette verschleppt wurden. Über alles gossen zynisch raisonnierende Abbés und frivole

Grandseigneurs ihre mondänen Lebensklugheiten aus, die jedem aufmerksamen Leser suspekt sein mußten.
Nur ein Fund in LeBrasseurs Bibliothek erregte van Leydens Interesse. In einem schon etwas vergilbten Heft des *Mercure de France* aus dem Jahr 1769 entdeckte er eine kleine Notiz über die glückliche Rückkehr des französischen Seehelden Bougainville aus der Südsee. Der mutige Entdecker, so hieß es, habe niemand Geringeren als Aoturu, einen Sohn des Königs von Tahiti, in Paris eingeführt und ihn den Naturforschern sowie den Philosophen präsentiert. Buffon höchstpersönlich habe dem Insulaner den Puls gefühlt, jedoch nichts Ungewöhnliches feststellen können. La Condamine habe seinen Schädel phrenologisch vermessen und kartographiert. Van Leyden bedauerte, daß in dem Artikel nichts über Aoturus Eindrücke gesagt wurde.
Von Neugier getrieben, suchte er nun LeBrasseurs Bibliothek ab, bis er ein Exemplar von Bougainvilles aufsehenerregenden Reisememoiren entdeckte: *Voyage autour du monde par la frégate du Roi La Boudeuse et la flûte L'Etoile en* 1766, 1767, 1768 et 1769, erschienen im Jahr 1771 *(Avec approbation et privilège du Roi).*
Van Leyden schlug Bougainvilles Bericht in der Mitte auf und stieß, als er zufällig zu lesen begann, auf folgende Sätze:
»So wie die europäischen Damen sich die Wangen rot anpinseln, streichen die Damen in Tahiti die Hüften und das Hinterteil ihres Leibes blau an. Das gehört zum Putze und ist gleichzeitig ein Zeichen dafür, daß sie vornehmer sind als andere.«
Van Leyden brach über diese Stelle in ein lautes Gelächter aus, woraufhin LeBrasseurs Dienerin an der Tür des Arbeitszimmers klopfte und fragte, ob sie dem Herren mit etwas dienen könne. Als sie nach van Leydens Aufforderung die Bibliothek betrat und ihn allein mit dem Buch in der Hand vor den Regalen stehen sah, sagte sie überrascht:
»Und ich dachte, Monsieur, Sie hätten Besuch.«
Um der Dienerin sein Gelächter zu erklären, das ihm plötzlich rechtfertigungsbedürftig erschien, las er ihr die Stelle aus Bougainvilles Reisebericht vor und sah sie danach auffordernd an, in der Erwartung, daß sie auch lachen sollte. Aber er bemerkte, wie eine flammende Röte ihr Gesicht überzog. Ohne ein Wort zu

sagen, stand sie einige Augenblicke mit gesenktem Kopf vor ihm. Dann drehte sie sich schnell um und verließ den Raum.
Den ganzen folgenden Tag wechselten van Leyden und die Dienerin kein Wort. Wenn sie ihm die Mahlzeiten aufzutragen hatte, aß er wortlos und ohne vom Teller aufzublicken. Er richtete es ein, daß er in gelehrte Zeitschriften schaute, solange sie in seiner Nähe war. Erst am übernächsten Morgen, als die Dienerin ihm das Frühstück servierte, sagte sie unvermutet:
»Überall wollen die einen besser sein als die anderen. Aber Sie sollen wissen, Monsieur, daß ich mir meiner Lebtage nicht die Wangen oder sonst etwas rot angepinselt habe.«

Sie weckte ihn am Morgen seiner Abreise, indem sie sich über sein Bett beugte.
»Es ist höchste Zeit, Monsieur.«
Van Leyden erschrak heftig und griff unwillkürlich an ihre Röcke.
»Bitte –, Monsieur, es ist doch schon spät. Vor der Garnison fährt die Kutsche ab, da haben Sie noch ein Stück zu gehen.«
Van Leyden schlang nervös sein Frühstück hinunter. Er wickelte die Binde mit dem chirurgischen Besteck wieder um den Arm, prüfte, ob er den Brief an den Marquis de Puységur und die übrigen Dokumente in seinem Hemd trug und rollte sein Reisebündel zusammen. Die Dienerin stand währenddessen bei der Tür und sah seinen Vorbereitungen zu.
An der Haustür fiel ihm ein, daß er sein Dankschreiben an LeBrasseur auf dessen Schreibtisch zu deponieren vergessen hatte. Er suchte den Brief aus dem Bündel hervor und gab ihn der Dienerin mit der Ermahnung, sie dürfe um nichts in der Welt versäumen, diesen Brief persönlich in die Hände des Professors zu legen.
Als nichts weiter zu tun war und die Dienerin bereits »Adieu, Monsieur« gesagt hatte, schaute van Leyden ihr ins Gesicht. Er begriff mit einem Mal, daß er sie in all den vergangenen Tagen nie wirklich gesehen hatte. Er empfand in ihren Zügen Anstrengung und Wärme, zugleich eine gewisse Scheu, die daher kommen mochte, daß sie nicht daran gewöhnt war, direkt angesehen zu werden. Es war nicht zu leugnen, daß sie auf ihre Weise eine hübsche energische Frau war.

»Wie heißt du eigentlich?« fragte er.

»Mein Name ist Amélie, Monsieur«, erwiderte sie.

»Ein schöner Name«, sagte er, wie von einer Erinnerung berührt. Er meinte, plötzlich den Duft von Frauenkleidern und warmer weicher Haut wahrzunehmen. Für den Bruchteil einer Sekunde war da wieder das Glimmen, das ihm wie von Urzeiten her vertraut schien. Es fehlte nicht viel, und er hätte dem Impuls nachgegeben, sein Gesicht zwischen die Brüste der Frau zu legen – einem Impuls, den er schon im nächsten Augenblick selbst nicht mehr verstand, als hätte er sofort zurückgefunden zu der vernünftigen Definition des Möglichen und des Unmöglichen.

»Gehen Sie schnell, Monsieur«, sagte die Dienerin. »Sie haben noch ein ziemlich weites Stück vor sich.«

5
Konversation in einer Kutsche zwischen den Herren Exner und van Leyden über die Möglichkeit von Metaphysik nach Lissabon

Die Reisekutsche, ein komfortables Fahrzeug neuerer Bauart, schwarz und blau lackiert, mit vier kräftigen Schimmeln bespannt, stand vor dem Eingang der Artilleriekaserne. Ein Kutscher, das Gesicht vom Wetter gegerbt, hockte gekrümmt auf dem Bock, zur Abfahrt bereit, während ein anderer auf dem Dach noch einmal die Verschnürung der Koffer überprüfte.
Kaum hatte van Leyden als letzter die Kutsche bestiegen und in seiner Ecke Platz genommen, als es einen Ruck gab und eine grölende Stimme ertönte.
»*Allez-hopp,* bei der hochgelobten Fotze der allerheiligsten Madonna, wollt ihr wohl gehen, ihr Nutten, *bordel de vie, allez-hopp, les putes,* ihr sollt gehen, sag ich, *mais toute de suite, bordel de bordel,* ich werd's euch geben, *plus vite que ça* . . .«
Bevor sich van Leyden die Zeit nehmen konnte, seine Mitreisenden näher zu betrachten, ergriff ein Uniformierter *vis-à-vis* das Wort.
»Madame, Messieur, es ist ein gutes Omen, denke ich, wenn uns fromme Wünsche begleiten. Man kann sie gebrauchen in diesen zweifelhaften Zeiten, da kein Reisender seines Lebens mehr sicher ist. Madame, Monsieur le Curé, junger Herr! Sie erlauben doch, daß ich die Konversation eröffne, indem ich mich vorstelle: Gabriele di Canetti, Major der Straßburger Artillerie, geboren zu Aosta, seit einem Vierteljahrhundert in französischem Dienst und oft genug blessiert und perforiert auf dem Feld der Ehre. Darf ich die Herrschaften fragen, wer uns das Vergnügen seiner Gesellschaft bereitet? Aber zuvor erlaube ich mir höflichst, Ihnen meine liebenswürdige Begleiterin bekanntzumachen: Madame Tremouille, Bürgermeisterswitwe aus Obernai, mit der ich aus traurigem Anlaß diese Reise unternehme.«

Der Geistliche, der neben van Leyden saß, deutete im Sitzen eine Verbeugung an. Sein Name war Exner, er mochte etwas über die vierzig sein, gehörte aber zu dem Typus von Menschen, deren Alter sich eher an der Reife des Benehmens als am Aussehen verrät. Er sei unterwegs, um in Châlons eine Pfarrstelle anzutreten, wo sein unglücklicher Vorgänger in der Hitzewelle dieses Sommers einem Schlag zum Opfer gefallen sei. Er blinzelte den Major und die Dame mit einem listigen verbindlichen Ausdruck an.

»Sie sehen also, daß nicht nur Sie einen betrüblichen Anlaß zu dieser Reise haben. Bin ich allzu indiskret, wenn ich frage, ob die Herrschaften über ihr Unglück sprechen wollen?«

»Ach«, sagte Madame Tremouille, »mein kleiner Clément...«, worauf sie in ein stummes Schluchzen verfiel.

»Sie müssen verstehen, Messieurs«, bemerkte der Major, »man ist auf der Suche nach Madame Tremouilles Sohn, von dem für sie feststeht, daß er zum Priester berufen ist. Er war all die Jahre ein Musterschüler, glänzend bestand er alle Prüfungen und gehorchte so gelehrig, daß es allen, die ihn kannten, eine reine Freude war. Kurz vor der Priesterweihe ritten ihn die bösen Geister und flüsterten ihm ein, er sei nicht dazu geschaffen, sich für immer in das schwarze Fell nähen zu lassen – o pardon, Monsieur le Curé, ich bin sicher, Sie verstehen mich nicht falsch –, kurzum, man fand heraus, daß der Deserteur vor der Frömmigkeit sich einer Truppe von vagabundierenden Komödianten angeschlossen hat, die man zuletzt in der Gegend von Verdun auftreten sah. Wir sind dabei, den Sohn Madames, der bei Verdun so tief gesunken ist, zu verhaften, um ihn zum Seminar zurückzubringen. Man wird ihn notfalls gefesselt zu seiner ersten Messe führen. Wahrlich, wir leben in dunklen Zeiten, wo demnächst Priester die Hostie in Handschellen austeilen werden.«

Curé Exner lächelte höflich.

»Madame«, sagte er, indem er die Dame anblinzelte, »wir sind uns darin einig, daß es eine Tragödie ist, wenn ein hoffnungsvoller junger Mensch seine Berufung verfehlt.«

Darauf wandte er sich an van Leyden.

»Nicht wahr, Monsieur, niemand kann darüber besser urteilen

als Sie, da Sie in unserer Runde der jüngste und *eo ipso* der hoffnungsvollste sind. Darf man erfahren, was Sie hierher führt? Sie sind gewiß nicht aus dieser Gegend.«
Van Leyden nannte seinen Namen, seine Herkunft und sein Reiseziel und erklärte den Mitreisenden, daß er aus beruflichem Interesse nach Paris fahre, um den neuesten Stand der Heilkunst zu studieren.
»Olàlà! das sollte mich wundern!« scherzte di Canetti, »bisher reiste man nach Paris, um sich französische Krankheiten zu holen.«
»Nein, wirklich«, beharrte van Leyden, den die gallischen Redensarten des Majors zugleich beunruhigten und erheiterten, »es ist doch eine Tatsache, daß man, je weiter man nach Westen kommt, auf immer kühnere Vorstellungen stößt in bezug auf alles, was Heilkunde angeht. Ich habe den Eindruck, daß es in der französischen Medizin um größere Zusammenhänge geht als sonstwo. Um die Wahrheit zu sagen, bin ich etwas skeptisch gegen die modernen Ideen von einer Energie-Republik und von der fluidalen Beeinflussung des Hypochondriums, an dem sich die Lebensgeister des Unterleibs von der oberen Sphäre scheiden. Das geht mir doch zu weit, ich gebe es zu. Aber meine hiesigen Lektionen haben mich in allen medizinischen und sonstigen Begriffen ziemlich schwankend gemacht. Wie ein Seekranker hoffe ich, bald festes Land unter den Füßen zu spüren.«
Der Major verzog ein wenig das Gesicht, offenbar weil er van Leydens Bemerkung als würdelose Selbstreflexionen eines Zivilisten klassifizierte. Indessen verharrte Madame Tremouille aufrecht auf ihrem Sitz, das Rückgrat damenhaft versteift, mit ausdrücklich fernem Blick, als legte sie im stillen einen Schwur ab, sich selbst im Fall einer lebensbedrohlichen Erkrankung keinesfalls von einem österreichischen Arzt behandeln zu lassen.
»Ich könnte mir eher denken«, erwiderte der Major in seiner launigen Manier, »daß Sie sich gleich wundern werden, warum das Festland so gottserbärmlich schaukelt. Sie werden Ihre ganze österreichische Heilkunde bemühen müssen, um Ihre Innereien in der richtigen Ordnung beisammenzuhalten. Sie sind ein wenig schreckhaft, wie? Wenn Sie sich schon im bequemen Straßburg

seekrank fühlen, wie wird Ihnen zumute werden, wenn man ein paar arme Teufel in einen Kasten sperrt und sie auf den elsässischen Straßen solange schaukelt, bis sie vor Übelkeit bereit sind, katholisch zu werden, o pardon Monsieur le Curé, Sie verstehen mich sicher nicht falsch!«

»Durchaus nicht, Herr Major!« sagte Exner. »Niemand weiß Ihre Konversation besser zu schätzen als ich. Zu einer Dame, die vor keiner Reise zurückschreckt, um das Seelenheil ihres Sohnes zu garantieren, einem armen Geistlichen, der das Unglück hat, mitten im Juli auf eine neue Stelle in der Provinz gerufen zu werden, und einem Doktor, der seine Seekrankheit in einer schlingernden Kutsche loswerden möchte, bildet ein tapferer Offizier, den man auf dem Feld der Ehre öfter als wünschenswert durchlöchert hat, eine unersetzliche Ergänzung.«

Di Canetti sah den Geistlichen nach dieser Replik etwas mißtrauisch an, beschloß dann aber, über sie zu lachen und die Sache auf sich beruhen zu lassen. Die Konversation stockte für eine Weile. Man hörte nichts als das Knirschen der Räder auf der inzwischen etwas besser gewordenen Straße, dazu das Surren einer Maultrommel, mit der sich einer der Kutscher in der glühenden Hitze die Zeit vertrieb. Sein Begleiter stimmte von Zeit zu Zeit populäre frivole Lieder an, darunter eines vom Liebeswerben eines Galans um die stolze Galathee, die neun Röcke über den feisten Ballons ihres Hinterteils trug. Sie wollte einen Rock nur fallenlassen, wenn ihr die Ehe versprochen wurde, so daß der feurige Liebhaber ihr neunfach die Ehe gelobte, und am Ende jedes Schwurs sang:

Bald wird mir das Glück gewährt,
ihr Arsch ist eine Messe wert.

Madame Tremouille zuckte bei jedem Refrain zusammen und bemühte sich um eine überlegene Haltung. Am liebsten hätte sie den Major aufgefordert, er solle dem Skandal ein Ende bereiten – was sie wohl nur darum unterließ, weil ihrem Begleiter deutlich ins Gesicht geschrieben stand, daß er mit dieser Gattung von *chansons* einverstanden war. Madame ließ ihren Fächer flattern und bemerkte mit ohnmächtiger Distinktion:

»Es ist schlechthin unerhört. So ein Affront wäre früher nicht denkbar gewesen. Man kann nicht leugnen, daß die Canaille mit jedem Tag frecher wird« – worauf der Major sich beeilte, ihr recht zu geben.

Der Curé, der blinzelnd von einem zum anderen blickte, wandte sich an van Leyden.

»Was Sie vorhin über das Schwanken der Begriffe gesagt haben, macht mich neugierig. Ohne zudringlich sein zu wollen, hätte ich gern mehr über Ihre Seekrankheit erfahren. Oder verletzen Sie damit die ärztliche Schweigepflicht?«

»Monsieur le Curé«, sagte van Leyden, »der geistige Zustand, in dem ich mich befinde, ist nicht leicht zu beschreiben. Mein Meister LeBrasseur eröffnete mir neue Welten, als er davon sprach, daß *liberté* und *santé* sich zueinander verhalten wie Kopf und Zahl derselben Medaille. Er sagte außerdem, man muß die Perspektive von oben festhalten und zugleich hinuntersteigen, wenigstens soviel ich verstanden habe. Es geht also um nicht weniger als eine Kritik des vertikalen Prinzips überhaupt, denn das ist doch wohl gemeint, wenn man Menschen kurieren soll, die einem vertikalen Gott das Messer an die Kehle gesetzt haben und ihm im Amt folgen wollen ... Ich bitte um Entschuldigung, ich rede fürchterlichen Unfug ...«

Van Leyden unterbrach sich mit einer Geste, die ausdrücken sollte, daß er sich beim besten Willen nicht deutlicher erklären könne.

»Sie denken über eine Frage nach, die für die heutige Zeit die wichtigste von allen ist«, sagte Curé Exner ernsthaft, als wolle er van Leydens Selbstkritik nicht gelten lassen.

»Die Menschheit ist sehr krank. Nur ein Gott könnte uns noch retten, aber damit ist nicht gesagt, daß ein Gott der Einladung durch unsere Verzweiflung folgen müßte – es heißt nur, daß weniger als das Unvorstellbare nicht genügen wird, um uns zu helfen. Wenn Sie erlauben, Monsieur, möchte ich Ihnen eine kleine Geschichte erzählen, die mir eben wieder in den Sinn gekommen ist. Sie könnte uns die Langeweile vertreiben, die sich bei solchen Fahrten unweigerlich einstellt ...

... Ich war ein Junge von etwa zehn, zwölf Jahren, damals, im Jahre 1755, als die Nachricht von dem schrecklichen Beben in Lissabon das ganze gebildete Europa in Zweifel und Entsetzen stürzte. Wie alle Kinder dieser Zeit war auch ich im Vertrauen darauf erzogen worden, Gott werde in seiner majestätischen Allmacht die Naturgesetze jederzeit so lenken, daß Natur und Menschenwelt in der bestmöglichen Harmonie miteinander existieren. Ich war mit Leib und Seele dabei, wenn ich in der heiligen Messe ministrierte. Mit kindlichem Stolz trug ich das Weihrauchgefäß hinter dem Priester, stammelte kräftig die lateinischen Formeln der Liturgie, als würde ich dadurch zum Mitwisser an wunderbaren Ordnungsworten.

Da drang eines Tages die Schreckensnachricht aus Portugal bis in unsere Stadt. Es dauerte Tage, ja Wochen, bis sich die volle Wahrheit verbreitete, die an Furchtbarkeit alle Gerüchte übertraf – und das mag etwas bedeuten, da wir gern mit Blut malen, wenn wir uns das Unglück der anderen vorstellen wollen. Das Erdbeben erschütterte auch mich mit seinem grauenvollen Stoß, ja, es bebte auch in meinem Inneren...

Am Allerheiligentag hatte das Beben in Lissabon Häuser, Kirchen und Paläste ohne Ausnahme zerschmettert. Sechzigtausend Menschen lagen unter den Trümmern begraben, verstümmelt, verschüttet, von den Flammen versengt. Seit Menschengedenken hatte man von einem Unglück dieses Ausmaßes nicht gehört. Seit der große Leibniz deduziert hatte, daß Gott unmöglich eine bessere Welt als eben die vorhandene hätte schaffen können, war der Geist der Zeit daran gewöhnt, die Übel der Welt mit nachsichtigeren Augen zu betrachten. Man gefiel sich in der Annahme, daß das Negative in der Ökonomie des Universums keine Größe erster Ordnung darstelle, sondern nur durch unsere verwirrten Gedanken ins kosmische Spiel hineingetragen werde. Dann kamen die Nachrichten aus Portugal...

Ich sah in meiner Vorstellung alles so deutlich vor mir, als sei ich dabeigewesen: die Erde bebte und schwankte, das Meer brauste auf, die Schiffe schlugen zusammen, die Häuser stürzten ein, Kirchen und Türme darüber her, der königliche Palast wurde zum Teil vom Meer verschlungen, die geborstene Erde schien Feuer zu speien, denn überall meldeten sich Rauch und Brand in den Ruinen. Sechzigtausend Menschen, einen Augenblick zuvor noch ruhig und behaglich, gingen miteinander zugrunde, und der Glücklichste darunter war der zu nennen, dem keine Empfindung, keine Besinnung über das Unglück mehr gestattet war.

Die Flammen wüteten tagelang fort, und mit ihnen wütete eine Schar sonst verborgener oder durch dieses Unglück in Freiheit gesetzter Verbrecher. Die unglücklichen Überlebenden waren dem Raub, dem Mord, allen Mißhandlungen ausgeliefert, und so behauptete von allen Seiten die Natur ihre schrankenlose Willkür...

Verstehen Sie, mein Herr, worauf ich hinaus möchte? Ich war noch ein Kind damals, und ich kannte keinen anderen Begriff von Gott als den katholischen, allgemeinen, wahrhaftigen, dem Gott, zu dem sich die Kirchtürme in den Himmel erheben. Zunächst keimte in mir nur ein Argwohn auf, es müßte auch bei uns demnächst beben. Ich schlich durch die Stadt und achtete darauf, ob nicht auch hier schon die ersten Risse in den Mauern zu sehen wären. Dann, als es mit mir schlimmer wurde, kehrte eine Angstvorstellung häufig wieder: in meiner Imagination sah ich den Turm unserer Kathedrale einstürzen – ich weiß es heute noch, als wäre es ein Traumbild der vergangenen Nacht: der Turm fiel in einer unheimlichen Stille langsam zur Seite, an einer Bruchstelle gleich über der Erde geknickt. In tödlicher Panik begann ich zu ahnen, daß dem Gott, der in dem Turm zu Hause sein sollte, die Erde längst aus den Händen geglitten war...

...Ich wurde krank. Tagelang verweigerte ich jeden Bissen Nahrung, weil ich überzeugt war, von Heuchlern und Betrügern umgeben zu sein. Wenn der herbeigerufene Arzt mir unter die Augenlider sehen wollte, wehrte ich mich, als sollte ich umgebracht werden...

Ich verkroch mich in mein Zimmer, um mit Gott abzurechnen. Unerbittlich ließ ich die sechzigtausend an ihm vorüberziehen, einen nach dem anderen. Ich bestand darauf, keinen einzigen von ihnen zu übergehen. Oh, ich war streng mit dem Gott! Ich ersparte ihm nicht einen. Ich wollte nichts versäumen, um ihn an Unbarmherzigkeit zu übertreffen... So ging es wochenlang in einem schrecklichen Ringen zwischen uns hin und her. Noch immer wollte ich kaum etwas essen, mochte mir die hypokritische Umwelt noch so freundlich zureden und die Wangen tätscheln... Manchmal kam auch ein anderer Arzt, den man in der Ratlosigkeit hinzugezogen hatte. Ich sollte ihm beweisen, daß ich das *pater noster* sprechen, meinen Familiennamen nennen und den Krönungstag des Königs auswendig hersagen könnte. Ich ließ den Idioten unbeachtet stehen, worauf er meinen Eltern erklärte, mein Zustand lasse wenig Hoffnung... Immer noch zogen meine Toten an der Kathedrale vorbei. Ich stellte sie dem Gott gegenüber und rief: hier ist noch einer, der an dich geglaubt hat! Diese Qualen, dieser Verrat! Und er hatte sich auf dich verlassen! Ich gab jedem einen Quader vom Turm mit auf seinen Weg ins Nichts, Stein um Stein. Ich weiß nicht mehr, wieviel Zeit verging, bis diese Arbeit zu Ende war. Vor meinen Augen war der Turm abgetragen, Gott kroch kläglich auf den Mauerstümpfen herum, hohl und schwach wie ein Schiffbrüchiger, der sich an die letzte Planke klammert. Noch immer schrie ich ihn an und nannte ihm die Namen der Betrogenen. Am Ende sah ich, wie er die Erde betreten mußte. Sein Leib begann glasig zu werden und zu schmelzen, und er versickerte lautlos im Boden.

Als ich nach einiger Zeit gesund wurde, begann ich wieder auszugehen. Ich sah, daß die Kathedrale immer noch stand und daß alles, was ich erlebt hatte, einer von jenen Fieberträumen gewesen war, wie sie bei überreizter Einbildungskraft wohl öfter auftreten. Die klare Besinnung kehrte wieder, und meine Wahrnehmung unterschied sich in nichts von der anderer Menschen. Aber etwas blieb zurück – soll ich sagen: eine schärfere Beobachtung? Das meiste, was Menschen sagten und taten, erschien mir von nun an wie ein Schattenspiel oder wie eine hohle Übereinkunft zwischen menschenförmigen Automaten... ich hatte begriffen, daß ich alles, was mir begegnete, daraufhin ansehen müßte, ob es zur eigentlichen Wirklichkeit gehörte oder zu dem Schattenspiel, das sich äußerlich kaum vom Wirklichen unterscheidet und doch ein pures Nichts ist...«

Der Curé beendete seine Erzählung mit einem abwartenden Schweigen. Man hörte wieder das Knirschen der Räder und das Ächzen der Gurte. Ab und zu feuerte ein Kutscher die Pferde mit Beschimpfungen an, während der andere weiter die Maultrommel schlug, monoton und surrend.

6
Julitheologie

Kurz vor dem Ende des zweiten Reisetages wurde van Leydens Fahrt (und die seiner Mitreisenden) kaum fünfzehn Meilen vor Verdun auf unvorhergesehene Weise unterbrochen.
Als die Kutsche, eine lange gelbgraue Staubwolke hinter sich herziehend, einen Hang hinabrollte, an dessen Fuß ein Weiler sichtbar wurde, stolperte eines der Pferde und stürzte auf so verquere Art, daß sich die Deichsel an einer unebenen Stelle in die Straße bohrte – wobei die Kabine der Kutsche, wie von einer großen Gabel aufgehoben, in die Höhe stieg und einen Augenblick später krachend auf die Seite fiel. Vor Panik wiehernd, hingen die Pferde mit zuckenden Beinen im Geschirr. Eine Weile drehten sich die oberen Räder rasselnd weiter.
Es vergingen nach dem Unfall ein paar Minuten in eigentümlicher Stille, die nur von dem Scharren der Pferde durchbrochen wurde. Dann kam in der Kabine eine Bewegung auf, zu der die Stimme des Majors ertönte.
»*Sacré nom de dieu,* das nennt man eine angenehme Überraschung... ich wünschte nur, die Dame hätte nicht dieses *malheur* zum Vorwand genommen, um solche Einsichten zu erlauben... *eh, docteur,* wenn Sie in Ordnung sind, so helfen Sie mir, Madame Tremouille rauszuschaffen.«
Der Major und van Leyden bemühten sich, die Ohnmächtige aus dem Wagen zu heben, während Curé Exner vom Inneren der Kabine her assistierte. Mit vereinten Kräften hob man die Dame von der Kutsche herunter und legte sie neben der Straße auf die Erde. Van Leyden, angetrieben von der Idee, daß er in einem solchen Unglück sich nicht nur als gewöhnlicher Tourist, sondern auch als Arzt zu verhalten habe, begann, die Häkchen des Kleides der Dame am Busen und an der Taille zu öffnen, damit sie leichter atmete. Er kam sich dabei sehr deplaziert vor, als stünde er neben sich selbst und kommentierte seine Akte mit

herabsetzenden Bemerkungen. »Das genügt«, sagte er mit aufgesetzter Entschiedenheit und trat einen Schritt zurück, wie wenn er für die Dame nicht länger zuständig sein wollte, zumal nicht auszuschließen war, daß er sich mit seinen altruistischen Gesten bereits auf das Terrain des Majors begeben hatte. Di Canetti hatte van Leydens Eingriffe skeptisch beobachtet; jetzt beugte er sich über die Erwachende und sagte, als sie flüsternd fragte, wo sie sei, zu ihr mit einem tapferen Glänzen in den Augen: »Sie sind gerettet, Madame« – woraufhin die Dame mit dem Seufzer: »Ich wußte, daß Sie ein Held sind!« in sich sank. Sie genoß offenkundig die Gelegenheit, dem Helden auf eine Weise ausgeliefert zu sein, die ihr angesichts der Umstände keine weiteren Verpflichtungen einbrachte.

Durch die heiße Abendluft drangen Rufe den Hang herauf. Van Leyden sah eine Schar halbnackter brauner Bauernkinder auf die Unglücksstelle zulaufen. Danach erschienen auch ein paar alte Männer, die von dem Weiler heraufkamen, um nach den Verunglückten zu sehen.

Als Madame Tremouille sich soweit erholt hatte, daß sie imstande war, auf eigenen Füßen zu gehen, machte sich die Reisegruppe (nachdem man das Gepäck notdürftig zusammengetragen hatte), begleitet von den Alten des Dorfes und den Kindern, auf den Weg zu den Höfen des Weilers, der kaum eine halbe Meile entfernt lag. Angesichts des desolaten Zustandes der Kutsche und des hereinbrechenden Abends bot sich keine andere Lösung, als daß die Reisenden sich einer Übernachtung in einer Scheune unterzogen. Van Leyden empfand diese Aussicht als beschwerlich, zumal nach zwei zermürbenden Reisetagen – nicht ohne daß er in einem Winkel seines Inneren diesen abenteuerlichen Unannehmlichkeiten mit amüsierter Wachheit zugesehen hätte. Madame befand sich in einem aufgelösten Zustand, der sie um Jahrzehnte verjüngte. Sie glich einem alternden jungen Mädchen, das ihr Leben zugleich ergeben und lüstern in die beschützenden Hände des Majors legte. Dieser versuchte der unumgänglichen Heldenrolle dadurch gerecht zu werden, daß er mit seiner routinierten Fröhlichkeit unentwegt behauptete, dieses romaneske Picknick komme wie eine göttliche Überraschung. Es hätte gar nichts Passenderes geschehen

können. Er erinnere nur daran, daß man in Paris und vor allem bei Hof auf solche bukolischen Landpartien völlig versessen sei.
Die Nacht brach herein, schwül und still, mit den bestialischen und sanften Gerüchen des Sommers und der ländlichen Armut. Van Leyden war zu erregt, als daß er in der Wolke von warmen zudringlichen Düften hätte schlafen können. Er dämmerte eine Weile vor sich hin und richtete sich darauf ein, die Nacht in einer leichten Ruhe zu verbringen. In dem großen Schweigen verloren sich die Geräusche der Scheune und des Dorfes. Die Zeit schien zum Stillstand gekommen. Nur ab und zu rückte sie ein Stück voran, wenn ein Vogel im Dunkeln aufflog oder einer der Schläfer ein unkontrolliertes Geräusch von sich gab. Van Leyden lag unbewegt und verschmolz mit der Ereignislosigkeit der Nacht.

Am nächsten Morgen beschlossen van Leyden und der Curé, sich zu Fuß auf den Weg nach Verdun zu machen, während der Major bei der Dame aushielt und versprach, ein Fahrzeug auftreiben zu wollen, um mit dem Gepäck so bald wie möglich zu folgen. Exner wünschte, »für den Fall, daß man sich nicht wiedersähe«, Madame Tremouille einen »wirklichen Erfolg« bei der Suche nach ihrem Sohn und dem Major viele neue Triumphe auf dem Feld der Ehre.
Alles deutete darauf hin, daß es wieder ein sehr heißer Tag werden würde, als die beiden Männer aufbrachen, um der Königsstraße in Richtung Verdun zu folgen. Bei zunehmender Hitze wanderten sie Stunde um Stunde nach Westen.
Gegen Mittag hatte sich der Himmel mit grauem Dunst bezogen, in dem die Sonne wie heißer Schaum zerfloß. Eine Wolke aus Hitze und Helligkeit drückte auf das Land. Die Felder dünsteten einen Hauch aus wie von gerösteten Getreidehalmen, und der in der Luft schwebende Staub roch ein wenig nach Korn, wobei van Leyden es nicht vermeiden konnte, sich an den Duft einer spermatischen Substanz erinnert zu fühlen. Die Wandernden hörten ihre Stiefel auf dem Schotter der Straße wie von fern knirschen. Auf dem lehmigen Straßenrand zur Linken waren Spuren von Rinderhufen zu sehen, die beim letzten Regen in die

nasse Erde gestampft worden sein mußten, so daß sie nun als kleine trockene Näpfe die Straße säumten. Es kam van Leyden vor, als passierte er eine unsichtbare Prozession. Von irgendwo oben aus dem heißen Dunst stachen die Schreie eines Raubvogels. Einmal sah er einen Schatten senkrecht in ein Kornfeld fallen und vernahm dann ein Flattern und Kämpfen in den Halmen.

Es mußte etwa eine Stunde über Mittag sein, als Exner und van Leyden beschlossen, nach einem Rastplatz Ausschau zu halten. Man entdeckte eine Ulme nicht weit neben der Straße und nahm sich vor, für die nächsten Stunden in ihrem Schatten vor der größten Hitze Zuflucht zu nehmen. Nach einer kleinen Mahlzeit und einigen Schlucken von dem warmen, sauren Wein, den er im Proviant mit sich trug, streckte sich van Leyden im trockenen Gras zwischen den Wurzeln des Baumes aus.

Er schloß die Augen, um die Rast ganz zu genießen. Millionen von weißen und bläulichen Punkten flimmerten auf einer hellroten Hemisphäre, die ständig pulsierte und sich in einen grenzenlosen Raum aus tanzenden hellen Partikeln ausdehnte. Sein Körper wurde schwer. Er fühlte das Blut in den Armen und Beinen prickeln, und es war, als ob sich die Erde leise hob und senkte, um sein Gewicht allmählich in ihrer Masse aufzulösen. Der Boden roch nach dem warmen Brot, das er in seiner Kinderzeit oft an das Gesicht gedrückt hatte, wenn er es vom Bäcker holen durfte. Am schönsten war es, wenn das Brot noch knisterte und ganz blond war. Manchmal erzählte die Großmutter, daß Mäuse sich gern in den Laib hineinfressen, und er fand es fesselnd, sein Ohr auf das warme Brot zu legen, ob nicht der Herzschlag der Tiere zu hören wäre...

...jetzt war das Brot so groß wie ein Zimmer. Es duftete nach trockenem Gras und nach Korn und nach feuchten Pilzen und nach weicher gepuderter Haut. Ein ruhiger Herzschlag drang aus seinem Innern. Der Bauch und die Brüste des Brotes hoben und senkten sich wie die Erde unter dem Baum. Jan preßte sein Gesicht in das Große, Weiche. Glücklich atmete er den Duft des Mehles ein, zufrieden bei der Vorstellung, daß das Brot ganz ihm gehörte...

...dann sah er, wie seine Mama sich über ihn beugte. Ihre

parfümierten Röcke wölbten sich über sein Gesicht wie ein rotes Zelt. Im Inneren des Zeltes war es geheimnisvoll dunkel, und es begann darin zu regnen, mit einem seltsamen erregenden Duft, wie wenn die ersten Tropfen eines Sommerregens auf das heiße staubige Pflaster fallen...

...er strengte seine Augen im Dunkeln an, um zu erkennen, was der Punkt sein mochte, den er am oberen Ende des Zeltes bemerkte. Er hatte die Form eines kleinen Fähnchens. Amélie sagte, du mußt dich jetzt beeilen, es ist noch ziemlich weit nach Santo Domingo. Für dich werde ich mir den Hintern blau anmalen. Mit einem geheimnisvollen Lächeln brach sie das Brot in der Mitte auseinander... aber der ordinäre Kutscher spuckte in das weiße Fleisch des Brotes und sang skandalös, Santo Domingo ist eine Messe wert...

...nun begann der Regen unter dem Zeltdach still und gleichmäßig zu rauschen, während sich der Erdboden allmählich mit Wasser vollsog. Plötzlich hörte Jan ein mechanisches Schnarren und das Schlagen einer Turmglocke – es mußte schon acht Uhr sein...

Erschreckt fuhr er in die Höhe – aber er fand nichts anderes vor sich als das grüne Blätterdach der Ulme, die warme Erde und die trockenen Wiesen ringsum. Ihm gegenüber lehnte der Curé Exner am Stamm des Baumes und sah van Leyden aufmerksam an. Der Himmel hatte sich mit dunklen Wolken bezogen.

»Gut, daß Sie wach werden, Kollege«, sagte Exner, »es sieht nach Gewitter aus, Sie haben übrigens unruhig geträumt und vor sich hin geredet. Kommen Sie, wir müssen weiter, sonst erreichen wir Verdun bis heute abend wieder nicht.«

So schnell er konnte, erhob sich van Leyden von seinem Rastplatz und klopfte die Grashalme von seinen Kleidern.

»Sagen Sie, Monsieur«, wandte er sich an den Curé, »sind wir nicht in der Nähe einer Ortschaft? Mir war es eben, als hätte ich es von einer Turmuhr acht Mal schlagen hören.«

»Ich wollte, Sie hätten recht«, erwiderte Exner, »aber davon ist keine Rede. Ich denke, daß die nächste Ortschaft Verdun sein muß, und das ist noch mindestens vier Stunden von hier. Sie haben sich wohl in der Zeit ein wenig verirrt, es kann höchstens fünf Uhr sein. Aber auch im Raum sind Sie herumgekommen,

scheint mir – jemand sollte mit Ihnen nach Santo Domingo fahren, wenn ich recht verstanden habe.«
Die beiden Männer marschierten auf der Königsstraße voran, an dürren Wiesen, ausgetrockneten Tümpeln und Waldstücken vorbei. Braune durchsichtige Mückenschwärme schwirrten in der feuchtheißen Luft und wurden vom Wind wie lebende Wolken dahingetrieben. Gegen Abend schoben sich von Süden und Osten dunkelgrüne und schwarze Gewitterfronten über den Horizont herauf. Die Wolken sprudelten im Wind wie Qualm über einem näherziehenden apokalyptischen Brand. Van Leyden, der sich im Gehen immer öfter nach dem unheilvollen Gewölk umsah, beschleunigte die Schritte. Aber bald mußten die Wandernden einsehen, daß dem Sturm nicht zu entkommen war.
»So halten Sie doch«, sagte Exner angestrengt, »wir müssen nicht in Panik geraten. Lassen Sie uns nach einem geschützten Platz Ausschau halten!«
Einige hundert Meter feldeinwärts sah van Leyden eine gemauerte Hütte, auf die er deutete, während er auf sie zuzulaufen begann. Die beiden waren kaum mehr fünfzig Schritt von dem Zufluchtsort entfernt, als die ersten Tropfen fielen, warm und pflaumengroß, mit einem furchterregenden Nachdruck. Im Unterschlupf angekommen, schaute van Leyden hinaus in den beginnenden Sturm, der sich wie auf einem spanischen Unwettergemälde über der Landschaft zusammenbraute. In der nächsten Sekunde brach ein ungeheures Prasseln los.
Das Rauschen der Eiskörner rief minutenlang ein helles Dröhnen auf den Ziegeln des Hüttendachs hervor. Dann begann der Regen zu strömen, so wild und überquellend, als habe er schon zu lang gewartet und werde von nun an bis ans Ende der Zeiten fallen. An undichten Stellen des Daches bildeten sich senkrecht zur Erde fließende dünne Wasserstrahlen, die den Boden binnen kurzem in Schlamm verwandelten. Der Donner sprang von einer Ecke des Himmels in die andere, während die Blitze als weiße zuckende Bögen in der Hütte standen, ehe sie mit wütendem Knallen in sich zusammenbrachen.
Mit fröhlicher Angst fühlte sich van Leyden in das große Rauschen und Toben hineingezogen. Eine Zeitlang vergaß er

völlig, über seine Lage nachzudenken, – die nun, sobald er sie sich vergegenwärtigte, freilich hoffnungslos aussah. Offenbar war kein Gedanke mehr daran, sich heute noch einmal auf den Weg nach Verdun zu machen. Unweigerlich würde es eine zweite unbequeme Nacht geben. Wieder mußte er sich seinen Aufenthalt von den Umständen diktieren lassen, und es müßte ein Wunder geschehen, wenn er heute auf dem nassen Boden und in dem unentrinnbaren Prasseln des Regens zum Schlafen käme.
Er schaute zu Exner, wie um ihn zu fragen, was er von der Lage halte. Als dieser nur listig blinzelnd zurückschaute, sagte van Leyden ein wenig einfallslos: »Nun?« – woraufhin Exner erwiderte: »Nun, die Tatsachen sind klar, es kommt darauf an, wie wir sie genießen werden.«
Das erschien van Leyden ein völlig verfehlter Kommentar zu der Situation, die er nicht zum Scherzen geeignet fand. Plötzlich aber mußte er lachen, da ihm die Bemerkung des Curé nicht weniger absurd vorkam als der Umstand, daß er aus allen zivilisierten Zusammenhängen herausgerissen hier in einer nassen Hütte stand und sich inmitten des Tobens der Natur mit der Frage beschäftigte, wie es mit ihm bis zum nächsten Morgen weitergehen sollte.
»Ich verstehe, was Sie meinen«, sagte er zu dem Geistlichen. »Wir richten uns wohl auf ein weiteres Picknick ein, wie der Major sagen würde.«
Jeder begann daraufhin, sich aus altem Stroh und einigen Latten, die man in einer Ecke entdeckte, eine Unterlage zusammenzutragen, auf der sie sich niederlassen konnten, ohne vom Boden durchnäßt zu werden. Sie kauerten nebeneinander an der Wand, während draußen die Dunkelheit hereinbrach. Beim Flackern der Blitze sah van Leyden das Profil des Geistlichen neben sich.
»*Et alors*«, sagte Exner nach einer Weile. Van Leyden suchte, was zu erwidern wäre, fand aber keinen Anhaltspunkt, um an Exners vage auffordernder Äußerung anzuknüpfen. Wieder ging ihm die Erzählung des Geistlichen in der Kutsche durch den Kopf. Er begann sich zu wundern, wie es möglich war, daß er neben einem Menschen saß, der ein Priestergewand trug, obwohl er doch schon in seiner frühen Jugend den Glauben verloren haben

mußte. Van Leyden überlegte, wie er diese Verwunderung in eine diskrete Frage kleiden könnte, kam aber zu keiner Lösung, und sagte zuletzt nur:

»Bin ich sehr unhöflich, wenn ich frage, wie es weitergegangen ist? Ich meine, damals nach dem Unglück...?«

»Im Gegenteil«, erwiderte Exner, »ich war fast sicher, es müßte Sie interessieren.«

»Oh, das tut es im höchsten Maß«, beteuerte van Leyden, »ich kann nicht sagen, wie sehr ich gefesselt war, als Sie von dem Erdbeben und von Ihrer Rache an Gott berichteten. Auch was Sie über das Schattentheater sagten und über die eigentliche Wirklichkeit, hat mich mit hundert Fragen zurückgelassen. Ich meine, man hat gar keine Worte für dieses... wie soll ich sagen... dieses Glimmen im Bewußtsein, wenn man fühlt, daß es um das Allerwirklichste geht. Verzeihen Sie, Monsieur, ich rede schon wieder Unsinn.«

»Aber nein«, sagte Exner, »ich will Ihnen erzählen, was später geschah, weil ich fühle, daß Sie nicht weit davon sind, es zu begreifen...

... erinnern Sie sich noch, was für ein böses Ende es mit meinem Gott genommen hatte? Er versickerte kläglich im Boden und hinterließ nichts als eine Erinnerung und eine Enttäuschung – aber auch das heißt schon zuviel sagen, denn was in Wahrheit zurückblieb, war noch weniger als eine Enttäuschung und eine Erinnerung, es war einfach eine Leere, die man nicht einmal als Mangel hätte beschreiben können... Es war nicht mehr und nicht weniger als ein wirklich vorhandenes Nichts, wenn Sie mir diesen paradoxen Ausdruck erlauben, eine Art Hohlraum, dem keine Füllung mehr entsprach, ein bedeutungsloses höhnisches Vakuum, das dem Herzen manchmal weh tat, weil es ihm jeden Halt entzog und alle größeren Hoffnungen *a priori* als nichtig bloßstellte...

Nun gut, so war es halt, und so mochte es seine Richtigkeit gehabt haben... Habe ich gesagt, daß ich damals in einem Alter war, in dem man kein Kind mehr ist und noch kein Erwachsener? Ich verbrachte die folgenden Jahre in einer Geistesverfassung, die man nicht ohne weiteres als Suche nach etwas bezeichnen dürfte, aber ebensowenig als Gleichgültigkeit gegen alles. Am ehesten dürfte Warten für meinen damaligen Zustand das richtige Wort sein. Ja, ich wartete, ohne zu wissen worauf. Ich hielt mich bereit, weißgott wofür, vielleicht für das, was man so obenhin das Leben nennt oder die Wahrheit oder was auch immer. Ich wanderte im Sommer durch die Felder, ich streckte mich auf der Erde aus und fand es eigentümlich erregend, mich von dem Boden getragen zu fühlen... Die Philosophen haben für das, was ich damals empfand, eine besondere Ausdrucksweise erfunden, die das eigentlich Undenkbare in eine Frage einschließt: *pourquoi il y a plutôt quelque chose que rien?* Warum ist überhaupt etwas da und nicht nichts? Das klingt wahrscheinlich wie die Frage eines verwirrten Geistes, bei dem sich die Wörter verselbständigen und der ohne Rücksicht auf Sinn und Unsinn vor sich hin schwätzt. Aber, sei's drum, es war nicht anders, keine andere Frage, kein anderes Empfinden war damals in mir lebendig als das Staunen über das Wunder der Wunder, daß etwas da war – und daß ich auf eine nicht näher zu beschreibende Weise mit da war in dem großen Da, und daß die Erde da war, die mich trug, wenn ich mich ausstreckte, um in den Himmel zu sehen. Ja, und auch der Himmel hatte etwas an sich von dem rätselhaften Da, das durchtränkt ist von einer anwesenden Art der Abwesenheit, einer blauen flüchtigen Leere und einer offenen Tiefe, die sich um alles Seiende herumlegt wie ein Nichts, in das man hineinsieht, ein Nichts, das gleichsam auf alles wartet, was sich jetzt im Dasein Platz macht...

Sie mögen denken, daß das unbrauchbare Spekulationen waren, wie sie zu einem jungen Menschen passen, der in einem von der Mode des Raisonnierens angekränkelten Zeitalter heranwuchs... Sie haben jedes Recht, so zu denken, und niemand könnte Ihnen mit Gründen widersprechen. Aber ich wollte noch ein wenig erzählen... habe ich schon gesagt, daß dies eine meiner Launen war? – auf der Erde zu liegen und zu horchen, ob es in ihrem Inneren wirklich so tot wäre, wie es uns vorkommt, wenn wir gedankenlos über sie dahingehen. Ich wartete auf so etwas wie ein Zeichen von ihr... ich wollte die Erde und alles Vorhandene aus seinem dummen erhabenen bloßen Da heraustreten sehen und ein zum Reden gebrachtes Sein erleben. Aber es blieb dabei, daß dieses äußere Da sich wie ein sinnlos massiver

Klotz meinem Lauschen gegenüberstellte und mir alles vorenthielt, was mehr gewesen wäre als meine eigene Hinzudichtung. Nur manchmal vor Gewittern war mir, als hörte ich ein fernes Rauschen in der Erde. Der Boden flüsterte zuweilen wie das Meer in einer ans Ohr gepreßten Muschel...

Ich war ungefähr vierzehn, fünfzehn, als mein Vater durch einen Unfall ums Leben kam. Es war das erste Mal, daß ein Mensch, der mir viel bedeutete, hinüberging. Aber zu dieser Zeit war ich noch sehr stark, müssen Sie wissen... Das Gefühl, auf etwas Außergewöhnliches zu warten, gab mir eine seltsame Überlegenheit über die Einzelheiten der sogenannten Realität. Der Tod fand keine schwache Stelle an mir... Man muß sehr stark sein als junger Mensch, wenn man begreift, daß die Erwachsenen hilflos sind. Oh ja, ich war auf eine imaginäre Weise stark, ich lebte außerhalb der Brutalität, unerreichbar für Schmerz und Zwang, geborgen in einer schwebenden Negativität... Ich weiß nicht, Monsieur, ob Sie in Ihrer Jugend die Schönheit dieser unerbittlichen Vorbehalte gegen die Tatsachen des Lebens gekannt haben, dieses wundervolle Nein, mit dem sich die Verbindung durchtrennen läßt, die uns an die gewöhnliche Hölle fesselt? Das Nein hielt sich gegen die Welt wie ein Kristall im Innersten des Bewußtseins, den selbst die krudeste Wahrheit nicht zerreibt: daß wir Menschen im allgemeinen dem Unglück, da zu sein, nicht gewachsen sind. Und lebte ich nicht zudem in einem Zeitalter, in dem die Misere immer gespenstiger hervortrat, seit die Tröstungen der Religion unglaubhaft geworden waren?

Und dann – es war kaum zwei Jahre später, ich war wohl sechzehn Jahre alt, als meine Mutter, die das Plagen und Arbeiten nicht ertrug, erkrankte und sich beängstigend schnell aufgab. Es dauerte wenige Wochen, bis sie einen Grad an Gebrechlichkeit erreicht hatte, bei dem jeder Moment ihr letzter sein konnte. In diesen Tagen erfuhr ich, bis wohin der Schmerz gehen kann, nicht der, der aus der Gegenwehr und der Empörung kommt wie üblich, auch nicht der, auf den man sich eben noch einläßt, weil man sich der Rettung schon sicher ist, wohl wissend, daß man es auch diesmal fertigbringen wird, mit einem Lächeln die Verzweiflung zu beschwindeln. Nein, es war ein Schmerz ohne Einspruch, ein absolutes Verbrennen und Verlorensein. Er fraß sich durch meine Vorsicht und meine Distanz hindurch, ich konnte nicht länger draußen bleiben als kühler Zeuge des heillosen Lebens, es zog mich auf einmal in den Strudel hinein, es riß mich von dem Sockel herab ins hilfloseste Dabeisein, dem ich mich unterwerfen mußte, so wie man sich am Ende von unmöglich gewordenen Leugnungen der Wahrheit beugt. Und hier war die Wahrheit keine andere als das Verschmelzen mit dem Furchtbaren, vor dem kein Ausweichen bleibt. Von da an gab es für mich kein Draußensein mehr und kein Darüber und kein Daneben, sondern nur ein unermeßliches Dazugehören...

Ich fand, daß die Welt dastand, wie ein zur Hälfte schon abgerissenes Haus, in dem sich die Menschen zusammendrängten, während mitten in den Wohnzimmern ein Loch klaffte... Ständig verschwanden Menschen und Dinge darin, um niemals wiederzukehren. Aber die Bewohner der Salons drückten die Augen zu und hielten sich verzweifelt lustig an das Gegebene und wollten um keinen Preis wahrnehmen, wie das große Verschwinden am Vorhandenen zehrt...

Aber damals war meine Mutter dabei, die Welt zu verlassen, ganz leise löste sie die Fäden auf, die sie ans Gegebene knüpften, und jede Mühe, dieses Verschwinden nicht wahrzuhaben, wäre vergeblich gewesen. Sie verabschiedete sich, als sei sie es, die in sicherer Obhut zurückbliebe, und ich derjenige, dem eine Reise durch die Hoffnungslosigkeit bevorsteht. Ach, sie hatte ein so demütiges Leben geführt, daß sie sich für das Sterben wie für eine Pflichtvergessenheit schämte. Es paßte nicht zu ihrem unauffälligen Dasein, mit einem so anspruchsvollen Exzeß wie dem Tod zu enden. Zuletzt erschien in ihren Zügen ein Schimmer der selbstvergessenen Freiheit, die uns versprochen ist, wenn wir vor der morgendlichen Schöpfung stehen und fühlen, daß nichts hinzuzufügen ist und daß es nur unsere Unruhe war, die alles unternahm und alles verfehlte...

... seither ist sie fort, um nichts zurückzulassen als einen offenen Raum. Sie ist bei mir alle Tage und Nächte mit ihrem Fehlen, wie jener Engel, von dem die geheimen Schriften der Juden sagen, daß er der Engel sei, der nicht gibt, sondern nimmt.«

7
Le théâtre de la lune

Am nächsten Morgen lag das vom Regen vollgesogene Land unter einem zartblauen feuchten Schleier. Van Leyden erwachte aus der Starre, in der er die Nacht überstanden hatte, und ging ins Freie, um sich durch ein paar Bewegungen zu wärmen. Er sprang einige Male auf der Stelle und kreiste mit den Armen, bis er wieder etwas Leben im Körper fühlte. Dann sah er sich nach dem Curé um, der die Hütte bereits verlassen hatte.

Er entdeckte ihn einige hundert Schritte entfernt als einen dunklen Punkt, der unbewegt am Rand der Königsstraße saß und mit dem Gesicht gegen Osten vor sich hin schaute. Van Leyden stapfte über die Wiese auf Exner zu und wünschte, sobald er auf Hörweite herangekommen war, einen guten Tag. Exner saß unbewegt an seinem Platz und antwortete nicht. Er sah mit halboffenen Augen vor sich ins Leere. Ein wenig irritiert und unschlüssig, wie dieses unverbindliche Vorsichhinstarren des Geistlichen zu deuten sei, setzte sich van Leyden in einigem Abstand auf einen Feldstein und wartete, ob Exner endlich bereit wäre, von seinem Dasein Notiz zu nehmen. Aber da der Geistliche weiter reglos und ohne ein Zeichen der Verständigung sitzenblieb, überließ sich van Leyden seinerseits nach einer Weile dieser merkwürdigen Art des Nebeneinandersitzens.

Er schlug die Beine übereinander und beschloß zu warten – zuerst etwas unruhig und auf eine baldige Veränderung der Lage hoffend, dann allmählich ruhiger werdend und auf seine eigenen Vorstellungen verzichtend. In dieser Haltung ausharrend, geschah für ihn längere Zeit über nichts. Nach einer Weile war ihm jedoch zumute, als geriete dieses seltsame Dasitzen zu einem Ereignis, das gleichsam ohne sein Zutun aufblitzte. Bot sich nicht eine singuläre Gelegenheit zum Zusammentreffen mit allem, was ihn an dieser Stelle umgab? Die nasse schwere Erde, sie mußte wohl da sein, bevor man ihr begegnen konnte. Die nach Westen gekämmten Gräser mußten sich von einem entlegenen Anfang her entfaltet haben, um ausgerechnet hier sein zu können. Der Stein mußte seine Härte von Urzeit her in sich speichern, um sich in dieser Sekunde als das zu erweisen, was er war, massiv, undurchsichtig, unauffällig, weder freundlich noch unfreundlich, zum Sitzen eben geeignet, ohne dafür besonders geschaffen zu sein.

Die Morgenbrise kam auf und brachte die Grashalme leise zum Schwanken. Auch in diesem Schwanken war das Ereignis am Werk, als dessen Zeugen van Leyden sich empfand. Es vollzog sich als ein aus sich leuchtendes Vorhandensein der Dinge und als eine unglaubliche und zugleich unauffällige Versammlung des Vorhandenen zu dieser Gegenwart... Wie aus glühendem Schaum ging über dem Horizont die Sonne auf, wobei van Leyden zum ersten Mal zu sehen meinte, daß die Farben in der Welt nicht bloße Eigenschaften der Dinge waren und keineswegs als Anstrich über dem Vorhandenen lagen, sondern daß sie die Arbeit des Lichts bedeuteten, die in jedem Augenblick geschehen mußte, wenn die Welt nicht blind sein sollte. Das Sein erschien als eine einzige Explosion, die man nur darum nicht als katastrophales Geschehen empfand, weil sie selbst der Inbegriff von allem war und es keinen Hintergrund gab, vor dem sich das Explosive dieser Explosion hätte abheben können.

Es mochte eine knappe Stunde vergangen sein, als van Leyden an der Unruhe in seinem Körper spürte, daß die Zeit für das besinnliche Ausharren vorüber war. Es mußte nun mit der Reise weitergehen. Auch der Curé Exner erhob sich in diesem Moment von seinem Stein und sagte guten Morgen. Ohne viel zu reden, machten sie sich auf den Weg nach Verdun, diesmal in der Gewißheit, die Stadt bis zum Nachmittag zu erreichen.

Nach wenigen Stunden wurde hinter ihnen das Geräusch eines Fuhrwerks hörbar, dazu die anfeuernden Rufe einer bekannten Stimme. Sie erkannten bald den Major di Canetti, wie er mehr stehend als sitzend einen Bauernkarren lenkte, auf dem unter einem provisorischen Sonnensegel (das über einigen Stangen aufgespannt war) die Dame Tremouille saß. Überrascht warteten die beiden Wandernden, bis das abenteuerlich schaukelnde Fahrzeug näherkam, während der Major ihnen entgegenrief:

»Heiliges Kanonenrohr! Wenn das nicht unser Priester ist und unser seekranker Doktor! *Per il culo della puttana santissima,* ein schnelles Wiedersehen, Messieurs! Ich dachte bisher, Noah habe die Nilpferde und anderes wasserfestes Getier zuerst an Land geschickt, aber ich sehe, daß er die Gelehrten vorausgehen ließ, damit sie Spalier stehen, wenn das amphibische Dreirad des Majors di Canetti mit der ersten postdiluvianischen Brise vorbeisegelt. Herzlich willkommen, Messieurs! Und sehen Sie dort im Dunst den Regenbogen, mit dem der alte Herr, wenn ich ihn richtig deute, uns zu verstehen gibt, daß er künftig darauf verzichtet, entlaufene Kandidaten in seiner Firma zu beschäftigen. O pardon, Madame, Sie verstehen mich sicher nicht falsch ...«

Hinter der Kuppe eines Hügels tauchten die Türme von Verdun sowie einige Abschnitte der Fortifikationen auf, so daß die Reisenden sich davon überzeugen konnten, in etwas mehr als einer halben Stunde am Ziel zu sein. Van Leyden war froh über die Aussicht auf eine baldige Rast, denn er spürte, daß er seit längerem nicht mehr von gesunden Energien zehrte.

Endlich war Verdun erreicht, das mit seinen spitzwinkligen Wällen und Mauern wie ein gewaltiger Zackenstern in einer Mulde lag. Die Reisegruppe machte vor der Raststation Halt, an deren Portal ein Kupferschild mit der Abbildung eines springenden Hirschen angebracht war – darüber die Inschrift *Relais au cerf volant.* An den Fenstern des oberen Stocks hingen Federbetten und Laken, aus dem Inneren des Hauses waren laute Frauenstimmen zu hören. Auf dem Hof des Rasthauses standen vor einer Scheune fünf, sechs Planenwagen, auf denen ein paar junge Männer in goldgrün glitzernden Gewändern mit weißbemalten Gesichtern hockten und sich unterhielten. ›Komödianten‹, dachte van Leyden, und er fragte sich, ob es dieselben seien, derentwegen Madame Tremouille und der Major hierher unterwegs waren.

In diesem Augenblick rief schon die Dame, von einer Ahnung erfaßt:

»*Mon pauvre Clément!,* er muß in der Nähe sein, *ah, mon petit chouchou,* bald ist er wieder zu Hause!«

Der Major half der vor Erregung schwankenden Frau, von dem Karren herabzusteigen.

Inzwischen war der Wirt aus dem Portal gekommen und hatte nach einer raschen Prüfung die Reisenden als Herrschaften eingestuft, bei denen auch dann ein höflicher Ton am Platz ist, wenn sie – wie hier – einen desorganisierten Anblick bieten. Er verbeugte sich.

»Madame, Messieurs, es ist mir eine Ehre, Sie zu empfangen. Es ist unter unserem Dach zur Zeit ein wenig eng, denn es sind fahrende Schauspieler am Ort, von denen manche die Gästezimmer belegen – der Rest kampiert in der Scheune. Seien Sie unbesorgt! Man wird sein Bestes tun, um Ihre Bequemlichkeit zu garantieren!«

»Sagen Sie doch!« drängte Madame Tremouille, »haben Sie bei den Komödianten nicht einen jungen Mann gesehen, der eigentlich nicht zu ihnen gehört... Sein Name ist Clément. Wo ist er zu finden? Wir wollen sofort mit ihm sprechen!«

Der Wirt wiegte den Kopf.

»Davon weiß ich nichts. Mag schon sein, daß einer darunter ist, den man Clément ruft – ist es so ein dürrer Schüchterner mit einem Ministrantengesicht? Sie müssen in der Scheune nachschauen. Am besten, Sie fragen nach Monsieur Marius, dem Prinzipal.«

Der Major versuchte die Dame zu überreden, sich zuerst von den Beschwerlichkeiten der Fahrt zu erholen, um später die Nachforschungen fortzusetzen. Madame Tremouille jedoch sah ihn betroffen an und lächelte mit einem zugleich überlegenen und nachsichtigen Ausdruck, als wolle sie dem Major zu verstehen geben, daß ein Mann, und wäre er ein Held, niemals imstande sein werde, die Initiativen eines weiblichen Herzens zu begreifen. Was wußte ein Offizier von den Kräften einer Löwin, die ihr Junges verteidigt?

»Geben Sie mir Ihren Arm, Herr Major!« sagte sie, indem sie sich imposant aufrichtete und mütterlich wogend auf die Scheune zuschritt. Van Leyden mußte unwillkürlich an seine eigene Mutter denken, vor allem an den eigentümlich wilden und weichen Zug in ihrem Gesicht, wenn sie in jene vorwärtsstrebende Gangart geriet, die sie als ›energisch werden‹ zu bezeichnen pflegte.

Mit Elan betrat Madame am Arm des Majors die von den

Schauspielern in Beschlag genommene Scheune, während van Leyden den beiden zögernd folgte. Sie winkte sich einen von den weißgesichtigen, goldgrün gekleideten Burschen heran und fragte nach dem Prinzipal – sie müsse ihn auf der Stelle sprechen. Der Weißgesichtige rief deklamatorisch in eine Ecke:
»*Allez*, Marius, eine Dame wünscht dich zu sprechen. Du kannst dir nicht vorstellen, wie dringend es ist.«
Aus der Ecke kam es schroff zurück.
»Zum Teufel, keine Zeit für Weibergeschichten, ich bin über dem Text.« Worauf der mit der weißen Maske zurückrief: »Nein im Ernst, es sind Besucher für dich da.«
Der Theaterdirektor schaute zum Eingang herüber, sah die Gruppe und erhob sich mit einem Sprung von seinem Platz.
»Ich bitte tausendmal um Vergebung«, rief er, indem er auf Madame Tremouille, den Major und van Leyden zulief, »ich konnte unmöglich ahnen, daß Sie mich mit Ihrem Besuch beehren, Messieurs-dame. Ich darf mich vorstellen, Marius Rosier, Komödiant und Märtyrer der Kunst. Womit kann ich Ihnen dienen?«
Der Major räusperte sich und sagte streng:
»Man hat erfahren, daß Sie einen jungen Mann in Ihrem – wie soll ich es nennen –, in Ihrem Ensemble aufgenommen haben, der kein Recht hat, hier zu sein. Madame Tremouille wünscht kategorisch, mit ihrem Sohn Clément zu sprechen – sofort!«
»*Ah, je comprends*, das ist es«, sagte Marius Rosier, wobei er rasch seinen Blick durch die Scheune schweifen ließ. »Deswegen also.«
Er verbeugte sich vor der Dame.
»Darf ich zum Ausdruck bringen, Madame, wie sehr mich Ihr Besuch ehrt und erfreut. Was unseren Clément angeht, so kann ich Ihnen die besten Mitteilungen machen. Ein Talent wie das seine ...«
»Wo ist er?« unterbrach ihn der Major, während Madame Tremouille bei den Worten ›unser Clément‹ die Stirn runzelte.
»Doch, wirklich, unser Clément ist ein Juwel«, sagte der Theaterdirektor mit ironisch-feierlicher Betonung. »Leider ist er im Augenblick nicht hier. Es ist jammerschade, daß er Sie nicht auf der Stelle begrüßen kann, denn er ist durch wichtige Kom-

missionen heute den ganzen Tag absent. Aber ich zweifle nicht daran, Madame, daß er sofort nach seiner Rückkehr heute abend entzückt in die Arme seiner Mutter eilen wird!«
»Sind Sie sicher, daß er bis zum Abend hier sein wird?« fragte der Major, wobei er sich in der Scheune umsah.
»Aber ganz gewiß«, sagte Marius Rosier, »am besten machen Sie es sich inzwischen im Rasthof bequem. Man bietet Ihnen jeden Komfort, dessen Reisende bedürfen. Haben Sie sich umgesehen, Herr Offizier? Sie müssen verzeihen, wenn es hier anders aussieht als in den Empfangssalons der bessren Kreise. Außerdem hat das Unwetter vorgestern den Fundus durchnäßt, so daß eine Trocknungsaktion fällig wurde – deswegen das Durcheinander dort oben.«
Der Prinzipal deutete in das Scheunendach, das mit farbigen Transparenten und Kulissen vollgehängt war, die verschiedene Bühnenprospekte zeigten – das *intérieur* eines Louis-Quinze-Salons, eine Häuserfront im Renaissancestil, eine bukolische und eine wilde Landschaft, Zypressen, Kegelbäume, Hecken und Standbilder... Nahe am Scheunentor hing ein gelber Halbmond, der auf einer schwarzen Fahne befestigt war. Die Wangen des Mondes waren mit Glassplittern besetzt. Quer über das Tor war ein Schriftband ausgespannt mit roten, blauen und weißen Buchstaben: LE THEATRE DE LA LUNE, darunter auf einer zweiten Schriftrolle in schwarzen runden Lettern auf grauem Grund: LE BOURGEOIS SOLEIL.
»Auch die Garderobe hat es erwischt«, sagte Marius Rosier, »einschließlich jener würdevollen Soutane, die unserem Clément so vortrefflich steht. Sie befindet sich hier in guter Nachbarschaft, nicht wahr. Um die Wahrheit zu sagen, die galanten Wäschestücke daneben kleiden eine äußerst großzügige Dame. So kommt man unter die Leute, sehen Sie. Neben der noblen Weibsperson hängt der Rock eines reichen Händlers, daneben der Richtertalar, auf hoher Stange wie das Gesetz *in corpore*, wenn das nicht guter Umgang ist. Die weißen *pantalons* schmükken meiner Wenigkeit königlichen Gang, namentlich in tragischen Stücken, das macht das *non plus ultra* der guten Gesellschaft. Die Fetzen dahinter repräsentieren den dritten Stand in seinen weniger feisten Exemplaren, die ebenfalls durchnäßt

waren. Wir haben die versammelten Generalstände zum Trocknen gehängt... Nun aber bitte ich demütigst, mich zu entschuldigen, den Mimen ruft die Kunst, die Musen befehlen ihren Liebling zu sich!«
Der Direktor entfernte sich mit einer übertriebenen Verbeugung. Madame Tremouille und der Major mußten einsehen, daß ihnen nichts anderes übrigblieb, als sich fürs erste zurückzuziehen, wobei di Canetti bemerkte:
»Diese Redensarten! So einem Burschen ist nicht über den Weg zu trauen. Ich wette, er bringt es fertig, mit zwei Wörtern dreimal zu lügen!« Daraufhin bot er der Dame seinen Arm, um sie zu der verdienten Erholung in den Gasthof zu führen.
Van Leyden stand noch ein paar Augenblicke an der Stelle, von wo er die Szene miterlebt hatte. Es lag etwas Abenteuerliches in der Luft – es war der Hauch einer phantastischen Welt, in der ein höheres beflügeltes Leben pulsierte. War es kein magischer Anblick, wie die Kulissen unter dem Dach schwebten, als sei für die Theaterleute das menschliche Universum ein Fundus aus fertigen Szenen, die man durch einen Wink der Regie hier- oder dorthin stellen konnte? Und alle Szenen hingen hier als gleichberechtigte Möglichkeiten nebeneinander wie Wörter in einem Lexikon, eine Parkszene war ebensogut wie eine Halle mit Fenstern und Kamin oder eine verlassene Insel, und jedes Bild wartete nur auf eine Gelegenheit zum öffentlichen Erscheinen... Ein weiblicher Zauber wehte in dem fabelhaften Chaos. Es war ein wenig wie vor den Abenden, an denen seine Mutter zum Ball ging und in ihrem Ankleidezimmer ein aufregendes Durcheinander herrschte – von übereinandergeworfenen Kleidern, Ballschuhen und unauffindbaren Flacons, ein Stimmengewirr und ein Stöhnen, wenn man der schönen Mama die Taille schnürte, ein Befehlen und Rufen, ein Trippeln und Probieren vor dem Spiegel, ein einziges Hin- und Herlaufen.
Van Leyden ging in träumerischer Stimmung zum Ausgang der Scheune, als er plötzlich erstarrte.
Durch einen Schlitz in der mit weißen Tüchern abgeteilten Garderobenecke sah er ein paar Frauen beim Anprobieren von Kleidern. Obwohl er nur einen kurzen Blick auf die Szene geworfen hatte, begann der Eindruck des Bildes in seinem

Innern wie Feuer zu brennen. Eine der Frauen hatte bis zur Hüfte nackt vor einem Spiegel gestanden, die Hände über dem Kopf, um sich eine Papierrosette ins Haar zu stecken. Die Arme und Schultern der Frau waren braun gewesen, ihre Brüste und ihr Leib weiß wie das Innere eines Brotes, ihre Brustrosen standen wie hellrote Tüten hervor. Sie trug einen roten Rock tief über den Hüften. Eben hatte sie, als wollte sie sich streng prüfen, ein wenig finster in den Spiegel geschaut.

Van Leyden ging wie betäubt über den Hof. Er betrat das Rasthaus, fragte nach dem Zimmer, ging hinter dem Hausburschen dorthin, öffnete die Tür, ließ seine Sachen fallen und schloß hinter sich zu. Er warf sich staubig wie er war aufs Bett. Er fühlte einen Nervenschauer wie eine warme Flüssigkeit durch seine Beine laufen...

Mein Gott, wohin gerate ich hier?, dachte er bei sich. Er fühlte sich wie ein Dieb, der etwas gesehen hatte, was für seine Augen nicht bestimmt war, und der den Anblick wegtrug, um ihn an einem sicheren Platz hervorzuholen. Da war dieses Bildnis, bezaubernd schön, wie er es in seinem Leben noch nicht gesehen zu haben meinte. Die Frau stand vor dem Spiegel in göttlicher Nacktheit, vom Glanz eines höheren Lebens umgeben. Ging nicht von ihrem Körper ein besonderes Licht aus? Eine betörende Elektrizität, die nichts anderes als Schönheit war? Und ihr Blick, der sich im Spiegel prüfte, war er nicht der einer skeptischen Göttin – falls es überhaupt möglich war, daß Göttinnen an sich zweifeln? Er aber? Was würde er tun, wenn sie plötzlich vor ihm stände, was würde er... was würde er tun? Ach, es ist nicht wahr, er hätte nicht den Mut, sie an sich zu drücken, und sie wäre niemals sein, denn Göttinnen können niemandem gehören... Man muß sie ansehen, immerzu, so lange, bis es nicht mehr brennt. Es war ein Fehler, nackte Bilder zu stehlen, so flammende Bilder, die mit ihrer bösen Schönheit das Herz mit neuer Sehnsucht füllen, um es danach allein seinem Feuer zu überlassen...

Von draußen blies eine Flöte eine kleine humoristische Melodie in sieben Tönen, in der die ersten fünf Noten hastig die Leiter hinaufkletterten, um mit den beiden letzten Noten an den Anfang zurückzupurzeln...

Van Leyden wußte nicht, wie lange er auf seinem Bett gelegen hatte. Aus einer dumpfen Abwesenheit erwachend, tauchte er sein Gesicht in eine Schüssel kalten Wassers, die auf der Kommode stand. Sobald die klare Besinnung zurückgekehrt war, kam die Erinnerung an die Szene in der Scheune herauf. Wieder sah van Leyden das Bild der Schauspielerin vor sich, wie sie nackt vor dem Spiegel stand, die Arme erhoben, den Blick skeptisch auf ihr Spiegelbild geheftet... Sei's drum, dachte er, ein wenig ernüchtert, es wäre nicht das erste Mal, daß er eine Nackte gesehen hätte, und häßlich oder schön, das ist eine Frage, die einen Arzt nicht an erster Stelle zu interessieren hat. Wie Silberstein so oft sagte – auf das kalte Blut kommt es an. Ohne kaltes Blut gelangt man nirgendwohin, man muß wissen, was man will.

Van Leyden nahm sich vor, den Theaterleuten einen Besuch abzustatten, sobald er sich durch einen Imbiß restauriert hätte. Dann müßte er sich nach den Verbindungen nach Paris erkundigen. Zuletzt könnte er sich vielleicht mit nüchternen Augen überzeugen, ob die Schauspielerin, die er in überreiztem Nervenzustand bei einer delikaten Ausnahmesituation überrascht hatte, unter einem vernünftigeren Licht nicht weit weniger anziehend wäre.

Es war später Nachmittag, als van Leyden zu der Scheune hinüberging, in der die Schauspieler deklamierten. Die Sonne warf durch die Ritzen im Dach und in den Bretterwänden gelbe Streifen und Flecken auf die rote Zeltbahn am Boden der Scheune. Glitzernde Staubpartikel wirbelten in den Lichtstreifen. Sofort fühlte sich van Leyden wieder in die Mirakelatmosphäre der Theaterwelt versetzt. Er ging ohne Zögern auf Marius Rosier zu, stellte sich vor und bat darum, den Schauspielern bei ihrer Arbeit zusehen zu dürfen. Marius Rosier versicherte, es sei ihm ein Vergnügen, unter den Augen eines Gelehrten seine Kunst zu präsentieren, nur bitte er um Nachsicht, daß in den Proben nicht alles so vollkommen sein könne, wie man es wünsche.

Van Leyden schaute sich unauffällig nach der Schauspielerin um, während er sich auf ein Lederkissen am Rande der roten Zeltbahn setzte. War es die in dem dunklen spanischen Kostüm?

– Wie sehr solche Bekleidung eine Frau doch verändern konnte! Alles in allem jedoch sah sie auch jetzt in dem strengen Aufzug einer spanischen Jungfer sehr hübsch aus.

»Schluß jetzt, es geht weiter«, rief Rosier, »Coco, Michel, ihr seid an der Reihe. Meine Herren, in Stellung. Coco, denk daran, der Bazilemonolog kommt wie eine große Arie, aus einem Atem, das klingt am Ende wie eine ganze Stadt voll Wispern und Raserei und zugleich wie eine Theorie der Propaganda! Das Volk ist in Aufruhr, und das muß man hören. Der einzige, der es nicht hört, ist Bartholo. Michel, du mußt ihn sehr trocken geben, ein steifer Medikus, geizig, eifersüchtig, borniert, aber mit dem dummen Scharfsinn der Mißtrauischen, du weißt, was ich meine. – Also los, es beginnt Bartholo: Kein Zweifel, das betrifft mich! Und was tun?«

Michel/Bartholo: Da gibt es keinen Zweifel, das betrifft mich. Und was tun?

Coco/Bazile: Wäre es ein Bürgerlicher, man könnte ihn sich leicht vom Hals schaffen.

Bartholo: Ja, abends auf die Lauer gelegt, bewaffnet, geharnischt...

Bazile: Guter Gott! Sich kompromittieren! Im Leben nicht! Nein, man muß es geschickter anstellen – kleine Händel vom Zaun brechen, das ist gut, und während das Süppchen kocht, glaubhaft verleumden.

Bartholo: Eine merkwürdige Art, sich einen Menschen vom Hals zu schaffen!

Bazile: Die Verleumdung, Monsieur! Sie wissen nicht, was Sie da von sich weisen; ich habe die ehrenhaftesten Leute darunter leiden sehen. Glauben Sie mir. Es gibt keine noch so platten Bosheiten, keine Scheußlichkeiten, keine Schauermärchen, die, wenn man es nur richtig anstellt, von den Müßiggängern einer großen Stadt nicht aufgenommen werden; und hier gibt es Leute, die haben darin ein Geschick... Zunächst ein kleines Gerücht, über dem Boden segelnd wie eine Schwalbe vor dem Gewitter, es murmelt, *pianissimo,* und spinnt den vergifteten Faden weiter. Ein Mund nimmt es auf, und *piano, piano,* flüstert es dem Nachbarn ins Ohr. Schon ist es geschehen. Das Übel keimt, schleicht, gewinnt an Boden. und *rinforzando,* von Mund zu Mund, vollführt es sein teuflisches Werk, bis plötzlich, man weiß nicht wie, die Verleumdung sich aufrichtet, sich bläht und entfaltet. Sie dringt vor, breitet sich aus, wirbelt umher, hüllt ein, reißt fort, zieht mit sich, bricht aus, dröhnt und wird, dem Himmel sei Dank, zum allgemeinen Schrei, ein öffentlicher Chor des Hasses und der Verdammung. Wer, zum Teufel, sollte dem widerstehen?

Bartholo: Was für ein Geschwätz ist das, Bazile? Und was hat Ihre *piano-crescendo*-Geschichte mit meiner Lage zu tun?

Bazile: Was sie damit zu tun hat? Sehr viel, denn was man sonst unternimmt, um seinen Feind aus dem Weg zu räumen, muß jetzt unternommen werden, damit er sich erst gar nicht nähert.

Bartholo: Nähert? Ich denke doch, daß ich Rosine heirate, bevor sie überhaupt erfahren hat, daß es diesen Grafen gibt.

Bazile: In diesem Fall dürfen Sie keinen Augenblick verlieren.

Bartholo: Und an wem liegt das? Ich habe Sie mit allen Einzelheiten in dieser Angelegenheit betraut.

Bazile: Ja, aber an Kosten gespart ... wen entzückte nicht der Wohlklang des Goldes ...

Bartholo: Gold? Verflucht, wofür denn Gold?

Bazile: Gold, mein Gott, Gold, das ist die Vorbedingung jeder Intrige!

Bartholo: Da! Machen Sie, was Sie wollen, aber kommen wir zum Ende.

Bazile: Das nenne ich vernünftig geredet. Morgen ist alles erledigt ...

Marius Rosier winkte die Probe ab.

»*C'est ça, très bien joué,* ich denke, die Passage steht. *Allez,* meine Kleinen, wir springen gleich vor zum Rendezvous im Park. Marthe, Cléandre, euer Auftritt.«

Van Leyden beobachtete, wie die Schauspielerin im Kostüm der spanischen Bürgertochter die Spielfläche betrat, während der Schauspieler mit dem roten Überwurf eines Seigneurs sich hinter einer Taxushecke aus Karton verbarg. Einen Augenblick später sprang der Adlige hervor, stürzte auf die Wartende zu und rezitierte:

> »Wie wenn an einem schönen Maienmorgen,
> Die Sonne ...«

»Oh nein«, stöhnte Marius Rosier, *»non, non, non non, non, non, non,* so geht es nicht. Ihr seht eure Rollen nicht, alle beide. Marthe, deine Rosine ist noch keine, die Bescheid weiß. Beim ersten Rendezvous machst du kein Gesicht wie nach tausendundeiner Nacht, ein wenig mehr Unschuld, *s'il te plaît! Regarde!*«

Rosier stellte sich in Positur, die Hände in der Höhe des Schoßes gefaltet, die Augen niedergeschlagen, von Zeit zu Zeit mit ängstlicher Neugier aufblickend.

»Verstehst du, Unerfahrenheit, Scheu, erste Versuche, darum geht es, das erregt den Appetit... sehr gut, und so bleibst du, bis er auftritt... Cléandre, du kommst von der Hecke her. Allmächtiger Himmel, hier ist nicht die Schwere Kavallerie. Weißt du, wie ein Aristokrat sein Versteck verläßt? Schau her, man setzt blasiert den Fuß auf wie bei einem Menuett, einmal trippelst du sogar auf der Stelle, ganz dringender Lüstling, sehr gut, man muß sehen, wie es um dich steht, nichts als geiler Drang und Unnatur, eine brünstige Geziertheit, *voilà,* was wollen wir mehr – dann hältst du dich eine Sekunde hinter der Hecke verborgen, streckst den Kopf hervor, um das Opfer zu taxieren... Marthe, *écoute,* du stehst so, daß er dich von der Seite sieht, vielleicht hast du schon Schritte gehört, dein Busen hebt sich schneller, du schaust aber zur anderen Seite, etwa mit der Note: Monsieur, bilden Sie sich nicht ein, daß ich Ihre Nähe schon zur Kenntnis genommen hätte! – Jetzt, Cléandre, du richtest dich auf, die Männlichkeit packt dich, schon sieht man, wie du im nächsten Moment nach vorn stürzen wirst, die Verbeugung schon im Rücken, die Komplimente vorgekaut im Mund, *en avant maintenant,* Gruß und Attacke, der Vers, die Werbung...

»Ich bete Sie an, Mademoiselle, Sie blenden mich, erhören Sie Ihren Diener Jean Marie Louis Henri Albert Amadé Philodor Théophile Philophraste Othon Charles von Aquaviva und Condôme – das muß gleiten, da defiliert der Stammbaum bis zur fränkischen Eroberung Galliens vorbei...

Jetzt Rosine: Monsieur, Sie ehren mich zu sehr, *hélas,* ich bin nur Ihre ergebene Dienerin...

Darauf ein Vorstoß des Grafen:

Kein Wort davon, mein Juwel! Wenn einer von uns des anderen

Diener ist, so ich der Ihre. Ich bin der seligste von allen Sterblichen, wenn ich Ihnen meine Dienste erweisen kann. Das muß lasziv kommen, mit Speichel zwischen den Silben.
Dann Rosine: O mein Herr, wie wird mir... ich kann doch nicht...
Der Graf: Ihr Wille vermag alles... befehlen Sie mir, Ihnen meine Anbetung zu beweisen...
Er geht auf sie zu, weniger galant als drohend, den Rücken zum Publikum über Rosine gebeugt wie der Falke über der Beute: Mademoiselle, fühlen Sie dieses unvergleichliche Feuer...
Dann Rosine, hilflos, nachgebend: O Monsieur, ich hoffe, Sie wollen meine Unerfahrenheit nicht mißbrauchen!
Er wieder: Was könnte köstlicher sein, Mademoiselle, als mein Schicksal mit dem Ihren zu verbinden! – Cléandre, wie du das sprichst, besteht kein Zweifel, daß Schicksal das obszönste Wort des Französischen ist.
Jetzt wieder Rosine... Hé, Marthe, was ist, was machst du für ein Gesicht? Das ist eine Komödie...«
Die Schauspielerin war, als der Darsteller des Grafen mit seinen drohenden Anzüglichkeiten nähergekommen war, zurückgewichen, als gehöre diese Geste noch in ihre Rolle. Dann begann sie, von einem unwiderstehlichen Ekel erfaßt, zu stöhnen und bog sich voll Abscheu zur Seite. Ihr Partner schien anzunehmen, daß dies eine improvisierte Abweichung vom Stück sei, und fuhr in seiner Rolle fort. Er rückte dicht an die Frau heran, bis sie seinen Atem auf ihrem Gesicht fühlte. Er wollte mit einer Hand an ihre Röcke greifen, als sie in einen würgenden Schrei ausbrach und zu Boden sank.
Sie schrie mit so furchterregender Kraft, wie van Leyden noch nie einen Menschen hatte schreien hören, mit einer Stimme, die aus den Eingeweiden heraufzusteigen schien. Marthe kniete am Boden, die Hände aufgestützt, die Augen zu Schlitzen verzerrt, und erbrach sich. Dabei schrie sie entsetzlich, und es klang, als redete sie jemanden an, der für sie auf imaginäre, doch imponierende Weise präsent war. »Nein, tun Sie es nicht, ich sage ja kein Wort, ich schwöre es, ich sage es niemandem...«
Van Leyden begriff, daß das Spiel auf eine andere Ebene gesprungen war. Die Frau schien auf einer älteren Bühne ihres

Lebens zu stehen, auf der sich ein schreckenerregendes Geheimnis enthüllte. Ohne zu wissen, warum und mit welchem Recht er dies tat, stand er auf und ging auf die am Boden kauernde Frau zu. Er folgte keiner Vorstellung, sondern gehorchte spontan dem Empfinden, hierher zu gehören. Sein Platz schien neben der Frau zu sein, zwei Schritte vor ihr, und es war seine Sache, sie mit Liebe und großem Respekt anzuschauen. Die Schauspielerin sah ihn aus ihrem inneren Ringen zweifelnd an, als verstünde sie nicht, wie jemand bei diesem Drama in ihrer Nähe sein konnte. Van Leyden verharrte schwer atmend an seinem Platz. Er sah, wie Marthe in seinem Blick nach etwas Unbekanntem suchte, dann bemerkte er, wie in ihren Augen ein Schmelzen begann. Er nickte ihr unmerklich zu, und wie sie ihn weiterhin zweifelnd ansah, wiederholte er sacht seine Geste. Noch immer hing die Frau mit einem letzten Vorbehalt an seinem Blick. Dann brach ein so heftiges Schluchzen aus ihr hervor, daß van Leyden seine Kraft zusammennehmen mußte, um nicht mitzuschreien. Schon wenige Augenblicke später hatte er das Gefühl, daß die Frau ihn nicht länger brauchte und er ihr keine Rücksicht mehr schuldig war. Sie rief: »Warum haben Sie das getan«, und ihr Körper wurde von Weinkrämpfen geschüttelt.

Er strich vorsichtig über ihren Rücken, um sich zu verabschieden. Dann erhob er sich und ging abrupt aus der Scheune. Er war erstaunt, als er sich vergegenwärtigte, daß er auf so unvorhergesehene Weise mit der Frau in Berührung gekommen war, als wäre sie weniger eine Göttin als eine Schwester, die einen *compagnon de route* brauchte. Aber war es nicht auch so in Ordnung? Und war es nicht besser, einer Schwester nahe zu sein, als eine Göttin zu bewundern, zumal es keine Bewunderung gab, deren Preis nicht in Ferne und Traurigkeit bestand? Bald würde Marthe sich beruhigt haben, und in kurzem würde sie wieder in den Spiegel sehen und sich zulächeln wie jemand, der eine alte Liebe getroffen hatte.

8
Grammatik der Blicke

Als es dunkel wurde, kehrte van Leyden zu der Scheune zurück. Die Schauspieler waren soeben dabei, die Proben abzubrechen. Marius Rosier kam van Leyden entgegen.
»*Bon soir, docteur!* Sie haben heute abend hoffentlich keine anderen Pläne, man würde sich sehr freuen, Sie in unserer Runde zu sehen. Vor allem gibt es hier eine gewisse junge Dame, die vermutlich Ihre Gegenwart besonders schätzen wird.«
»Wie geht es ihr?« fragte van Leyden im trockenen Ton eines Arztes, der sich nach dem Befinden eines Patienten erkundigt, ohne sich anmerken zu lassen, wie sehr er plötzlich erregt war.
»Es ist sehr merkwürdig«, erwiderte Marius Rosier, »wenn sie sonst nämlich diese Zustände bekam, dauerte es Tage, bis sie mit jemandem wieder ein Wort wechselte. Aber wollen Sie mir glauben, Monsieur, daß sie vorhin nach einer halben Stunde wieder spielte wie das Theater persönlich! Ich bin inzwischen überzeugt, was Sie demonstriert haben, war eine Anwendung des animalischen Magnetismus. Man hört viel reden davon in der letzten Zeit, ich hielt es bisher nur für eine Mode. Aber Sie haben mich vom Gegenteil überzeugt, Monsieur.«
»Man muß sich vor übertriebenen Hoffnungen und voreiligen Schlüssen hüten«, sagte van Leyden verlegen, »aber es mag sein, daß der Magnetismus eine Angelegenheit ist, die eine große Zukunft hat.«
»*Mais non, Monsieur*«, sagte Marius Rosier anerkennend, »keine falsche Bescheidenheit bei solchen Künsten! Aber um auf ein anderes Thema zu kommen – ich hätte, wenn Sie erlauben, gerne Ihre Meinung über die Angelegenheit von Madame Tremouille erfahren.«
Van Leyden zuckte mit den Schultern. »Darüber ist nicht viel zu sagen. Die Dame lebt in der fixen Idee zu wissen, wer und was ihr Sohn ist, und bis vor kurzem muß er sich große Mühe

gegeben haben, ihrer Vorstellung von ihm in allen Punkten zu entsprechen. Seine plötzliche Flucht beweist, daß er jetzt die Definition seiner Mutter widerlegen will und daß er eine andere Hypothese über seine wahre Bestimmung aufgestellt hat. Die Frage lautet nicht, wer recht hat, sondern wer seiner Idee mehr Nachdruck geben kann. Es könnte durchaus sein, daß die Mutter ihn am Ende unter ihre Vorstellung zwingt – aber vielleicht gelingt es ihm noch, das Bild, das sie ihm aufpreßt, abzuschütteln ...«

»*Olàlà, docteur*«, sagte Marius Rosier lächelnd, »fast eine philosophische Analyse. Aber ich schmeichle mir, daß ich Ihnen habe folgen können. Ich mache einen Vorschlag, Monsieur. Ich möchte dem armen Clément bei der Verteidigung seiner Hypothese ein wenig Hilfe leisten ... Für nachher, wenn Madame zu uns kommt und wenn der Major im strengsten Ton fragt: Wo ist er?, sollten wir ein kleines Spiel verabreden!«

»Nichts lieber als das«, antwortete van Leyden unternehmungslustig. »Aber wie stellen Sie sich das vor?«

»Sehr einfach. Sie bringen unter irgendeinem Vorwand das Gespräch auf die Schauspielerei – was für eine unwürdige abseitige Profession sie sei und wie sehr sie sich vom ordentlichen Leben unterscheidet. Das Folgende wird sich dann wie von selbst ergeben ...«

»Das ist merkwürdig«, bemerkte van Leyden nachdenklich, »Sie scheinen nicht nur ein Mann des Theaters zu sein, sondern auch Gedankenleser. Wie können Sie wissen, daß ich hierüber sowieso mit Ihnen reden wollte?«

»Mit Gedankenlesen hat das nichts zu tun«, sagte Rosier, »ein Schauspieler, Monsieur, ist jemand, der einen Blick für Szenen hat. Und wer die Szene sieht, dem kommen die Texte von selber. Man nennt es Assoziation der Ideen, glaube ich. Auf nachher also, Monsieur.«

Auf dem Platz zwischen dem Rasthof und der Scheune war ein Feuer angezündet worden, um das ein Dutzend Menschen auf dem Boden lagerten. Die Nacht war warm und klar, die Brise trug einen Duft von Pflanzen und warmer Erde über den Hof.

Die männlichen Mitglieder der Schauspieltruppe trugen weiße

Masken mit schmalen Mundöffnungen, die ihnen einen toten gequälten Ausdruck gaben. Sie steckten ausnahmslos in den gleichen hellen sackartigen Stoffüberwürfen, die die Körper völlig verhüllten.

Van Leyden saß auf einer Decke neben dem Curé, den Arm um einen halbgefüllten Weinballon gelegt, und schaute mit einer angenehmen Nervosität in die Runde. Manchmal begegnete ihm der Blick der schönen Schauspielerin, die ihn jedesmal unbefangen anlächelte. In ihrer Unbefangenheit lag etwas, was van Leyden als befreiend empfand, so daß er zurücklächelte, froh, durch diese stille Form der Kommunikation von plumpen Initiativen suspendiert zu sein.

Es dauerte nicht lange, bis Madame Tremouille am Arm des Majors aus dem Gasthof kam. Die beiden näherten sich dem Feuer. Van Leyden hatte den Eindruck, daß es der Dame schwerfiel, sich dieser Situation auszusetzen. Sie schien zu der Art von Menschen zu gehören, die sich in ihrer Unfähigkeit, zu bitten, normalerweise darauf verlassen müssen, zu befehlen. Hier war jedoch offenkundig, daß sie mit ihren üblichen Mitteln nicht weit kommen würde. Zum ersten Mal empfand Jan so etwas wie Mitgefühl mit der Frau, die soviel Haltung nötig hatte.

Einer der Maskierten sprang auf und führte die Dame und den Offizier zu zwei bereitgestellten Korbstühlen in der Runde. Die beiden setzten sich. Irritiert musterten sie die Anwesenden.

»*Diantre*«, sagte di Canetti, »was soll die Maskerade! Was für ein Gaunerstück wird hier gespielt? Es gibt wohl eine gewisse Person, die sich fürchtet, ihr wahres Gesicht zu zeigen!«

»O nein, mein Herr«, ließ sich eine der Masken mit der Stimme von Marius Rosier vernehmen, ohne daß man hätte erkennen können, wer von den Vermummten gesprochen hatte, »es gibt niemanden hier, der Angst davor hätte, sein wahres Gesicht zu zeigen.«

Madame Tremouille blickte in stummer Verwirrung von einem Maskierten zum anderen. Zuletzt sagte sie mit bebender Stimme:

»Bist du da, Clément?«

Aus einer der weißen Masken kam eine Stimme:

»Oui, chère maman, je suis là!«

Es war unmöglich zu erkennen, wer gesprochen hatte. Die

Masken funkelten im Widerschein des Feuers. Sie bewegten sich leise schwankend über den unförmigen Körpern, die Münder halboffen wie höhnische Schlitze.

»Aber wo bist du?« fragte sie in zitternder Spannung, von der sich nicht sagen ließ, ob sie sich in Zorn oder in Tränen entladen würde.

»*Je suis ici, maman*«, klang es aus der Gruppe der Vermummten zurück. Die Masken schaukelten auf ihren Plätzen, starr bewegten die Gesichter sich hin und her.

»Verprügeln müßte man sie«, sagte der Major grimmig. »Es ginge mit dem Teufel zu, wenn diese Säcke nach ein paar ordentlichen Schlägen nicht wüßten, wie sie heißen.«

»Darum geht es nicht, Monsieur«, erwiderte eine der Masken.

»Dann möchte ich wissen, worum es hier geht!« grollte di Canetti. »Wenn das nicht ein Skandal ist! Ein junger Mensch, der die guten Manieren so sehr vergessen zu haben scheint, daß er nicht einmal seine Mutter begrüßt, die für ihn alles geopfert hat. Und der diese suspekte Gesellschaft vorzieht, indem er jeden Gehorsam unterläßt!«

Madame Tremouille nickte, als wolle sie sich die Empörung, die der Major zum Ausdruck brachte, zu eigen machen. Dann begann sie zu schluchzen.

»*Bon soir, chère maman*«, sagte eine Stimme.

»So zeig dich doch endlich«, schluchzte die Frau, »ich bestehe darauf!«

In ihrer Ratlosigkeit fixierte sie einen der Maskierten, der ihr am nächsten saß, und wiederholte:

»Clément, zeig dich endlich! Wer bist du?«

Der Mann in der Maske schaukelte leise auf seinem Platz und starrte an der Frau vorbei.

»Wer bist du?« sagte sie noch einmal.

»Ich bin ein anderer!« ließ sich eine junge Männerstimme hören. Ihr Ton war von gefährlicher Sanftheit.

»Ach, Clément, ich weiß doch, daß du es bist!« sagte die Frau beschwörend zu der Maske neben ihr. Das weiße Gesicht hörte nicht auf zu schaukeln. Der Widerschein des Feuers glitzerte auf den lackierten Wangen.

»*Ecoutez, maman!*« sagte eine Stimme wieder, diesmal in entschiedenerem Ton, »*je suis un autre.*«

»Aber ich höre dich doch schon!« sagte Madame Tremouille verzweifelt zu der stummen Maske neben ihr. »Du bist doch hier, du bist in der Nähe!«
Ihr Körper wurde von Schluchzen geschüttelt.
Eine der vermummten Gestalten bewegte sich langsam nach vorn, so daß man hinter den Augenlöchern der Maske den Widerschein des Feuers glitzern sah. Die gekrümmte Gestalt schrie: »Ich bin ein anderer. Ich ist ein anderer.«
Madame Tremouille sank auf ihrem Sessel in sich zusammen.
»Zuviel für mich«, wimmerte sie, während der Major mit Todesverachtung auf die gekrümmte schreiende weiße Gestalt am Feuer sah und nichts anderes hervorbrachte als:
»Infames Subjekt!«
Van Leyden fühlte starkes Mitleid mit beiden, mit der Mutter nicht weniger als mit dem Sohn. Er hätte in diesem Moment sehr mächtig sein wollen, um die quälende Szene mit einem Zauberwort zum versöhnenden Ausgang zu bringen. Er sah, wie Marthe aufstand und der Frau ein Glas Wein in die Hand drückte. In diesem Augenblick nahmen die Männer ihre Masken ab.

Marthe machte mit einer Karaffe voll Wein die Runde und goß jedem ein. Niemand sprach ein Wort. Noch lag eine verlegene Beklemmung über der Szene, so daß sich die Aufmerksamkeit aller auf Marthes Weineingießen konzentrierte. Die Schauspielerin ging, obwohl sie spürte, daß sie unfreiwillig in den Mittelpunkt der Blicke geraten war, graziös reihum, wartete jedesmal, bis man ihr das Glas entgegenhielt und schenkte aufmerksam lächelnd ein.
Marius Rosier blinzelte van Leyden zu, um ihn an die Verabredung zu erinnern. Van Leyden aber hatte Augen nur für Marthe, die unbeirrt von einem zum anderen ging. In ihren Bewegungen waren eine erregende Schwerelosigkeit und eine so einfache Deutlichkeit, daß es van Leyden vorkam, als habe er nie zuvor eine Frau in dieser Weise als lebendiges Wesen wahrgenommen. Wieder war das elektrische Phänomen um sie, das er von der ersten Begegnung her kannte. Vielleicht war es diese Elektrizität, die bewirkte, daß die Schauspielerin für ihn keine gleichgültige

Erscheinung blieb, wie es ihm sonst mit den Weibspersonen erging, die er von Hospitälern, Marktplätzen oder Bällen her kannte. Marthe besaß irgendeine außergewöhnliche Eigenschaft – mochte diese auch schwer zu benennen sein. Vielleicht war es in Wahrheit keine Eigenschaft, sondern eine besondere Art von Gegenwart …

»Nun, Herr Doktor«, unterbrach Marius Rosier ziemlich laut van Leydens Reflexion, »Sie machen ein Gesicht, als sei das Weineingießen für Sie ein metaphysisches *problema.* Nicht wahr? – Marthe ist als Weineingießerin ein Ereignis! Eine Schauspielerin von wirklichem Talent! Doch weiß ich nicht, ob man sich über die Natur des Schauspiels überall im klaren ist!«

Dann beugte sich Rosier nach vorn und flüsterte, während er ein Hölzchen aufhob und es ins Feuer warf: »Muß ich noch deutlicher werden?«

»In der Tat!« sagte van Leyden offensiv, »es steht meiner Meinung nach niemandem zu, zu erklären, daß Mademoiselle Marthe eine talentierte Schauspielerin ist.«

»Olàlà!« rief Marius Rosier, »das müssen Sie weiter ausführen, wenn Sie nicht wollen, daß man Ihre Bemerkung für eine Beleidigung hält.«

Marthe war bei van Leydens Äußerung stehengeblieben und schaute zu ihm hinüber – noch zu überrascht, um gekränkt zu sein.

»Es ist möglich«, sagte van Leyden mit aggressivem Elan, »daß unsere Begriffe von Schauspielerei nicht dieselben sind. Wenn ich einen Satz höre wie diesen: Marthe sei eine Schauspielerin von Talent, so empört sich etwas in meinem Inneren dagegen. Ich frage, wer es ist, der sich herausnimmt, zu urteilen, wo er nur zusehen sollte. Denn urteilen hieße einen Anspruch darauf anzumelden, überlegen zu sein, wo man als bloßer Zuschauer für immer in die Schuld des Anblicks kommt … Verstehen Sie mich richtig! Man macht der Natur doch keine Komplimente! Und man kann vor einem blühenden Baum nicht bravo rufen!«

»Wenn dies Ihre Ansicht ist, Monsieur«, sagte Marius Rosier verblüfft, »dann werden wir uns nicht streiten. Um die Wahrheit zu sagen, ich fürchtete, daß Sie die alltägliche flache Meinung teilten, wonach das Schauspiel aus der Verstellung entstehe. Doch gegen diesen vulgären Begriff vom Theater haben Sie protestiert. *On est tout à fait d'accord.*«

Nun ergriff der Curé das Wort.

»Ich bin der Meinung, *Monsieur le directeur*, daß Sie dies erklären sollten. Es ist nicht ausgeschlossen, daß hier der Schlüssel zu dem liegt, was wir erleben.«

Marius Rosier zögerte eine Weile, wobei er das Gesicht eines Mannes aufsetzte, der erwägt, wie mit einer diffizilen Sache der beste Anfang zu machen sei. Dann sagte er:

»*Eh bien* ... da Sie darauf bestehen, werde ich berichten, wie ich selbst zum Theater gekommen bin.«

Er hob etwas die Stimme.

»*Messieurs-dames*, das ist eine wahre Geschichte, auch wenn Sie wie ein Roman klingt ...«

»Großer Gott!« unterbrach ihn der Schauspieler Coco, »jetzt kommt das wieder. Eh, Marthe, gibst du mir den Wein herüber.«

»*Ecoutez alors, messieurs-dames*, das ist eine Geschichte, die das Leben schrieb, und urteilen Sie danach selbst, ob es etwas von Poesie und Zufall versteht, das Leben, ... kurzum, Sie müssen wissen, ich komme aus dem Süden ...«

»Aie, aie, aie, Marius, unnötig, das zu sagen, das hört man!«

»... ja, aus dem Süden. *Nom de dieu*, fünfundzwanzig Jahre genau ist das jetzt her. Wie die Zeit vorüberrauscht ...«

»Paß auf Marius, du wirst jedesmal jünger! Zuletzt waren es genau achtundzwanzig Jahre!«

»Die Tage fliegen so schnell vorbei, man dreht sich um und fragt sich, ob dies wohl schon das Leben war. Die Vergangenheit erscheint einem oft wie eine Redensart, und man könnte glauben, man sei selber nur ein abgespieltes Stück oder ein ausgelesenes Buch, von dem nur noch ein paar sinnlose Wendungen hängengeblieben sind. Würde man seine Geschichte nicht immer ab und zu neu erzählen, hätte man bald überhaupt keine Vergangenheit mehr ... lassen wir das, es würde zu weit führen. Ich weiß noch gut, wie bei mir alles anfing. Ich war ein Bursche, so von vierundzwanzig Jahren, ich arbeitete auf der *ferme* meines Vaters bei Oppède, am Fuß der Montagne du Lubéron, wissen Sie. Eines Tages ...«

»Marius, nun hör mal, du warst achtzehn, und angeblich ein bildhübscher Kerl, damals – du verdirbst alles, wenn du den Text so herunterhudelst!«

»Verflucht, also, ich war damals so zweiundzwanzig, und eines Tages wurde eine Vorstellung einer Truppe in Cavaillon angekündigt, das ist nicht allzu weit von meinem Dorf, wissen Sie – und man wollte ein Stück von Gozzi geben in der späteren italienischen Manier mit *arlecchino* und *pulcinella* und mit Tiraden an der Rampe, bis die Leute offenen Mundes dastanden und dachten, der Teufel sei mit denen auf den Brettern im Bunde. Ich war vom Spiel der Komödianten verzaubert. Nach diesem Abend dachte ich an nichts anderes mehr als an Masken und Kostüme, schöne Frauen in rauschender Seide, und an diese plastischen Sätze, die aus den Mündern der Schauspieler kamen, so elegant und klangvoll, als hörte man zum ersten Mal im Leben eine wirkliche Sprache. Ich drapierte mich auf meiner Stube mit Leintüchern, sprang durch die Scheune und deklamierte Verse, die ich nie gehört hatte.«

»*Attention*, Marius, vergiß nicht zu sagen, daß so die wirklichen Talente anfangen. Außerdem war es nicht Gozzi, sondern Goldoni, und nicht die Scheune, sondern der Geflügelhof.«

»Es redete aus mir selber, tatsächlich, die Verse kamen von da innen, so ganz von selbst. Bei den *vendenges* schnitt ich mir in die Finger vor lauter Versen, ich war zu nichts mehr zu gebrauchen. Nur soviel wurde mir deutlich, daß ich nicht länger das bleiben konnte, was ich gewesen war. Aber zugleich war evident, daß mein Vater mich totgeschlagen hätte, wenn er geahnt hätte, was in mir vorging ... Eines Nachts hatte ich einen Alptraum. Ich stand an der Platane vor unserem Hof, gefesselt, die Hände so fest am Baumstamm, wissen Sie, und ich redete vor mich hin, bis ich auf einmal merkte, daß ich einen einzigen Satz wiederholte, *je serai acteur*, ich will Schauspieler werden ...«

»Normalerweise aber auf provenzalisch, Marius!«

»... in einem fort sagte es nur diesen Satz, *je serai acteur, je serai acteur.* Dann sah ich unter meinen Füßen ein Gebüsch, und als ich näher hinschaute, war es ein Scheiterhaufen, aus lauter alten Lavendelstöcken, verschlungen wie Korallenstrünke ...«

»Es war ein Natternknäuel, um korrekt zu sein, Monsieur!«

»Aber was das Unheimlichste war – Männer mit schwarzen Kapuzen standen um den Baum herum und kamen drohend näher. Ich erkannte mit Entsetzen, daß ich dem Femegericht in die Hände gefallen war. Man wußte längst über meine geheimsten Gedanken Bescheid und hatte das Urteil gefällt. Einer der Kapuzenmänner trug eine Fackel vor sich her. Trotz meiner Panik konnte ich nicht aufhören, meinen Satz zu wiederholen, *je serai acteur, je serai acteur.* Auf den Wink des Fememeisters warf der Schwarzmaskierte die Fackel in den Scheiterhaufen, es brannte an meinen Füßen ... mehr tot als lebend wachte ich auf, nahm ein paar Habseligkeiten an mich und rannte in besinnungsloser Flucht hinaus in die Nacht. Erst bei Sonnenaufgang ...«
»Langsam, Marius, wo bleiben die Olivenbäume, die ihre Arme nach dir ausstreckten? Wie, und kein Wort über die dämonischen Fratzen, die dir aus den Eichenstämmen entgegengrinsten?«
»Jetzt reicht's aber, Coco, sonst werde ich meine Arme ausstrekken, bis dir das Grinsen vergeht, ... also bei Sonnenaufgang stand ich auf der Tête de Buisse, von wo aus man einen unendlichen Blick hat über das Land ...«
»Süße Provence, Wiege der Kindheit ... bei Gott, das mußte doch einmal gesagt werden!«
»Meine Angst hatte inzwischen nachgelassen. Ich lief bergab über Le Trou du Rat hinunter ins Durancetal, und mit dem Flußlauf weiter, bis ich Orgon entdeckte. Und dann mußte ich in Cavaillon hören, daß die Truppe vor Wochen abgefahren war. Wie durch ein Wunder traf ich damals jemanden, der aus Saint-Rémy kam und die Komödianten dort gesehen hatte. So folgte ich ihnen ...«
»Aber daß sie dich genommen haben, das war das eigentliche Wunder!« scherzte Coco. »Ich begreife das bis heute nicht. Der Erbe Rosiers bei den Komödianten, der Alte würde vor Wut und Schande sterben, wenn er es erführe! Rosier der Ältere dachte nach einer zwingenden Logik: was für ihn gut gewesen war, taugte auch für andere. Wer zum Teufel hatte dir die Erlaubnis erteilt, etwas anderes sein zu wollen? Wie? – sich unterscheiden, etwas Eigenes darstellen? Gesehen werden? In den Blicken baden? – das war nicht für dich vorgesehen, mein Guter, das sind

exklusive Herrenplaisirs. Die großen Herren, die können sich ein eigenes Ich leisten, sie sind imstande, die Unaussprechlichkeit ihrer Seele aus dem Ertrag ihrer Domänen zu finanzieren. Aber unsereins, das hat zu sein, was man ihm sagt, und das hat zu sagen, was alle sagen. Doch Marius Rosier stellt das Gesetz der Vorfahren auf den Kopf. Aus dem eigenen Inneren reden! Wer bemerkt da nicht den Schwefelgeruch der Revolte!«

»Sehr gut!« rief Marius. »Es wird noch längst nicht genug Eigenes gesagt! Aber laß mich weitererzählen! Bald danach begann ich in meinen ersten Rollen aufzutreten. Wir spielten eines Tages in Salon de Provence, der Stadt des Nostradamus, wissen Sie. An dem Abend gaben wir eine Farce im grobianischen Stil, so in der Art der grotesken *parades*, mit denen man die Gaffer auf den Jahrmärkten anlockt. Ich erinnere mich noch gut, daß mein Auftritt nach dem ersten Vorhang fällig war. So hatte ich Zeit, das Publikum ein wenig zu studieren. Plötzlich entdeckte ich in der Menge, was glauben Sie, wen? – ja, meinen Vater, niemand anderen als meinen Vater inmitten der Zuschauer.

Glauben Sie mir, daß mir heiß und kalt wurde? Am liebsten hätte ich mich in nichts aufgelöst. Ich kam mir vor wie ein verlorener Sünder vor dem Jüngsten Gericht. Eben beugte sich ein unbarmherziger Gott über die Akte Rosier, um meinen Namen aus dem Buch der Lebenden auszustreichen. Ich begriff auf einmal, was es heißt, gesehen zu werden. Ich sah, daß Gesehenwerden vernichtet werden bedeutet... doch nun gab es keinen Ausweg. An Flucht war nicht zu denken. In diesen schrecklichen Augenblikken, wo mir zumute war wie einer armen Seele in ihrer letzten Hölle, machte ich eine überraschende Entdeckung. Ich hörte mit einem Mal auf, gesehen zu werden. Plötzlich gab es niemanden mehr, der neben mir war und mich beurteilte. Eine völlig unbekannte Ruhe kam in mir auf. Statt gesehen zu werden, fing ich selber an, auf eine Weise zu sehen wie nie zuvor. Ich wurde sozusagen ein reines Sehen, ein sprachloses Sehen, das mitten in der offenen Welt stand, nichts festlegte und von nichts festgelegt wurde. Zum ersten Mal wußte ich, was ein Schauspieler ist – jemand, der sich ringsum sehen läßt, ohne daß die mit Wörtern bewaffneten Blicke der anderen ihn in seiner Bewegung einschränken könnten. Ich war plötzlich eine Kraft, die nicht anders kann, als sich ihrer Tendenz entsprechend zu manifestieren. Ich erkannte das Leben als ein Konzert der Kräfte, unter denen keine ist, die mehr Recht auf Manifestation hätte als eine andere...

Verstehen wir uns richtig! Natürlich dürfen Sie nicht denken, daß diese Dinge in kompletter Analyse in meinem Kopf gewesen wären. Was da war, war dieses unbedingte Sehen, das sich vor nichts mehr fürchtet...

Meine Szene kam näher, der Augenblick meines Auftritts rückte heran, ich überließ mich dem Gang der Ereignisse, ich sprang auf die Bühne, sagte meine Sätze und vollführte die Bewegungen, die zu meiner Rolle gehörten, *e* basta. Das war alles. Niemand sagte, das steht dir nicht zu, das ist lächerlich, das macht dich unmöglich! Keine Stimme flüsterte aus der Höhe Ablehnendes in mein inneres Ohr. Niemand wandte gegen mich ein, daß ihn das alles nicht überzeugt. Ein paar Augenblicke lang bewegte ich mich jenseits von Zustimmung und Ablehnung in einem Elan, der nichts falsch macht und der es nicht nötig hat, sich loben zu lassen. Niemand war da, den ich von meiner Rolle zu überzeugen hatte, denn überzeugender als jede Rolle war meine Entschlossenheit, sie zu spielen.«

Marius Rosier machte eine Pause, um einen Schluck Wein zu trinken. Van Leyden, der mit einer fast schmerzlichen Aufmerksamkeit der Erzählung gefolgt war, bemerkte, wie die Mehrheit der Schauspieler mit unbewegten Mienen dasaß und ihre Weingläser in den Händen drehte. Der Major zeigte ein tapferes Gesicht, als wolle er demonstrieren, daß dezidierte Willenskraft am Ende mehr wert sei als die suspekten Finessen der zivilen Rhetorik. Was Madame Tremouille anging, so meinte van Leyden an ihrem vorsichtig gewordenen Blick zu erkennen, daß sie vor der Erzählung des Prinzipals eine Art von Respekt empfand, der nicht gleichbedeutend war mit Verständnis, aber doch mit Nachgiebigkeit vor einem Sinn, von dem sie ahnte, daß sie ihn nicht ganz verstand. Der Curé schaute mit einem unmerklichen Lächeln zwischen Marius Rosier und van Leyden hin und her.

»Und danach?« fragte van Leyden nach einer Weile, »was geschah zwischen Ihrem Vater und Ihnen?«

»Ich habe oft darüber nachgedacht«, sagte Marius Rosier. »Vor allem habe ich mich gefragt, wie es kam, daß mein Vater unter den Zuschauern stand. Ich glaube, daß ich die Antwort kenne. Wahrscheinlich, ja sicher, war er zunächst nur gekommen, um mir zu befehlen, daß ich zurückkehren sollte. Im Grunde aber wollte er sich für sich selbst davon überzeugen, ob es möglich ist, nachzugeben – ohne nachzugeben ... wie soll ich sagen – ohne das Gesicht zu verlieren. Er wollte sehen, daß er sich nicht bloß einem entgegengesetzen Willen fügen mußte – wozu er bei seinem infernalischen Selbstbewußtsein niemals in der Lage gewesen wäre –, sondern daß es eine Wirklichkeit gab, die er anerkennen konnte, ohne sich als Verlierer zu fühlen. Ich glaube, das war es, weswegen er da unten stand. Er gehörte zu den Menschen, die beschlossen haben, ohne Träume auszukommen. Die Welt, in der er existierte, war durch und durch massiv und positiv, und es zählte darin nichts außer den erwiesenen Tatsachen. Daß man die Ochsen zum Pflügen vor den Pflug spannt, daß der Mistral kaltes schönes Wetter bringt, daß unser König Rechtstitel hat auf Steuern und Mätressen, daß die Weiber hinter der verschlossenen Tür Kinder gebären, das waren erwiesene Tatsachen, mit denen man zu leben hatte ohne Warum und Wie. Aber ein Sohn bei den Komödianten? – das war in seiner Welt keine Tatsache, sondern ein völlig defizienter Sachverhalt, ein hohles irritierendes Phänomen, das mit seinem unendlichen Mangel an Sein einen Riß in seine positive Welt brachte ... Und darum stand er dort unten. Er war da, um sich davon zu überzeugen, ob ein Schauspieler, der sein Sohn ist, etwas Wirkliches sein kann – zumindest wirklich genug, um am Rand seines Universums als eine von den Neuerungen vorzukommen, mit denen man in diesem verrückten Jahrhundert irgendwie zu leben lernen mußte.

Und so kam es, daß er am Ende meiner Szene, als die Leute applaudierten, ein paar Augenblicke lang prüfte, ob das wirklicher Beifall war, der mir galt. Dann jedoch, als nichts mehr zu bezweifeln blieb, erhob sich mein Vater von seinem Platz, als hätte er genug von dem Stück gesehen, und nickte kurz zu mir herüber – ja, ich glaube sogar, er winkte mir zu, doch nur mit derselben Bewegung, mit der er seinen Hut aufsetzte –, nicht mehr als eine geizige kleine Geste, um sich ja nichts zu vergeben. Danach war er verschwunden. Ich sah ihn erst ein Jahr später wieder, als ich zu Neujahr einen Besuch auf unserem Hof machte, aber das ist eine andere Geschichte.«

»Und dieses Sehen, von dem Sie sprachen, Monsieur, kam es denn jemals wieder?« fragte Exner, nachdem Marius Rosier mit seiner Erzählung offensichtlich zu Ende war.

»Gewiß«, erwiderte Rosier, »es gäbe keine Schauspielerei ohne diese Erfahrung. Es ist ja unser Berufsgeheimnis –. Man hat es nicht alle Tage, eher kommt es über einen wie Sternstunden, selten und unwiderstehlich. Ohne dieses totale Sehen wüßte kein Schauspieler, was sein Beruf bedeuten kann. In den alltäglichen Zuständen sind wir natürlich immer zweifach da, einmal in unserer nackten Existenz, die ziemlich dunkel bleibt, und zum zweiten Mal in unserer Reflexion, die alle Akte und Zustände von innen mit Vorstellungen und Wertungen begleitet. Das sind diese mit Wörtern gespickten Blicke, mit denen wir uns selbst kommentieren. Von ihnen geht die Ziererei aus, die der Todfeind des echten Theaters ist – sie dirigieren das Vorstellungstheater, das Theater der Eitelkeit, das wir veranstalten, sobald wir uns für einen bestimmten Blick verhalten, von dem wir für mehr und anderes gehalten werden wollen, als wir sind. Bei den meisten Schauspielern und Tänzern sieht man auf den ersten Blick, daß der Schwerpunkt ihrer Bewegungen nicht in den Eingeweiden liegt, sondern daß ihre Seele in die Mundwinkel abgewandert ist oder ins Kreuz oder in die Knie – wodurch nichts anderes zustande kommt als ein Komplex von obszönen und verzerrten Bewegungen. Insgesamt definiert sich der Begriff des Häßlichen als Gebärde, die durch Reflexion verunglückt ist.«

»Demnach wäre ja jede Absichtlichkeit im Handeln und jede Reflexion im Gefühl für Sie ein Kriterium für einen mißlungenen Ausdruck?« fragte Exner.

»Durchaus nicht!« erwiderte Marius Rosier (offenbar zu Exners großer Genugtuung), »denn insofern wir schon gar nicht anders können, als in Reflexionen zu leben und eitel in den Spiegel zu starren, so hindert uns nichts daran, auch das aufs Spiel zu setzen. Wir müssen also unsere Eitelkeiten demonstrativ vorführen und wenigstens dieses Risiko des Gesehenwerdens tragen. So ohne weiteres ist es nicht zu ändern, daß wir die Schwerpunkte in den Mundwinkeln, in den Knien, im Kreuz oder wo auch immer haben, doch sobald wir mit unserer Aufmerksamkeit an die exzentrischen Schwerpunkte gehen, bekommen wir einen ersten Geschmack dafür, was es hieße, mit der Reflexion ins Sein zurückzukehren. Wir sind dann in Gottes Namen, was wir sind, exzentrische Glücksspieler und seriöse Simulanten, und geben uns, wie sonst auch, als raffgierige Bürger, als mißtrauische Politiker, als impertinente Denunzianten, als gutgesonnene Heuchler, als gezierte Töchter, als mörderische Friedensengel – als alles, was man braucht, um die Typen der Gesellschaft *tel quel* auf die Bühne zu bringen. Darum ist für uns die bewußte und riskante Übertreibung das wichtigste Medium der Wahrheit.«

9
Erster Brief van Leydens über eine bürgerliche Dämonologie, die Zeit und die Ähnlichkeiten

Van Leyden fand lange keinen Schlaf, obwohl es ein Stück über Mitternacht hinaus sein mußte. Er ging in seinem Zimmer auf und ab und sah in die Nacht hinaus. Unten auf dem Hof glühten die Reste des Feuers. Die alte Bischofsstadt mit ihren Befestigungen lag als mit der Erde verschmolzene schwarze Masse unter dem Mond. Auf der Anhöhe über dem Fluß ragte der stumpfe Turm der Kathedrale auf. Der Mond verbreitete einen Schleier von metallischem Glanz bis an den Horizont, wo die schwarzsilberne Himmelskugel mit der dunklen Wölbung der Erde zusammentraf.
Was für ein Tag, dachte van Leyden, was für eine Zeit. Er erinnerte sich daran, wie er vor gut einer Woche über die Brücke von Kehl herübergekommen war. Vor einer Woche – das war fast schon wie in einem fremden Leben, an das er sich wie von fern erinnerte. Marius Rosier mochte recht haben – das eigene Leben konnte in Vergessenheit geraten wie ein ausgelesenes Buch, von dem sich nur ein paar hartnäckige Formulierungen dem Gedächtnis einprägten, während das übrige mit beängstigender Leichtigkeit auszulöschen war...
Mein Gott, vielleicht sollte man das Neue nicht überschätzen. Ein zynisches Knochengerüst, das die modernsten Tendenzen der Zeit andeutete, und ein Turm, in dem sich die neuere Ungläubigkeit monumental maskierte, und Bemerkungen von einem energetischen Weltstaat und von einem tausendjährigen Reich der magnetischen Ströme samt den apokryphen Anspielungen auf eine politische Heilkunde... Dazu ein paar wüste Nächte im Freien, in Gesellschaft eines listigen Mystikers, und zuletzt die Theaterleute mit ihren Masken am Feuer, und diese unvergeßliche Szene, wie Clément Tremouille seine Mutter umarmte, nachdem sie sich seinem Wunsch gebeugt hatte...

Auch van Leyden waren in diesem Augenblick die Tränen gekommen, und er hatte gefühlt, daß es eine sehr dünne und künstliche Grenze ist, die die Schicksale der anderen von den eigenen trennt... Ein paar schlaflose Nächte, in denen die Kultur aus den Nerven verfliegt und die dich aufschrecken aus deiner Indirektheit – und du bist draußen in dem durchdringenden Abenteuer, wo es kein Ich und kein Du gibt, sondern nur überspringende Erregungen und gemeinsame Dramen...

Da war also die Dame auf dem Hof gestanden und hatte mit ihrer Beschämung und ihrer Gemütsbewegung gekämpft, schließlich hatte sie sich ein Herz gefaßt, sich vor aller Augen besiegen zu lassen... War es nicht wirklich zum Weinen, wenn ein Mensch in diesem Alter etwas Neues einzusehen begann... Um das Maß voll zu machen, war Marthe am Ende auf ihn zugekommen und hatte ihn mit ungenierter geschwisterlicher Sinnlichkeit auf die Wangen geküßt und gesagt, daß seine Bemerkung sie gefreut hätte...

Die Nacht war von vollkommener Stille. Hin und wieder schnaubte ein Pferd unten auf dem Hof. Van Leyden fühlte einen Drang, sich mitzuteilen und von seinem Abenteuer zu reden. Auf dem Tisch in der Ecke des Zimmers fand er Papier und Schreibzeug. Sofort machte er sich daran, LeBrasseur einen Brief zu schreiben. Warum nicht den Major bitten, den Brief mit nach Straßburg zu nehmen?

Verehrtester Meister,

was gäbe ich nicht dafür, an diesem Abend in Ihrer Nähe zu sein! Mich verbrennt der Wunsch, Ihnen über die Ereignisse dieser Tage Rechenschaft zu geben. Doch wie sollte ich es anfangen, und wie sollte ich Worte finden für alles, was mich bedrängt? Noch nie habe ich mich so voll von Dingen gefühlt, die der Mitteilung wert wären, und zugleich so sprachlos ihnen gegenüber. Ich suche in meinem Gedächtnis verzweifelt nach einem Wort, das meinen Zustand zusammenfaßt. Aber ich weiß, daß es ein solches Wort nicht geben kann, denn was auch immer ich sagte, es wäre kraftlos im Vergleich mit diesem Drang, mein ganzes Leben hineinzulegen.

Es ist wie mit paralysierten Fäusten an eine Tür zu trommeln, hinter der man den einzigen Menschen vermutet, von dem man ganz verstanden werden könnte. Aber die großen Worte, die mir in den Sinn kommen, sind wie Papier, das sich in der Flamme wölbt.

Leben, Liebe, Erkenntnis, diese silbernen idealistischen Vokabeln sind es, mit denen ich versuchen müßte, mich verständlich zu machen, aber sie erscheinen mir alle zu routiniert und durch tausend Wiederholungen entleert. So fehlt ihnen gerade, wodurch sie sinnvoll würden – die magische Kraft, mehr zu sagen, als sie üblicherweise bedeuten. Und nur auf dieses Mehr käme es mir heute an. Sagte ich: Leben – so weckte dieses Wort die Vorstellung, daß ich dabei wäre, einen Schatz von Erfahrungen zu sammeln, um etwas zu haben, worauf man als saturierter Herr zurückblicken dürfte, aber nichts wäre davon gesagt, daß das Leben heute vor mir liegt wie eine rätselhafte Gelegenheit, sich darin zu verlieren, und als ein Abgrund, den man nie auslotet. Sagte ich Liebe, so spräche ich nicht von bekannten Verhältnissen, sondern von einer Dimension, die wie eine Gefahr an meiner Existenz zehrt. Und schriebe ich das Wort Erkenntnis, so meinte ich keinesfalls etwas, was man besitzt, um es schwarz auf weiß nach Hause zu tragen, sondern es wäre ein Wort für die unermeßliche lebenspendende Fragwürdigkeit aller Zusammenhänge, die vor mir aufklafft wie der Nachthimmel über der Stadt. Ich fühle, verehrtester Meister, daß es hoffnungslos ist, Ihnen sagen zu wollen, wie es um mich steht...

Van Leyden überlegte, welche Einzelheiten er LeBrasseur mitteilen sollte. Er spürte plötzlich eine große Müdigkeit. Er legte sich zu Bett, mit der Vorstellung, gleich am nächsten Morgen den Brief an LeBrasseur zu Ende zu bringen. – Als er am Vormittag erwachte, erinnerte er sich an keine Träume. Er meinte lediglich, einmal von Marthe geträumt zu haben, aber er konnte sich nicht entsinnen, worum es dabei ging, ja nicht einmal, ob er wirklich von ihr geträumt hatte oder ob er es sich nur zutraute, daß er von ihr geträumt haben könnte.

Nach dem Frühstück überflog er seine Zeilen aus der vergangenen Nacht. Sie erschienen ihm sehr befremdlich. Was ihn vor allem störte, war der Ton des Briefes, den er in seiner Überreiztheit geradezu als taktlos empfand. Er schämte sich für die Zudringlichkeit, mit der er sich ausgeschüttet hatte, und ebenso für die Anmaßung, die aus seinen Sätzen klang, so als habe er den Anspruch erhoben, ungewöhnliche Dinge zu wissen. War es nicht kokett, sich so sprachlos aufzuführen und sich dem phantastischen anderen aus lauter Mitteilungswut gewissermaßen vor die Füße zu werfen? Van Leyden war verlegen über das Pathos dieses hysterischen Sichfühlens, das Worte macht, um nichts zu sagen. Er zerknüllte das Blatt und begann einen neuen Brief.

Verehrtester Meister,
mit lebhafter Dankbarkeit erinnere ich mich der Belehrungen, die ich in meinen Straßburger Tagen bei Ihnen empfangen habe. Inzwischen hatte ich viele Anlässe, über die Bedeutung Ihrer Worte nachzudenken. Allmählich erst, sehe ich, enthüllt sich mir deren größerer Sinn. Was ich bisher begriffen habe, ist von solcher Tragweite, daß ich erst jetzt zu ermessen beginne, wieviel ich Ihnen schulde. Ich verdanke Ihnen nicht nur viel intellektuelle Belehrung, sondern eine Initiation in ungeahnte Dimensionen des Lebens.
Die Reise nach Verdun war unterhaltsam, ja fast wäre sie abenteuerlich zu nennen. Ich reiste in sehr anregender Gesellschaft und hatte obendrein Gelegenheit, einen Philosophen kennenzulernen, der mir faszinierende Dinge über den Mangel und über einen Engel der Abwesenheit erzählte – von einem Kutschenunglück und einer verregneten Gewitternacht auf freiem Feld ganz zu schweigen. Auch mit Theaterleuten habe ich Bekanntschaft gemacht und aus ihrem Umgang manches Nützliche gelernt. Einzelheiten hiervon mitzuteilen wäre der Mühe nicht wert, zumal ich glaube, daß das einzigartige Kolorit nicht mit Worten wiederzugeben ist. Man müßte ein Dichter sein – oder wenigstens ein routinierter Verfasser von Reiseschilderungen, und was mich angeht, so bin ich weder das eine noch das andere. Ich halte es für passend, mich nicht bei dem aufzuhalten, was jenseits meiner Ausdrucksmöglichkeiten liegt. Vernünftiger scheint es mir, zu sagen, was man sagen kann, statt nach dem Unsagbaren zu greifen, um es mit vielen Worten zu verfehlen.

Nichts ist unangenehmer als die Arroganz von Leuten, die sich dem Publikum mit ihren Unaussprechlichkeiten an den Hals werfen. Von dem ganzen aufbrausenden Sagenwollen bleibt am Ende nichts als toter Buchstabe zurück.
Immerhin kann ich nicht verschweigen, daß diese Reise sich als Unternehmen entpuppt, das in allen Richtungen über mich hinausgeht. Ich bin kaum noch Herr meiner ursprünglichen Pläne. Ich habe den Eindruck, als sei ich nicht nur ein Reisender im Raum, der eine vorbedachte Strecke auf der Landkarte absolviert. Ich bin auch ein Reisender in der Zeit, der zwischen Vergangenheit und Zukunft gerät, ohne in der üblichen Weise von dieser auf jene schließen zu können.
Seit meinem Besuch in Straßburg stirbt in mir die Vergangenheit auf eine beunruhigende Weise ab. Alles, was gestern war, ist nur noch ein Schatten, nicht bedeutungsvoller als eine abgegriffene Redensart. Sie selbst, verehrter Meister, waren es, der mich in diese veränderte Form von Gegenwärtigkeit hineingestoßen hat. Ich begreife dunkel, daß wir in einer Zeit leben, in der die Zukunft sich nicht mehr als Fortsetzung der Vergangenheit verstehen läßt. Es ist heute, als ob durch eine Lücke im Horizont unerhörte Dinge in die Welt hereinbrächen – niemand weiß von woher. Damit hört die Vergangenheit auf zu sein, was sie war. Sie ist nicht länger die verborgene beruhigende Wiege des Lebens, aus der wir hervorgehen, um nie in sie zurückzukehren. Ich kenne inzwischen Menschen, von denen ich den bestimmten Eindruck habe, daß sie in einer anderen Zeitordnung leben als der alltäglichen. Mir scheint, daß die Uhren der Seele im Grunde immer rückwärts laufen, so daß wir mit dem äußerlichen Älterwerden die Möglichkeit gewinnen, innerlich näher an die Anfänge zurückzugehen. In Momenten der Erregung springen alte Schränke auf, und zum Vorschein kommen die am tiefsten eingeschlossenen Verführungen und Verletzungen …
Alles wird kompliziert, wenn die Zeit nicht mehr einfach vorwärts läuft. Da wird es zur Versuchung, sich in die grobe Physik zu flüchten und sich ans Sichtbare und Meßbare zu klammern. Aber mit welchen Pinzetten wäre an die Kapillaren der Erinnerung zu rühren? Mit welchen Fernrohren in die inneren Milchstraßen zu blicken?

In meinem Geist zeichnen sich die Umrisse einer neuartigen Dämonologie ab, die mit der der alten Exorzisten und Geisterseher nicht viel gemeinsam haben dürfte. Ich unterstelle die Anwesenheit zahlreicher unsichtbarer Augen und Seelen um jeden Menschen. *Hypotheses fingo*, natürlich. Aber wie verständlich würde vieles, wenn wir uns zu einer rationalen Dämonologie bekehren ließen! Aus den Ecken der Räume sehen so viele Augen nach uns, und sie sagen uns ständig scheinbar unhörbare Texte ein, wie Souffleure unter der Bühne, auf der wir agieren. Also, denke ich, wann immer eine Anzahl von Individuen beisammen ist, müssen wir die Zahl der sichtbar Anwesenden multiplizieren mit der Zahl der Dämonen, die jeden begleiten – das heißt mit der Summe der verborgenen Einflüsterer, Kommentatoren, Verführer, Befehlsgeber und Komplizen – all der Geister demnach, die ihre Abdrücke in uns hinterlassen haben. Die Seele selbst – was wäre sie in den Ausdrücken der neuen bürgerlichen Dämonologie anderes als das permanente Gespräch, das unser Ich mit seinen Begleitern führt? Hier beginnt eine andere Anatomie, an die bisher nicht gedacht worden ist. Schaudernd stelle ich mir vor, wie die Nebenseelen schreien werden, wenn der Anatom es sich eines Tages einfallen ließe, ein wenig neben der Haut des Individuums zu schneiden.

Darf ich mit meinen Überlegungen einen Augenblick innehalten? Vor meinem Fenster, auf dem Hof, beobachte ich einige Herrschaften, die sich zur Abreise fertig machen. Auch die Schauspieler scheinen ihr Lager abzubrechen, denn man bespannt die Wagen und verschnürt den Fundus mitsamt Kostümen und Transparenten. Soviel ich erkennen kann, nimmt eben ein junger Schauspieler Abschied von seiner Mutter. Bei den beiden sehe ich auch den Major, der mit der Dame mein Reisegesellschafter bis hierher gewesen ist, Artillerist seines Zeichens, Grobian und Kavalier in einem, der bei jeder Gelegenheit beteuert, er sei selber eine scharfe Haubitze, Soldat und lustig, mit zwei Dutzend ehrenhaften Blessuren dekoriert. Er ist ein glänzender Unterhalter, der mit seinen kräftigen Parolen jeden unweigerlich an seine Waffengattung erinnert... Natürlich kann er es nicht lassen, *a fare il galant'uomo*, eben küßt er einer der Schauspielerinnen die Hand, die sich, scheint mir, über seine Galanterien nicht wenig mokiert.

Ich komme auf meine Ideen zu einer bürgerlichen Dämonologie zurück. Ich hatte kürzlich Gelegenheit zu beobachten, wie eine Schauspielerin (ich sprach eben von ihr) bei den Proben gewissermaßen aus der Rolle fiel und anfing, ein anderes Stück zu spielen, ein persönliches sozusagen, mit selbstgewähltem Text und unsichtbaren Mitspielern. Ich begriff, wie sinnvoll dieser Ausdruck ist: aus der Rolle fallen. Man beschreibt mit dieser Wendung die Augenblicke, in denen wir unsere Verpflichtungen gegenüber dem Stück, für das wir engagiert sind, vergessen und anfangen, einen eigensinnigen Text zu spielen. Bei solchen Gelegenheiten pflegen die Mitspieler über uns zu bemerken: er oder sie fällt aus der Rolle – als hätten sie ein Recht, von uns zu erwarten, daß wir aus dem verabredeten Stück nicht mehr ausbrechen.

Wie aber wäre es, wenn wir uns auf das gemeinsame Stück im geheimen immer nur darum eingelassen hätten, weil wir eine Gelegenheit suchen, das andere Stück, an dem uns selber gelegen ist, aufzuführen? *All the world is a stage* ... früh genug haben wir es gelernt, daß alle bloße Spieler wären. Aber daß auch das Stück, das wir spielen, in Wahrheit wohl ein anderes ist als das, das offiziell gegeben wird, das wäre unter Umständen ein neuer Gedanke. Vielleicht will jeder von uns das gemeinsame Stück unterwandern – und läßt sich nur darum auf die Rolle ein, die man ihm vorschrieb, weil er eine andere, sonst unspielbare Rolle spielen will? Wahrscheinlich müssen wir als Zuschauer künftig mit neuen Augen sehen lernen – so, daß wir das Stück im Stück entziffern, das geheime Stück, das die Spieler in ihre Rollen eingleiten lassen ...

Auch das führt mich zu meiner kleinen Dämonologie zurück. Denn wie es nötig wäre, die sichtbaren Individuen mit ihren unsichtbaren Begleitgeistern zu multiplizieren, so könnte es nötig sein, die hörbaren Texte zu multiplizieren mit den unhörbaren Begleit- und Untertexten, die wir in unsere Rollen investieren. Immer profitieren wir dabei von den okkasionellen Ähnlichkeiten zwischen dem manifesten und dem Untertext, um unsere Passionen eingleiten zu lassen ... Eine andere Anatomie, eine andere Dramaturgie, eine neue Philologie – damit beginnt eine moderne dämonologische Disziplin. Dies wäre eine ganz neuartige Heilkunde für Menschen, die in dieser zerstückelten, aufgerissenen und umgekehrten Zeit leben, die die unsere ist...

Seit ich sah, wie jene Schauspielerin aus der Rolle fiel und auf eine andere Bühne ihres Lebens hinüberwechselte, ist mein Vertrauen zu unserem gewöhnlichen Zeitbewußtsein zerstört. Das macht uns glauben, wir wanderten immer in einer Richtung geradeaus wie auf einer französischen Königsroute. In Wahrheit springen wir aber ständig zwischen den verschiedensten Zeiten hin und her. Gibt es nicht offenkundig Zeitstücke, die aus dem Band der Straße herausgeschnitten werden und die plötzlich am anderen Ort als Transplantate der Zeit wieder auftauchen, so wie in einem Kanon bekannte Melodieteile wiederkehren? Vielleicht hat auch die Zeit ihre unsichtbaren Nebenzeiten, und vielleicht müssen wir die allgemeine Uhrzeit multiplizieren mit unzähligen verborgenen Kalendern?

Verehrtester Meister, jetzt schäme ich mich, daß ich mich in meinen Spekulationen so frech gehenlasse. Ich weiß, daß alles, was ich gesagt habe, Phantastereien sind, die sich aus meinem etwas aufgelösten Seelenzustand erklären. Ich gehöre zum Typus derjenigen, die das Reisen schlecht vertragen. Zu meiner Entschuldigung kann ich nichts vorbringen, ich hoffe nur auf Ihre Nachsicht für meine wilden Expektorationen... Mit dem vernünftigeren Teil meiner Seele erwarte ich, daß dieses Stadium bald verflogen sein wird und daß ich eines Tages zu reiferen Ansichten über die Rätsel der Innenwelt finde. Am meisten habe ich freilich vor meinen grandiosen Ansprüchen Angst, und ich fürchte den Hohn, den alle Akademien über mich ausgießen werden, sollte etwas von meinen Phantastereien öffentlich werden. Vor welcher Akademie dürfte man denn die Zeit auf den Seziertisch legen und ihr Gedärm freilegen unter den kritischen Augen ernster Professoren?

Sehen Sie, höre ich mich in meinem peinlichen Alptraum zu den Professoren sagen, die Zeit hat zahlreiche Mägen, sie ist Wiederkäuerin von Natur aus. Hier ein kurzer Blick in die Ovarien der kommenden Ereignisse, wo die ungeborenen Katastrophen lagern! Und da die Nervenzentren mit den eingespielten Stücken – die stabilen Szenen, das festgelegte Repertoire, die ganze Grammatik des Ähnlichen. Entscheidend ist, daß die Zeit niemals etwas vergißt – sie ist ein durch Jahrtausende geschlungener Darm, ein grotesker Tubus, an dessen Ausgang die frühesten Ereignisse nur ein klein wenig variiert oder maskiert wieder zutage treten! *Ex excrementis sapientia, ex similitudine ordo mundi, in origine repetitio!* Ist das nicht ein Hohn auf alle überlieferten Begriffe, meine Herren, was werden Sie daraus folgern?

Verehrtester Meister, ich fühle mit jedem Satz deutlicher, daß ich Ihre Geduld mißbrauche. Meine Phantasie spielt mir einen Streich nach dem anderen, und was ich tue, um eine Verrücktheit zu unterlassen, wird eine neue Verrücktheit, größer als die Vorgängerin, und peinlicher in jedem Fall. Dabei wollte ich Ihnen nur ein Lebenszeichen überbringen lassen, mit tausend Grüßen verbunden und mit noch mehr Dankesworten.

Ich sehe förmlich Ihr Kopfschütteln und Ihre Sorge um meinen geistigen Irrgang. Aber auch ein wenig Mitleid müssen Sie empfinden mit meiner Konfusion. Sie werden mir nachsehen, was ich in meiner unreifen Gärung hingeworfen habe, denn wer, wenn nicht Sie, sollte verstehen, daß dies Behauptungen sind, die man nicht aufstellt, um sie zu vertreten, sondern um sich ihrer zu entledigen. Ich höre Sie, verehrter Meister, zu mir sagen (mit einer Stimme wie damals auf dem Turm): Stehen Sie gerade! Orientieren Sie sich! Das sind alles gewöhnliche Symptome! Nehmen Sie sich zusammen, und hören Sie auf, sich selbst wichtig zu nehmen! Träumen Sie um alles in der Welt nicht davon, daß an Ihrem Haus dereinst eine Tafel angebracht würde: Hier entdeckte Herr van Leyden das Geheimnis der menschlichen Seele!

Ja, verehrter Meister, all das will ich gern beherzigen. Der Major di Canetti wird die Freundlichkeit haben, den Brief zu übergeben. Ich habe vor, den nächsten Abschnitt meiner Reise gemeinsam mit den Schauspielern zurückzulegen, die bis Reims etwa die gleiche Route nehmen wollen. Danach werde ich Paris sehen, ich werde den Boden betreten, auf dem Mesmer seine magnetischen Experimente vollbracht hat, und ich werde lernen, was ich

lernen kann, um am Ende dem Marquis de Puységur nicht allzu ahnungslos gegenüberzustehen.
Mein Gott, ich versäume den Aufbruch. Haben Sie Nachsicht, verehrter Meister, wenn ich ohne Umschweife ende. Haben Sie noch einmal tausendfach Dank, und seien Sie versichert, daß ich bleibe, was ich bin, Ihr Famulus, Ihr Mitverschworener, Ihr Initiant J. v. L.

10
Ein Geschmack von Anarchie

In Begleitung von Curé Exner reiste van Leyden weiter nach Westen. Er sah den Komödianten bei ihren Proben und Vorstellungen zu und verbrachte viele Stunden im Gespräch mit dem Geistlichen, der ihn mit seiner weltläufigen Theologie verblüffte. Manchmal wanderte er neben den Planenwagen her, damit er Marthe heimlich betrachten konnte, wie sie plaudernd bei einem der Wagenführer saß. Meistens aber hockte er auf den großen Stoffballen, in denen eingerollte Zeltbahnen und Tücher steckten. Er träumte seinen Erlebnissen nach und horchte, wie der Wein in den mit Körben umflochtenen Glasballons gluckste.

In Châlons trennte Exner sich von der Truppe.

»Vergessen Sie nicht, mich zu besuchen, Monsieur van Leyden, wenn Sie je hier vorbeikommen sollten. Leben Sie wohl und viel Glück!«

»Ich verspreche es«, sagte van Leyden, »haben Sie Dank für Ihre Gesellschaft, und seien Sie sicher, daß ich bei allen Gewittern an Sie denken werde.«

Bald danach rollten die Wagen wieder über die Landstraßen. Die Aufführungen in Reims waren sehr erfolgreich gewesen, so daß man eine ganze Woche dort verbrachte und verschiedene Stücke gab. Es mußte schon aufs Ende des Monats August zugehen – ohne daß van Leyden sich gedrängt gefühlt hätte, zügig nach Paris zu reisen.

Nach Senlis begann es zu regnen. Die Schauspieler, die ansonsten gewohnt waren, unter freiem Himmel oder unter provisorischen Baldachinen zu übernachten, richteten ihre Schlafplätze in den Planenwagen her. Vor einer Lichtung band man die Pferde an dünne Bäume und blockierte die Räder mit Steinen. Als es Nacht wurde, krochen die Schauspieler in ihre Schlafecken und streckten sich aus. Eine Weile gingen die Scherzworte im Dunkeln hin und her, die Stimmen redeten durcheinander, es kicherte und gähnte, während ein feiner Regen auf den Planen rauschte. Dann wurde es stiller.

In der Dunkelheit begannen Hände nach den nächsten Körpern zu tasten. Van Leyden meinte wahrzunehmen, wie unsichtbare Finger an den Öffnungen der Kleider seiner Schlafgefährten spielten und blindlings liebkosten, was ihnen begegnete. War es nur Einbildung? In der Dunkelheit des Wagens war nichts deutlich zu erkennen, außer daß nun eine Hand an seinen Füßen und Waden zu spielen begann und sich langsam an seinem Schenkel hinauftastete. Eine andere Hand wanderte vorsichtig über sein Gesicht und strich durch seine Haare. Nach einer Weile, in der er vor Staunen erstarrte, begann er sich zögernd an dem Tasten zu beteiligen. Er streckte eine Hand aus, bis er ein Stück warmen Stoffs berührte, der an einer Stelle durch Knöpfe verschlossen war. Er öffnete sie behutsam und hielt dabei, obwohl es völlig dunkel war, die Augen fest geschlossen. Er hörte den Atem von Menschen, die sich aneinanderdrängten und leise Lustlaute von sich gaben. Seine Hand glitt weiter, bis sie etwas Seidiges berührte. An einer Stelle, wo der Stoff endete, drang seine Hand auf nackte Haut vor. Er begann vor Erregung zu zittern.

Nun schickte er seine Hand weiter durch den Schlitz und ließ sie auf der glatten Haut kreisen. Er bemerkte, daß er auf eine behaarte Zone stieß, wenn er abwärts strich. Seine Hand zog sich nach oben zurück in die glatte Zone, dann wieder abwärts bis dahin, wo die Behaarung zunahm. Er wagte sich nicht weiter, wo seine Hand nach den dichten Haaren ein männliches oder weibliches Organ ertastet hätte.

Ein leises Keuchen und Schaukeln kam in dem Planenwagen auf, einlullend und erregend zugleich. Jetzt schob sich ein nackter Fuß zwischen van Leydens Beine und begann sanft an seinem Geschlecht zu kreisen. Er drängte sich gegen den Fuß, während er sein Gesicht in einen Tuchballen vergrub und leise Laute von sich gab, wie damals in seiner Kinderzeit, als er in warmen Regennächten bei offenem Fenster bäuchlings in seinem Bett gelegen war und sich mit den süßen Strömen in seinem Becken in

den Schlaf geschaukelt hatte. Der Fuß drängte heftiger. Mit einem heißen Schwall brach die Lust aus den Schenkeln hervor und zerfloß im Leib.
Seine Hand wanderte in einer müden Glut vorsichtig nach oben über die schöne glatte Zone hinaus, bis dorthin, wo die Rippen ein festeres Gelände bildeten. Wieder machte er halt. Der Regen rauschte beruhigend auf die Wagenplane. Van Leydens Hand blieb auf dem unbekannten Stück Haut liegen, während er inmitten des Schaukelns und Seufzens einschlief.

Am nächsten Abend, nachdem man tagsüber einige Meilen in Richtung auf das Städtchen Saint-Denis weitergefahren war, kampierte die Truppe wieder auf offenem Feld. Zwei große Lagerfeuer brannten in einiger Entfernung von den Wagen. Im Schein der Flammen saßen die Schauspieler in kleinen Gruppen auf der Erde – über neue Stücke diskutierend, die sie einstudieren wollten, und über die Aufführungen in Reims und die verschiedenen Reaktionen des Publikums. Der Wein machte die Runde. Nach einer Weile bemerkte van Leyden, daß Marthe abwesend war. Er sah sich unauffällig nach ihr um. Sie saß auf dem letzten Wagen im Dunkeln und schien vor sich hin zu träumen. Er stand auf und näherte sich ihr langsam. Als er auf zwanzig Schritte herangekommen war, sah er, daß sie mit aufgeschlagenem Rock am Wagengeländer lehnte und zum Himmel schaute. In der Dunkelheit schimmerten ihre Knie weiß. Um die Haut ihrer Beine war ein elektrisches Glimmen, das ihm Herzklopfen machte.
»Bonsoir, Marthe«, sagte er, »ich habe Sie gesucht.«
»*Ah, c'est vous*«, erwiderte sie. »Wollen Sie sich zu mir setzen?«
Van Leyden setzte sich ihr gegenüber auf die Pritsche des Wagens. Von den Lagerfeuern hörte man es lachen und singen. Während van Leyden nach Worten suchte, fiel ihm ein Satz aus seinem Brief an LeBrasseur ein, in dem er beteuert hatte, sich nicht mehr mit dem aufhalten zu wollen, was sich nicht sagen ließ, sondern sich mit dem zu begnügen, was alle sagen. Er sah Marthe unverwandt an, bis sie seinen Blick fühlte und ihn erwiderte.

»*Et alors*, Monsieur?« sagte sie. »Worüber denken Sie nach. Wollen Sie es mir verraten?«
»Das will ich schon«, sagte van Leyden, »ich suche nur nach Worten. Sie müssen wissen, Marthe, ich liebe Sie...«
Er staunte, wie leicht es sich sagen ließ, und mehr noch darüber, daß er es in dem Augenblick, in dem er es aussprach, mit aller Heftigkeit fühlte. Mit den Worten zugleich war die Empfindung wie eine Stichflamme durch seinen Körper gegangen.
»Kommen Sie«, sagte Marthe, »wir setzen uns weiter hinein.« Dabei reichte sie ihm eine Hand und zog ihn ins Innere des Planenwagens. Im Dunkeln suchte er wieder ihre Augen. Sie streckte sich aus, während er neben ihr kniete und die Innenseite ihrer Knie küßte. Seine Hände wanderten an ihren Unterröcken entlang. Sie rieb ihre Wade an seiner Wange.
»*Allez-y, mon ami*«, flüsterte sie, »diesmal spielen Sie mit ganzem Einsatz, nicht wahr – *ah oui, vas-y, oui... oui... N'arrête pas...*«

Die Schauspieler hatten mehr als einen Monat auf dem Lagerplatz von Saint-Denis zugebracht. Die Winterpause stand bevor, in der die Truppe sich aufzulösen pflegte, ehe man sich im Frühjahr wieder zusammenfand, um erneut über Land zu ziehen.
In diesen Tagen wartete van Leyden, solange es hell war, ungeduldig auf Marthe. Er fand keinen Gefallen mehr daran, den Schauspielern bei ihrer Arbeit zuzusehen, sei es, daß die Wiederholungen ihn zu ermüden begannen, sei es, daß er es schlecht vertrug, zu sehen, wie Marthe mit den meisten Schauspielern (zumindest äußerlich) ebenso herzlichen Umgang pflegte wie mit ihm. Nur in den Nächten vergaß er seine Eifersucht. Gelegentlich mußte er denken, daß er sich ein Leben ohne Marthe nicht mehr vorstellen konnte. Einmal hatte er zu ihr halb ernst, halb scherzhaft gesagt: »Du gehörst mir!«, woraufhin er gespürt hatte, wie eine kleine Kühle bei ihr aufkam. Sie antwortete mit einem beschwichtigenden Lachen: »O du, sag nicht diese gefährlichen Sachen.«
Eines Vormittags, Ende September, erschien auf dem Lagerplatz der Schauspieler eine Schwadron Reiter. Der Führer des Trupps

verlas eine Bekanntmachung, wonach ein *lettre de cachet* vorliege, mit der ein Haftbefehl über die ganze Schauspielertruppe verhängt werde – »wegen Aufwiegelei zur Anarchie, Unsittlichkeit des Lebenswandels, Beleidigung vornehmer Personen und Diebstählen in einer nicht genannten Zahl von Fällen«. Man gewährte den Schauspielern nur wenige Minuten, um einige Gegenstände zusammenzupacken, ehe sie zwischen den Reitern abgeführt wurden. Später, so hieß es, sollten sie nach ihrer förmlichen Aburteilung zur sittlichen Besserung in Arbeitshäusern untergebracht werden.

Van Leyden, der mit den Schauspielern mitgenommen worden war, wurde am folgenden Tag auf freien Fuß gesetzt, nachdem er sich durch seine Dokumente als Reisender ausweisen konnte, der mit den Komödianten nur in zufälligem Zusammenhang stand. Seine Versuche, zugunsten der Verhafteten zu plädieren, wurden wohlwollend angehört, aber zurückgewiesen. Man riet ihm, Saint-Denis auf dem schnellsten Weg zu verlassen, wenn er sich nicht als Freund von Ordnungsstörern verdächtig machen und als unwillkommener Ausländer auffällig werden wolle. Die von einer sehr hochgestellten Person signierten Siegelbriefe stünden königlichen Willensakten gleich und könnten nach geltendem Recht nur von allerhöchster Stelle aufgehoben werden. Daran sei im Augenblick nicht zu denken. Vergeblich versuchte van Leyden den Namen des Unterzeichners des *lettre de cachet* zu erfahren.

Am vierten oder fünften Tag seines Aufenthalts in Saint-Denis, als van Leyden sehr elend und vom Gefühl der Ohnmacht niedergedrückt in einem Zimmer saß, klopfte es an der Tür. Im selben Moment wurde ein Zettel durch den Türschlitz geschoben. Van Leyden sprang auf, um nach dem Boten zu sehen. Als er die Tür öffnete, waren nur noch Schritte auf der Treppe zu hören, die sich schnell entfernten. Er hob den Zettel auf.

»Jean, *mon amour*,

ich bin untröstlich, von Ihnen getrennt zu sein. Doch seien Sie mutig. Gehen Sie nach Paris und widmen Sie sich Ihren Plänen. Machen Sie sich vor allem keine unnützen Gedanken über mein Schicksal. Unsereins weiß immer einen Weg, um sich durchzuschlagen, auch wenn es Überwindung kostet. Vielleicht finden wir uns eines Tages wieder. *Adieu, mon amour*, meine zärtlichsten Gedanken begleiten Sie bei jedem Schritt. *Je vous adore.* M.«

Niedergeschlagen, doch nicht ohne Hoffnung, brach van Leyden am folgenden Morgen in Richtung Paris auf. In seinen Gedanken blieb er festgebannt an den Lagerplatz von Saint-Denis. Immer sah er die Lagerfeuer vor sich und Marthes aufgeschlagene Röcke. In den schmerzlichsten Augenblicken stiegen die Erinnerungen an sie wie Irrlichter in seinem Körper herauf. Er spürte, wie Marthes Seufzer, ihr Lachen, das Beben ihrer Brüste und ihre milde weiche Lebendigkeit in ihm weiterlebten. Diese glühenden Spuren warteten in seinem Inneren darauf, durch Marthes Rückkehr gekühlt zu werden. Er malte sich aus, was er ihr bei einem Wiedersehen sagen würde. Er wiederholte häufig ihren Namen, Marthe, Marthe, und wußte, daß das Glück niemals anders heißen würde.

Ohne recht zu bemerken, wie er vorwärts gekommen war, hatte van Leyden nach zwei Tagen die Stadtgrenze von Paris erreicht. Man war im Begriff, eine neue Umwallung der Metropole zu errichten. Van Leyden durchschritt das noch im Bau befindliche neue Tor an der Barrière de la Villette. Man schrieb den 11. Oktober 1785.

Pariser Szenen

Ma Douleur, donne-moi la main; viens par ici,
Loin d'eux!
Charles Baudelaire, *Recueillement*

11
Die schwimmenden Inseln

Van Leyden gab dem Kutscher die Adresse von Maître LeJeune, einem Advokaten des *parlement* von Paris und Logenbruder LeBrasseurs. Die Residenz des Advokaten befand sich im Marais, an der Rue des Blancs Manteaux, nicht weit vom Palais Soubise. Als die Kutsche über die Place des Vosges rollte, deutete der Kutscher (der in seinem Fahrgast sofort den Parisreisenden aus dem Ausland erkannte) auf den Pavillon de la Reine. Er schnalzte mit der Zunge.
»Monsieur, wissen Sie, was man sagt? Die Dame soll damals schon so ein Riesending von Magnet unter ihrem Bett gehabt haben, der ihren Kavalieren Kräfte verlieh, olàlà, die hatten sie auch dringend nötig, denn das war eine, großer Gott. Unsereins kennt so was nur vom Hörensagen, *pardieu*, diese Reichen, sie verfallen auf Ideen...
Sie kommen aus Rußland, Monsieur, das hab ich gleich gesehen, nicht wahr? – Aus Österreich – das ist auch weit im Osten. Das Marais gilt als die vornehme Ecke, müssen Sie wissen. Nun ja, von uns normalen Menschen weiß keiner wirklich, was hinter diesen Mauern vor sich geht, und aus dem, was man hört, da soll einer schlau werden.
Der Turm da vorn ist von Notre Dame des Blancs Manteaux, von den Weißkutten, die sich hier zuerst niedergelassen haben, lange bevor die Noblen kamen und die Purpurkutten, Sie wissen schon, die von Rohan. *Parbleu*, bis nach Versailles treibt der Herr Kardinal seine Affairen. Eine Million *livres d'or* für ein paar Handgreiflichkeiten an einer Person, die er im Dunkeln mit der Königin verwechselte. Ja, die Österreicherin... man könnte manches über sie sagen!
Bei unseren Rohans jedenfalls liegen die intimen Beziehungen zum königlichen Schlafzimmer im Erbe. Das Soubise – da vorn, sehen Sie – war die Morgengabe von Louis Quatorze an Madame

de Rohan für die Sonnenbäder, die sie bei ihm zu nehmen pflegte...
Gleich sind wir da. Der Turm da gehört zur alten Mauer von Philippe Auguste. Jetzt haben wirs geschafft, Monsieur, da links das Haus mit den holländischen Ziegeln.«

Maître LeJeune empfing den Besucher in der Bibliothek. Er überflog das Empfehlungsschreiben seines Logenbruders, während van Leyden sich in dem stattlichen Raum umsah.
»Nun, Monsieur«, sagte der Advokat, indem er den Brief beiseite legte, »da Sie von meinem guten alten LeBrasseur kommen, betrachte ich es als eine angenehme Pflicht, Ihnen mein Haus als Ihr Domizil anzubieten, solange Sie sich in Paris aufhalten.«
Van Leyden bedankte sich für die freundliche Aufnahme und erzählte ein wenig von dem Zweck seiner Reise.
»Hoffentlich kommen Sie nicht zu spät, Monsieur van Leyden«, sagte LeJeune nachdenklich, als er von den Studienplänen seines Gastes hörte. »Die Sache des Mesmerismus sieht heute ziemlich verloren aus, auch wenn sie äußerlich noch gute Konjunktur hat.«
»Wie soll ich diese Bemerkung verstehen?« fragte van Leyden.
»Ich bin davon überzeugt, Monsieur«, erwiderte der Advokat, »daß der Mesmerismus nur die Maske einer anderen Tendenz war, die jetzt die Oberhand gewinnt. Mit den Verzückungen allein und mit den Schreikrämpfen ist es längst nicht mehr getan. Sehen Sie selbst: seit wann dringt die Debatte um Heilkunde bis in die blasiertesten Salons vor? Seit wann drängen sich die Damen vor den *chambres de cure* wie sonst nur zu den Hofbällen? Seit wann muß man eine Königliche Kommission einsetzen, die beweisen soll, daß man das Fluidum nicht beweisen kann und daß die *gravitation universelle* nirgendwo vorkommt außer in Herrn Mesmers Krisenzimmer... *C'est une mauvaise blague, n'est-ce pas?* Zuerst zittert die ganze Stadt mit dem magnetischen Strom, jeder spürt die Schläge und die Vibrationen, die von der animalischen Elektrizität stammen, und jetzt heißt es plötzlich auf höheren Befehl, daß das keine wirklichen Sensationen waren, sondern Einbildungen, die nichts besagen. Einbildungen, wissen

Sie, damit meinen die Herren der Königlichen Kommission sich besser auszukennen – können Sie mir folgen?«
»Also glauben Sie«, sagte van Leyden zu seinem Gastgeber, »daß man den Mesmerismus aus Gründen der Staatsräson unterdrükken will?«
»Man könnte so sagen«, erwiderte LeJeune. »Immer wenn unsere Gelehrten nichts eifriger zu tun haben, als zu beweisen, daß sich hinter einer neuen Erscheinung nicht mehr verbirgt als Einbildungen, dann haben wir Grund, hellhörig zu werden. Alles wirklich Neue beginnt mit einem Dementi – man muß nicht Jurist sein, um das zu wissen. Schauen Sie – wenn die Kommission auch hundertmal behauptet, daß Mesmer ein Scharlatan wäre, der den Boden der Wissenschaft leichtfertig verlassen habe, daß sein kosmisches Fluidum und seine Hypothese vom animalischen Magnetismus Hirngespinste seien; daß sämtliche Heilungen eingebildet und die spektakulären Krisen und Zuckungen nichts wären als traditionelle Hitzewallungen von Damen in einem kritischen Alter, so blieben immer noch die Phänomene, die vielfältigen physischen Sensationen, die spontanen Erholungen, die erhöhten Schwingungen, die seltsamen Transporte, die Verzückungen an Leib und Seele. *Tout Paris* hat das Beben am eigenen Leib verspürt, aber jetzt, da das Rumoren und Konvulsieren auf die Straße springt und Forderungen stellt, soll das alles nichts mehr bedeuten! Verstehen Sie? Monsieur, ich sage es Ihnen offen, wenn ich die Mesmerophoben mit den Mesmeromanen debattieren höre, danke ich meinem Schicksal, daß ich keinen naturwissenschaftlichen Ehrgeiz habe wie die meisten Snobs hierzulande. Wer weiß, sonst wollte ich wahrscheinlich auch den Mesmerismus besser erklären als Mesmer oder müßte mich der Mehrheitsmeinung anschließen, daß in Wahrheit nichts geschehen sei, ... was sind schon Einbildungen!«
Van Leyden empfand ein Gefühl der Bewunderung für LeJeunes Informiertheit und Skepsis.
»Weiß man denn«, fragte er, »was aus Mesmer seit seinem Verschwinden geworden ist?«
»Nein«, sagte LeJeune, »zumindest nichts Genaues. Keiner sah ihn abreisen. Natürlich, nach den Jahren des Triumphes muß der

Kommissionsbericht für ihn ein schwerer Schlag gewesen sein. Man weiß nicht einmal, ob er noch am Leben ist. Man hat meistens behauptet, er sei nach England gegangen, um seine Schule vom Exil aus heimlich zu dirigieren. Andere sagten, er habe sich nach Tahiti abgesetzt oder nach Santo Domingo und sei im Begriff, die Eingeborenen dort in Trance zu versetzen. Es gibt aber auch Leute, die im Ernst wissen wollen, daß er sich seit einem Jahr in einem unterirdischen Stollen unter den Anlagen von Versailles aufhält. Angeblich zelebriert er dort schwarze Messen, und Marie Antoinette präsentiere sich dabei in einer Pose und in einem Grad von Entkleidung, den sich ein loyaler Untertan nicht einmal im Traum vorstellen darf, auf einer Tafel und empfange fluidale Visionen. Es ist gemunkelt worden, Mesmer sei von Anfang an ein österreichischer Agent gewesen, der die französische Ordnung unterwandern sollte. Aus Deutschland hat kürzlich ein Reisender das Gerücht mitgebracht, der Meister lebe in der Nähe des Bodensees ganz zurückgezogen und er habe die Vögel in der Region magnetisiert.«

»Und was glauben Sie, welches von diesen Gerüchten wahr ist?« fragte van Leyden.

Maître LeJeune zuckte ironisch mit den Schultern.

»Jedes und keines. Ich habe es gottseidank nicht nötig, hierüber eine Meinung zu haben...

...im übrigen darf ich mich jetzt entschuldigen, Monsieur. Man wird Ihnen Ihr Zimmer zeigen und Sie mit den Annehmlichkeiten des Hauses bekannt machen. Ich beauftrage Thérèse mit dem Nötigen. Nebenbei, Sie mögen es mir verzeihen, rate ich Ihnen dringend, sich ein wenig um Ihre Garderobe zu kümmern, Monsieur. Ich denke, das sind Sie der Gesellschaft schuldig, in die Sie einzuführen ich die Ehre haben werde.«

Van Leyden verbeugte sich, nicht ohne über seinen provinziellen Aufzug ein wenig beschämt zu sein.

»...nicht wahr, Sie begleiten mich doch heute zum Nachmittagssalon von Madame de Polignac?« fuhr LeJeune fort. »Sie werden dort einige exzellente Köpfe kennenlernen. Die Dame des Hauses ist erste Gouvernante bei Hof, *une véritable femme de bon ton*, nebenbei die glühendste Mesmeromanin. Der schwedische Botschafter geht bei ihr ein und aus. Monsieur Merri, der Subintendant der Salpêtrière, wird ebenfalls dasein, ebenso wie einige Mitglieder der Académie, die sich die Ehre geben – von manchen anderen einflußreichen *gens en place* und den Repräsentantinnen des schönen Geschlechts ganz zu schweigen. Der Salon ist eine der schönen Inseln des Marais, bevölkert von vornehmen und intelligenten Seelen. Es sollte mich wundern, wenn der Marquis de Sponti, ebenfalls ein häufiger Gast, mit seinen glänzenden Sticheleien nicht Ihre Aufmerksamkeit gewinnen könnte. Er ist ein wahrer Nachfahre der alten Rasse und Zyniker *pur sang.*«

»Sie machen mich unendlich neugierig, Monsieur«, sagte van Leyden ängstlich zu dem Notar. Er meinte schon zu spüren, wie er in einer so brillanten Gesellschaft durch seine Schwerfälligkeit unangenehm auffallen müßte.

Maître LeJeune lächelte mit eleganter Bonhomie.

»Was Sie angeht, Monsieur«, sagte er, »wenn Sie sich eine gute *entrée* in diese Gesellschaft verschaffen wollen, so überlegen Sie sich ein paar starke Paradoxe, so recht im teutonischen Stil, das macht die stärkste Wirkung auf Pariser Köpfe. Legen Sie Wert darauf, so zu tun, als fielen Ihnen die entlegensten Aperçus so nebenher ein, und bringen Sie in Erfahrung, bis wohin Sie zu weit gehen dürfen. Führen Sie sich auf, wie man es von Ihnen erwartet, naiv und verstiegen, Sie verstehen schon, dann öffnen sich Ihnen hier viele Türen, und nicht nur diese.«

Am späteren Nachmittag begleitete van Leyden seinen Gastgeber zu der angekündigten *soirée* bei Madame de Polignac.

Man betrat, ein *antichambre* durchquerend, den ovalen hellen Salon, in dem zwei Dutzend Menschen auf Samtstühlen Platz genommen hatten und eine leichte Konversation unterhielten. Durch die hohen Fenster blickte man auf eine Terrasse, hinter der ein ummauerter Garten lag. Einige französisch beschnittene Platanen ragten mit lichtem Laubwerk über dem Rasen empor. Da das Gespräch im Gang war, gab LeJeune seinem Begleiter ein Zeichen, sich still zu halten, bis ein geeigneter Moment gekommen wäre, sich bemerkbar zu machen.

»Ich schwöre Ihnen, mein guter Boisdeffre, die stürmischen

Sonnenrosse Apolls bei der Tränke sind ein Meisterwerk. Ich schenke Ihnen dafür alle Pferdeköpfe des Praxiteles und aller Alten zusammengenommen.«

»Hoho, Monsieur Merri, Sie sind seit jeher ein *enragé* für die Modernen gewesen. Das ist bei Ihnen konstitutionell. Ich halte dagegen, daß LeLerrains Handschrift insgeheim doch süßlich ist und ohne wahren heroischen Geist. Er liefert plastische *billets doux*, Opium fürs Auge, mein Guter! Aber unsere Zeit ruft nach anderen Dingen, nach männlichem Elan, Heroismus! Sie hingegen verteidigen mit Leidenschaft die Erschlaffung, Monsieur, Sie sind paradox!«

»Ah, mein ärmster Boisdeffre, gottseidank ist die Kunst LeLerrains weit jenseits Ihrer Kritik. Aber Ihr schlechter Geschmack drückt sich auf eine so vulgäre Weise aus, daß ich, hielten mich das Mitleid mit Ihrem Irrtum und der Respekt für unsere Gastgeberin nicht zurück, in Versuchung wäre, mich mit Ihnen zu duellieren!«

»Mit Worten, meine Herren!« rief Madame de Polignac, die über das Gefecht der Redner entzückt war. »Nun wird es an Ihnen sein, den Streit der Alten und Neuen mit den schärfsten Argumenten zu beleben!«

»Einen Augenblick!« sagte ein Herr, dessen Kopfform an die eines Windhunds denken ließ und der beim Sprechen seine Handgelenke herablassend bewegte. »Monsieur Boisdeffre, ich mache Sie darauf aufmerksam, daß die Hornköpfe Ihres Überwurfs *dépassé* sind. Man trägt das seit Monaten nicht mehr. Auch Ihr Sinn fürs Heroische, das ich im übrigen verabscheue, kann davon nicht ablenken. Sie sollten den Schneider wechseln und bei dieser Gelegenheit auch Ihre Meinungen ändern lassen. Sind Sie nicht etwas zu weit geschnitten?«

Madame de Polignac wandte sich mit gespielter Entrüstung an den Marquis de Sponti.

»Pfui, Monsieur, und nochmals pfui! Sie verderben uns ein Duell der Ansichten, das uns alle ohne Zweifel amüsiert hätte. Ich flehe Sie an, mäßigen Sie Ihren *spleen*!«

Der Marquis de Sponti erhob sich und küßte Madame de Polignacs Hand, wobei die Dame ihn halb genußvoll komplizenhaft, halb spöttisch tadelnd anblickte.

»Sie sind sehr geistreich, Madame«, sagte er lässig, »doch verdiene ich Ihre Zurechtweisung nur zum Teil. Ich fürchte in der Tat die Langeweile mehr als den Tod und bin tollkühn, wenn es darum geht, sie zu verhindern. Das ist gewiß nicht die Schuld der Herren, es ist das Thema. Als ich zuletzt über die Vorzüge der Alten und der Modernen diskutieren hörte, bekam ich eine schmerzhafte Kiefersperre. *C'est plus fort que moi.* Meine Nerven dürsten nach dem Neuesten. Wenn es die elektrischen Frösche des Herrn Galvani wären oder die letzten Sprünge der philanthropischen Mode oder die bravourösen Flüge der Brüder Montgolfier oder das automatische Hornkonzert des Ingenieurs Foucault, der bald auch eine sprechende Maschine vor dem Collège de France präsentieren will, so wäre ich mit Feuer bei der Sache. Doch Kunstkritik versetzt mich in Starrkrämpfe.«
Madame de Polignac hielt nun den Moment für gekommen, die Aufmerksamkeit der Runde auf den Eintritt LeJeunes und seines jungen Begleiters zu lenken.
»Mein lieber LeJeune«, rief sie im überraschten Ton, als habe sie ihn in dieser Sekunde erst bemerkt, »seien Sie willkommen. Wie sehr Sie uns gerade gefehlt haben! Vielleicht wäre es Ihnen gelungen, da Sie doch der *homo politicus* unseres Kreises sind, die Passionen der Kunstfreunde und Kunstverächter zu beschwichtigen. Nun, man brennt zu erfahren, was Sie Neues wissen!«
»Madame«, erwiderte LeJeune mit sonorer Intonation, »ich bin entzückt, Sie wie so oft inmitten eines lebhaften und geistreichen Gesprächs zu finden. Doch die Schlichtung der Leidenschaften ist außerhalb der Gerichte meine Sache nicht. Ich rechne mit ihnen, ich registriere, ich wäge ab, das ist alles. Was die Dämpfung von Leidenschaften angeht – wäre nicht Monsieur Merri selber der geeignete Mann, wo er doch in seiner Salpêtrière Tausende von Unordentlichen und Verwirrten im Zaum hält? – Was Neuigkeiten angeht, kann ich Ihnen besser dienen. Ich mache Sie Ihnen bekannt in Gestalt meines Begleiters: Monsieur de Leyden, ein junger Medikus aus Wien, der hier Mesmers Wirkungen studieren will.«
»*Voilà qui est bien!*« rief Madame de Polignac angeregt. »Monsieur LeJeune, wie kommt es nur, daß Sie so oft den Nerv der Dinge treffen!«

Dann zu van Leyden gewandt:
»Wie sehr wir zufrieden sind, Sie unter uns zu sehen! So nehmen Sie doch Platz! Sprechen Sie frei heraus und erklären Sie sich in der unbefangensten Natürlichkeit!«
»Madame, meine Herrschaften«, sagte van Leyden, indem er seine Nervosität unter einem Lächeln verbarg, »haben Sie Dank für Ihre amikale Aufnahme. Ich fürchte, Sie erwarten zuviel von mir. Ich bin ein Neuling in diesem Land, und meine französische Lektion ist noch sehr unvollkommen.«
Er unterbrach sich, um sich während einiger Augenblicke den Anschein zu geben, als dächte er über den nächsten Satz nach, und fuhr dann mit der Entschlossenheit, die aus der Angst vor langen Pausen zu kommen scheint, fort:
»Aber soviel, meine ich, kann man jetzt schon sagen, daß der Tod Republikaner ist und daß man Gott nicht mehr in der Vertikale suchen kann, wie in der Zeit, als man die Kathedralen baute, Sie wissen, was ich meine...«
Der Marquis de Sponti pfiff leise durch die Zähne. Ein Raunen ging durch den Salon. Von einer Welle aus Neugier und Heiterkeit umgeben, gab sich van Leyden Rechenschaft darüber ab, daß er sich auf dünnem Eise bewegte, nahe am Einbrechen, und daß nur ein weiterer Vorstoß ihn vor der Lächerlichkeit retten würde.
»Da dem so ist«, fuhr er sehr bestimmt fort, wobei er Madame de Polignac ernsthaft anblickte, »ist es an der Zeit, die dunkle Seite des Mondes aufmerksamer zu erforschen. Wenn wir unser Inneres nach außen kehren, werden wir entdecken, daß alles in der Welt nur von einer Anatomie der Zeit abhängt. Manchmal ereignen sich die überraschendsten Transplantationen der Vergangenheit. Es ist gerade, als ob vor unseren Augen die Römer durch die Straßen von Paris liefen und als ob Brutus erneut den Cäsar auf den Stufen des Hôtel de Ville erdolchte, um das Vaterland zu befreien. Wir sezieren die Innereien der Zeit, um zu entdecken, daß sie viele Speichermägen hat, wie eine monströse Wiederkäuerin, die ewig ihre Analogien mahlt. Medizinisch gesprochen ist die Dysfunktion ihrer Verdauung am auffälligsten, es kommt *sit venia verbo* am *anus temporis* die ganze Menschheitsgeschichte unverändert wieder zum Vorschein...«

Van Leyden unterbrach sich erneut, um zu prüfen, ob er jetzt nicht zu weit gegangen war.
»*De excrementis non est disputandum*«, meinte Herr Boisdeffre in einem säuerlichen und koketten Ton, offensichtlich stolz darauf, sich lateinisch auszudrücken. Van Leyden bemerkte, wie ihm von den übrigen Gästen ein freundliches Staunen entgegenkam. Madame de Salé, eine füllige Dame mittleren Alters, beugte sich zu ihrer Nachbarin, der schwedischen Gesandtengattin, und flüsterte:
»Ein charmanter Idiot. Man wird ihn einladen müssen.«
Der Marquis de Sponti deutete eine Verbeugung an.
»Das ist mehr, als zu hoffen war. Ich gratuliere, mein Herr.«
»Ich finde freilich«, sagte Madame de Polignac sehr wohlwollend, »daß Sie in dunklen Bildern sprechen. Bitte vergessen Sie nicht, Monsieur, daß wir auch nach den Einflüssen Ihres Kollegen Mesmer nicht ganz imstande sind, die deutsche Philosophie zu durchdringen. Jedes Wort, das Sie sprechen, klingt wie ein Engagement zu hundert weiteren Erklärungen. Wir sind äußerst interessiert!«
»Madame, das ist auch meine Meinung«, nahm der Marquis de Sponti den Faden auf. »Jedoch – ich kann der Versuchung nicht widerstehen, einen Satz aus Herrn van Leydens Diskurs ins Französische zu übersetzen. Wenn der Tod, wie gesagt wurde, Republikaner ist, soll das nicht heißen, daß wir alle im Begriff sind, in ein modernes Reich der Gleichheit einzugehen – von den gleichen fatalen Ermüdungen erfaßt, von der gleichen Verwesung befallen, von der gleichen endgültigen Gleichgültigkeit gegen alles ergriffen ...«
»Aber wie *dégoûtant*!« rief Herr Merri, »was haben Sie nur, Monsieur, daß es Ihnen Freude macht, sich auf Kosten der höchsten Ideale derart gehenzulassen? Dem erhebenden Thema der Gleichheit darf man sich auf eine solch makabre, ja verächtliche Weise nicht nähern!«
»Ihrem Kommentar zufolge«, sagte Madame de Polignac zu dem Marquis, »erschiene Gleichheit in der Tat als bedenkliches Sujet.«
»Ein schauriges Thema, denke ich eher«, warf Madame de Salé etwas naiv dazwischen.

»Vielmehr ein heroisches Thema«, sagte Monsieur Boisdeffre.
»Nein, ein durchaus melancholisches Thema«, erwiderte der Marquis. »*Egalité, égalité, égalité,* hören Sie es nicht? – das ist die letzte Ebene, über die ein Wind geht, den keiner mehr fühlt. Wir sehnen uns längst nach Gleichheit, weil wir sterben möchten. Denn was ist das Leben? – eine fade *soirée*, die kein Ende nehmen will. Gleichheit, gewiß, es ist das letzte unter den großen Idealen, für die man es einmal lohnend fand zu sterben. Lebensmüde, von tausend *déjà vus* verfolgt, vom Erinnerungsgift geschwollen, klammern wir uns an die letzte berauschende Idee und werfen unser Leben in die Schlacht für etwas, das selbst nur ein verstecktes Symbol des Todes ist. *Ah oui*, man ist sehr ironisch. Ein fataler Enthusiasmus reißt uns vorwärts auf den schnellsten Königsrouten in die Zukunft. Was gäben wir nicht inzwischen schon für einen einzigen Tropfen Verschiedenheit, meine Herrschaften! Für einen kleinen Hauch von der alten Spannung! Mesmer war unsere letzte Hoffnung. Er hätte uns, während wir unaufhaltsam verblassen, ein wenig *couleur* und Substanz zurückbringen sollen. Er hätte uns verbinden müssen mit dem Puls der ältesten Kräfte. Umsonst, die Gleichheitsköpfe haben auch ihn erledigt. Was blieb, sind die Schwindler, die eine ganze Industrie nichtssagender Zuckungen ins Leben gerufen haben …«

»Aber nein!« rief Herr Boisdeffre mit allen Zeichen der Mißbilligung. »Sie sind wirklich ein Misanthrop, Herr Marquis. Ihnen gilt nichts mehr als heilig. Sie unterhalten Sympathien mit allem, was untergeht, und scheinen sich immer nur für die dunkelsten Aspekte der Dinge zu ereifern. Glücklicherweise gibt es Menschen, die sich gesünderer Auffassungen erfreuen. Die Aristokratie mag für sich allein vom Untergang der Welt träumen. Aber die Geschichte der Menschheit ist nicht zu Ende, nur weil gewisse Kreise anämisch wurden.«

»Sie denken, sie müsse weitergehen, die große Geschichte«, erwiderte de Sponti verächtlich, »weil Anwärter aufgetreten sind, die den allgemeinen Ruin systematischer, oder soll ich sagen gleichmäßiger, herbeiführen wollen, als es in unseren Kräften stand?«

»Aber meine Herren!« sagte Madame de Polignac leise tadelnd,

»das Gespräch erfüllt nicht die Erwartung des Anwesenden, erheitert zu werden. Der Marquis hat den dunklen Hinweisen unseres Gastes eine Interpretation hinzugefügt, die ohne Zweifel die Gemüter erregt. Darf ich Sie, Monsieur de Leyden, fragen, was Sie von seinem Kommentar denken?«

»Ich weiß es nicht«, erwiderte van Leyden im Ton kluger Enthaltung. »Ich muß aber hinzufügen, daß es im Augenblick wenig Dinge gibt, die mir wirklich sicher wißbar erscheinen. Ich habe manchmal sogar das Gefühl, nicht mehr genau zu wissen, was ich meine, wenn ich Ich sage. Um das zu erklären: ich habe eine längere Reise hinter mir, eine Fahrt durchs offene Land. Gewiß, draußen in der Provinz fühlt man sich ohne Mühe in seinem Typus, wie ein gut identifiziertes Exemplar einer sozialen Gattung – der Städter, der Ausländer, der Gelehrte, der Offizier, der Reisende, kurzum als irgend etwas Bestimmtes inmitten von stabilen lokalen Charakteren.

Hier in der Großstadt erschrecke ich darüber, wie alles durcheinanderwimmelt und sich fortwährend verwandelt. In der Großstadt prallt das Ich an der Masse zurück wie ein Schrei in einem Gewölbe. Du gehst über einen Boulevard und triffst Unzählige, von denen jeder den Anspruch erhebt, daß die Umwelt seiner Einmaligkeit Tribut zollt. Alles ist erhitzt und individualisiert, alles ist besonders und voller Eigenwillen, dabei in ständiger Auflösung, Konfusion und Kombination, wie in einem Lunapark der Verschiedenheiten, mit denen jeder jedem die Einmaligkeit stiehlt. Man kann in der Großstadt keine Psychologie mehr treiben, weil man ihre Prämisse, das mit sich selbst gleiche Individuum, hier nicht mehr findet. Die Seele verändert ihren Aggregatzustand und geht von der festen in die gasförmige Verfassung über. Sie wird auf belanglose Weise singulär, sie wird ausgedehnt, flüchtig, ortsunsicher, formbar und durchlässig wie die Luft.«

Monsieur Merri blies verblüfft die Backen auf.

»Gasförmige Verfassung! Das ist stark. Monsieur van Leyden, ich lebe seit Jahrzehnten in Paris und habe von alldem, was Sie da behaupten, noch nichts bemerkt. Ich möchte glauben, daß Sie, grob gesprochen, Gespenster sehen! Bitte erklären Sie mir, wo hier die geringste Zweideutigkeit herrschte und welches Indivi-

duum unter uns in Ihrem Sinne flüchtig wäre! Da sitzt unsere verehrte Gastgeberin, dort Madame de Salé, die wir schätzen, und dort Herr Boisdeffre, der an Eindeutigkeit nichts zu wünschen übrig läßt, und so weiter. Wer oder was wäre hier formbar wie Luft? Wir sind massiv, wir sind solide, wir sind wirklich da, genauso wie diese Tabatiere, dieser Lüster, dieses Fenster, diese Wolken über den Platanen – lauter substantielle Gegebenheiten, die so handgreiflich und präsent sind, wie man es sich nur denken kann. Ich selber, Henri Merri, Subintendant des Hôpital Général de la Salpêtrière, fühle mich absolut als ein ›stabiler lokaler Charakter‹, um einmal Ihren seltsamen Ausdruck zu benutzen. Wer sich einbildet, mich formen zu können, sollte wissen, daß er es mit einem Mann der Praxis zu tun bekommt. Ich kenne meinen Platz in der Ordnung der Dinge.«
Der Marquis de Sponti erhob sich mit einer lauernden, gedehnten Bewegung von seinem Platz.
»*Voilà*, wir haben es gehört, das Große Testament des Herrn Subintendanten, die psychologische Generalbeichte des Monsieur Merri, Rezitativ und Arie von der Ordnung der Dinge, wie sie Gott und dem Minister gefällig wäre. Da zeigt sich die Seele in ihren massivsten Zuständen und ruft aus jeder Ecke: hier bin ich, ohne sagen zu können, wo genau.«
Merri protestierte empört.
»Ich glaube, Sie wollen sich über mich mokieren! Das soll Ihnen mißlingen! Die Wahrheit hinter unserem Disput ist doch ganz einfach die: Sie haben keinen Sinn für das Wirkliche! Die Wirklichkeit ist völlig anders, als Sie meinen. Ich lebe in ihr, ich arbeite in ihr, und ich versichere Ihnen, daß es in der Wirklichkeit, wie ich sie aus tausend Fällen kenne, keine gasförmigen Seelen gibt und keine veränderten Aggregatzustände und überhaupt nichts von diesen akademischen Monstren, mit denen Sie unsere Zeit zu vergeuden belieben!«
Van Leyden war über die Heftigkeit dieser Zurückweisung so verblüfft, daß er schwieg. Der Marquis de Sponti maß Monsieur Merri mit einem langsamen Blick.
»Mein Herr, die Wirklichkeit... ihr liebstes Kind, wie mir scheint. Bravo! Eine solide Affaire, Ihre Wirklichkeit, nicht wahr? Sie pochen auf die harten Tatsachen, sehr gut. Also sehen

wir zu, welches die harten Tatsachen sind! Wenn ich recht informiert bin, so beherbergt Ihr famoses Hôpital Général, diese Brutstätte der Wirklichkeit, zur Hochsaison an die zwanzigtausend Individuen, die gleichwohl allesamt nicht wirklich genug zu sein scheinen, daß man ihnen erlauben dürfte, frei herumzulaufen. Ich kenne diesen selbstsicheren Diskurs über die so beliebten Realitäten. Aber was Sie so nennen, ist nur eine Zusammensetzung aus zwei Unwirklichkeiten – einer respektablen Fassade, die den Machthabern und Arrivierten zum guten Gewissen verhilft, und einer Unterwelt aus Träumen und verbotenen Dingen, die außerhalb des Sichtbaren bleiben. *Voilà*, Monsieur, was von Ihrer Wirklichkeit zu halten ist. In wessen Kopf sind nun die Monstren!«

Madame de Polignac klatschte in die Hände.

»Herr Marquis, man bemerkt mit Staunen, wie Ihr *spleen* Sie wieder einmal über sich selbst hinaustreibt. Man bewundert Sie! Wie ein Matador halten Sie der wütenden Wirklichkeit das rote Tuch vor den Kopf und lassen sie ins Leere stürmen. *Voilà qui est bien.* Doch lassen wir für einen Augenblick den sportiven Aspekt Ihrer Behauptungen beiseite! Wollen Sie denn im Ernst die Konstanz der Seele leugnen? Widersprechen Sie wirklich der These von einer stabilen Außenwelt und der allgemeinen Ansicht von der Ordnung der Dinge?«

»Madame«, erwiderte de Sponti in einem lässigen und traurigen Ton, »meine Stärke liegt nicht im Leugnen irgendwelcher Dinge, sondern in der Wahrnehmung der Lücken. Ich sehe hinter den Redensarten das Chaos und hinter dem, was man die Ordnung der Dinge nennt, den Taumel der Möglichkeiten. Hinter unseren stabilen Charakteren mit ihren ordentlichen Personalien und ihren soignierten Stammbäumen beginnt ein Raum, den flüssige, gasförmige Gebilde bevölkern, wie molluskenhafte Energien, die sich ab und zu verdichten und sich einen bürgerlichen Namen zulegen – amöbenartige Wesenheiten, Kraftströme ohne Herkunft, Irrlichter ohne Heimat, Doppelgänger ohne Original. Strengen Sie Ihre Augen ein wenig an, meine Herrschaften, und sagen Sie, ob Sie nicht in Ihrem Innern eine Galerie höchst unförmiger Gestalten wahrnehmen!«

Monsieur Boisdeffre hob seine Stimme und sagte mit dem Höchstmaß an Betonung, das mit Höflichkeit vereinbar ist:
»Monsieur de Sponti, mir scheint, daß Sie zu der Art von Menschen gehören, denen die Welt nie kompliziert genug ist, gerade so, als hegten Sie einen Zorn gegen das Wahre und Eindeutige. Dabei ist die Welt als solche rätselhaft genug und voll unentdeckter Schätze, auch ohne die Zutaten des Zweifels und der Hypochondrie. Ist es keine Lust, ein Bürger der Gegenwart zu sein? Vermittelt es kein Gefühl von Macht und Glück, die Enzyklopädie des Wissens wachsen zu sehen? Das Universum lückenlos alphabetisch ordnen, ist das keine Aufgabe, die einen Mann stolz machen kann? Statt dessen träumen Sie vom Chaos und von den Lücken. Lücken sind dazu da, um gefüllt zu werden! Das ist meine Meinung!«
De Spontis Blick wanderte über die Gäste des Salons, dann heftete er sich ein wenig verschleiert auf ein Wasserglas, das auf einem *guéridon* vor ihm stand.
»Ja, Sie haben völlig recht. Die Welt ist schauerlich groß, und wir wissen schon entsetzlich viel von ihr. Viel zuviel, um etwas zu hoffen. Immer das gleiche Lied, die unendliche Melancholie hinter allen Neuigkeiten... Nur Amerika, das ist eine Aussicht, die uns noch niemand hat nehmen können. Da drüben, jenseits des Ozeans, beginnt das Abenteuer vielleicht noch einmal von vorn... verstehen Sie?... Manchmal, wenn mich der *ennui de Paris et de province* niederwirft, beginne ich von Emigration zu träumen... Amerika ist das Land unserer Auflösung! Einige von unseren Reiseschriftstellern haben den Mississippi beschrieben, den Riesenstrom mit seinen schwimmenden Inseln aus Treibhölzern, wilder Vegetation und geilem Schlamm. Ich finde das faszinierend, *les îles flottantes*... schockiert Sie das, *mesdames*, wenn ich so rede? Mein Ideal, ich will es Ihnen sagen, wäre, eine weiße fleischige Blüte zu sein auf einem modernden Stamm, der in träger Fahrt stromabwärts treibt, dem Ozean entgegen... Ich denke, das wäre die einzig anständige Art zu leben. Auf dem Wasser treiben mit dem schweren gleitenden Holz, das zerfressen ist von hundert parasitären Lebensformen, überwuchert von Bartpflanzen, Moos und schwülen Blüten. Angetrieben werden in den seichten Krümmungen, in stillen Brackwassern. Im

Schlamm der Ufer ruhen, wo die Mücken tanzen und die Wasserschlangen in seltsamen Agonien an stachligen Kröten zugrundegehen. Weiterreisen mit dem warmen Regen durch die endlosen Weiten seitlich des Stroms, hinaus in die wirkliche Neue Welt, wo niemand war. Der Zugang zu jedem Abgrund steht offen, wer sich verlieren will, den ruft niemand zurück. Lagunen, Urwälder, Prärien, offene Weite und kein Verbot weit und breit. Nichts als der Horror der anfänglichen Natur, das ehrliche Leben, das noch nichts bedeutet...

Und weitertreiben auf dem meilenbreiten Strom in den tiefen Süden, Tage, Monate, Jahre, weit hinaus auf das Weltmeer, um irgendwo draußen unter offenem Himmel zu verblühen und aus der Kreatur auszuscheiden, die das Unglück hatte, wach zu sein und von sich selbst zu wissen... Dort draußen sich auflösen in ein reines Element, in gelöste Salze, Sauerstoff und Äther. Das wäre die Befreiung...«

Herr Boisdeffre räusperte sich heftig.

»Ich ersticke. Immerhin ist mir jetzt klar, wieso die Seele als erhitzter Gaskörper beschrieben werden konnte. Mir ist wahrhaftig übel geworden, Monsieur, Sie mögen es mir verzeihen – falls es Ihnen nicht schon zu gleichgültig ist. Aber was unsere Welt nötig hat, sind nicht diese tödlichen Aufweichungen des Charakters, dieses völlige Sichgehenlassen. Mein Herr, ich denke, Sie stehen gegen den Geist der Zeit, der nach heroischen Taten verlangt, nach Initiative, Tugend und gespannten Muskeln. Paris ist Sparta und Rom, eine Fortschrittsarena und kein babylonisches Bordell. Wir leben an der Seine, nicht am Mississippi. Die zivilisierte Menschheit hat die Wildnis besiegt.«

Der Marquis de Sponti antwortete lakonisch:

»Ich hätte daran denken sollen – sie ist besiegt.«

Er machte eine Pause und trat an eines der Fenster, die auf die Terrasse hinausgingen. Während er sprach, schaute er unverwandt in den Hof, wo das Laub der Platanen in einem leichten Wind zitterte.

»Erinnern Sie sich, meine Damen und Herren, an das Weihnachtshochwasser des Jahres vierzig? Nein, wir sind alle zu jung, um es erlebt zu haben. Aber trotzdem, es ist nicht lange her. Mitten in Paris ruderten des Nachts die Menschen in Backtrögen zu ihren Nachbarn. Eisige Wildwasser sprudelten durch die großen Boulevards und überfluteten die Faubourgs. Perücken, Dokumente, Morgenröcke und Katzen trieben in den Fluten, und gäbe es Krokodile in Frankreich, so hätten auch sie einen Festtag gehabt. Aber der Mensch stand hinter dem Reptil in nichts zurück, sofern man den Gerüchten von kannibalischen Exzessen im fünften Arrondissement glauben darf.«

»Wie gräßlich!« rief Madame de Polignac dazwischen, »Herr Marquis, es ist nicht mehr amüsant, was Sie da sagen!«

»Die Zivilisation natürlich«, fuhr de Sponti fort, »hatte sich damals schon seit einem halben Jahrhundert nach Versailles zurückgezogen. Man war dort nicht wenig pikiert über die Wildnis, die in Paris über die Ufer getreten war. Zum Zeichen der Verbundenheit aß man an der Königstafel bis Silvester Diät. Auf des Fünfzehnten persönliche Order schlug man nur die Hälfte der üblichen Dotter in die Suppen und führte sich die Braten ohne Saucen zu Gemüte. Diese karitative *nouvelle cuisine* lieferte noch nach Jahren Stoff für Tischgespräche bei Hof. Wissen Sie noch, Herzogin, die mageren Tage von Versailles, die unvergeßlichen... Sie waren wohl ein letztes Aufbäumen der Wildnis, die inzwischen besiegt ist...«

Boisdeffre schüttelte sorgenvoll den Kopf. Er zeigte die Miene eines Mannes, der weiß, daß die Ordnung der Dinge, nach allem, was gesagt worden war, nur durch entschiedene Bekenntnisse aufrechtzuerhalten war:

»Was für ein Mangel an Augenmaß! Welch eine bizarre Vorliebe für das Abseitige und Untypische! Man müßte blind sein, um zu leugnen, daß es auf allen Gebieten vorangeht. Wir sind vorwärtsgekommen. In Holland legt man ein ganzes Meer trocken, in Paris errichtet man neue Theater und Quais, die Wissenschaften nehmen einen Aufschwung, der ans Wunderbare grenzt. Vernunft durchdringt alle Bereiche, die Druckerpressen sind Tag und Nacht damit beschäftigt, der neuen Erleuchtungen Herr zu werden und sie in die breite Masse zu tragen. Die Wildnis in Paris! Ich muß lachen. Mein Herr, Sie sind vollkommen paradox!«

12
Erstes Rendezvous

Am folgenden Vormittag gab van Leyden seinem Gastgeber, als er ihn bei der kleinen *collation* im Speisesalon traf, einen Bericht von den Ereignissen in Saint-Denis. Er bat den Anwalt, sich für die seiner Meinung nach völlig willkürlich Verhafteten zu verwenden. LeJeune versprach bereitwillig, das Mögliche zu tun, warnte aber van Leyden vor übertriebenen Erwartungen.
»Man muß erst sehen, was wirklich vorliegt. Außerdem gelingt es fast nie, etwas Wirkungsvolles gegen einen *lettre de cachet* zu unternehmen. Die französische Justiz ist auf ihre Weise eine Wildnis, möglicherweise wuchernder als die Sümpfe des Mississippi, von denen gestern der Marquis geschwärmt hat. – Im übrigen werden Sie selbst es festgestellt haben, Herr van Leyden – Ihr Vortrag war ein Treffer. Gefährlich denken im orientalischen Stil, Andeutungen im gotischen Zwielicht, das macht unseren aufgeklärten Geistern große Augen. Was sie sich selbst verbieten, erwarten sie von den anderen um so mehr. Die armen Pariser werden bald glauben, daß Wien nicht an der Donau liegt, sondern am Ganges. Auf jeden Fall haben Sie einen prächtigen Effekt gemacht. Die Damen zitterten wie zu Mesmers besten Zeiten.«
Van Leyden spürte einen schmerzhaften Stich am Herzen. Er machte eine hilflose Handbewegung.
»Haben Sie vielen Dank, Monsieur. Ich habe vor, in den nächsten Wochen Paris besser kennenzulernen. LeBrasseur hat mir außer Ihnen eine Reihe von wichtigen Namen genannt, Berufskollegen zumeist, mit denen ich bekannt werden sollte. Es mag sein, daß wir uns daher demnächst wenig zu Gesicht bekommen werden.«
»Das wird unvermeidlich so sein«, sagte LeJeune. »Ich hoffe wenigstens, daß Sie über den Studien nicht vergessen, sich zu amüsieren. *Utile cum dulci*, hieß so nicht das Prinzip der gallischen Pädagogik?«

Van Leyden wanderte zu Fuß durch die verkehrsreiche Metropole. Am Quai der Weißgerber, auf der Höhe der Conciergerie, stieß er auf die Stadtinsel der Seine. Er sah das Türmchen der Heiligen Kapelle über den Dächern des Parlamentspalastes aufragen. Schmale mehrstöckige Häuser drängten sich auf der Insel und auf den Brücken. Vom Pont Neuf, auf dem einige Komödianten die Fußgänger unterhielten und Aufläufe verursachten, gelangte van Leyden zur Spitze der Insel und bog dann in den Quai der Goldschmiede ein. Bei einem Blick zurück sah er die Masken an den Pfeilern des Pont Neuf, die mit aufgerissenen Augen und Mäulern in das langsam fließende grüne Wasser starrten. Im Vorüberschlendern bemerkte van Leyden auch die noblen Werkstätten der Juweliere Boehmer und Bassenge, vor denen Lakaien in den farbigen Livreen der großen Häuser wartend bei ihren Kutschen standen.

Am Pont Saint-Michel machte er für einige Augenblicke halt, unschlüssig, ob er sofort zum linken Ufer hinübergehen oder noch ein Stück weit auf der Insel bleiben sollte. Er entschied sich dafür, dem Inselquai zu folgen bis zum Petit Pont, um das Lateinische Viertel erst auf der Höhe der Rue Saint-Jacques zu betreten. Aus der Ferne ahnte man bereits die schweren Gemäuer der Sorbonne und der Kollegienhäuser.

Von einem leichten Unbehagen ergriffen, hatte van Leyden sich im Gehen mehrere Mal umgedreht. Er konnte das Gefühl nicht abschütteln, daß ihm seit einiger Zeit jemand folgte. Sooft er sich jedoch umsah, war in der Menge der Passanten niemand zu entdecken, der verdächtig erschienen wäre. Plötzlich sprach ihn ein älterer Herr im flohbraunen Gehrock an, indem er nach den Ordonnanzräumen eines gewissen Doktor Baqué, vermutlich hier in der Nähe, fragte. Darauf entschuldigte sich van Leyden, er sei selbst fremd hier.

»*Merci quand-même*, Monsieur«, sagte der ältere Herr.

»*A votre service*«, antwortete van Leyden.

Hinter der Präfektur stieß er auf die Front des Hôtel Dieu, des alten Stadthospitals, das sich im Schatten der Kathedrale erhob. Van Leyden blieb vor dem Portal eine Weile stehen und überlegte, ob er gleich dort einen Besuch machen sollte – bis er sah, daß dies nur ein mechanischer Gedanke gewesen war, den auszuführen es in diesem Moment keinen Grund gab. Er beschloß weiterzugehen. Wieder war ihm zumute, als ob er hinter sich Schritte gespürt hätte. Er sah sich erneut um, bemerkte aber nichts als Fuhrwerke und Passanten, die zielstrebig ihrer Wege zu gehen schienen, ohne von ihm Notiz zu nehmen. Ein paar Bettler saßen auf ihren in Leder verpackten Schenkelstümpfen vor dem Portal des Hôtel Dieu und bewegten schläfrig ihre Holzschalen, die sie den Vorübergehenden entgegenhielten. Soeben schleppte sich ein Mann auf Krücken durch das Tor des Krankenhauses.

Inzwischen hatte van Leyden den engen Platz vor der Kathedrale von Notre-Dame erreicht. Er ließ seinen Blick langsam an der Fassade des Bauwerks hinaufwandern, bei jedem Stockwerk verharrend, von der imposanten Portalzone hinauf zur Königsgalerie, dann zur Etage der großen Rosette, zur luftigen Galerie der Arkaden und zuletzt zu den beiden abgeschnittenen Türmen. Plötzlich hörte er, wie jemand ihn von der Seite ansprach.

»Nicht übel, Unsere Liebe Frau von Paris, Monsieur, was meinen Sie!«

Van Leyden erschrak heftig. Er sah einen etwas abgerissen gekleideten dunkelhaarigen Mann neben sich, schmal, mit einem zugleich ironischen und dienstbeflissenen Gesichtsausdruck.

»Sehr verehrter Herr!« sagte der Fremde ziemlich dreist, »ich werde den Eindruck nicht los, daß Sie dringend einen Parisführer brauchen. Ich nehme mir die Freiheit, Ihnen meinen Dienst anzubieten. Keine Ratte kann die Kanäle der Stadt so gut kennen wie ich die Straßen mit sämtlichen Aufgängen und Löchern. Daher wird Ihnen bei allen Unternehmungen niemand besser dienen als ich. Auch wenn der Herr ein Bedürfnis hat, kenne ich Adressen.«

Van Leyden war über den zudringlichen Antrag des Fremden und erst recht über die zynische Freimütigkeit seiner Selbstanpreisung so bestürzt, daß er nur das Bedürfnis verspürte, die Berührung mit diesem Individuum sofort zu beenden.

»Ich bitte Sie!« sagte er zu dem Mann, »gehen Sie und beachten Sie mich nicht weiter! Ich habe Sie keinesfalls gerufen!«

»Das ist wahr«, erwiderte der Fremde mit einem mehr als

zutraulichen Blinzeln, »aber ist es nicht völlig egal, wenn Ihnen doch, erbeten oder unerbeten, kundige Begleitung willkommen sein muß? Die Stadt ist gefährlich, vergessen Sie das nicht!«
Van Leydens Verblüffung machte dem Ärger Platz.
»Das Gegenteil ist wahr! Bemühen Sie sich nicht! Ich finde mich ohne Hilfe am besten zurecht!«
»Ganz wie Sie meinen, Monsieur!« sagte der Fremde beschwichtigend. »Es war nur eine Frage – ein günstiges Angebot für Sie! Im übrigen sollen Sie nicht denken, daß ich einen *refus* tragisch nähme. Adieu!«
Durch den Zwischenfall verstimmt, kehrte van Leyden sofort der Kathedrale den Rücken und ging mit hastigen Schritten über den Pont au Double aufs linke Seineufer hinüber. Hinter der Place Saint-Michel bog er in eine der Straßen des Quartier Latin ein. Er fühlte sich durch die erschreckende Distanzlosigkeit, mit der der Fremde ihn angesprochen hatte, aus dem Gleichgewicht gebracht. Vor einem Ausschank, vor dem in runden Buchstaben aus Blech geschrieben stand: A L'ANE SAVANT, blieb er stehen und überlegte, was er als nächstes tun sollte – bis er sich sagte, daß er nicht länger auf dem Pflaster herumstehen könne. Er betrat den Ausschank und setzte sich in einer Ecke allein an einen Tisch. Die Kneipe war von einem Dutzend junger Männer bevölkert, von denen einige debattierend an einer Theke standen. Die anderen hieben ihre Karten auf den Tisch. Auch ein paar Frauen mischten sich unter die Kerle. Eine von ihnen, eine rothaarige Gestalt mit hartem frechem Gesicht und hochgepreßten Brüsten, saß bei den Kartenspielern van Leyden schräg gegenüber. Sie hatte ihre Beine übereinandergeschlagen und wippte mit dem Fuß, während sie den Rock bis über die Knie hochgezogen hielt. Sie trug lange rote Strümpfe. Als sie van Leydens Blick bemerkte, veränderte sie ihre Stellung, und während sie es strikt vermied, in seine Richtung zu sehen, spreizte sie wie zufällig ihre Beine, so daß er von seinem Platz aus den Schatten ihres Geschlechts zwischen ihren hellen Schenkeln wahrnehmen mußte. Van Leyden spürte eine Konfusion aus Gier, Trauer und Erschöpfung.
Vier junge Männer standen von einem der Tische auf und kamen mit ihren Gläsern auf van Leyden zu. Die Kerle trugen an ihren

Gürteln sehr auffällige Messer sowie Hasenpfoten und grellgelbe Hühnerbeine. Zwei von ihnen hatten sich mit Kohle die Gesichter punktiert, so daß sie wie von einer bösartigen Infektion befallen aussahen. Ohne zu fragen, setzten sie sich zu van Leyden an den Tisch und sahen ihn herausfordernd zutraulich an.

»*Enfin, monsieur le docteur!*« sagte einer von ihnen, »den ganzen Vormittag haben wir auf Sie warten müssen. *Ça va bien?* Das ist schön. Sie hatten uns doch zum Menü eingeladen!«

»Aber meine Herren«, entgegnete van Leyden mit starkem Unbehagen, »Sie müssen sich irren. Ich bin mit niemandem verabredet. Es ist purer Zufall, daß ich hier bin. Sie verwechseln mich.«

Die Kerle warfen einander scheinbar erstaunte Blicke zu.

»Das ist nicht schön von Ihnen«, sagte einer der Burschen, der ein Glasauge hatte, »es gefällt mir nicht, wenn Sie sagen, daß wir Sie verwechseln. Das ist eine seltsame Antwort. Ich verstehe Sie nicht, Doktor!«

»Ja, seltsam«, wiederholte ein anderer, an dem eine hellrote Narbe an der Stirn auffiel, wobei er mit einer sorgfältigen Geste ein gekrümmtes Messer auf die Tischplatte legte. »Wir hatten uns eigentlich auf Sie gefreut, Monsieur. Wie können Sie denken, daß wir eine Verabredung so leichtnehmen? *Wir* haben unser Rendezvous nicht vergessen. Wir haben ein gutes Gedächtnis.«

Der dritte, der ein orientalischer Mestize hätte sein können (er trug sein Haar in langen dünnen Zöpfen), nickte mit irren Augen.

»Ja, ja, ja, ein sehr gutes Gedächtnis! Monsieur, Monsieur, Sie sollten scharf nachdenken! Vielleicht fällt es Ihnen wieder ein. Man ist Ihnen nicht böse deswegen. Das passiert jedem.«

Dabei legte auch der Orientale ein Messer auf den Tisch, dessen Klinge gebogen und scharf wie ein Rasiermesser war. Van Leyden beteuerte, außer sich, daß von einer Verabredung keine Rede sein könne.

»Ich bin erst drei Tage in Paris und habe Sie niemals zuvor getroffen. Bitte, meine Herren, verstehen Sie das und lassen Sie mich gefälligst in Ruhe!«

»Aber wir haben doch schon gegessen, mein Herr... weil Sie verspätet sind. Sie müssen bezahlen, das war nun einmal so ausgemacht. Wir waren heute Ihre Gäste.«

Der mit der Stirnnarbe spielte mit seinem Messer, dann stieß er es mit einem wilden Ruck in die Tischplatte. Er lachte.

»Wenn es auf der Welt etwas gibt, was mir ganz unsympathisch ist«, sagte er leise, »dann ist es Vergeßlichkeit. Ich kann sie nun einmal nicht leiden, das ist eine Eigenheit von mir. Aber, *docteur*, Sie sind Gott sei Dank sympathisch, sonst wären wir ja auch nicht miteinander verabredet.«

Der Mestize mit den dünnen Zöpfen stimmte augenrollend zu.

»Ich kann es bezeugen. Wir verabreden uns nur mit absolut sympathischen Leuten, mit den anderen nie.«

Van Leyden brach der Schweiß aus. Er wurde abwechselnd blaß und rot im Gesicht. Der mit dem Glasauge klopfte ihm auf die Schulter.

»Was, *docteur*, der Apfelschnaps macht warm, olàlà! *Mais attention*, nicht zuviel Alkohol vor Einbruch der Dunkelheit, sonst kriegen Sie die schwere Leber. Wenigstens behauptet das mein Leibarzt.«

Die Kerle grölten durcheinander, während der Einäugige mit flinkem Griff die Glaskugel aus seiner Augenhöhle nahm und sie ins Glas fallen ließ.

»*A votre santé, docteur!* Danke bestens! Es ist gut, daß Sie sich im letzten Augenblick erinnern. Ein gut aufgeräumter Kopf verliert nichts, sehen Sie. Denn Vergeßlichkeit vertragen wir nun einmal schlecht.«

»Da können wir sein wie wilde Tiere«, sagte der mit den Zöpfen. »Man sieht es uns gar nicht an, aber ich weiß leider, wovon ich spreche.«

Van Leyden brachte in seiner Beklemmung kaum ein Wort hervor.

»Also gut«, sagte er mühsam, »ich erinnere mich jetzt. Wie konnte ich es nur vergessen.«

Der Einäugige grinste.

»So etwas kommt eben vor. Man darf seinen Irrtümern auch nicht zuviel Bedeutung beimessen. Jetzt ist alles in Ordnung.

Santé, docteur. Das Auge da hat mir ein Cousin vermacht, ich sage Ihnen, das ist ein feiner Kerl. Ich sehe damit besser als mit dem alten, wirklich. Jetzt sind Sie also doch noch draufgekommen, *docteur.* Ich sagte ja, wir verabreden uns nur mit sympathischen Leuten.«
»Ich muß jetzt gehen«, sagte van Leyden, indem er aufstand, »ich bin verabredet.«
»*C'est dommage*«, grinste der mit der Narbe. »So viele Termine. Erst drei Tage in Paris und von einer Verabredung zur anderen. Sie sind einer von den Schnellen, Doktor, was?«
Die Kerle grölten erneut, während van Leyden zur Theke ging, wo er dem Wirt eine zu große Münze zuschob, und ohne ein Wort zu verlieren das Lokal verließ. Er ging zur Seinebrücke zurück und ließ sich auf eine Steinbank sinken. Er schlug die Hände vors Gesicht und kämpfte eine Weile mit den Tränen.

Als er aufschaute, sah er den Fremden von Notre-Dame neben sich sitzen.
»Störe ich?« fragte dieser lakonisch, »oder haben Sie ein Rendezvous?«
»Nein, nein«, sagte van Leyden, der sich durch den Anblick des Fremden merkwürdig erleichtert fühlte. »Es ist nur – ich komme von einer, wie sage ich – von einer Behandlung. Lassen wir das! Im übrigen möchte ich auf Ihr Angebot zurückkommen.«
»Immer zu Diensten, Herr.«
»Und was sind Ihre Konditionen, Monsieur«, fragte van Leyden, »außerdem wüßte ich gern, mit wem ich es zu tun habe.«
»Meine Konditionen? Wer bin ich, Monsieur, um Konditionen zu haben? Ich bin einigermaßen gut genährt, vielleicht meinen Sie das? Sie sorgen dafür, daß ich einmal am Tag ordentlich speise, um die Kondition zu halten. Ansonsten dürfen Sie mir glauben, daß ich so gut wie nichts brauche. Ich gehöre zu der philosophischen Gilde derer, die Gott sei Dank von Natur aus besitzlos sind. Antisthenes lehrte, es sei göttlich, nichts zu bedürfen, und gottähnlich, wenig nötig zu haben... Doch mit wem haben Sie es zu tun? Mit dem Maximum meiner Wenigkeit. Die Kernfrage heißt aber: wer bin ich? Die Frage quält mich, seit es in mir denkt, und seit es denkt, quält es mich, nicht etwas

Substantielles zu sein, sondern der Ableger von etwas anderem. Mein Onkel war Rameau, müssen Sie wissen, der große Komponist, er sei verflucht. Hätten Sie mich nur nicht gefragt, wer ich bin, Monsieur, sondern wie ich bin – so wäre nichts leichter als die Inventur meiner Qualitäten. Ich bin unwissend, töricht, närrisch, unverschämt, gaunerisch, gefräßig ...«
»Welche Lobrede!« unterbrach van Leyden höchst amüsiert, wie angesteckt von dem wilden Humor des Mannes.
»Sie ist durchaus wahr«, erwiderte Rameau. »Kein Wort daran ist zurückzunehmen. Niemand kennt mich besser als ich selbst, und ich habe noch längst nicht alles gesagt ...«
»Aber wie ruft man Sie?« fragte von Leyden. »Vermutlich hassen Sie es, wenn man Sie nur als den Neffen Rameaus anredet.«
»Im Gegenteil«, sagte Rameau, »alle nennen mich so, ich bestehe darauf, denn es erinnert mich an den Stachel im Fleisch. Also auch für Sie der Neffe, *s'il vous plaît! Salut, le neveu! bonjour, neveu! bonsoir, neveu! veuillez croire, neveu, en mes sentiments les plus irrespectueux!* ... He, Neffe, hündische Mediokrität, was hast du unternommen, um dir einen eigenen Namen zu machen? Aha, wie bedeutsam, du hast deine Zeit totgeschlagen, um unter den Säulen zu lungern. Der Champion der Säulenlungerer! Wie hat sich Genie seit unserem letzten Rendezvous sonst noch manifestiert? Was hast du ins Werk gesetzt, um als großer Mann zu gelten? Wo sind deine Leistungen, *neveu*? – Ah, wie werde ich aufheulen! Dann ist erwiesen, daß es mich wirklich gibt, und wäre ich millionenmal ein ausgehungertes Nichts, das sich mit seinen leeren Intensitäten an den Gegebenheiten wundreibt, ein Hund, der das Bein an den Fassaden der Paläste hebt und wedelt, sobald man ihn irgendwo als Kostgänger aufnimmt. Verflucht, es gibt zehntausend gute Tafeln in Paris, zu fünfzehn bis zwanzig Gedecken eine jede, und da soll keines frei sein für Rameau? Tausend kleine Schöngeister ohne Talent, ohne Verdienst, tausend kleine Kreaturen ohne Reize, tausend platte Intrigants sind gut gekleidet, und du liefest nackend herum, so unfähig wärest du? Wie, du solltest nicht schmeicheln können wie ein anderer, nicht lügen, schwören, falsch schwören, versprechen, halten, nicht halten wie ein anderer? Solltest du nicht auf allen vieren kriechen können wie ein anderer? Neffe, vorwärts, führe deinen

entmutigten Arsch aus, zeig dich der Welt und lärme mit deinem nackten Sein, wenn schon die Talente fatalerweise nicht ausreichen zu Werken und Taten, die einen großen Namen machen!«

»Hören Sie, Monsieur«, sagte van Leyden, »ich habe für heute mehr als genug von Paris gesehen. Kommen Sie morgen oder übermorgen zu Maître LeJeune, um mich zu einer gemeinsamen Unternehmung abzuholen!«

»*D'accord!*« gab Rameau zurück. »Macht es Ihnen etwas aus, wenn ich in der Zwischenzeit bereits als Ihr Parasit gelten möchte? Eine kleine Vorauszahlung, die den Vertrag feierlich besiegelt? Sie können doch nicht wollen, daß ich mich anderweitig prostituieren muß? Das würde ein schlechtes Licht auf Sie werfen, Monsieur! Man soll nicht vergessen, daß der Knecht den Herrn macht und der Stiefellecker die Exzellenz garantiert!«

Van Leyden fühlte sich von der Dreistigkeit Rameaus aus der Fassung gebracht. Er war seiner Heiterkeit nicht mehr Herr. Nach allem anderen hatte es ihm der Stiefellecker, der die Exzellenz garantiert, vollends angetan, und er lachte so sehr, daß die Tränen ihm unter der Hand hervorliefen, mit der er, sich vorbeugend, die Augen bedeckte. Mit der anderen Hand faßte er in seine Tasche, um Rameau das äußerst übertriebene Gehalt von vier Goldlouis auszuhändigen.

13
Kommunizierende Gefäße

Es vergingen mehr als anderthalb Wochen, ehe Rameau wieder auftauchte.
Van Leyden hatte am Tag nach seiner Begegnung und auch am folgenden Tag vergeblich auf Rameaus Erscheinen gewartet. Dann machte er sich klar, wie naiv seine Annahme gewesen war, man könne mit einem Individuum dieses Schlages Verabredungen treffen. Als Rameau sich auch am vierten Tag nicht sehen ließ, kam bei van Leyden Ärger auf, weil er sein Vertragsangebot mißachtet fühlte. Erst als sich seine Empörung über Rameaus Unzuverlässigkeit gelegt hatte, begann er darüber zu spekulieren, wie lange dieses Subjekt ihn hinhalten – und ob es überhaupt wieder auftauchen würde. Zuletzt ergriff er insgeheim für Rameau Partei, der ohne Zweifel damit beschäftigt war, die Vorauszahlung loszuwerden.
Als Rameau im Haus von Maître LeJeune auftauchte, war van Leyden eben dabei, vor einem großen Globus die mittelamerikanischen Inseln zu studieren. Ohne auf Rameaus spätes Erscheinen zurückzukommen, sagte van Leyden nach der Begrüßung:
»Schauen Sie, Rameau, die karibischen Inseln ... Tahiti, Santo Domingo, Martinique, Guadeloupe ... diese exotischen Plätze verfolgen mich, seit ich in Frankreich bin.«
»*Pourquoi pas*?« erwiderte Rameau trocken. »Wer sich in Paris auskennt, weiß hier auch so ein paar Riffe und Lagunen. Es ist nur eine Frage der Finanzen und der Ortskenntnis.«
»Sie machen mich neugierig!« sagte van Leyden.
»Kein Problem«, meinte Rameau. »Wenn Sie Zeit haben, führe ich Sie in die Pariser Karibik.«
Van Leyden mußte lachen.
»Versprechen Sie nicht zuviel? Und wo wäre sie zu finden?«
»Es trifft sich. Ich wollte Ihnen heute sowieso einen Cafébesuch vorschlagen«, sagte Rameau.

»Wenn es weiter nichts ist«, meinte van Leyden ein wenig skeptisch. »An diese Art von Exotik bin ich gewöhnt. In Wien stößt man bei jedem Schritt auf Kaffeehäuser voller Querulanten und Tagträumer, die mit ihrem Gerede die Teppiche fliegen machen.«

»Mag sein«, gab Rameau unbeeindruckt zurück. »Aber in der Pariser Karibik ist es ausnahmsweise nicht so sehr das Gerede, das zählt. Sie dürfen nicht übersehen: das Café Procrustes, wohin wir gehen, ist einer der großen Rendezvousplätze des Palais Royal!«

»Ich verstehe nicht, was das mit exotischen Riffen zu tun haben soll«, sagte van Leyden.

Rameau hob die Augenbrauen.

»Das Palais Royal – das ist orientalisches Ausland mitten in Paris. Für die Behörden sind nämlich die Grundstücke des Hauses Orléans verbotenes Terrain. Die Polizei hat keinen Zutritt dort. Seit einigen Jahren bekommen die Pariser einen merkwürdigen Ausdruck in den Augen, wenn man das Palais erwähnt. Das Palais, das ist die Stelle, wo man der Stadt das Fieber mißt. *Allez*, Monsieur!«

Van Leyden und Rameau gingen durch die Straßen des Marais zum Seineufer hinunter. Sie folgten dem Fluß ein Stück weit, bevor sie auf die Fronten des Louvre stießen.

»Unheimlich geworden, der alte Kasten«, bemerkte Rameau, »ich denke, kein Mensch hätte die Nerven, darin zu hausen.«

Die Mauern des Stadtschlosses waren vom Alter geschwärzt. Schimmelpilze bedeckten die Fassaden. Durch einige Fensteröffnungen flogen Schwalben, die im Innern der oberen Stockwerke nisteten. Die Gesimse waren von kalziniertem Taubenmist grünlich verfärbt.

»Man darf die französische Monarchie natürlich nicht nach ihrer Pariser Filiale beurteilen«, setzte Rameau hinzu. »Die Hauptfirma liegt seit hundert Jahren etwas außerhalb und versorgt die Stadt nur noch mit dem Gerücht von ihrer Existenz. Das ist tausendmal wirksamer, als wenn sie sich jeden Tag unter unserer Nase produzieren müßte. Man kann ein Volk wie uns nicht mit einer präsenten Gewalt regieren, sondern nur mit einer vorge-

stellten. Sie haben vielleicht schon bemerkt, Monsieur, daß wir anderen ordentlichen Pariser ein böses Mundwerk haben. Keine anwesende Monarchie würde das lange aushalten. Eigentlich sieht man erst heute, was für ein kluger Kopf unser Vierzehnter war. Er hat den Absolutismus gerettet, indem er rechtzeitig umgezogen ist. – Aber jetzt kein Wort mehr von Politik.«
Auf den Straßen um den Louvre herrschte lebhafter Verkehr. Van Leyden betrachtete das Kommen und Gehen der Fuhrwerke auf der von Prachtfassaden gesäumten Straße längs des Palastes. In einer endlosen Passage waren zahlreiche Luxusgeschäfte untergebracht, vor denen die Herren und Damen mit demonstrativer Langsamkeit auf und ab spazierten. Das ganze Viertel machte den Eindruck eines verzweigten Palastes, in dem sich die genußsüchtige aristokratische Welt selbstbewußt erging, um sich von dem neuen Handelsbürgertum mit den raffiniertesten Produkten bedienen zu lassen.
Rameau führte van Leyden am Eingang der Tuileriengärten vorüber.
»Sie sollten etwas gesehen haben, Monsieur, bevor wir zum Palais kommen. Ich denke, das ist etwas, was Sie besonders angeht.«
Sie bogen in eine Seitenstraße der Rue de Rivoli ein und erreichten nach ein paar Schritten die Place Vendôme.
»Jetzt müßten Sie es eigentlich spüren!« sagte Rameau.
Van Leyden hatte keinerlei Vorstellung von dem, was Rameau meinen könnte. Er sah ihn abwartend an.
»Wie? Ein Mesmerianer, der an geweihter Stätte keinen Schauder fühlt? Verdammt, mein Herr, kein Kribbeln, kein Zittern, kein Vorgefühl der großen Krise? Sind Sie denn einer von den völlig Blockierten?«
Er führte van Leyden grinsend vor den Eingang des Palastes Nummer sechzehn. Van Leyden sah an der Luxusfassade des Gebäudes hinauf.
»Und nun?« fragte er.
»Nichts nun! Da ist es! Hier hatte Mesmer seine Praxis, verstehen Sie. Können Sie sich das vorstellen? An manchen Tagen stürmte ihm ganz Paris die Hütte ein. Die Fuhrwerke versperrten den Platz und die Straßen ringsum, bis kein Mensch mehr hinaus

oder herein kam. Weil die Herrschaften das Fluidum in ihren Gliedern strömen fühlen wollten, kam der ganze Verkehr zum Erliegen. An den großen Behandlungstagen glich der Platz einem Heerlager. Es brodelte von Energien, teils spiritueller Art, teils etwas profanerer Natur. Hundert Pferde standen vor den Palästen, die den Platz in ein Gestüt verwandelten, wo es buchstäblich zum Himmel stank. Am Ende mußte Mesmer eigens zwei Roßknechte beschäftigen, um die Pferdeäpfel aufzusammeln.«

Van Leyden lachte laut bei der Vorstellung, wie es auf der überaus vornehmen Place Vendôme einst zugegangen sein mußte, aber auch darüber, wie Rameau mit seiner schamlosen Deutlichkeit und seiner mimischen Beweglichkeit die Szene vergegenwärtigte.

»Wie man hört«, fuhr Rameau fort, »haben diese beiden inzwischen eine eigene psychotherapeutische Praxisgemeinschaft eröffnet. Nach dem Vorbild des Meisters fordern sie märchenhafte Honorare. Fast täglich kam es damals zu Prügeleien zwischen den Kutschern... stellen Sie sich das vor, hören Sie, was für ein Stöhnen, Murmeln und Rufen an den Fassaden emporschlägt, während sich dort das Fest vorbereitet, der Ball der Nervösen mit ihren elektrischen *sarabandes* und ihren zuckenden Polonaisen! Schon unten auf der Straße begann das Fieber. Neue Fahrzeuge rollten heran, Sänften wurden heruntergehoben, mit Moribunden befrachtet oder mit speckigen Grandseigneurs, die wie Riesenschildkröten auf der Bahre hockten und von acht Lakaien kaum die Treppe hochgeschafft wurden.

Hier am Portal von Nummer sechzehn formierte sich die Prozession. Manchmal kam Empörung in der Menge auf, wenn die ganz Großen mit Vorzugsterminen erhobenen Hauptes an der Schlange vorbeidefilierten, ihre Röcke rafften und hinaufschritten zu den *chambres de cure*.«

Rameau machte vor, wie eine vornehme Dame mit dem instinktiven Privileg der schönen Seele an dem Volk vorbeischritt und die Treppen hinaufstieg.

»Tausend Augen sahen jedem entgegen, der herauskam. Manche waren apathisch und mußten sich führen lassen. Andere erschienen mit fanatischen Vorsätzen in den Augen, als hätten sie die größten Aufgaben für den Rest ihres Lebens. Einige Damen trugen nach der Kur einen Ausdruck zur Schau, als ob sie mit einem Geheimnis auf eine Terrasse hinausträten. Natürlich wurde von Anfang an behauptet, daß die Therapie nach dem psychoelektrischen Teil, der sich in der *chambre de cure* abspielte, ein sehr physisches Nachspiel gehabt hätte, dessen Schauplatz die Matratzen des Krisenzimmers gewesen seien. Die Damen waren zu rosig, um keine Spekulationen zu erregen.«

»Und Mesmer?« fragte van Leyden. »Wie kam er mit dem Ansturm zurecht? Und wie denken Sie über ihn?«

»Verdammt!« sagte Rameau, »es ist schon wahr, er war ein großer Mann ... Ich verabscheue große Männer, aber bei Mesmer war es anders, denn er war groß und blieb doch sozusagen einer von uns. Das kommt selten vor. Natürlich trug er den Kopf später ziemlich hoch, man konnte ihm die Bescheidenheit, die er manchmal zeigte, nie mehr ganz glauben. Eigentlich hatte er nicht so sehr etwas von einem Arzt an sich, sondern von einem Offizier ... man hatte den Eindruck, er heilt die Krankheiten nicht, sondern er befiehlt ihnen umzuschwenken und abzuziehen. Er gehörte zu dem Typ von Männern, die man sich leichter als Frauenheld vorstellt und nicht so sehr als einen von diesen ausgelöschten Menschheitsdienern ...«

»Aber ein Menschheitsdiener muß er auf seine Weise doch gewesen sein«, meinte van Leyden, »denn in Europa fällt sein Name, wenn es um neue Wege der Heilkunst geht.«

»Bah, Zitate beweisen nichts, jeder Esel geht durch die Presse. Aber Mesmers Ruhm hatte etwas Substantielles. Der Mann war ein Naturphänomen, halb Stier, halb Gelehrter, ein moderner Kentaur. Jedenfalls war er keiner von den Professoren, die alles, was sie anfassen, zum Neutrum machen. Mesmer war vom Typus der Schamanen. Er gehörte zu denen, die durch ihre Gegenwart alle Neutralitäten rückgängig machen und das Leben in die Arena ziehen. Wer ihn traf, mußte sich entscheiden, was für eine Art Mensch er im Verhältnis zu ihm zu sein hatte.«

»Unheimlich ist das, was Sie über diesen Mann sagen«, meinte van Leyden nachdenklich. »Wenn Sie recht hätten, verstünde ich aber nicht, wieso er plötzlich aus Paris geflohen ist.«

»Ich weiß nicht, was Sie wollen«, erwiderte Rameau. »Der Mann verstand etwas von Nerven, er war Spezialist für psychische Extreme, das heißt nicht, daß er unverwundbar gewesen wäre. Seine schwache Stelle war für jeden Idioten erkennbar. Der Mann konnte es nicht lassen, wissenschaftliche Anerkennung zu suchen. Er war unfähig zu begreifen, daß in Paris die Wörter die Realität sind und die Realität nur ein Wort. Sogar er war nicht zufrieden damit, zu können, was er konnte, und zu wissen, was er wußte, er mußte sich hinsetzen und Traktate über das Fluidum schreiben und nach der Akademie schielen. Diese Blöße war allzuleicht sichtbar, und wer Mesmer schlagen wollte, mußte ihn dort schlagen. Die Herren von der Kommission haben ganze Arbeit geleistet. Daraufhin versagte er einmal bei einer öffentlichen Demonstration völlig. Das muß ihm den Rest gegeben haben. So ist das Leben.«

Inzwischen waren Rameau und van Leyden durch eine schmalere Straße weitergegangen. Es war ein später Herbstnachmittag, die Luft mild und voller Düfte – man hätte an den Frühling denken können. An der Ecke eines Palastes führten Schauspieler pantomimische Szenen vor. Eine Komödiantin in einem engen Pantherkostüm, das ihre Formen enthüllte, mimte das Raubtier, das von einem Herrn im hellgrauen Frack mit Seidenschal an einer Kette geführt wurde. Wenn der Herr mit seiner Gerte nach ihr schlug, sprang sie auf, krümmte sich, schüttelte die Brüste und fuhr fauchend mit den Krallen durch die Luft. Ein Narr im Rautenkostüm lehnte an einer Laterne und musterte provozierend die Passanten, die vor der Darbietung einen Augenblick stehenblieben.

Im Erdgeschoß des Palais Royal waren unzählige Läden und Etablissements untergebracht. Verleger und Makler boten ihre Dienste an. Weinstuben, Galerien, Cafés und Papeterien standen für das Publikum offen. In einem Studio konnte man in weniger als einer Stunde sein Porträt nach der Natur zeichnen lassen. Ein Büro für reisende Briten war gut besucht. An der Schmalseite des Palastes sah van Leyden eine Baustelle, wo der Herzog von Orléans ein neues Theater errichten ließ, wie Rameau berichtete. Van Leyden und Rameau schritten die rückseitige Längsfront des Palais entlang, wo sich die Nobelrestaurants, die teuren

Galerien, die Juweliergeschäfte und die mondänen Rendezvousplätze befanden. Auch die Aufgänge zu den Luxusbordellen waren von hier aus zu betreten.
»Land in Sicht«, sagte Rameau. »Hoffentlich vertragen Sie tropisches Klima, Monsieur. Die Pariser Karibik kennt schwüle Nachmittage.«
Die beiden Besucher betraten das Café Procrustes. Rameau wählte in dem luxuriösen Raum, der das ganze Erdgeschoß des Gebäudes einnahm, einen Tisch, von dem aus man das Treiben sowohl auf der Gartenseite des Palais wie auf der Straße im Auge behalten konnte. An den Türen und den Durchgängen zu den Nebensälen standen Palmen mit hellgrünen Riesenblättern. Obwohl es draußen noch Tag war, brannten die Kerzen in den Glasampeln an den Wänden. Die großen Spiegel überall schienen den Raum und die Zahl seiner Gäste zu vervielfachen. Glasblumen erhoben sich auf den blanken Theken.
Van Leyden fühlte sich in einen Märchenbasar versetzt. Die Wandflächen zwischen den Spiegeln waren mit hellblauen Brokattapeten bezogen. Darauf schlugen weiße Pfauen ihr Rad, Quellnymphen mit gläsernen Leibern und Augen aus Basalt winkten ins Imaginäre. Von der Hof- wie von der Straßenseite her betraten neue Gäste das Café und flanierten äußerst langsam durch den Saal. Mit leichten Verbeugungen und großen Handbewegungen begrüßte man sich.
Rameau machte van Leyden ein Zeichen in Richtung des inneren Hofs. Von der Gartenseite her hatte eine Dame soeben das Etablissement betreten. Sie trug eine weiße Lockenperücke und eine Seidenstola über ihrer Robe. Sie mochte etwas über vierzig sein. Aus ihrem Dekolleté wölbten sich die Brüste wie Bälle aus Kalkstein hervor. Neben ihr ging tänzelnden Schritts eine schwarze Dogge, die von der Dame an einer dünnen Platinkette geführt wurde.
»Madame Gomorrhe«, sagte Rameau ziemlich laut. Die Dame, die nichts von allem, was sie umgab, zu hören oder zu sehen schien, blieb vor einem Tisch stehen und wartete, bis die Diener den Stuhl für sie zurechtgestellt und ein Podium für die Dogge herbeigeschafft hatten. Dann nahm sie zeremoniell Platz. Die Dogge saß, am ganzen Körper bebend, auf ihrem Podium und

sah mit grünen wäßrigen Augen in die Runde, wobei sie die weiße Zunge aus dem Maul hängen ließ. Man hörte Ausrufe der Verwunderung und des Schreckens von den umliegenden Tischen. Die Dame lächelte, ohne zu den Rufern hinzusehen. Ihr Gesicht war von einer mit Härte überzogenen Schönheit. Ihre Melancholie schien mit nichts von dem, was hier geschah, in Zusammenhang zu stehen. Sie beugte sich zu dem Tier und sagte laut genug, daß es die Nächstsitzenden noch hören konnten:
»*Mon ami, vous êtes magnifique.* Jeden Wunsch würde ich Ihnen erfüllen ... Sie und ich, nicht wahr?«
Die Dogge leckte die Hände der Frau und drängte mit ihrer Schnauze an ihren Hals.
»Nicht so stürmisch, mein Freund«, sagte die Dame mit tiefer Stimme, »und nicht hier. Sie wissen doch, daß Sie alles bekommen.«
Sie lachte auf, indem sie das große Tier zugleich abwehrend und liebkosend von sich schob.
Van Leyden sah Rameau an.
»Was bedeutete das?« fragte er völlig ratlos.
Rameau zuckte mit den Schultern.
»Was soll's. Sie spielt ihr Spiel. An dem, was wir uns dabei denken, sind wir selber schuld.«
Fassungslos sah van Leyden zu der Frau hin, die soeben der Dogge scheinbar achtlos ihren mit Seide umhüllten Unterarm in den Rachen legte.
»Aber wie ist so etwas nur möglich?« fragte er, laut vor sich hin denkend.
»Karibisches Klima«, antwortete Rameau, »da wächst einiges, was man in den mittleren Breiten nicht kennt.«
Um seine Verblüffung abzuschütteln, riß van Leyden sich vom Anblick der Frau los und beobachtete die Vorgänge auf der Straße vor dem Palais.
Vornehm gekleidete Damen und Herren spazierten auf dem Corso auf und ab und prüften sich gegenseitig mit Blicken. Öfters blieben Kutschen vor den umliegenden Etablissements stehen. Zumeist stiegen Herren mittleren Alters aus, mit schulterlangen Perücken und eleganten Stöckchen. Sie verloren sich in den Eingängen der Vergnügungstempel. Eben betraten zwei

junge Stutzer mit roten Absätzen, im Gehen die Hüften schwenkend, das Café. Sie schickten der Dame mit der Dogge Kußhände zu und wechselten mit ihr naiv schwüle Blicke. Van Leyden sah verblüfft, daß die jungen Männer künstliche Wimpern angeklebt und ihre Lippen karminrot bemalt hatten. Die beiden waren kaum in einem *chambre séparée* verschwunden, als vom Palaisgarten her ein vielleicht vierzehnjähriges Mädchen, damenhaft hergerichtet, am Arm eines fetten Mannes hereinkam. Das Gesicht des Alten war vom Alkohol aufgedunsen und von Geschwüren auf den Lippen entstellt. An seiner Hand blitzte ein schwerer Goldring. Auch dieses Paar durchquerte langsam das Café und verschwand in einem der Seitenkabinette. Rameau deutete hinter ihnen her.

»Loménie de Brienne, der Erzbischof von Toulouse, mit seiner Novizin. Die Mutter soll einiges dafür verlangt haben. Er verkehrt hier *incognito,* soweit man das kann mit einer solchen Visage. Er ist der Tip für das Amt des Ministers, falls Calonne nicht durch ein Wunder durchhält. Es scheint nur eine Frage von Wochen zu sein.«

Rameau unterbrach sich, um auf zwei Neuankömmlinge zu zeigen, die eben von der Straße her das Café betraten.

»Endlich. Da kommen meine Freunde, wenn ich so sagen darf. Wir halten eine wöchentliche Tischrunde ab, *les lumières de mardi*, um den laufenden Kleinkrieg zu diskutieren. Jetzt fehlt nur noch Duport. Darf ich bekannt machen, meine Herren: der Vicomte de Saint-Malbaux, Monsieur Alfort – Monsieur de Leyden, aus Wien.«

Man verbeugte sich spielerisch.

Die beiden Herren waren mit der äußersten Eleganz und Akribie gekleidet und trugen teure Perücken. Sie legten nachlässig ihre samtenen Handschuhe auf den Tisch, ehe sie Platz nahmen. Der Vicomte de Saint-Malbaux schien ein gelähmtes Auge zu haben, denn er starrte mit seinem linken Auge an die Decke, während er mit dem rechten van Leyden ansah.

»Mein Herr«, sagte Saint-Malbaux, »ich hoffe, Sie amüsieren sich. Unser Rameau ist Kanaille genug, um einen Plan zu haben, wenn er Sie hierherbringt.«

Er sprach mit einem nervösen Zucken um den Mund. Seine

Stimme war sonor und bissig, und seine Formulierungen kamen mit einer fast unmenschlichen Sicherheit und Zuspitzung aus seinem Mund, als verlese er einen geschriebenen Text.

»Monsieur le Vicomte«, erwiderte Leyden, »Rameau hat versprochen, mich durch das eigentliche Paris zu führen. Vermutlich hat er sich vorgenommen, an dieser Stelle meine letzten Illusionen niederzumachen. Nach allem, was ich hier sehe, fehlt nicht mehr viel dazu. Aber im Ernst, ich bin nach Paris gekommen, um die neue Psychologie zu studieren.«

Saint-Malbaux richtete sein rechtes Auge auf van Leyden.

»Ich verstehe, mein Herr. Ausgezeichnet. Jetzt durchschaue ich Rameaus Stratagem. Sie haben den richtigen Hörsaal gewählt. Im Palais tragen sich die psychischen Tatsachen selbst vor. Ein kurzer Blick auf das Publikum – hinter jeder Maske die nächste Maske, in jedem Gesicht der Hunger nach Sein, auf allen Lippen Beteuerungen, daß der Redner wirklich existiere. Alles, was sich hier zeigt, will einem anderen in die Augen springen, um erlöst zu werden von der Furcht, in Wahrheit gar nicht dazusein. Erkenne mich und ich folge dir in jede Hölle ...«

Rameau unterbrach Saint-Malbaux' bittere Meditation, indem er sich an van Leyden wandte.

»Damit hat unser hochgeborener Freund Ihnen seine literarisch-philosophische Methode verraten. Er nimmt im Palais Platz, läßt den Blick unauffällig über die Gäste wandern und bestellt Papier und Feder. Anhand dessen, was er den Anwesenden zutraut, entstehen obszöne Romane, die man ihm naß aus der Hand reißt.«

Saint-Malbaux lächelte ironisch.

»Zugegeben, ich lasse meine Phantasie hier Anregung schöpfen. Nichts ist legitimer als das, in diesem Zirkulationspalast. Alle, die hier verkehren, tun das gleiche in der einen oder anderen Weise. Man kann nicht allein ausschweifend sein, man muß sich treffen, um eine Atmosphäre zu schaffen, in der alles denkbar wird.«

Monsieur Alfort mischte sich in das Gespräch ein, indem er sich in einem schöngeistigen nasalen Ton an van Leyden wandte.

»Natürlich dürfen Sie meinem Freund Saint-Malbaux die Wüstlingspose nicht glauben, Monsieur. Er ist ein zu subtiler Moralist, um sich nicht vor der Welt zu verbergen, die ihn seiner Passion für das Absolute wegen verspotten müßte. Auch seine frivolen Erzählungen sind nur verfeinerte Instrumente zur Förderung des Guten. Er würzt die Galanterien mit philosophischen Diskursen, die die hellste Aufklärung verbreiten. Lesen Sie seine ›Autodidaktischen Jungfrauen‹ oder seine ›Philosophische Therese‹, und sagen Sie selber, ob nicht der Moralist den Pornographen nur als Vorwand benutzt.«

»Großer Himmel! Man erlöst mich!« sagte der Vicomte de Saint-Malbaux in seiner überdeutlichen Manier. »Wann werden Sie aufhören, mich zu langweilen, Monsieur Alfort? Seit Jahren verfolgt mich Ihre Ambition, das Gute an mir dingfest zu machen. Sie suchen fortwährend nach Entschuldigungsgründen für meine Seinsweise – woraus hervorgeht, daß Sie nichts begriffen haben. Wer entschuldigt, glaubt an Vorwürfe. Deshalb, mein armer Alfort, denken Sie, Sie hätten mich gerettet, wenn Sie den Heiligen aus meiner unmoralischen Hülle hervorschälen. Sie sind mit Ihrem Wohlwollen grausamer als die Inquisition, mein Freund, indem Sie mir bei lebendem Leib die Haut abziehen und wenden. Ich bin nur in einem Exemplar vorhanden und verbitte mir jede kosmetische Operation.«

»Darf man denn erfahren«, sagte van Leyden zu Saint-Malbaux, »woran Sie zur Zeit arbeiten?«

»Monsieur«, erwiderte dieser, »Ihre Frage beruht auf der Voraussetzung, daß man einmal an diesem, einmal an jenem arbeiten könnte. Aber Dieses und Jenes, gibt es das wirklich, und wo wäre der Unterschied? Ich schreibe zur Zeit dasselbe wie immer, die kleinen Vorkommnisse bei geschlossenen Türen, Gefechte und Flüstern, Anspielungen und Entblößungen, das Kopulationsballett. Das betet sich herunter wie ein Rosenkranz, nicht wahr? Ich schaue auf die Untaten meiner Schurken und die Zuckungen meiner Heldinnen mit den Augen des Mystikers, für den alles die Manifestation des Einen ist. Zwischen den Schenkeln der Frauen liegt Indien. In dieses Morgenland der Seele pilgern wir mit großer Müdigkeit im Herzen, um neu geboren zu werden. Die Perversionen – sind sie nicht unentbehrlich, weil sie die Lebenskräfte aus ihren zivilisierten Kanälen springen lassen? Kanalisation, Banalisation. Wir haben soviel Vorstellungen und so wenig Erregungen. Die verbotenen Phantasien sind lebenswichtig, weil sie erregen. Und Erregung ist ein Splitter der Ekstase, in der wir die Welt vielleicht wieder einmal betreten könnten. Seit langem verhalten wir uns zum Leben wie Nachtinsekten, die gegen die Glastür prallen. Dahinter brennt wohl das blendende Licht, aber wir können nicht mehr hinein, um uns zu fühlen und zu verbrennen. Das ist unsere Tragödie.«

Van Leyden spürte in sich einen undeutlichen Widerstand gegen die Tendenz des Redners aufsteigen. Und obwohl er fühlte, daß das, was er sagen wollte, nicht wirklich in dem enthalten war, was er formulierte, äußerte er seinen Gedanken in der Form eines direkten Gegensatzes zu Saint-Malbaux' Thesen.

»Aber glauben Sie nicht, Monsieur le Vicomte, daß wir doch immer inmitten des Lebens sind? Muß man das Leben wirklich nur so von außen und von weitem sehen? Und warum reden Sie allein von Energien und Erregungen und nicht von der Liebe und der persönlichen Passion?«

Saint-Malbaux lächelte mit bösem Wohlwollen, als genieße er diese Naivität.

»Mein junger Freund, Sie erwähnen die Liebe, als wäre sie eine persönliche Bekannte von Ihnen. In Ihrem Alter darf man sich noch die charmante Schwäche erlauben, die Liebe persönlich zu nehmen. Wir aber glauben nach eingehender Prüfung nicht mehr an ihre Existenz. Wir verwechseln sie nicht länger mit ihren Begleiterscheinungen. Schauen Sie doch. Anfangs küssen wir im ersten Taumel eine Frau, die unserem Traum von ihr gleicht. Danach, wenn die Dame auf andere Gedanken gekommen ist, pressen wir immerhin ihre Seidenstrümpfe an die Lippen und beten ihre kleinen Briefe an. Zuletzt schleichen wir um die Strumpfläden und um die Papeterien wie um geweihte Tempel. Es ist doch so – die Frauen erinnern uns mit allem, was an ihnen ist, an etwas, das wir ewig liebten, wenn es existierte. Aber jede Frau verweist auf eine andere, und jede andere auf eine, die nicht existiert. Zuletzt verlieren sich die Spuren immer im Dunkeln, wo die Liebe ihre persönliche Masken abnimmt. Da ist ein dumpfes Verlangen am Werk, ein Herzklopfen und Pressen, ein Hineinwollen und Sinken, ein unruhiger Hohlraum, der von den Füllungen träumt – nichts als Wind und Körperwärme in einem

Unterrock, den SIE achtlos über den Garderobestuhl geworfen hat. Aus dem Ungefähren rennen wir ins Leere und wollen uns entladen. Das ist es, mein Freund, was es mit der Liebe auf sich hat.«

Van Leyden spürte, wie in seinem Innern die Faszination durch Saint-Malbaux' zynische Auslassungen mit einem Protest kämpfte, der mehr war als ein bloßer Drang, etwas dagegenzusetzen, sondern die verzweifelte Forderung und Hoffnung in sich trug, die Behauptungen des Vicomte möchten bei allem, was sie an Zutreffendem enthielten, im letzten Grunde doch unwahr sein. Er überlegte sich, ob er Saint-Malbaux nicht auf einen Selbstwiderspruch aufmerksam machen sollte, der seiner Meinung nach darin bestand, daß der Vicomte von Strümpfen und Briefchen und stellvertretenden Bildern der Frau sprach, ohne zu erwähnen, daß ein Abbild ohne ein Urbild doch keinen Sinn mache. Zuletzt unterließ van Leyden es, diesen Einwand vorzutragen, sei es, daß er eine Scheu empfand, ein empfindliches Thema wie Liebe mit scholastischen Debatten zu zerstören, sei es, daß er fürchtete, von neuem einer Naivität seines Denkens überführt zu werden.

Nun ergriff Rameau das Wort.

»Monsieur van Leyden, ich warne Sie vor der traurigen Wissenschaft unseres verehrten Vicomte. Es ist natürlich der entlassene Liebhaber, der so spricht. Mit derselben Geste zerreißt man seine Billetts nach großen Enttäuschungen, nur daß hier die Bitterkeit als Philosophie auftritt und der Sarkasmus sich in schwermütige Höhen schwingt. So haben Sie damals nicht gesprochen, Monsieur le Vicomte, solange das Haus einer gewissen Dame mit dunklen Naturlocken Ihnen zu jeder Tageszeit offenstand. Sie verzeihen meine Indiskretion? – Ich werde von Monsieur van Leyden dafür bezahlt, ihm die wirklichen Pariser Verhältnisse zu zeigen.«

Saint-Malbaux lächelte, um Verachtung bemüht.

»Domestikenwahrheiten, Rameau. Gib dir keine Mühe – *quanto mi piaci mai semplicità ... Et alors*, Messieurs, die Oberfläche sei willkommen, denn die Tiefe hat versagt. Soeben ist die Winterausgabe des *Guide des Délices* erschienen, des Pariser Mätressenverzeichnisses – eines unentbehrlichen Helfers für jeden, der seinen Passionen eine Höflichkeit erweisen möchte. Siebenhundert Luxusdamen, an denen wir die romantische Notdurft zu verrichten pflegen, siebenhundert Lippen, die Vergnügen heucheln, wenn wir die Heimwehlatte heben zur magischen Spalte. *Ecco,* Messieurs, *il catàlogo è questo*... siebenhundert Variationen über ein altes Thema, da sind sie aufgezählt und geordnet, numeriert und gekennzeichnet nach Unpäßlichkeit, Tarif und Arrondissement, mit dem Signalement der erotischen Besonderheiten wie Confiserien oder Weinaromata – üppiges Bouquet, schwere Blume, füllig am Gaumen vergehend, Eclair de Paris, bittere Passionsfrucht, Zabaione venerico, launige Spätlese, vulvische Anemone, wulstreiche Venus, Filet Beatrice in der Kruste, wildwüchsige Lippenblütlerin, enge Schlucht und kahler Hang, Herrin der herben Furche, verzehrendes Tal, Mine der Lust... Ein Stichwort läßt wissen, ob die Offerte in ihrer Lustmusik gurgelt oder schrill ist, ob sie brüllt oder hechelt, ob sie flötet oder wimmert, ob sie jubelt oder posaunt, ob sie krepiert oder still vergeht. Durch übersichtliche Sterne werden die Spitzenleistungen hervorgehoben und die Engagements markiert. Ein Stern signalisiert durchaus ein agreables Angebot in seiner Kategorie, bei zwei Sternen, *vaut une infection*, ist die Umarmung ein Nachspiel beim Arzt wert, und bei drei Sternen, *vaut l'immortalité*, sollte man vor einem Besuch die Schiffe hinter sich verbrannt haben, um einer *beauté de diable* seine Seele zu verschreiben...«

Monsieur Alfort machte ein fast frommes Gesicht, während er Saint-Malbaux' Extempore lauschte.

»Und doch«, sagte er, »habe ich recht, verehrter Vicomte, daß Sie auf dem Grund Ihres Herzens ein Heiliger sind, der im Tempel der Enttäuschung jeden Tag sein Opfer niederlegt. Ich weiß es – auch wenn Sie Ihrer Dreisternedame nachheulen und sich darin gefallen, den Weltverächter zur Schau zu tragen. Ich kenne Ihr Herz und ich weiß, daß Ihr frenetischer Zynismus nur der Extrakt einer übergroßen Liebe ist...«

»Sie öden mich an«, erwiderte Saint-Malbaux schneidend, »Sie mißachten meinen ausdrücklichen Verzicht auf Ihre Erlösungsangebote, mein Freund. Sie blicken schon wieder abgrundtief in meine Seele und retten sie binnen einer Viertelstunde zum zweiten Mal. Das wird nachgerade unerträglich. Sie machen mir richtig die Hölle heiß. Ich verzichte auf Rettung zugunsten derer, die sie nötiger haben. Schauen Sie doch« – Saint-Malbaux zog hierbei seine Unterlippe herab, und demonstrierte seinen Tischgenossen weiße Bläschen an der Innenseite seiner Wangen –, »dann verstehen Sie, wieviel mir Ihre Rettungen wert sind! Die Syphilisation ist bei mir im Vormarsch, *voilà*, Herr van Leyden, das ist speziell für Sie wieder eine von diesen psychischen Tatsachen, die sich selbst vortragen. Es ist schon wahr, es frißt an mir – aber nicht am Herzen, wie dieser arme Schöngeist annimmt, der das Physiologische hartnäckig ignoriert. Die Desintegration bevorzugt die Schleimhäute, um einen dezenten Oberbegriff zu wählen, und was ansonsten dem Mann Gelegenheit gibt, sich wie ein Gott zu fühlen, ist bei mir so porös, daß bei einem Vorgang im Freien der Wind darauf trillert wie auf einer sardinischen Hirtenflöte oder auf einem Dudelsack aus den Highlands.«

Die Runde lachte über Saint-Malbaux' Ausfall. Nur van Leyden saß sehr betroffen da und litt.

»Aber Monsieur van Leyden«, sagte Rameau im Sinne seines Vertrags, »Sie dürfen kein Wort von dem glauben, was der Vicomte vorträgt – er lebt davon, Menschen mit Traditionswerten aus der Fassung zu bringen. Wo er den Verdacht schöpft, ein Mensch könne unverdorben oder schlecht informiert sein, da will er wissen, bis wohin man gehen muß, um endlich als sittliches Monster zu gelten. Es ist ein Spiel, das man nur mit den Neulingen macht. Was die fatalen Bläschen anbelangt, so ist der Vicomte um keine Spur todgeweihter als jeder in dieser Runde. Man hat sicher schon bemerkt, daß der Herr, der ein Nervöser ist, sich auf die Lippen beißt, wenn er einmal eine Minute schweigt. Sie müssen die Grundregel des Palais berücksichtigen. Hier sagt jeder, wonach ihm gerade zumute ist. Die wilden Herrschaften brauchen Publikum, um an ihre eigenen Exzesse zu glauben. Es gibt hier niemanden, der unter Zwang sündigt, man hat es nur mit Dilettanten zu tun.«

Van Leyden schaute ein wenig unglücklich vor sich hin. Diese Raffinessen begannen ihn zu ermüden. Zugleich war es, als habe sich durch die Dinge, die er gehört hatte, eine Wunde in seinem

Innern geöffnet. Er verspürte kein Bedürfnis, das Gespräch fortzusetzen. Er schaute auf die Straße vor dem Café, wo weiterhin die Herren und Damen flanierten.
Er erstarrte plötzlich. Auf der Straße ging eine sehr schöne Frau am Arm eines Kavaliers vorbei, lachend und lebhaft plaudernd. Die Frau war keine andere als Marthe. – Van Leyden stand von seinem Platz auf und spürte, wie das Blut in seine Beine sackte.
»*Excusez-moi*, Messieurs!« sagte er flüchtig, während er bereits zum Ausgang des Cafés eilte.
Marthe! Was machte sie hier? Wann war sie nach Paris gekommen? Was hatte sie mit dem Herrn zu tun, an dessen Arm sie vorbeigegangen war? Würde er sich jemals daran gewöhnen, daß sie mit anderen Menschen engen Umgang pflegte, als sei nichts weiter dabei?
In seiner Konfusion aus Freude und Erschrecken stürzte van Leyden auf die Straße und lief hinter dem Paar her, das gelassen flanierte.
»Marthe!« rief er, indem er die Frau mit einer heftigen Geste am Arm faßte. Die Frau erschrak und zog unwillkürlich ihren Arm zurück. Dann sah sie ihn kaltblütig an. Sie zeigte das verächtliche Lächeln einer Dame, die es verabscheut, verwechselt zu werden. Ihr Begleiter musterte van Leyden ungerührt von oben bis unten und sagte mit vernichtender Ironie:
»Man hat nicht das Vergnügen, miteinander bekannt zu sein!«
Van Leyden stammelte eine Entschuldigung. Mit glühendem Kopf kehrte er ins Café zu den übrigen zurück und setzte sich wortlos an seinen alten Platz.

Während einer Weile vertrieb sich die Tischrunde die Zeit mit Bemerkungen über die vorübergehenden Gäste. Dann betrat ein kleiner, energisch auftretender Mann das Café und eilte zielstrebig durch den Raum. Monsieur Alfort rief:
»Ah, wie gut, daß Sie kommen, Monsieur Duport. Man dachte schon, Sie wollten uns heute im Stich lassen. Ich mache bekannt: Monsieur van Leyden, ein Arzt aus Wien – Monsieur Adrien Duport, ein Mann der Geschäfte und der Politik, zugleich einer der Köpfe der Harmonie-Gesellschaft der Pariser Mesmeromanen. In ihr ist die neue Seelenkunde mit der revolutionären Politik eine Allianz eingegangen.«

Adrien Duport wehrte geschmeichelt ab.
»Nein, nein, lieber Alfort, so darf man das nicht sagen. Unsere Harmonie-Gesellschaft erschiene damit in einem falschen Licht. Wir vermeiden in der Öffentlichkeit strikt jeden Hinweis auf das Politische.«
Van Leyden begann allmählich aus seiner Niedergeschlagenheit zu erwachen. Teils aus Neugier, teils um seine bedrückenden Gedanken zu vertreiben, fragte er:
»Monsieur Duport, LeBrasseur, mein Lehrer in Straßburg, hat mir erstaunliche Dinge über die Pariser Loge der Universellen Harmonie berichtet. Sie soll eine völlig neuartige Therapie propagieren. Und auch von politischen Aspekten dieser Kunst wurde gesprochen – was ich allerdings bisher kaum verstehe. Kann man diese Dinge nicht etwas näher erklären?«
Duport lächelte selbstgefällig, wie jemand, der sich freut, etwas zu wissen, wofür er sich bewundern zu lassen gewillt ist.
»Unser guter LeBrasseur – Sie kennen ihn also? Es ist kein Wunder, wenn Sie ihn schlecht verstehen! Er ist ein Schwärmer, wie er im Buche steht, und dazu ein hoffnungsloser Symbolist. Hat er Ihnen auch seine berühmte Nummer mit dem Skelett vorgeführt? Er stiftet allenthalben Verwirrung, während die Sache die einfachste von der Welt ist. – Es ist doch so: wenn hierzulande ein paar Leute selber denken können, dann fühlen sich Staat und Kirche nicht mehr wohl in ihrer Haut. Sind diese Leute unternehmungslustig und bereit, Neues zu erproben, so kommt das einer Verschwörung gegen die bestehende Ordnung gleich. Finden die Zusammenkünfte dieser Leute unter dem Schutz der freimaurerischen Rituale statt, so weht um diese Verschwörung ein Hauch von Gefahr. Trifft es sich obendrein, daß diese bewegungslustigen Leute in der Loge mit mesmerschen Methoden die Geheimnisse der Seele lüften wollen, ihre Freiheit fordern und die Macht der Unterdrückung im Volk brechen wollen, so wird die Verschwörung zum Explosivstoff, der die Energie von Millionen Hoffnungen in sich enthält. Sind es schließlich die hohen Juristen des Pariser *parlement*, die sich in der magnetischen Loge mit dem frustrierten Hochadel treffen, und sind durch einen wunderbaren Zufall auch ein paar gewichtige Bankiers dabei sowie die Köpfe der Philosophenpartei, auf

die die ganze Stadt hört – dann ist das keine bloße Verschwörung mehr. Es ist die Zelle eines neuen Regimes. Es ist die konstituierende Versammlung eines anderen Staates, der auf seine Stunde wartet. In Mesmers Zeichen hat sich eine Koalition gegen die allgemeinen Mißstände ausgebildet, die uns seit langem nervös machen.«

Saint-Malbaux sah Duport gelangweilt an.

»Das mag alles so sein, wie Sie sagen, oder auch ganz anders, es spielt keine Rolle. Sagen Sie uns lieber, was Sie aus der Stadt und vom Hof Neues wissen!«

»Calonne spielt die letzte Karte aus!« sagte Duport leise triumphierend. »Denken Sie nur: eine Notabelnversammlung aus Vertretern der Aristokratie und des Klerus soll in Paris zusammentreten, um in der Reformpfanne des Ministers gebraten zu werden. Er will ihnen in letzter Minute doch noch Steuern aufzwingen, weil der Staat sich sonst nicht länger finanziert. Die Armen schaffen es allein nicht mehr, der Dritte Stand ist bis zur Erschöpfung ausgemolken. Nun präsentiert man den Reichen ein goldverziertes Messerchen und bittet sie ganz freundlich, sich zum Wohl des Ganzen ein Stück vom fetten Leibe abzuschneiden. Da die Pleite des Unternehmens a priori feststeht, denkt man bei uns schon an den nächsten Schritt. Wir planen eine Agitation, die die Wiedereinberufung der Generalstände zum Ziel hat.«

Saint-Malbaux sagte kühl:

»*C'est la révolution!* So beginnt der Tanz.«

»*Mais bravo!*« rief Monsieur Alfort enthusiasmiert. »*Ça bouge, enfin.* Die Generalstände wiedereinberufen! Was für eine kühne Idee! Endlich kann das Volk seine Stimme erheben! Endlich kann das Volk die vollständige Gesellschaft bilden! Denn was ist Gesellschaft, wenn Vernunft und allgemeines Gespräch nicht ihre Bande knüpfen? Wenn Gefühl nicht an ihr Anteil hat, wenn sie nicht ein Austausch liebenswürdiger und wahrhaft wohlwollender Gedanken ist? Ein Markt, eine Spelunke, eine Kaschemme, ein Bordell!«

»Womit unsere Situation gut getroffen ist!« bemerkte Saint-Malbaux lakonisch.

Adrien Duport schüttelte den Kopf wie ein Erwachsener, der

entschlossen ist, keine unreifen tatsachenfremden Ansichten durchgehen zu lassen.

»Mein lieber Alfort«, sagte er belehrend, »Sie sind ein Enthusiast. Aber was schlimmer ist – Sie haben überhaupt keinen Sinn für das Tempo der wirklichen Ereignisse. Sie hören Generalstände und denken gleich an Nationalversammlung. Sie denken Nationalversammlung und schwärmen vom Verfassungsstaat. Sie träumen vom Verfassungsstaat und meinen die Republik. Sie meinen die Republik und phantasieren von einem politischen Abendmahl, wo der freie Unternehmer mit der Kanaille an einer Tafel sitzt, um die geschmacklosen Gleichberechtigungshostien zu kauen. Aber ich schwöre Ihnen, daß dies niemals soweit kommen wird. Im Augenblick dürfen Sie noch ein wenig schwärmen, das schadet dem Gang der Dinge keineswegs. Doch seien Sie versichert, daß wir dem politischen Enthusiasmus die Flügel beschneiden werden, wenn er die Sache zu weit treiben will.

Zur Stunde können die Redensarten nicht weit genug gehen. Verkünden Sie von mir aus den universellen Kommunismus! Sagen Sie den Leuten, daß der Reichtum an alle verteilt wird. Verkünden Sie meinetwegen die Fünfundfünzigstundenwoche oder, was gleichbedeutend ist, die völlige Abschaffung der Arbeit und den Ruin des Unternehmertums! Kündigen Sie an, daß die Kirchengüter aufgelöst und die Weiber verstaatlicht werden sollen! Dergleichen alternative Tollheiten verteilen sich im großen Strom des *changement.* Man fordert von der alten Ordnung die Übergabe der Schlüssel. Was schadet es, wenn während der Verhandlungen der Pöbel ein wenig hinter den Palästen randaliert? Der Radikalismus ist ein Tropfen im Strom der Zeit, wie die *nouvelle philosophie*, wie die übrige Literatur... der eine schreibt Romane, der andere ruft magnetische Zuckungen hervor, der dritte hält Laternenreden an die Pariser über die skandalösen Brotpreise. Die schreibende, intrigierende, konvulsierende Kanaille schwärmt aus dem Palais in die Stadt und die Provinz, während Orléans da oben mit Kornmann schon über Kredite spricht... Hier im Palais kann man das Tempo der wirklichen Dinge studieren, hier und nirgendwo sonst. Wer seine stillsten Begierden und eigensten Interessen verfolgt, der vervielfacht sich in diesen Räumen und treibt erst recht auf der gemeinsamsten Strömung. Das Palais bildet ein System aus kommunizierenden Gefäßen, die unter demselben Druck stehen. Durch sie quillt das Neue in uns nach oben, ob wir es wollen oder nicht. Alles, was die anderen tun und wovon wir nichts wissen, steigt in unserem Sein empor wie die Quecksilbersäule in den Mündern von Fiebernden.«

Saint-Malbaux applaudierte.

»Allen Respekt, Duport, eine beachtliche Tirade. So vernünftig haben Sie lange nicht gesprochen. Schade, daß Sie die Hauptsache nicht erwähnt haben, das große Geld, das wunderbare Geld. Das Neue, für das Sie so tüchtig Reklame machen, ist ja nur eine andere Form, in der das Älteste sich Geltung schafft! Sie wissen, was ich meine? Es geht um das Verlangen nach Verkehr und Ausbreitung. Man braucht wieder Platz nach zweitausend Jahren Seßhaftigkeit. Geld ist das moderne Fahrzeug der alten Wünsche. An seinem Steuer gerät das Leben wieder in einen prachtvollen Bewegungsrausch. Es will zirkulieren bis zur Ekstase. Das Geld ist das Fluidum, das die Menschen und Produkte wieder fließen macht. Es wirft dem Lebenshunger Stoffe und Bilder zu, es gibt dem erlöschenden Feuer Nahrung, und wir reiben uns daran, um ein wenig warm zu werden nach Jahrhunderten des Frosts.«

Es war Adrien Duport anzumerken, daß ihm der Kommentar des Vicomte aufs äußerste mißfiel.

»Bei allem Respekt vor Ihren poetischen Talenten, verehrter Vicomte, was Sie da sagen, erscheint mir nur als die andere Version der Schwärmerei. Man kauft oder verkauft mit Gewinn oder Verlust, man investiert oder entnimmt, zahlt oder fordert Zinsen, erobert oder verliert neue Märkte. Ich wüßte nicht, wo da Platz wäre für Ihre mystischen Reibungen.«

»Sie sind im Grunde ein Reaktionär, Duport«, meinte der Vicomte trocken, »denn Sie leugnen die ästhetische Funktion des Geldes. Sie verweigern sich der fluidalen Revolution. Nichts als Sturheit und Verstopfung. An der Ästhetik des Geldes entscheidet sich in Wahrheit aller Fortschritt. Das Geld taugt zu nichts, wenn es nicht einen freien Körper schafft, der sich in unbekannten Verkehrsformen neu entzündet. Ja, an fremden Genüssen will der Leib ein neues Seufzen lernen. Zum Beispiel verdanken wir unserer Zirkulation mit den südlichen Kolonien die unglaublichen Sensationen, die der Geschmack von flüssiger Schokolade am Gaumen hervorruft. Aber unser Kolonialismus und die ganze Rennerei zu den Tropen waren doch umsonst, wenn Sie nie daran denken, Duport, Ihren Körper in Schokolade zu baden, und wenn Sie nicht ein paar Damen kennen, die Ihren bittersüßen Leib trockenlecken wollen. Stellen Sie sich vor, Sie ergeben sich dem Appetit Ihrer Freundinnen und lösen sich auf unter den warmen Zungen, die in Sie eindringen, wo immer es nach karibischer Ferne schmeckt...«

Adrien Duport war steif geworden.

»Ich weiß nicht, warum ich mir solche Greuel anhören muß«, sagte er zuletzt.

Saint-Malbaux hob die Schultern.

»Sie sind noch nicht an der Reihe, es zu verstehen. Ihre Welt ist das Geschäft oder, was nur ein anderes Wort dafür ist, die Politik. Sie kämpfen immerzu um irgendetwas schrecklich Wertvolles. Tag und Nacht große Operationen, Tauschgeschäfte und weltweite Kontakte. Aber dabei sprüht nichts. Sie selbst bleiben stets derselbe engagierte Hampel, in jedem Muskel eine Tendenz, in jeder Pore die Defensive, vor jeder Öffnung ein verstärkter Schließmuskel, nach jedem Erguß die Jahresschlußabrechnung. Sie würden am liebsten mit dem ganzen Leib in einen Gummihandschuh kriechen und Ihre Nerven vulkanisieren lassen. Das Kapital ist grandios, aber die Kapitalisten sind erbärmlich. Die Welt spreizt die Schenkel, und ihr wißt nichts Besseres zu tun, als euch einen Verhüter bis über die Fersen zu ziehen. Man möchte heute mit nackten Nerven aus der Haut fahren, um all das Neue zu umarmen, aber ihr wollt euch gegen jede Erregung isolieren lassen. Ihr Kapital erlebt mehr als Sie, es kommt herum und ziert sich nicht so. Doch die Besitzer sind hoffnungslos. Man nennt es Zirkulation oder Umwälzung, aber in Wahrheit wälzt ihr euch bloß im Tiefschlaf auf die andere Seite.«

Es verging eine kleine Weile, in der Duport mit steinerner Miene dasaß und es vermied, den Redner anzublicken.

»Verehrter Vicomte«, sagte er schließlich, als er sich wieder in der Gewalt hatte, »bisher habe ich angenommen, Ihre Romane wären bloß marktgerechte Erfindungen oder entschuldbare Zugeständnisse an die perversen Launen des Publikums. Ich habe auf einmal den bestimmten Eindruck, daß es Ihnen mit diesen Lockerungen ernst sein könnte. Das ändert meinen Standort von Grund auf. Ich bin plötzlich davon überzeugt, daß Sie untergehen werden und nicht wiederkehren. Ich stimme Ihrem Untergang zu. Vielleicht verkehren wir noch miteinander, wenn es den Gang der Dinge fördert. Aber das wird eines Tages aufhören. Wir werden später unseren Umgang nach Maßstäben auswählen, die in einer gesünderen Ordnung gelten. Der Fortschritt wird Ihre Verkehrtheiten vergessen machen. Aus diesem Gedanken ziehe ich Kraft.«

Saint-Malbaux verzog spöttisch die Lippen und sah Duport mit einer unpersönlichen bösen Heiterkeit an.

»Ich weiß, daß Sie nicht anders können. Es ist Ihr Schicksal, nichts verstehen zu dürfen, Duport. Ihre Entschlüsse würden sich sonst auflösen. Sie müssen Ihr Leben auf ein paar schwungvolle ethische Prinzipien setzen – sonst verlieren Sie die Initiative. Dieses Unglück ist zu allgemein, um es Ihnen persönlich anzulasten. Sie sind einfach zur Tüchtigkeit und zu soliden Ansichten verurteilt. Aber Sie können nicht ahnen, mit welcher Melancholie mich der Anblick eines Mitmenschen erfüllt, der zum Erfolg verdammt ist. Es ist Gott sei Dank Jahrhunderte her, daß meine Klasse ihrerseits durch Leistungen von sich reden machte. Wir stellten einmal tatsächlich das ganze Militär und die größte Zahl der Inhaber höchster Ämter. Wir schreckten damals vor nichts zurück, was arbeitsam, verantwortungsvoll und angesehen ist. Es war barbarisch. Man hatte keine entspannte Faser mehr am ganzen Leib. Dieses Syndrom beobachte ich mit Bedauern an Ihrer Klasse, Duport, und wie das in Zukunft anders werden könnte, ist überhaupt nicht abzusehen. Das Bürgertum ist so aufgezogen und so voller Ideale, daß keine Prophetengabe dazugehört, um ihm eine aufreibende Epoche vorherzusagen. Das liest sich nicht aus den Karten, das liest sich aus den Körpern …«

Saint-Malbaux hob andächtig die Tasse mit der flüssigen Schokolade an seine Lippen. Er nahm einen kleinen Schluck und kaute

versunken das Aroma. Dann setzte er die Tasse mit einer fast infamen Behutsamkeit auf das Tablett zurück.
»Bis hier, Duport«, sagte er, »ist meine Antwort auf Ihre etwas grobschlächtige Kündigung unserer, sollte ich sagen: Freundschaft? – ein einziger Ausruf des Bedauerns für Sie. Etwas strenger muß ich werden, wenn Sie meine Bücher angreifen, wenn Sie von Perversionen reden und von Verkommenheit...«
»Womit noch das Wenigste gesagt wäre!« rief Monsieur Duport äußerst erregt. »Dieser Schaum, die Fäulnis, diese Überfremdung des gesunden französischen Empfindens mit exotischen Ideen!«
»Schweigen Sie, Duport!« unterbrach ihn Saint-Malbaux, »und sprechen Sie nicht von Dingen, die Ihr Urteil übersteigen. Sie reden von Überfremdung und von Perversion, und zeigen dabei mit Ihren dicken Fingern auf die Blütenzweige einer Lebenskunst, für die Sie weder Talent noch Konstitution besitzen. Sprechen wir in Klassenausdrücken miteinander, der Aristokrat zum Bourgeois, der Inhaber zum Anwärter, die schöne Schwäche zur ehrgeizigen Kraft. Sie wollen an die Macht, Duport, so einfach steht es um die Wahrheit Ihrer Moral. Aber mit dem wirklichen Leben hat das noch nichts zu tun, oder nur von sehr weitem. Was das Leben angeht, müßt ihr immer Dilettanten oder Zaungäste bleiben – Zeitungsleser sozusagen. Ihr seid noch zu stark für die unerhörte Arbeit des Genusses. Im übrigen frage ich, wer ist es denn, der sich an den Romanen ein paar Vorahnungen von Erregungen holt? Die Literatur – was ist sie eigentlich? Die Rache des versäumten Lebens an den Staatsbürgern, die von der *douceur de vivre* nichts wissen und sich vor lauter Vorsätzen nichts träumen lassen von den unsäglichen Abenteuern der Entspannung...
Sie dürfen, wie gesagt, das alles heute noch nicht verstehen, Monsieur. Aber sollte die Bourgeoisie eines fernen Tages soweit kommen, ein wenig vom süßen Geschmack des Übergangs in andere Verhältnisse kennenzulernen, dann werden die Besten von ihnen in den Erkern ihrer Villen stehen und sich fragen, wie es kommt, daß die neuen Anwärter ihrerseits so straff auftreten und soviel Vorstellungen haben. Vielleicht werden die Bürger

von heute mit ihren massiven Ansichten eines späteren Tages wissen, was ich heute weiß: Das Leben ist nur in den seltenen Intervallen zwischen der Ordnung und der Unordnung bei sich, ansonsten lebt es gar nicht... Die Geschichte ist ein Staffellauf der Verkümmerung. Darum wissen Sie nichts, Duport, gar nichts, Sie sind ein zu guter Läufer, fürchte ich. Sie werden nie erfahren, woran Sie vorbeilaufen, Sie können nicht wissen, was Ihnen entgeht – jenes göttliche Hochgefühl an den Sommerabenden auf den Terrassen, und die Ironie, wenn die Leidenschaften schweigen, und das kleine Schweben nach dem Ende aller Entscheidungen, und jenes gewisse Lächeln, an dem wir uns erkennen, das Lächeln, das manchmal aufkommt, wenn nichts mehr zu beweisen ist, und die Lust, die Hänge abwärts zu wandern, das Menuett der Geschlechter und die Nachklänge der großen Feste ... mein armer Duport, ich spiele auf diese Dinge an, die mit uns verschwinden werden, so wie man vor dem Verkauf des Hauses noch einmal den Finger über die Tasten des Flügels gleiten läßt ...

Es gibt keinen Grund zur Traurigkeit, Monsieur. Denken Sie nur nicht, daß man sich selbst bedauert. Im Gegenteil, nur was endet, verdient dazusein. *Allez-hopp*, Duport, der Fortschritt. Wer wird von Untergang reden, wo doch alles nur eine Frage der Optik ist? Übergang ist alles...«

14
Zweiter Brief van Leydens über die moderne Seele, den Stadtplan von Paris und die Magnetische Internationale

Es hatte über eine Woche lang geregnet. Paris zeigte sich von seiner düsteren und unwirtlichen Seite. Der Schmutz auf den Straßen und die naßkalte Atmosphäre machten jeden Ausgang zu einem unerfreulichen Unternehmen. Van Leyden verbrachte den größten Teil seiner Zeit in LeJeunes Bibliothek. Nur selten konnte er sich dazu überwinden, einen der Professoren zu besuchen, deren Namen LeBrasseur ihm genannt hatte. Das Verlangen nach Marthe lähmte seine Kräfte und nahm seine Gedanken gefangen. Viele Stunden saß er in einem Fauteuil und starrte über den Rand eines aufgeschlagenen Buches. Seine Lebensgeister schienen sich völlig von ihm losgelöst zu haben. Er hatte das Gefühl, nur noch aus der Sehnsucht nach Marthe zu bestehen. Die Sehnsucht lebte in den Bildern von ihr, die unaufhörlich in seinem Bewußtsein hin und her wanderten. Er sah, wie Marthe sich am Morgen ankleidete und sich die Spange in den Haaren befestigte. Er dachte, daß er imstande wäre, ans Ende der Welt zu pilgern, um dieses Bild wiederzufinden und um Marthe dabei den Nacken zu küssen.

In einer Bilderflut sah er die tausend kleinen Bewegungen, die zu ihr gehörten, vor allem den Blick, mit dem sie ein wenig streng in den Spiegel schaute, als wollte sie sich prüfen, und die liebliche Genauigkeit, mit der sie morgens die Augenbrauen nachzeichnete und sich die Lippen malte, als ob sie noch am gleichen Tag dem Geliebten ihres Lebens hätte begegnen wollen. Das war so reizvoll wie quälend gewesen. Van Leyden fühlte jetzt, daß in Marthes Bewußtsein von ihrer Schönheit etwas Beunruhigendes gewesen war – weil sie nicht in seiner Liebe und Bewunderung zur Ruhe kommen wollte.

In Marthes Abwesenheit stand es ihm frei, sich über ihr Schicksal das Schlimmste auszumalen. Immer wieder versetzte er sich selbst in qualvolle Spannungen, indem er halluzinierte, wie ihr nackter Körper sich auf einem Laken hin und her wand, während ein animalisch breiter Männerrücken sich über sie wölbte. Kräftige Hände hielten Marthe an den Oberarmen fest und drückten sie in die Kissen.

Während vieler Stunden ging van Leyden in der Bibliothek auf und ab. Der Regen schlug monoton an die Scheiben. In seiner Unruhe blieb Jan vor den Bücherwänden stehen und ließ seinen Blick über die Buchrücken wandern, ohne die Titel festhalten zu können. Dann stand er wieder vor dem Fenster, an dem die Tropfen abwärts liefen, und starrte auf den Hof. Wenn er es in dem von den Büchern überfüllten Raum nicht mehr aushielt, wanderte er durch das Haus, um wenigstens den Ort zu meiden, an dem die Erinnerungsbilder ihn am heftigsten überfluteten.

Einmal geschah es, daß er durch die Flure des oberen Stockwerks ging und ein Keuchen aus einem Zimmer hörte. Er ging dem Geräusch nach, bis er an die halb angelehnte Tür des Dienstbotenzimmers kam. Er sah, wie das Hausmädchen Thérèse im Liebesakt mit einem Unbekannten auf dem Sofa lag, die Beine gegen die Decke erhoben, zuckend unter den raschen Stößen des Mannes. Thérèse wälzte mit spitzen Schreien ihren Kopf von einer Seite zur anderen, wobei sie zufällig van Leydens Blick hinter dem Türspalt begegnete. Sie stülpte ihm röchelnd die Lippen entgegen, und noch bevor sich van Leyden von dem Anblick losreißen konnte, stieg aus dem Mund der Frau, die mit brechendem Blick zur Tür herstarrte, ein markerschütternder Schrei, während ihre Hüfte sich zitternd aufbäumte.

Auf der Flucht vor diesem Anblick und den quälenden Lauten rannte van Leyden auf die Straße und stapfte erregt durch die Stadt, bis er die Seinebrücken erreicht hatte. Er dachte, daß er unbedingt nach Saint-Denis zurückkehren mußte, um auf eigene Faust Nachforschungen zu unternehmen. Dann kehrte er völlig durchnäßt in Maître LeJeunes Haus zurück, kleidete sich um und warf sich in einen Sessel. Wieder nahm er ein Werk über Heilkunde auf den Schoß und versuchte, die Zeilen mit den Augen festzuhalten. Die Buchstaben verschwammen vor seinem

Blick. Sie ringelten sich zusammen wie Würmer, die ihre Körperendungen aneinander rieben. Unaufhörlich war ihr Name in ihm da – Marthe, Marthe. Dann streckten die Buchstaben ihre Fühler nacheinander aus und begannen sich zu vermischen. Sie verwickelten sich mit ihren Rundungen und Schlingen, sie rollten sich zusammen wie Riegen von kleinen schwarzen Frauen bei gymnastischen Übungen. Die Akzente saßen wie Mützchen herausfordernd auf ihren Köpfen. Die Lettern winkelten die Arme an, stelzten mit den Beinen wie winzige nackte Balletteusen, schlugen Rollen auf den Zeilen und zeigten mit gespreizten Schenkeln ihre Blöße.

Van Leyden saß zusammengesunken in seinem Sessel, die Hände vor dem Gesicht, als Thérèse in die Bibliothek kam und die Ankunft von Madame de Salé meldete. Unmittelbar darauf betrat die Dame den Raum. Van Leyden erhob sich und küßte ihr die Hand.

»Monsieur van Leyden, wie schön, Sie zu treffen!« sagte Madame de Salé, »ich muß Ihnen wohl eine Weile Gesellschaft leisten. Dringende Angelegenheiten zwingen mich, unseren Freund LeJeune zu konsultieren. Aber ich erfahre soeben, daß Maître LeJeune noch einige Zeit außer Hause sein wird, Sie hingegen anwesend. Da habe ich beschlossen, hier zu warten und die Zeit mit Ihnen plaudernd zu verbringen.«

Van Leyden verbeugte sich: »Gewiß, Madame, ich stehe zu Ihrer Verfügung!«

Die Dame protestierte lächelnd: »Nicht so förmlich, mein Herr. Seien Sie ein klein wenig galant! Auch wenn ich dem Alter nach Ihre Mutter sein könnte, so habe ich immer noch Anspruch auf ein wenig Liebenswürdigkeit. Bitte, schmeicheln Sie einer alten Frau, indem Sie sie nicht zu sehr fühlen lassen, daß sie nicht mehr Interesse, sondern nur noch Höflichkeit weckt!«

»So etwas dürfen Sie nicht sagen!« erwiderte van Leyden beschwichtigend. »Sie dürfen aus meiner Plumpheit keine falschen Schlüsse ziehen!«

»Wie sehr mich das freut«, sagte Madame de Salé, wobei sie auf einer Chaiselongue Platz nahm und van Leyden mit einer Handbewegung aufforderte, sich neben sie zu setzen, »denn ich

brenne darauf, mit Ihnen über einige Dinge zu sprechen, die mir nach Ihrer genialen Rede im Salon der Polignac unaufhörlich im Kopf herumgehen.«
»Sie schmeicheln mir, Madame«, antwortete van Leyden.
»Nein, nein, mein Herr, ich verlange wirklich nach ein paar kleinen Erklärungen. Was meinen Sie zum Beispiel mit Ihrer Behauptung, man könne Zeittransplantate anfertigen – das haben Sie doch gesagt, wenn ich Sie nicht völlig falsch verstanden habe! Und was verstehen Sie unter der Erinnerung, die voll von unverdauter Vergangenheit wäre?«
Van Leyden nickte. »Das meinen Sie also, Madame. Ja, ...« Er legte einen Finger an die Schläfe und versuchte nachzudenken. Es war ihm sehr heiß, und er fand den Faden nicht, um eine Antwort daran abzurollen.
»Madame, ich fürchte, ich muß Ihnen die Antwort schuldig bleiben. Im Augenblick weiß ich selbst nicht mehr, was ich damals eigentlich sagen wollte. Es ist so ein kompliziertes Gebiet. Meine Gedanken sind heute sehr verworren, ich glaube sogar, ich habe ein wenig Fieber.«
»Oh, mein Herr«, sagte Madame de Salé mit mütterlicher Koketterie, »es will schon etwas heißen, wenn ein junger Mann in der Fülle seiner Kraft seine Gedanken nicht beisammen hat. Gestehen Sie es, Sie sind verliebt! Ich gratuliere Ihnen. Wie heißt die Glückliche? Wo halten Sie sie verborgen?«
Van Leyden schüttelte etwas hilflos den Kopf, nicht ohne eine gewisse Erleichterung darüber zu empfinden, daß er mit einer vertrauenswürdig wirkenden Dame so schnell wenigstens in die Nähe des Themas gekommen war, das ihn quälte. Vielleicht wäre es tröstlich, sich über die ganze Affäre auszusprechen und vor einer großherzigen Dame, die über vieles nachdachte, die Beichte abzulegen.
»Ich weiß es selbst nicht recht«, begann er vorsichtig. »Ich habe Herzbeschwerden und mein Kopf dröhnt wie ein Turm voller Glocken.«
Madame de Salé legte umstandslos den Arm um seine Schultern.
»Das macht die Großstadt«, sagte sie wissend, »Sie sehen hier zu viele schöne Frauen. Sie sind zu sehr angeregt und wissen selbst

nicht, wen von allen Sie lieben sollen. Ihre Phantasie ist überreizt.«
Van Leyden sah die Dame erleichtert und nachgiebig an. So mochte man die Sache vielleicht auch betrachten können. Madame de Salés Körper war von fraulicher Fülle und ihr schönes Gesicht von einer reifen melancholischen Heiterkeit, die ihm außerordentlich wohltat. Er nickte dankbar.
»Ich glaube, Sie haben recht, Madame.«
Madame de Salé fühlte seine Stirn, wie um festzustellen, ob er Fieber habe. Dann strich sie ihm leicht über die Augenlider.
»Entspannen Sie sich einfach, mein Freund«, sagte sie, »das ist bestimmt das beste, was Sie in Ihrer Lage tun können.«
Van Leyden atmete tief auf und lehnte sich zurück.
»Ja«, sagte die Dame, »das ist schon besser. Ich glaube, Sie sollten auch die Beine hochlegen – ja so –, um es sich völlig bequem zu machen. Vergessen Sie einfach die Bilder, die Sie beunruhigen.«
Madame de Salé saß eine Weile schweigend neben van Leyden, der mit geschlossenen Augen auf der Chaiselongue lag und ihre Gegenwart einatmete.
»Wollen Sie etwas trinken?« fragte sie, worauf er zufrieden den Kopf schüttelte, ohne die Augen zu öffnen.
»Mögen Sie es denn«, fragte sie weiter, »wenn ich Ihre Beine so streichle? Es ist im allgemeinen sehr entspannend.«
Van Leyden gab nur einen leisen Laut von sich.
»Ja«, fuhr sie fort, »so ist es ganz gut. Seien Sie einfach in Ihrem Körper wie ein müdes Kind in seinem Bett. Reisen Sie mit meiner Hand über Ihre Haut, sehen Sie. Spüren Sie schon, wie Sie ruhig werden? So ruhig und gegenwärtig? Nichts kann Ihnen zustoßen, mein schöner Freund ... Vielleicht kommen wir so auch auf die Frage nach der Transplantation der Zeit zurück. Ich meine, so ganz ohne Nachdenken. Nehmen wir einfach an, wir beide könnten unter uns die Zeiten vertauschen ... Sie stellen sich vor, daß ich diejenige wäre, die Sie lieben. Es ist nur eine Phantasie, der Traum eines Nachmittags. Nichts könnte zerbrechlicher sein als dieses schöne Gebilde. Aber warum sollte es weniger wirklich sein als meine Hand auf Ihrem Körper? Mein Freund, Ihre Liebe wird mich glücklich machen ...

Sie werden erregt, *mon bel ami,* deutlich fühle ich, wie die Wärme Ihren Leib durchdringt, schon beginnen Sie zu glühen, und in Wahrheit brennen Sie für mich, nicht wahr? Es muß doch so sein! Sie wollen mich unbedingt besitzen, und mir bleibt keine andere Wahl, als willenlos Ihnen zu gehören – jetzt, da nichts mehr zwischen uns steht und unsere Gluten sich zu vermischen beginnen! Oh, wie Ihre Hitze schwillt, mein schöner Freund, Sie denken doch nicht, daß meinen Händen so etwas verborgen bleiben könnte? Sie brennen darauf, mir zu sagen, daß Sie mich begehren und daß Sie niemals eine andere geliebt haben ... Ja, sagen Sie es einfach, sagen Sie es, ohne nachzudenken, ... es durchrieselt mich bei Ihrem feurigen Bekenntnis! ... Und Ihre Augen spielen begeistert mit, um uns nicht zu stören, und flüstern Ihnen zu, daß ich jung und begehrenswert sei und daß Ihre ganze Liebe mir gelten wird ... für immer ... Jetzt ist Ihre Hitze unvergleichlich ... ah ... nie war ein Mann besser bereit zu feurigen Unternehmungen, ich zittere vor Ungeduld ... verzeihen Sie meine Eile, mein schöner Hengst, Ihr Feuer will mich verbrennen ... es tötet mich, es brennt so tief ... man könnte nicht fester im Sattel sitzen, als ich es tue, tragen Sie mich ans Ende der Welt, schönes Tier, und sprengen Sie mit mir ans Tor des Paradieses, wo Roß und Reiterin nur noch eins sind ... es gibt kein Halten ... ich verliere mich ... ich vergehe ...«

Madame de Salé beugte sich mit einem Aufschrei über den unter ihr Liegenden. Jan öffnete die Augen und sah ihre blaugeäderten Brüste vor seinen Lippen schwanken. Sie kauerte mit entblößter Front über ihm, senkte den Oberkörper ihm entgegen und preßte ihr wogendes Fleisch in sein Gesicht.

»Mein schöner Freund«, seufzte sie meditativ, »Sie sind so jung, ich könnte fast Ihre Mutter sein.«

Er atmete heftig zwischen ihrem Busen. Dann drängte er die Frau, sich auf die Chaiselongue zu knien, und drang in sie ein, während sie sich ihm mit anfeuernden Seufzern in der Haltung der römischen Wölfin anbot. In dem Moment, in dem er in seiner Lust über das leuchtende weiße Fleisch ihrer Rückseite sank, begegnete sein Blick demjenigen von Thérèse, die stumm an der halboffenen Tür stand und ihm spöttisch und aggressiv ihren offenen Mund entgegenstülpte.

Gegen Abend begann van Leyden, einen Brief an LeBrasseur zu schreiben.

Verehrter Meister,

mein Aufenthalt in Paris dauert noch keine zwei Wochen. Schon sind mein Herz und mein Kopf von Eindrücken so überflutet, daß ich ganz außerstande bin, meine Erlebnisse in Worte zu fassen. Nicht nur, daß diese Stadt ihrem Ruf als Gärpunkt der Zivilisation, der Frivolität, der Intelligenz und der Phantasie vollkommen gerecht wird. Sie scheint mir über alles das hinaus ein unendlich erregendes Weltmodell zu sein, in dem man das Leben insgesamt in seiner verwirrenden Vielfalt zu studieren Gelegenheit findet.

In dieser Stadt der unbegrenzten Selbstdarstellungsmöglichkeiten ist mir eine Raumordnung aufgegangen, von der ich überzeugt bin, daß sie das Geheimnis des Wirklichen enthält. Denn die Ordnung der Räume ist nicht nur eine geographische oder politische Frage, sondern auch eine im höchsten Sinn psychologische. Der Plan dieser Stadt unterscheidet Kontinente und Ozeane, Strömungsgebiete und Festland, Regionen der Seßhaftigkeit und solche des Verkehrs, Quartiere der Realität und Stadtteile des Traums – auch karibische Riffe und wüstenartige Flächen, Unterwelten, Deponien und Orkusse, wohin man die Stiefkinder der Realität schafft. Es gibt auf der Welt nichts Raffinierteres als die Topologie der Pariser Seele. Sie kennt Viertel für jeden Affekt, Straßenzüge für jede Leidenschaft, Mirakelhöfe für jede Form des Unmöglichen und Spiegelkabinette für alle ehrgeizigen Auftritte.

Um von mir selbst zu sprechen, so bemerke ich an mir eine Neigung zu Expeditionen in die zwielichtigen Quartiere und die dunkelsten Zonen der Stadt. Ich bilde mir ein, daß man nur von dort aus das Funktionieren des Ganzen verstehen wird. Die Stadt ist auf die erregendste Weise angefüllt mit unerforschten Kontinenten, in denen man sich nicht heimischer fühlen kann als Bougainville bei den Wilden der Südsee. Aber ob Quartier Latin oder Tahiti, es gibt immer den anderen Ort, der wohl seine Eingeborenen haben mag, dessen wahre Bedeutung aber nur denen aufgeht, die ihn von ferne sich vorstellen. Ein anderer Teil von Paris sind freilich die Separatstädte der berüchtigten Salpêtrière, die wie eine unterirdische Katakombe inmitten der Metropole liegen. Nach allem, was man über diese Anstalt hört, ist sie ein Staat in der Stadt, ein weniger medizinisch als politisch verwalteter Polizeistaat, bevölkert von Unglücklichen, denen man aus verschiedenen Gründen das Bürgerrecht in der Realität abgesprochen hat.

Verehrter Meister, man müßte Romancier sein, um alles beschreiben zu können, was hier geschieht. Ich machte vor kurzem einen Besuch im Palais Royal, wie man sagt dem Ort, an dem man der Stadt das Fieber mißt. Die Damen verkehren im Palais mit einer schockierenden Freizügigkeit. Manche von ihnen sind dabei schön wie weiße fleischige Blüten auf einem trägen Strom. Im Herzen von Paris, wenige Schritte neben den Hauptstraßen, öffnen sich plötzlich Lagunen, zu denen die Ordnungskräfte keinen Zugang haben. Es weht ein konspirativer Geist an diesen Orten, der mit libidinösen Träumen sich rätselhaft vermischt. Eros und Geschäft fließen dort zu einer elektrischen Verschwörung zusammen und bilden gefährliche Wirbel im Raum.

Meine psychologischen Begriffe sind mir wie Sand zwischen den Händen zerronnen. Wie naiv bin ich an meine Aufgabe herangegangen – als müßte man nur genügend Kenntnisse an sich raffen, um dann, in sicherer Verfügung über einen Wissensschatz, mit irgendeiner gelehrten Heilkunde zu beginnen. Alles hat sich in das Gegenteil verkehrt. Ich habe den Eindruck, daß die Erfahrungen eher mich gesammelt hätten als ich sie. Statt seelenruhig über die Strukturen des menschlichen Inneren nachzudenken, bin ich in dieses Innere hineingerissen worden, wo von Ruhe keine Rede mehr sein kann, sondern nur von einem abenteuerlichen Fließen aller Zustände.

Um die Wahrheit zu sagen, so habe ich mir bis zu meiner Ankunft in dieser wunderbaren infernalischen Stadt die Seele doch immer noch vorgestellt, wie ich sie mir zuletzt als Kind dachte – als einen feinstofflichen Geist in einer tierischen Maschine oder besser als einen trickreichen Spuk aus einem Leintuch, das man, um die Kleineren zu erschrecken, über einen illuminierten Kürbiskopf zog und dabei schauerliche Töne von sich gab.

Nach dem fälligen Untergang solcher Naivitäten muß völlig neu gedacht werden. Wahrscheinlich trifft man den Kern der Dinge eher, wenn man die Seele mit den Augen eines Polizeipräfekten betrachtet, der weiß, daß die soziale Ordnung nur dadurch existiert, daß die sichtbar wohlanständigen Bezirke streng getrennt gehalten werden von der kriminellen und morbiden Unterwelt – die man wohlweislich in unterirdische Keller und Sperrgebiete schließt. Sie wären gewissermaßen das innere Gegenstück zur Salpêtrière – ein Generalhospital auf dem Grund des Bewußtseins. Ich kenne keinen passenden Ausdruck für diese inneren Kellerwelten. Ich denke seit längerem über ein geeignetes Wort nach, das unsere Bewußtseinsverliese bezeichnen könnte – und während ich auf eine glücklichere Eingebung warte, habe ich mich in meiner Privattheorie daran gewöhnt, es vorläufig als das Unbewußte zu bezeichnen. Natürlich würden mich alle neuzeitlichen Philosophen mit ihrem Empirismus und Rationalismus für dieses Wort auslachen und mich daran erinnern, daß wir mit dem Unbekannten schon genug am Hals haben, um uns nicht auch noch mit einem Unbewußten zu belasten. Man würde die Nase rümpfen und mir meine zweifelhaften empirischen Methoden zum Vorwurf machen. Denn darin hätten sie ja recht, wenn sie mir vorhielten, daß ich die Vorstellung vom Unbewußten weder aus einer klinischen Beobachtung noch auf dem Weg einer akademischen Begriffsanalyse gewonnen hätte, sondern bei meinem suspekten Verkehr mit einer Unterwelt von Freigeistern, Stadtstreichern, Zynikern und hemmungslosen Damen.

Aber ich denke, daß unsere Herren Philosophen bald werden einsehen müssen, daß die hochgelobte Einfachheit und Durchsichtigkeit des Bewußtseins ein für alle Mal dahin ist. Ärzte und Psychologen werden sie zwingen, sich an den Ausgrabungen der unterirdischen Städte im Innern zu beteiligen und das Ihre beizutragen zu dem Vorhaben, die unter der Lava der Ordnungen begrabenen Lebensenergien ans Tageslicht zu bringen. Andernfalls wird die Philosophie sterben, und ihre Seele wird weiterwandern in die Psychologien, die noch von dem reden, was Menschen wirklich angeht.

Ich weiß natürlich, wie konfus alles ist, was ich zu Papier bringe.

Aber wieder habe ich eine triftige Entschuldigung, verehrter Meister. Denn auch das Material der neuen Zeit, das heute erscheint und eine neue Weltordnung ankündigt, ist noch nicht in klarer Deutlichkeit aufgetaucht. Wir sehen die kommenden Dinge erst durch einen Schleier von Zeichen und Vorbedeutungen hindurch. Kürzlich hielt mir ein bürgerlicher Philosoph im Palais Royal einen Diskurs über den neuen Staat, der bereits fertig ausgebildet und in vielen Teilen präformiert inmitten des Ancien Régime herangewachsen sei und nur auf seine Stunde warte. Ähnliches darf man wohl über die neue Seelenform sagen, die ebenfalls noch verhüllt von den alten religiösen Symbolen im Schoß der Zeit großgeworden ist und darauf wartet, daß durch irgendeine Katastrophe ihre Geburt eingeleitet würde. Alles, was heute im modernen Frankreich geschieht, ist Rohmaterial zu der noch unmöglichen Psychologie des aufsteigenden Zeitalters. Das Mesmersche Beben, sagt man, kündigte die Erschütterungen an, es war das Wetterleuchten einer neuartigen Freiheit. Es deutete voraus auf die unendlichen Flüsse, die die neue Zeit entfesseln wird – auf die gewaltigen Produktivenergien, die durch die kommunizierenden Röhren des Marktes steigen, und auf die Bilderflut, die von den Romanen und Pamphleten in unsere Vorstellung springt. Es deutet auch auf die magnetischen Geldströme, auf denen die Waren treiben, auf die elektrischen Ozeane zwischen den Schenkeln der Frauen und die weißglühende Verflüssigung der Iche in den Großstädten. Man möchte meinen, daß mit den neuen fluidistischen Lehren ein neoheraklitisches Zeitalter anbrechen will – das im Zeichen der Umläufe und des fernen Verkehrs steht...

Ich beginne Sie ein wenig besser zu verstehen, verehrter Meister, und was Sie mir damals über die Magnetische Internationale eröffnet haben und über das Millenium der Energien, ist so ganz im dunkeln für mich nicht mehr. Es ist wahr, ein fluidaler Kosmopolitismus drängt überall unter den alten starren Oberflächen ans Licht, eine okkulte Welt will in die Sichtbarkeit herausbrechen und redet durch die Zeitungen ebenso wie durch die Fernrufe der Spiritisten. Es meldet sich, ganz leise noch, eine unerhörte Republik der Kräfte, eine Weltgesellschaft aus lauter Energie und kosmischem Funkenflug, wo alles mit allem redet in hellen und dunklen Sprachen, um den geheimsten Traum der Erde wahrzumachen. Ein magnetisches Imperium der Freiheit will entstehen, seine Boten gehen um und reden in tausend Zungen von den Projekten der Menschheit, die zu einer einzigen großen Verkehrsgemeinde zusammenwächst. Alles deutet auf das noch unbekannte Regime eines Sozialokkultismus, das den Planeten umwebt mit magnetischen Zeichen und Bezügen. Man könnte diesen sozialen Okkultismus der Präganz zuliebe auch Sozialismus nennen, und nach einer solchen Ordnung, in der die Menschen im wahrsten Sinn des Wortes frei sind von Staatsgewalt und engem Glaubenszwang, sehnt sich die Menschheit mit ihren besseren Kräften. Wer kann bezweifeln, daß Elektrizität und Liebe ein sozialistisches Weltalter herbeizuführen imstande wären? Die zahllosen Geisterrufe unserer nervösen Zeitgenossen und ihr okkultes Wühlen im Unsichtbaren sind vielleicht nichts anderes als eine Einübung in die aufklaffende Welt aus Signalen und Absenzen. Und was der bloßen raisonnierenden Vernunft der Inhaber und der Kandidaten als Verirrung erscheint, könnte in einer geschehenden Vernunft als die sinnvollste Vorbereitung der Psyche auf das planetarische Mitfühlenmüssen dienen. Wer sagen will, was die Seele ist und was sie sein wird, muß diesen Wandel in der Welt vor Augen haben und muß erklären können, mit welcher mobilisierten und elektrisierten Welt eine solche Seele es zu tun hat. Die neue Seele ist eingetaucht in die Fluten eines sozialmagnetischen Weltprozesses, in dem das Ancien Régime der starren lokalen Identitäten überwunden wird zugunsten eines kosmopolitischen Fließsubjekts. Sollten so auf unverhoffte Weise die Spekulationen der Kyniker und Stoiker von einer Weltstadt doch noch wahr werden?

Verehrter Meister, ich habe immer noch nicht genug gesagt von meiner Fassungslosigkeit über diese unberechenbare Stadt. Die Straßen von Paris heißen fast alle nach Heiligen und sind Tag und Nacht von lusthungrigen Passanten bevölkert, besser gesagt von Menschen, die das Bild des *libertin* vor sich her tragen, um die Mitmenschen aus ihren naiven Ordnungsvorstellungen aufzuschrecken. Man braucht sich hier nichts vorzunehmen und ist doch immer verabredet.

Natürlich kennt die Stadt neben dem Typus des Frivolen auch

den des ordentlichen Bürgers, der ständig über Nation und Tugend redet, ebenso wie das Amüsiervolk immer seine gallischen Vokabeln im Munde führt. Offen gesagt, gilt den Amoralischen meine uneingeschränkte Sympathie, denn sie machen, bei allen morbiden Kapriolen, doch dem Leben Platz, während die tugendhaften Bürger mit ihren hundert Zwangsideen schon jetzt einen Geschmack davon geben, was sie andern antun werden, um sie zur gleichen moralischen Verzwungenheit anzuhalten.

Zum Schluß, verehrter Meister, will ich Ihnen einen Alptraum erzählen, den ich kürzlich hatte und der seither mein Gewissen stark beschäftigt. Ich wüßte gern, was Sie darüber denken... Kurzum, ich träumte, ich läge auf einem Sofa, versunken in die Lektüre eines Buches – es mag ein medizinisches Lehrbuch gewesen sein oder ein erotischer Roman, so genau erinnere ich mich nicht –, da bemerke ich plötzlich, wie sich eine Person leise neben mich setzt. Eine schöne Frauenstimme flüstert mir zu, es sei nichts einfacher, als mich ihr hinzugeben, und ehe ich recht begriffen hatte, was damit gemeint sei, hatte die Frau sich meine Erregung zunutzegemacht und sich in einem schnellen Taumel mit mir vereinigt. Als wir beide, von der Lust erschöpft, die Augen aufschlugen, schaute die Frau mich drohend an, und auch ich sah ihr jetzt erst ins Gesicht – und erschrak zu Tode: es war meine eigene Mutter. Ich erwachte in diesem Moment mit wildem Herzklopfen und Sausen im Kopf. Natürlich mußte ich an die Geschichte vom Ödipus denken, den Königssohn, dem das Orakel prophezeit hatte, er werde, ob er wolle oder nicht, eines Tages seinen Vater töten und seine Mutter heiraten. Doch hier war die Lage eine andere – denn der moderne Ödipus schien einer zu sein, dessen Vater hinter dem Schreibtisch lebendig verwittert war, so daß ein Totschlag sich erübrigte, und der, weit davon entfernt, von sich aus um seine Mutter zu werben, von dieser mit großer List auf das verbotene Lager gelockt wurde.

Diese Überlegungen führen mich erneut auf meine Geistertheorie vom letzten Mal zurück. Sie erinnern sich, verehrter Meister, an meine Spekulationen über die bürgerliche Dämonologie, die wir brauchten, um unser Benehmen angemessen zu beobachten? Wir wären demnach fortwährend von vielen unsichtbaren Geistern begleitet. Mir scheint jetzt, daß die Mütter unter allen

Umständen der Begleitdämon Nummer eins sind, sie gehen unglaublich weit mit ihren Verfolgungen und schrecken nicht davor zurück, die Manieren einer Geliebten anzunehmen, um sich in die Sehnsüchte der Söhne einzuschleichen. Weiß man da am Ende überhaupt noch, wen man liebt? Ist die Geliebte, wie man vernünftigerweise denken sollte, das Abbild der Mutter? Oder nicht die Mutter das Abbild der Geliebten? Ich beuge mich über das Rätsel, nicht ohne zu bemerken, wie der Boden unter mir nachgibt...

Verehrtester Meister, Mitternacht ist vorüber, und ich sitze immer noch schreibend in der Bibliothek. Schon fallen mir die Augen zu, während mein Kopf eine Vorstellung nach der anderen ausspuckt, einen Königssohn, der seinen Vater heiratet und die Mutter umbringt, lachende Polizeilagunen und kalte Vergnügungshospitäler, elektronische Gefängnisse, sozialistische Salpêtrièren von Paris bis Sibirien... Gott im Himmel, ich ahne, wie es im Inneren eines Verrückten aussehen muß!

Leben Sie wohl, verehrter Meister. Es ist nicht mehr viel zu erledigen, bevor ich meine Reise fortsetzen kann. Es sind im wesentlichen nur noch zwei Dinge, die mich vorläufig in Paris festhalten. Zum einen muß ich die hiesige Unterwelt näher kennenlernen. Zum anderen forsche ich nach dem Aufenthalt einer Schauspielerin, über die ich in meinem letzten Brief ein paar Andeutungen gemacht habe. Sie hören gewiß wieder von mir. Ich bin wie immer Ihr von Herzen dankbarer Schüler

J. v. L.

15
Das Kolloquium der Salpêtrière

Ein paar Tage danach fand van Leyden einen Brief von Maître LeJeune in der Bibliothek.

Monsieur,

ein Übermaß an Geschäften hindert mich daran, Ihnen die guten Nachrichten, die ich für Sie habe, persönlich mitzuteilen. Ich sehe mein Haus in diesen Tagen kaum noch, außer zur Schlafenszeit, und selbst da träume ich von Amtskollegen und Prozeßakten, so daß ich genau genommen die Räume der *Chambres des Enquêtes* nur noch zum Schein verlasse. Wie Sie sehen, bin ich ein Opfer der Prozeßwut, die unsere Landsleute gepackt hat.

Doch nun zu Ihnen. Der Subintendant Merri – Sie kennen ihn vom Salon der Madame de Polignac – hat mich gebeten, Sie von einer bevorstehenden Zusammenkunft gelehrter Herren zu unterrichten, die in zwei Tagen eine Besichtigung des Hôpital Général de la Salpêtrière vornehmen wollen. Es gehört nur wenig Spürsinn dazu, um zu begreifen, was Monsieur Merri im Schilde führt. Natürlich haben die Sticheleien des Marquis de Sponti gegen seinen Realitätsbegriff ihn zutiefst verärgert. Er profitiert nun von dieser Gelegenheit, Ihnen sein Imperium vorzuführen, wo sich, wie er meint, die harten Fakten des Lebens in aller Eindeutigkeit zeigen.

Die zweite Neuigkeit betrifft die Schauspieler, nach deren Schicksal zu forschen Sie mich gebeten haben. Ihre ehemaligen Weggefährten sind tatsächlich wieder aufgetaucht. Mir ist aus Saint-Denis ein Schriftstück zugestellt worden, aus dem hervorgeht, daß die Inhaftierten vor etwa zwei Wochen auf freien Fuß gesetzt worden seien. Demnach besteht jede Möglichkeit, daß die Angehörigen der Truppe sich schon in Paris aufhalten, da es häufig vorkommt, daß fahrende Schauspieler sich während der schlechten Saison in Paris einquartieren.

Ich hoffe, mein Herr, Ihnen mit diesen Mitteilungen einen

kleinen Dienst erwiesen zu haben. Vergessen Sie nicht, sich bei all Ihren Studien auch ein wenig zu amüsieren. Für Ihre müßigen Stunden steht Ihnen meine Bibliothek natürlich weiter zur Verfügung.

Am Morgen des vierundzwanzigsten Oktober machten sich van Leyden und Rameau auf den Weg zur Salpêtrière am alten Faubourg Saint Victor. Flußaufwärts legten die beiden Männer eine halbe Meile am Seineufer zurück, bevor sie den Botanischen Garten erreichten. Die Tore mit den vergoldeten Spitzen über den Gitterstäben waren bereits weit geöffnet. Einige Herren spazierten durch die schnurgeraden Alleen. Zwischen den rechteckig bepflanzten Beeten machten Angestellte sich zu schaffen. Rameau deutete auf das Monument am Eingang des Gartens.
»Schon wieder ein großer Mann! Das ist in Paris wie eine Seuche. In diesem Fall handelt es sich um Buffon, den Direktor der Königlichen Gärten. Er genießt ein Privileg, das wenigen Sterblichen zuteil wurde – er begegnet jeden Morgen, wenn er den Jardin des Plantes betritt, seinem eigenen Standbild, ansonsten ein ausgesprochen posthumes Vergnügen. Er gilt heute als der angesehenste Gelehrte Frankreichs. Und warum? Weil er die Pflanzen, die Gott leichtsinnig in die Natur verstreut hatte, auf seinem botanischen Exerzierplatz hat aufmarschieren lassen und sie jeden Morgen zum lateinischen Appell herauszitiert. Er hat als erster der Natur Manieren beigebracht und sie in Reih und Glied antreten lassen. Die Buffonschen Pflanzen sind zur Zeit wohl das einzige, was in Frankreich noch nicht Tag und Nacht diskutiert und auf seiner kleinen Differenz beharrt. Sie sind jedenfalls treuere Anhänger des Absolutismus als die königliche Armee, die für ihre Unzuverlässigkeit international berühmt ist. Wahrscheinlich ist das der Grund, warum die botanischen Gärten seit einiger Zeit für das allgemeine Publikum offenstehen.«
Vom hinteren Ausgang des Jardin des Plantes gelangten die beiden Passanten auf den Boulevard längs der Umfassungsmauer des Hospitals. Es mochte kurz vor neun Uhr sein. Van Leyden erkannte, daß er sich beeilen mußte, um pünktlich einzutreffen. Im Vorübergehen sah er, wie die Hundefänger an der Hospital-

mauer in den ersten Sonnenstrahlen saßen. Rameau rülpste und sagte: »Ich überlasse Sie jetzt höheren Interessen.«
Van Leyden berief sich bei dem Wachoffizier auf die Einladung des Subintendanten, woraufhin man ihn sehr höflich über den vorderen Hof des Gebäudes zu dem Mitteltrakt mit den Verwaltungsgebäuden führte. Der Vorhof des Hospitals wurde von geometrischen Gartenanlagen geschmückt. Über dem Dach des Mittelgebäudes sah man eine Kirchenkuppel aus einem der Innenhöfe der Anstalt aufragen. Der Unteroffizier der Wache begleitete van Leyden bis zum Vorzimmer des Intendanten.
Monsieur Merri kam seinem Gast etwas zeremoniell entgegen.
»Monsieur van Leyden«, rief er jovial, »man ist sehr froh, daß Sie doch noch kommen. Somit ist unsere Runde komplett – meine Herren, ein junger Medikus aus Wien, der sich auf die Seelenkunde geworfen hat. Darf ich, bevor wir den Rundgang beginnen, noch schnell bekannt machen?«
Er führte van Leyden zu einem gedrungenen Herrn mittleren Alters, dessen geistvoller schwerer Kopf wie ein römisches Cäsarenporträt auf einem ungelenken Leib saß.
»Der Marquis de Condorcet«, sagte Merri ein wenig devot, »das Licht der französischen Mathematik und die Inkarnation der neueren Philosophie. In seinem Geist reifen die Pläne zu einer neuartigen Erziehung des Menschengeschlechts, die dieses zur Vollendung anleiten wird.«
Condorcet und van Leyden verbeugten sich voreinander und sagten ein paar Freundlichkeiten.
»Und hier haben Sie unseren großen Menschenfreund, den Doktor Guillotin, der das Ansehen der französischen Chirurgie in ganz Europa auf den Höhepunkt geführt hat.«
Van Leyden verneigte sich und versicherte, daß es ihm ein ganz besonderes Vergnügen sei.
»Hier ist ferner Doktor Marat«, fuhr Merri fort, »ebenfalls ein Kollege von Ihnen, der seine Interessen zwischen der Erforschung der Elektrizität und der der Armut teilt, wie seine jüngsten Traktate beweisen.«
Marat und van Leyden tauschten höfliche Blicke.
»Schließlich haben wir hier den hochwürdigen Abbé Galiani, um den die Pariser Salons sich reißen. Seine böse Zunge gilt als

Phänomen. Der Abbé, scheint es, will beweisen, daß man Freundschaften umsonst erhält, während man sich Feindschaften durch präzise Formulierungen verdienen muß.«

Der Subintendant Merri winkte den Versammelten, ihm zu folgen. Zwei Gendarmen schlossen sich der gelehrten Runde an. Ihre Stiefel knallten in den Korridoren. Einer von ihnen trug einen schweren Schlüsselbund.

Man überquerte einen weiten Innenhof, in dessen Mitte die nach einem Ludwig benannte Kapelle stand, deren Kuppel van Leyden vom Vorplatz aus bemerkt hatte. Man ging durch eine Passage in einem mit Kastanien bepflanzten Hof. Das Laub der Bäume war rot und gelb verfärbt und glühte im Licht des kühlen Herbstvormittages. In der Vorhalle zu einem der Gebäude, die den Innenhof umsäumten, blieb Merri stehen und wartete, bis die Herren zu ihm aufgeschlossen hatten.

»Messieurs«, sagte er stolz, »ich schicke der empirischen Beobachtung ein paar philosophische Reflexionen voraus. Bekanntlich kann jede öffentliche Ordnung nur bestehen, wenn es ihr gelingt, die Elemente der Unordnung zu benennen und zu kontrollieren. Darauf beruht die Perfektion jedes geordneten Staatswesens. Keine Armee, die nicht ihre Deserteure hätte, keine Gesundheit ohne Störungen, keine Vernunft ohne ihre wahnsinnigen Trübungen. Durch die Gnade und Weitsicht unseres Königs ist eine Polizei eingerichtet worden, die die Schädlinge des Gesellschaftskörpers aufgreift, um sie in den Generalhospitälern zu verwahren. Sie werden dort zum Schutz der Gesellschaft und zum Vorteil aller festgehalten und, wo es möglich ist, verbessert. Ein beträchtlicher Teil unserer Häuser beherbergt Individuen, die dem Übel der Bettelei verfallen sind. Wie jeder weiß, bedeuten die vagabundierenden Armen eine große Gefahr für die Gesellschaftsordnung. Wenn der Staat sie nicht in Obhut nähme, schleppten sie, wie in den Tagen der mittelalterlichen Pest, ihre Übel überall hin und trügen dazu bei, die Sitten zu zermürben.

Nun, meine Herren, folgen Sie mir bitte nach dieser Grundsatzbemerkung in die Säle.«

Merri deutete den Flur hinunter – etwa mit der Geste eines Theaterdirektors, der ein neues Stück vor dem Publikum präsentiert. Die Gendarmen sperrten einen Saal auf, dessen Boden längs den Seitenwänden mit Matratzenlagern bedeckt war. Eine Schar apathischer Wesen begann sich zu erheben und sich langsam in einer Art zu formieren, die von den laut kommandierenden Gendarmen als ›ordentliche Aufstellung‹ bezeichnet wurde. In halber Höhe des Raumes war ein Zwischenboden eingezogen, auf dem sich ähnliche Lagerstätten befanden. Man hörte die Männer die Treppen herunterpoltern.

In dem Raum herrschte ein so heftiger Gestank nach animalischen Ausscheidungen, daß die Besucher erstarrten. Ein großes Kruzifix hing an der Stirnseite des Raumes. Daneben waren auf schwarzen Kommoden einige hundert Eßschüsseln aus Blech gestapelt. Die meisten Insassen, die sich inzwischen in quadratischen Gruppen aufgestellt hatten und einen Spruch der Dankbarkeit im Chor aufsagten, schienen alte Männer zu sein. Aber auch die Jüngeren glichen äußerlich den abgezehrten Greisen völlig.

Die Gendarmen sperrten an der Wandseite unter dem Kruzifixus eine andere Tür auf, von der aus man in einen kurzen dunklen Korridor gelangte. Dieser führte zu einem zweiten Saal, der dem ersten ähnelte, und von diesem wiederum kam man in einen dritten, wo zahlreiche Männer auf Holzbänken saßen und einfache handwerkliche Arbeiten verrichteten. Sie waren dabei, Weidenkörbe zu flechten oder kleine Holzkisten zusammenzunageln, die von anderen lackiert und übereinandergestellt wurden.

Aufatmend traten die Besucher wieder hinaus auf den Hof mit den gelb und rot leuchtenden Kastanien.

»Unser größtes praktisches Problem«, erklärte Merri, während die Gruppe den Hof überquerte, »ist immer wieder die Raumnot. Seit Jahren haben wir beim Ministerium auf die Notwendigkeit von Erweiterungsbauten hingewiesen. Wir müssen vorerst mit dem schmerzlichen Bewußtsein leben, daß wir nur einen kleinen Teil der Übel wirklich erfassen können. Dort vorn sehen Sie weitere Manufakturen und Zwangswerkstätten, wir schätzen ja die Arbeit als ein bedeutendes *remedium.* Von hier an beginnen dann die Krankenkomplexe. Immerhin sind es nicht wenige, deren Betreuung und Versorgung die Barmherzigkeit befiehlt.«

Merri gab den Gendarmen ein Zeichen, die Säle aufzusperren. In langen Fluchten reihten sich die Eingänge zu den Krankensälen, wo jeweils zwischen vierzig und einhundertfünfzig Personen auf engem Raum beisammenlagen. Meistens waren ihre Betten nur durch ein Holzbrett voneinander getrennt. Merri schilderte die Bemühungen der Anstaltsleitung, die diversen Krankheitsarten und Behinderungsformen systematisch zusammenzulegen, so daß man inzwischen wenigstens soweit sei, reine Krüppel- und Mongoloidenstationen zu haben, auch bei den Geschwürleidenden und den Taubstummen sei man auf dem besten Wege zu einer sinnvollen Konzentration. Merri sagte weiter, daß man seit langem den Ehrgeiz habe, die Todkranken von den übrigen zu trennen und eigene Moribundenabteilungen einzurichten, was bisher aber an der Raumnot habe scheitern müssen. So werde nach wie vor durcheinander gestorben, mit all den lästigen Konsequenzen, die der Umstand für die *morituri* sowohl als auch für die übrigen Klienten mit sich bringe.

Die Besuchergruppe eilte so schnell wie möglich durch die Säle, in denen ein besinnungsberaubender Gestank herrschte. Van Leyden hatte das Gefühl, es würde ihm ein salziger Knebel in den Mund gestopft. Ein paar Schritte vor sich sah er den Abbé Galiani, der mit geschlossenen Augen dahinschritt und mechanisch nach allen Seiten ein Segenszeichen andeutete – ohne daß man hätte sagen können, ob er es tat, um die Verhältnisse höhnisch mit christlichen Verheißungen zu konfrontieren oder um sich selbst den Anprall der Schreckensbilder vom Leib zu halten.

An eines der Hauptgebäude schloß sich ein weitläufiger pavillonartiger Vorbau an, in dem ein anatomisches Kabinett zu ärztlichen Studienzwecken untergebracht war. Der Boden des Pavillons war hell gekachelt. In seiner Mitte stand ein Anatomietisch, mit einer massiven schwarzgrauen Granitplatte, an deren Rändern runde Rillen zum Auffangen von Flüssigkeiten eingeschnitten waren.

Van Leyden wurde beim Anblick der Platte von einem tödlichen Schwindelgefühl erfaßt. Einige Sekunden lang sah er seinen eigenen Leib als graue und rote flüssige Masse über den Tisch rinnen. Durch die Rillen der Granitplatte floß sein aufgelöster

Körper in einen unsichtbaren Ausguß unter dem Boden. Ein namenloser Schmerz erfüllte den ganzen Pavillon. Van Leyden schaute sich um, ob er bei einem der Begleiter etwas Halt finden konnte. Der Abbé Galiani befand sich im Gespräch mit dem Marquis de Condorcet und dem Baron Grimm in einer anderen Ecke des Raumes, während Merri mit den Kollegen Guillotin und Marat schon am Ausgang stand, um eine Abkürzung auf den nächsten Innenhof zu nehmen. Mit aller Kraft hielt van Leyden einen Schrei in sich zurück. Einige Augenblicke lang stützte er sich mit beiden Händen auf die granitene Tafel, um sich aufrecht zu halten. Er fühlte sich in eine unermeßliche Bosheit eingetaucht, in der es unvorstellbar schien, jemals ein rettendes Ufer zu erreichen. Bis wohin würde das Leiden gehen? Würde er je eine väterliche oder mütterliche Stimme hören, die versicherte, daß am Ende doch alles gut sei? Wie war er in dieses überwältigende Böse und Schmerzvolle hineingeraten? Und woran sollte er sich halten, während die Welt als ganze einbrach und im freien Fall dahinstürzte? Van Leyden versuchte, sich an irgendeiner handgreiflichen Sache festzuklammern, und da ihm seine Begleiter in ihren Gesprächen und Interessen unerreichbar erschienen, starrte er auf die eiserne Wanne am Ende des Raumes, in der mehrere Leichen violett und nackt in einem Konservierungsbad aus Vitriolwasser übereinanderlagen.

Sobald die Besuchergruppe wieder das Freie erreicht hatte, um einen anderen Sektor der Hospitalanlagen aufzusuchen, setzte Monsieur Merri seinen Vortrag fort.

»Meine Herren«, sagte er, »ich hoffe, daß Sie inzwischen einen Eindruck von unserer Anstalt haben gewinnen können und verstehen, warum sie für ganz Europa ein unerreichtes Modell geworden ist. Wir können stolz sein auf die Geltung, die unsere Sozialmedizin und unsere Armenadministration sich erworben haben. Wir haben viel getan, um das Reich der Körper in den Griff zu nehmen. Denn tatsächlich sind vor allem die Körper unsere Gegner. Sie stecken voll von unberechenbaren Ausfällen gegen Vernunft und Ordnung, sie quellen über von Fehlwüchsen und unsinnigen Übergriffen auf ihre Mitwelt und gegen sich selbst...

Nur noch ein paar Schritte, meine Herren; hier entlang, bitte. In den folgenden Abschnitten hat man die Schwachsinnigen und die Verrückten in Verwahrung. Wir haben sie nach Milden und Unruhigen aufgegliedert – was sich in der Praxis vorzüglich bewährt. Die Milden genießen scheinbar manche Vorzüge, da man ihrerseits keine Gewaltsamkeiten zu erwarten hat. Sie werden sehr bald idiotisch und lenkbar, leere Hülsen, die alles schnell vergessen und weder Schmerz noch Freude zu kennen scheinen. Ihre Verwahrung muß in der Tat weniger rigoros sein als die der Tobsuchtskranken und Querulierer, von denen man im Fall der Befreiung das Schlimmste zu fürchten hätte.«

Merri befahl, das Tor aufzuschließen, das zu dem Trakt der milden Wahnsinnigen führte.

»Sie sehen nur ein paar von den Sälen, meine Herren«, verkündete Merri. »Die Zeit bringt es mit sich, daß die Insassen dieser Sektion innerlich immer stumpfer werden. Da man ihnen die Sorge für ihr eigenes Leben abgenommen hat, verlieren sie jedes Interesse an sich selbst – über die gewöhnliche Starre hinaus, in die sie sich zurückzuziehen pflegen.«

Van Leyden ging hinter den übrigen Besuchern durch mehrere Säle, in denen jeweils etwa hundert Frauen und Männer auf Stühlen hockten oder auf ihren Bettgestellen kauerten. Manche von den Frauen hielten ein Strickzeug auf dem Schoß. Sie schauten scheinbar erstaunt den Besuchern nach. Einige verfielen beim Anblick der Besucher in plastische Posen, als deklamierten sie tragische Balladen.

Am Eingang zu den unruhigen Abteilungen gab Merri weitere Erläuterungen.

»Vergessen Sie niemals, Messieurs, daß die Einschließungsarten, die Sie jetzt sehen werden, vor allem dem Schutz der Gesellschaft dienen, in zweiter Linie auch dem Schutz dieser Individuen vor sich selbst. Man darf das Mitleid nicht zum vorherrschenden Kriterium des Umgangs mit diesen Kreaturen machen. Der einzige Maßstab, der ihnen angemessen ist, ist jener der allgemeinen Ordnung.«

Während sich die Gelehrtengruppe durch eine Tür bückte und einen Vorraum betrat, schlossen die Wärter das Haupttor sorgfältig hinter ihnen ab. Hinter einer inneren Tür schließlich

begannen die Zellen der Unruhigen. Als die Besucher sich an das Zwielicht gewöhnt hatten, erkannten sie in dem verliesartigen Raum etwa ein Dutzend Menschen. Die Gefangenen an der Stirnseite des Raumes hingen mit einer Hand in einem an die Wand geschmiedeten Eisenring. Die Häftlinge an den Seitenwänden waren durch Ketten von etwa einem Meter Länge gefesselt, so daß sie einen kleinen Bewegungsspielraum hatten. Die Gefangenen waren gezwungen, wegen ihrer Ankettung sich selbst zu besudeln und in ihren Pfützen zu verharren.
Monsieur Merri erläuterte den Besuchern die Zellenanlagen sowie technische Einzelheiten der Ankettungsmethoden, die durchschnittliche Dauer der Maßnahmen und ihre Erfolge.
»Wie gesagt, meine Herren, dient dies alles auch dem Schutz der Kreaturen vor sich selbst. In ihren Instinkten stehen sie offenkundig dem Raubtier näher als dem Menschen. Gäbe man ihnen Freiheit, so würden sie sich sofort auf den nächsten stürzen, um ihn in wüsten Anklammerungen an sich zu reißen oder ihn zu zwingen, sich mit Gewalt gegen ihre Wut zu wehren. Der Wahnsinn gebiert in ihnen gelegentlich den absurden Gedanken, bewaffnete Wärter zu attackieren, wohl in der Hoffnung, von diesen endlich getötet zu werden. Erst mit Hilfe der Ketten hat man den bösen Willen unter Kontrolle bringen können. Die Ketten sind überdies ein untrügliches Mittel, den bösen Willen nachzuweisen. Denn wie die Melancholischen ihr stumpfsinniges Wesen bei der Einsperrung immer mehr zum Vorschein bringen, so kehren die Wutkranken ihre angeborene Wildheit immer weiter heraus und liefern den Ketten rasende Kämpfe. Sie werden von gewaltigen Energien geschüttelt, bis endlich die Erschöpfung sie lähmt. Aber nur die härtesten Naturen unter diesen Wutkranken bringen es auf zwei Jahrzehnte.
Für die Unverbesserlichen haben wir schließlich den Kältekeller – als letztes Zwangsmittel sozusagen. Er verwandelt in wenigen Tagen die entschlossensten Männer in Subjekte, die der Besinnung zugänglich sind. In diesem Zusammenhang will ich Ihnen eine Geschichte nicht vorenthalten, die sich etwa vor einem Jahr hier ereignet hat. Man sperrte einen von diesen Unkorrigierbaren, die ewig gegen die Ketten toben und die Wärter beleidigen, zur Beruhigung allein in eine Zelle, wobei die Wärter, um ihn

einzuschüchtern, vorgaben, es handle sich um den Kältekeller, während es in Wirklichkeit ein normal temperierter Raum war. Was glauben Sie, meine Herren, geschah? Man fand den Mann nach vierundzwanzig Stunden erfroren an der Wand heruntergesunken, starr und steif, mit allen Symptomen des Kältetodes ... Wir stehen bis heute vor einem Rätsel. Vielleicht liefert einer von Ihnen, meine Herren, eine Erklärung für dieses bizarre Phänomen.«

Van Leyden beobachtete, wie Doktor Marat sich aufrichtete.

»Monsieur Merri«, sagte Marat mit einer vor Empörung zitternden Stimme, »man hat es soweit gebracht, daß ein unglückliches Individuum mehr an Ihre Macht über es als an sein Lebensrecht geglaubt hat. Es ist Ihnen gelungen, das Gefühl, verloren zu sein, in das Herz eines lebenden Menschen einzuimpfen. Wenn Ihnen das bei einem der hier Versammelten gelänge, dann, glauben Sie mir, würde jeder von uns auf einer heißen Herdplatte erfrieren oder in einem Regentropfen ertrinken. Die naiven Armen können nicht wissen, daß die Ordnung ironisch ist und in ihrem Innersten nichts anderes darstellt als einen brutalen Scherz.«

Der Doktor Guillotin legte Marat beschwichtigend die Hand auf die Schulter.

»So beruhigen Sie sich doch, Herr Kollege!«

Der Abbé Galiani, der Marats Ausbruch mit kühler Aufmerksamkeit registriert hatte, bemerkte:

»Mir scheint, Monsieur Marat, man will sich als Freund des Volkes ausgeben? Die Pose hat sich, ähnlich wie die Shawls aus England, in letzter Zeit sehr verbreitet. Es ist sehr amüsant, machen Sie weiter damit! ... Ihrer Hypothese freilich kann ich nicht zustimmen. Wenn man erfröre allein durch das Gefühl, verloren zu sein, so wäre ganz Frankreich längst ein Friedhof voll von imaginären Leichen. Denn dieses Gefühl ist heute ziemlich allgemein und bildet die Prämisse aller Amüsements. Was ist die französische Zivilisation, wenn nicht der Versuch, auf höfliche Weise verzweifelt zu sein? Ein guter Franzose verabschiedet sich vom Leben spätestens im Alter von zehn Jahren und denkt von da an an die Größe der Nation und an subversive Schreibweisen. Ein makabres Bild, nebenbei, *la douce France* voll von kühlen Toten. Stellen Sie sich vor, wie gefrorene

Präsidentenberater letzte Abhandlungen aufs Papier kratzen, und wie Minister ohne *fortune* vor ihrem Kabinett steifgefrieren und kein Wort mehr hervorbringen, wenn man sie fragt, wie die Staatsfinanzen saniert werden sollen. Der Frost würde Eisblumen malen auf die Augen der Damen und ließe ihre Röcke zu Kristall erstarren. Ihre Besucher erfrören beim Öffnen der Knöpfe und beim Lösen der Bänder. Ganze Ballsäle blieben mitten in der Bewegung stehen. Man könnte die Tänzer in ihren Posen auf Karren laden und in den öffentlichen Parks aufstellen, wo die letzten Passanten sie mit den üblichen Standbildern verwechseln würden.«

Der Abbé lächelte boshaft in Doktor Marats Richtung. Dieser jedoch hatte sich abgekehrt und keuchte nur:

»Welche Infamie!«

Der Marquis de Condorcet stand bei diesem Streit abseits. Er wandte sich nach einigem Nachdenken an Monsieur Merri.

»Die Imaginationskrankheiten sind wenig erforscht. Wir sollten uns vor raschen Hypothesen hüten, denn sie könnten leicht ihrerseits falsche Imaginationen enthalten, die die Köpfe vernebeln. Hinweise finden sich schon bei den alten Schriftstellern. Ohne Zweifel sind die Einbildungen auf eine bedenkliche Weise mit dem Schicksal der Menschheit verbunden. Ihr imaginärer Erfrorener kann als Exempel dafür dienen, wohin falsche Vorstellungen die Menschen bringen können. Sehen Sie die Weltgeschichte an! Was hat die Menschheit in ihr zustandegebracht? Sie hat sich in den Zellen ihrer Einbildungen eingesperrt und sich von den Göttern abhängig gemacht. Sie erhoffte alles von den höheren Mächten und übersah dabei, daß sie die Erfüllung ihrer Hoffnungen in den eigenen Händen trägt!«

Marat rief:

»Aber wer soll diese Unglücklichen befreien, die hier eingeschlossen sind? Sie selber sind dazu nicht imstande – mit ihren angeschmiedeten Händen! Wir müssen auch von außen für ihre Befreiung kämpfen! Jede Gesellschaft ist ein lebendiges Ganzes, und solange diese Unglücklichen eingekerkert sind, liegt ein Teil von uns selbst in Ketten!«

Bestürzt blickte der Subintendant Merri den Redner an.

»Was soll das bedeuten, Monsieur Marat? Die Verrückten

befreien? Das lebendige Ganze wird sich bestens bedanken! Glauben Sie, wir sperrten zum Vergnügen ein? Der Wahnsinn, die Armut, die Krankheiten, die Mißbildungen, sind das nicht naturgegebene Übel? Nur durch Einsperrung sind sie ein wenig zurückzudrängen und in Grenzen zu halten. Soll alles verdorben und aufgelöst werden?«

Marat rief pathetisch:

»Unsinn! Verkehrung der Wahrheit! Das Einsperren erzeugt erst die Übel, die es zu begrenzen vorgibt! Sie sammeln das sogenannte naturgegebene Unglück und lassen es in sich selber gären, bis es sich ins Rettungslose steigert! Nichts gelingt Ihnen von dem, was sie angeblich erreichen! Sie meinen, die Übel zu beseitigen, indem sie ihnen einen Ort aufzwingen, an dem sie ins Unermeßliche wachsen. Was ist das Generalhospital – eine Hölle aus verlorenen Körpern, von Abfällen der Gesellschaft, von Abmenschen* und Ableibern, deren einziges Glück die absolute Stumpfheit ist. Mir friert das Blut bei der bloßen Vorstellung, eine einzige Nacht in einem dieser Säle eingesperrt zu sein, wo die starken Naturen, wie Sie sagen, zwei Jahrzehnte zubringen. Begreifen Sie, was das heißt? Eine Stunde, einen Monat, ein Jahr, ein Leben lang hier zu atmen? Ahnen Sie, mit welchen Kräften Sie es zu tun haben? Sehen Sie es nicht mit den eigenen Augen? Das Leben ist grauenvoll entschlossen, sich fortzusetzen, nachdem es einmal da ist, und wenn es ewig in einer dunklen Zelle wartet. Wie mauerbrechende Pflanzen krallen sie sich noch in den Fels der Zellen, der ihnen das Leben raubt. Das menschliche Leben läßt sich durch nichts zermürben. Es richtet sich ein auf einen Stoffwechsel mit Steinen, mit Pfützen, mit einer Kachel blauen Himmels oben an der Wand. Das ist genug, damit das Leben ein Leben lang auf seine Entfaltung wartet. Man scheint hier nicht zu wissen, mit welchen Kräften man spielt, mein Herr. Ihr ganzes Denken ist auf einer Mißhandlung des Lebendigen aufgebaut und auf der Halbierung seiner Erscheinungen. Sie werden den Rückschlag des verletzten Lebens zu spüren bekommen. Wer andere einsperrt, sperrt sich selbst mit ein, denn er verurteilt sich selbst dazu, als Wärter ständig im Universum des Wahns zu leben.«

* Merci, Carl Amery

Der Subintendant Merri maß Marat mit einem abschätzenden Blick.

»Ihre Anteilnahme am Schicksal dieser Unglücklichen ist sicher sehr ehrenhaft«, sagte er schließlich. »Aber Sie sprechen mit einem Schwung und einer Empörung, mein Herr, daß ich glauben muß, Sie meinten den Schuldigen am Unglück der Leute zu kennen. Wenn man einen Schuldigen vor Gericht stellt, hat man immer gut plädieren. Aber wie steht es in Wahrheit mit diesen feierlichen Anklagen? Dienen Sie zu anderem als zur Salvierung der Kläger? Haben wir die Armut selbst erfunden? Sind die Krankheiten unser eigenes Produkt? Und der Wahnsinn und die grausamen Launen der Natur? Ich bin neugierig zu hören, wem Sie das alles zur Last legen wollen! Wir sind nicht Herren der Natur. Wir haben uns mit ihren Daten einzurichten, ohne zu denken, daß wir sie völlig aufheben könnten.«

»Was soll das heißen!« erwiderte Marat heftig. »Sich einrichten! Ist das ein Freibrief, die natürlichen Übel in unnatürliche Greuel zu verwandeln? Soll es bedeuten, die Leiden hundertmal mit sich selbst zu multiplizieren? Was ist die Hölle? Ein Ergebnis falscher Konzentration, ein Kloakeneffekt, der Abtritt des Teufels! Nichts anderes ist das Hospital! Die medizinische Polizei kennt kein anderes Mittel als Einsperren. Alles, was ihr im Weg steht, räumt sie einfach beiseite, die Verrückten, die Armen, die Deformierten, die Sonderbaren, die Unnützen, die Kranken. Man tut das freilich nicht aus Bosheit, sondern aus Routine – was nur ein anderes Wort für die schlimmste Form der unwissenden Gewaltsamkeit ist. Man weiß im Grunde nicht, wie man mit lebenden Menschen umgehen soll. Die neue Medizin weiß es, weil sie erkennt, daß *santé* und *liberté* untrennbar voneinander sind. Die alte Einsperrungspolitik ist auf dem toten Punkt angelangt. Längst hat sie die Linie überschritten, von der an die nützliche Quarantäne versagt und selbst zum Übel wird. Diese Anstalten erzeugen inzwischen tausendmal mehr Übel, als sie beseitigen. Wir müssen daher diese verfluchten Orte auflösen. Befreien wir die Amoralischen von der Armut, die sie verdorben hat, zeigen wir den Armen, wie sie von eigener Arbeit leben können, hören wir den Verrückten zu, bis sie verständlich reden, und versorgen wir die Kranken, bis sie gesund werden oder natürlich sterben.«

Monsieur Merri zeigte sich von Marats Ansprache äußerst betroffen. Er schüttelte mehrmals heftig den Kopf und hob dann die Stimme wie jemand, der seine Ehre angegriffen fühlt und daraus das Recht ableitet, Grenzen der Höflichkeit zu überschreiten.

»Mir scheint, Herr Marat, daß der Aufenthalt im Trakt der Unruhigen einen schlechten Einfluß auf Sie hat. Sie beginnen Ideen vorzutragen, die man rundheraus als gefährlich bezeichnen muß. Sie denunzieren die Ordnungsanstalten, als hätten diese wohltätigen Einrichtungen die Unordnung auf dem Gewissen – etwa nach der absurden Maxime, wer sich damit befaßt, ist daran schuld. Das ist eine Vorstellung, die in manchem dem gleicht, was unsere Angeketteten in ihren Delirien von sich geben. Auch die Wahnsinnigen kommen oft an den Punkt, wo sie uns anklagen, statt einzusehen, daß sie die Angreifer der Ordnung sind, nicht wir.«

»Wir und sie!« rief Marat, »da gibt es keinen Unterschied! Wir sind sie, sie gehören zu uns, es gibt nur ein lebendiges Ganzes und eine Gesellschaftsseele. Ich will Ihnen etwas sagen, Monsieur Merri: ich kenne Blinde, die nichts sehen und die harmlos sind, weil sie selber wissen, daß sie nichts sehen. Und ich kenne Blinde, die ein wenig sehen, aber nie das Ganze und nicht, wie die Dinge zusammenhängen. Diese Halbblinden sind gefährlich, weil sie ihre Grenzen nicht erkennen und schnell zerstören, was nicht in ihre begrenzten Bilder paßt. Ich sage es offen heraus, Monsieur, daß Sie zu diesen Blinden rechnen.«

Wieder legte Doktor Guillotin seine Hand beruhigend auf Marats Schulter.

Nun griff van Leyden in das Gespräch ein.

»Monsieur Marat, ich weiß nicht, ob ich Ihre Gedanken wirklich verstanden habe. Mir scheint, als wollten Sie sagen, wir könnten viele Übel verschwinden machen, indem wir auf gewisse Methoden, sie zum Verschwinden zu bringen, verzichten.«

Marat nickte, immer noch erregt.

»Sehr gut! Der wichtigste Teil der Medizin besteht in der Nicht-Anwendung der Mittel.«

»Und der andere?« fragte van Leyden.

»In der Forschung nach Mitteln, die mehr helfen als schaden.«

Der Abbé Galiani ergriff das Wort.
»Es ist manches Sympathische an Ihrer Rede, Monsieur Marat, das steht außer Zweifel. Und doch will mir dabei nicht richtig warm werden. Sie meinen, Sie hätten den Stein der Weisen gegen die Übel entdeckt – Freiheit und Medikamente. Großer Himmel, Sie halten die Übel wohl immer noch für sehr naiv. In meinem Beruf jedoch weiß man es besser. Der Teufel, dem man bis auf weiteres die Geschäftsführung in dieser Welt übertragen hat, ist ein verdammt intelligentes Prinzip. In manchen Augenblicken ist es unmöglich, nicht zu denken, daß er schneller lernt als der liebe Gott, der in der Regel zu spät kommt und sich damit begnügen muß, eine Sache wiedergutzumachen.«
»Spotten Sie nicht!« sagte Marat ein wenig unsicher, »man muß den guten Willen haben!«
»Mein lieber Doktor!« gab Galiani zurück, »Sie sind rührend! Wenn Sie sprechen, fallen mir unwillkürlich die Helden Racines und Corneilles ein, die auch vor Edelmut so einfältig schöne Sachen sagen. Wenigstens etwas moderner ist Ihre Rede geworden. Man stellt fest, daß die Ärzte heute ein fabelhaftes Selbstbewußtsein entwickelt haben. Hätte man als Priester nicht einen kleinen Erfahrungsvorsprung im Umgang mit den Übeln, so müßte man geradezu eifersüchtig werden. Die Ärzte wollen heute den Polizisten den Rang ablaufen, genau wie die Polizei vor wenigen Jahrhunderten der Kirche ihre alleinige Zuständigkeit für das Gebiet der Übel streitig machte. Ich muß lächeln, wenn ich den Arzt mit dem Polizisten streiten sehe. Natürlich ist es für eine aufblühende Disziplin kränkend, wenn man ihre Priorität in Frage stellt, zumal wenn der Vorgänger so dubios ist wie in unserem Fall. Aber trösten Sie sich damit, daß Sie sich durchsetzen werden. Herr Merri und seine vortreffliche Polizeimedizin sind am Ende. Haben Sie Nachsicht mit unserem Freund Merri, der außer seinen starken Nerven kaum noch ein Argument zugunsten der alten Verhältnisse ins Feld führen kann. Aber machen Sie sich über die Tragweite Ihres Kampfes gegen die Übel Ihrerseits keine Illusionen. Auch Sie werden scheitern. Wer es unternimmt, die Übel zu beseitigen, wird eines Tages auf einem Haufen selbstgemachten Unheils sitzen, der größer ist als der, den er anfangs wegschaffen wollte. Merken Sie

sich das! Es ist der Lauf der Dinge. Ich will hier keine Kirchengeschichte vortragen. Es genügt, auf diese famose Salpêtrière hinzuweisen, die für alle Zeiten das Denkmal dieses moralischen Naturgesetzes sein wird. Also heilen Sie drauflos, Monsieur, aber wundern Sie sich zuletzt nicht über die Resultate!«

Der Marquis de Condorcet unterbrach Galianis Redefluß.

»Nein, nein, verehrter Abbé, ich muß schon sehr bitten. Sie begehen einen gewaltigen Denkfehler! Außerdem könnte Ihre ganze Darstellung von der schwärzesten Reaktion als Argument dafür mißbraucht werden, alles beim alten zu belassen. Jeder Spießer könnte daraus quietistische Folgerungen ziehen und vor den brennendsten Aufgaben der Zeit die Hände in den Schoß legen! Nein, nein – Sie unterschätzen immer noch das Projekt der Aufklärung. Sie meinen, aus alten Rückschlägen Schlüsse ziehen zu dürfen auf neue Versuche. Ein kardinaler Irrtum! Die alte Natur, an der Sie Ihre traurigen Studien gemacht haben, ist völlig verbraucht. Eine neue Natur, von uns selbst gesteuert und geschaffen, muß unweigerlich zu neuen Ergebnissen führen. Wir beherrschen, was wir selbst hervorgebracht haben. Die Wahrheit über die Möglichkeiten der menschlichen Natur liegt in unseren Taten, nicht in unserer alten passiven Verfassung gegenüber einem übermächtigen Kosmos!«

»Ah, mein braver Freund!« sagte der Abbé Galiani, »noch ein Wort und mir kommen die Tränen! Ihr rührender Glaube an die Vernunft im Handeln erinnert mich sehr an unseren einstigen Glauben an den Glauben. Die Analyse, die Aufklärung, die Wissenschaft – das heißt doch nur der alten Ratlosigkeit einen neuen Rahmen geben.

Ich meine, Sie müßten lernen, in größeren Zusammenhängen zu denken, Monsieur le Marquis – ein bißchen über den Menschen und seine Geschichte hinaus. Wer die Struktur des Übels begreifen möchte, muß unbedingt jenseits des Menschen denken.

Sehen Sie doch – wir haben früher, in der guten Zeit des Priesterstandes, Sündenböcke geschlachtet, um das Böse aus dem Innern der Gesellschaft zu vertreiben. Man hat Hammeln und Rindern die Kehle durchschnitten, um sie den Göttern zur Speise vorzusetzen. Seltsamerweise hat das gelegentlich funktioniert – bis leider eines Tages die Hammel teurer wurden als Menschenleben. In diesen Tagen kam Gott mit unserer Nachhilfe auf die vorzügliche Idee, seinen Sohn schlachten zu lassen und ihn den Menschen zu essen zu geben, um das Heil über sie zu bringen. Auch das hat eine Zeitlang erstaunliche Erfolge gezeitigt. Dann aber wurden die Menschen noch zahlreicher, und die moderne Zivilisation nahm erschreckend zu. Die Schwarze Pest, der Buchdruck, die Syphilis – das war der Bankrott der Theophagie. Im Zeitalter solcher Massenseuchen mußte die Christusmedizin schnell an Effektivität verlieren. Seither hat sich die heilige Mutter Kirche auf das Gebiet der Seele zurückgezogen, die bekanntlich unsterblich ist und von den Infektionen nichts zu fürchten hat. Das undankbare Geschäft, unheilbare Krankheiten zu verwalten, überließen wir demütig der hohen Polizei, deren einziges Medikament die Einsperrung war. Davon hat sie in so hohen Dosierungen Gebrauch gemacht, daß die modernen Übel es mit der Angst zu tun bekamen. Seither sind sie erst richtig raffiniert geworden. Ich versuche mir vorzustellen, was die ohnehin ausgekochten Übel anstellen werden, wenn sie einer Ärzteschaft gegenüberstehen, die ihnen allen Ernstes die Heilung androhen. Vermutlich werden ein paar altbekannte Leiden tatsächlich vom Erdboden verschwinden. Aber im verborgenen formieren sich neue Übel, vor denen sich die Ärzte genauso blamieren werden wie die Priester vor den venerischen Seuchen oder vor den Blasensteinen.«

Condorcet wehrte den sittengeschichtlichen Exkurs Galianis unwillig ab.

»Es ist sehr zynisch, was Sie uns hier zumuten, verehrter Abbé! Sie wollen unseren Aufbruch in eine bessere Welt entmutigen. Schon bevor das Neue sich vollständig entwickelt hat, führen Sie es auf trübsinnige Konstanten zurück und predigen ein deprimierendes Einerlei. Ihnen fehlt der gute Wille!«

Der Abbé nickte höflich.

»Es ist viel Wahres an dem, was Sie sagen. Jedoch erfassen Sie meinen Ansatz nicht, Monsieur. Ich rede wie jemand, der bereit ist, mit einer Sache ans Ende zu kommen. Von außen gesehen gleicht das einem Untergang, aber innerlich ist das Aufatmen unvergleichlich. Alle Untergänge spiegeln sich ineinander. Der

Blick wird leidenschaftslos und hängt nicht mehr an Signalen. Die Zeit schrumpft in einen stehenden Augenblick zusammen, das macht den wesentlichen Unterschied. Sie freilich, Monsieur, meinen, an einem Anfang zu stehen. Da zeigt sich alles in den tiefsten und breitesten Perspektiven, da wird die Seele munter und tatenhungrig, weil sie glaubt, viel vor sich zu haben. Aber es ist nur eine optische Täuschung. Das Leben selbst will nirgendwohin, es ist einfach da und spielt ein wenig mit den Perspektiven – Vergangenheit, Zukunft, Zukunft der Vergangenheit, Vergangenheit der Zukunft, verstehen Sie? Das sind die kleinen antidepressiven Tricks, mit denen die unzufriedene Psyche sich selber in Trab hält. Ich brauche das nicht länger, ich sehe die Welt von einem ewigen Ende her. In meinem Innern ist die Zeitmaschine definitiv zum Stillstand gekommen... Lassen Sie mich ausreden! Meine Sicht ist zynisch, nicht wahr? Oder morbide? Sagen Sie es ruhig, denn hier geht es um Wahrheit und nicht um Empfindlichkeiten. Und wie, wenn meine Sicht nur klarer wäre als Ihre und dem Wesen der Dinge näher? Seien Sie ganz beruhigt! Ich halte den Rückgang des Katholizismus nicht für das Ende der Welt. Der christliche Glaube ist senil geworden – wem sollte das weniger entgangen sein als uns Priestern? Aber es ist nun einmal so – man wird hellsichtig, wenn man in eigener Sache am Ende ist...

Ich will Sie nicht entmutigen – im Gegenteil, ich will Sie vor der tödlichen Enttäuschung warnen, die Sie sich selbst zufügen werden. Ich richte keine Hindernisse auf und habe an trübsinnigen Konstanten kein Interesse – an einem deprimierenden Einerlei erst recht nicht. Aber in der Art Ihres Beginnens erkenne ich schon Ihr notwendiges Scheitern. Denn Sie glauben im Ernst an die Beherrschung der Zeit. Sie meinen, es müßte eines Tages gelingen, das Sein in eine Vorstellung einzuschließen, um es als ganzes zu verwalten... So stürzen Sie sich in die größten Unternehmen, Sie spannen die Fahrzeuge an und beladen die Wagen mit tausend Fässern hoffnungsvollster Illusion. Sie sind überzeugt, die Zeit sei eben das, was Sie vor sich sehen, diese große gerade Straße in eine vorgestellte Zukunft. Sie steigen auf Ihr Fahrzeug und rasen in Ihre Vorstellungen hinein... Und es mag sein, daß Sie auf Ihren rasanten Transportmitteln ein paar

Jahrhunderte glatt geradeausstürzen. Aus Ihren Vorstellungen werden vehemente Wirklichkeiten werden, aus Ihren guten Absichten entstehen die Geisterstädte. Vieles rollt ab, die Bürgerwelt, die Industrie, die Nationalstaaten, die Weltmassaker, die großen Netze. In glitzernden Blasen schweben die modernen Imperien vorbei, gerüstet wie die Untiere der Apokalypse... Ich sehe das alles mühelos mit äußeren Augen. Doch Sie selbst können sich in dieser Geschichte nicht sehen, weil Sie immer auf dem Fahrzeug sitzen und sich immer neue Zukünfte vorstellen, um eine historische Rennstrecke vor sich zu haben. Steigen Sie nur einen kleinen Augenblick ab, und Sie werden erkennen, daß Sie Weltreisen in einem Glas Wasser zurückgelegt haben!«
Monsieur Guillotin lachte auf.
»Hoho, Herr Abbé, wir werden niemals aussteigen, aber wir werden dafür sorgen, daß keine blinden Passagiere mitfahren. Die Nation ist eine Reisegesellschaft, die sich ohne zweifelhafte Begleitung auf den Weg macht.«
»Das klingt drohend«, sagte der Abbé Galiani kühl.
Guillotin lächelte verbindlich.
»Nicht doch, mein Herr. Die Vernunft verzichtet auf Drohungen, sie zeigt Konsequenzen auf. Ich hoffe, Sie erfassen den Unterschied, Monsieur.«

16
Die Audienz – eine Agonie des Realen

Der Subintendant Merri meldete sich wieder zu Wort.
»Meine Herren, die Uhr geht auf Mittag. Es ist allerhöchste Zeit, den Trakt der unruhigen Irren zu verlassen. Zum Abschluß unseres Rundganges möchte ich Ihnen ein Kuriosum unserer Anstalt vorführen, ein psychologisches Kammerspiel sozusagen, das Sie sicher unterhalten wird. Sie haben sich dabei, um den Genuß der Szene nicht zu stören, nur ein wenig an Ihre Rollen zu halten. Wollen Sie mir folgen?«
Merri führte die Besucher ins Freie. Sie überquerten wieder die Höfe mit den herbstlichen Kastanien. Dann betraten sie einen Seitenflügel des Hauptgebäudes und erreichten einen vergitterten Korridor, von dem aus mehrere Türen zu abgeschlossenen Räumen gingen. Merri forderte die Gruppe mit einer Geste zum Zuhören auf.
»Meine Herren, ich muß Ihnen zuvor ein paar Dinge erklären. Doktor Guillotin ist der einzige unter den Anwesenden, der von einer früheren Gelegenheit her weiß, worum es geht. Die übrigen Herren müssen wissen, daß es sich bei unserer folgenden Visite um eine etwas delikate Angelegenheit handelt, bei der nicht nur eine gewisse Mitwirkung von Ihrer Seite erforderlich ist, sondern auch ein hohes Maß an Diskretion gegenüber Dritten. Alles, was Sie von jetzt an sehen werden, fordert von Ihnen absolute Verschwiegenheit. Bitte, verstehen Sie diese Einladung als einen Vertrauensbeweis. Sollte einer von Ihnen sich nicht sicher fühlen, daß er mir guten Glaubens völlige Diskretion zusichern kann, so möge er sich überlegen, dieser Visite fernzubleiben.«
Van Leyden sah Merri zweifelnd an.
»Ich verstehe Sie nicht recht, Monsieur. Sie haben uns die ungeheuerlichsten Dinge gezeigt, ohne die geringsten Skrupel hinsichtlich unserer Verschwiegenheit zu äußern. Was können Sie uns nach allem noch zu bieten haben?«

Marat verzog verächtlich die Lippen.

»Es liegt doch auf der Hand. Der Herr Subintendant will uns am Eingang zu seinem Serail auf die Folter spannen, nicht wahr? Das ist leicht zu durchschauen. Man weiß doch, welche Damen man hier außer den Armen, Kranken und Verrückten zu internieren pflegt – zur sittlichen Verbesserung, wie man sagt.«

»Sie wollen uns also ein galantes Schauspiel bieten?« fragte der Abbé Galiani zu Merri gewandt. »Sie können natürlich nicht wissen, daß ich für dergleichen nur noch ein mattes Interesse empfinde – was im übrigen nichts mit meinem Alter zu tun hat.«

Merri faltete selbstgefällig die Hände.

»Meine Herren, was ich Ihnen zeigen möchte, ist weniger schlüpfriger als blasphemischer Natur, wenn ich mich vorerst so ausdrücken darf.«

»Das weckt meine Neugier bedeutend mehr«, erwiderte der Abbé.

Merri gab den Versammelten ein Zeichen, ihm zu folgen.

»Da Sie anscheinend alle zu bleiben entschlossen sind, so kommen Sie nun bitte mit mir in die Gemächer – Seiner Majestät Ludwigs des Fünfzehnten!«

Mit triumphierender Miene wandte sich Merri zu einer der Türen und klopfte rhythmisch gegen das Türblatt. Dann schloß er persönlich das Schloß auf. Hinter der Tür hörte man Schrittgetrappel und ein langgezogenes Heulen.

»Das ist allerdings delikat«, sagte Galiani entzückt, »mein guter Merri, es ist mehr als delikat, es kommt in die Nähe der Majestätsbeleidigung. Das übertrifft die amüsantesten Erwartungen. Avanti, das müssen wir sehen.«

»Langsam, Herr Abbé«, sagte Merri, »wir müssen das Zeremoniell wahren. Es hat hier alles seine Regeln. Seine Majestät dürfte, der Zeit nach, gerade das *lever* beendet haben. Also wird sie uns gleich ein Zeichen zur Audienz geben lassen. Bis dahin prägen Sie sich bitte Ihre Rollen ein. Der Wahn dieses Mannes ist unbeirrbar und neigt dazu, in schlimme Zustände überzugehen, wenn man ihn von außen zu korrigieren versucht. Ich habe früher, aus persönlichem Interesse an dem Fall, mich monatelang bemüht, dem armen Herrn von Manivaux klarzumachen, daß

Ludwig der Fünfzehnte seit Jahrzehnten tot ist und daß er sich täuscht, wenn er vorgibt, jener zu sein. Er hörte mir stets mit bezaubernder Höflichkeit zu, dann nickte er scheinbar verständig – manchmal glaubte ich schon an meinen Erfolg. Dann begann er mich unter dem Siegel der strengsten Verschwiegenheit darüber aufzuklären, daß die Dinge in Wirklichkeit ganz anders lägen – viel verwickelter und viel tragischer.«

Van Leyden fragte erstaunt:

»Aber es muß Ihnen doch gelungen sein, Monsieur, dem Herrn begreiflich zu machen, daß dies nicht Versailles ist und daß er nicht als König hier lebt, sondern als verwirrter Gefangener, als hilfloser Mensch?«

Merri schüttelte den Kopf.

»Das Gegenteil ist wahr, mein Herr. Sie haben keine Ahnung, wie groß seine Kraft ist, das alles nicht wissen zu wollen. Ich muß sogar gestehen, daß mir selbst nach manchen Gesprächen mit ihm zumute war, als habe er recht und ich wäre der vom Augenschein Getäuschte. Es gab Tage, an denen ich Lust hatte, seine Geschichte zu glauben. Manchmal fehlte nicht viel dazu, daß ich ihn für den legitimen König von Frankreich gehalten hätte, den man auf sehr raffinierte Weise entfernt und durch einen Strohmann in Versailles ersetzt hätte.«

»Das klingt nicht schlecht«, warf Galiani spöttisch dazwischen, »die Art, wie der Sechzehnte seine Geschäfte führt, würde zu dieser Theorie durchaus passen.«

»Aber ich bitte Sie sehr!« sagte der Marquis de Condorcet. »Auch Scherze müssen Grenzen kennen.«

»Immerhin«, fuhr Merri fort, »behauptet unsere Majestät, daß hinter dem ganzen Komplott die Österreicher stünden. Sie hätten damals, im Jahr 74, ihn, den Vielgeliebten, durch Gift aus dem Weg zu räumen versucht, und mit ihm den Dauphin. Er selbst habe wie durch ein Wunder dem Anschlag entkommen können, aber der wahre Thronfolger sei umgebracht und gegen einen habsburgischen Agenten vertauscht worden. Dieser habe dann Marie-Antoinette, die Österreicherin, geheiratet, und mit ihr im Bunde führe er die französische Nation systematisch ins Verderben. Man ruiniere die Finanzen durch Bauskandale, die Verwaltung durch Anarchie, die Autorität durch Indiskretionen, die Moral durch neue Ideen, die Armee durch die Philanthropie. Nach außen freilich stelle sich der falsche Monarch an, als wisse er nichts von allem. Er spiele mit virtuoser Ähnlichkeit den Konservativen, der arglos die Stimmen der Zeit überhört und alle notwendigen Reformen im Stadium von Gedankenspielen hält. Aber nur scheinbar ist er der lethargische Dummkopf, der sich so gutmütig und verschlafen präsentiert. In Wahrheit ist er der Demiurg, der das Land nach seinen Plänen Zug um Zug dem Verfall näherbringt.«

»Das ist Wahnsinn!« sagte Condorcet voll Widerwillen. »Nur ein korruptes und krankes Gehirn kann so etwas ausbrüten. Warum erzählen Sie uns das alles? Man muß den Wahnsinn in seinen Bezirk zurückweisen! Wenn dergleichen Gerüchte nach außen gelangten, was glauben Sie, welche Unruhen heraufbeschworen würden!«

»Eben deswegen bat ich Sie um die strengste Diskretion«, erwiderte Merri.

»Man kann die Sache natürlich auch anders betrachten«, sagte der Abbé Galiani, wobei er die Mitglieder der Runde mit höhnischer Nachdenklichkeit ansah, »ich meine, könnte der Mann nicht recht haben? Anders ausgedrückt: was würde sich ändern, wenn er recht hätte? Wo läge der Unterschied? Folgen die Ereignisse nicht ihrem eigenen Gang, gleich ob dämonische Drahtzieher oder die bestwilligen Leute die Fäden der Geschehnisse durch ihre Hände laufen lassen ...«

In diesem Augenblick öffnete sich eine Zwischentür hinter dem großen Durchgang, den Merri aufgesperrt hatte. Ein schmales Männlein in einer abgetragenen Livree trat heraus. Es verbeugte sich.

»*Entrez*, Messieurs! Seine Majestät lassen bitten!«

»Also vergessen Sie nicht!« sagte Merri eilig zu den übrigen, »Sie sind Mitglieder des von mir gegründeten Komitees zur Wiedergeburt Frankreichs.«

Man betrat einen Saal, der der zugezogenen Vorhänge wegen in einem falschen Abenddämmer lag. Einige Kandelaber spendeten schwachen Kerzenschein, der sich im Zwielicht verlor. Zwischen zwei mannshohen Kerzenhaltern befand sich, etwa in der Mitte des Raumes, ein erhöhter Platz mit einem Sessel. Vor

diesem stand aufrecht ein etwa sechzigjähriger Mann in einem schäbigen dunkelblauen Morgenmantel, auf dessen Kragen und Säume schmale Streifen aus Katzenfell aufgenäht waren. Er trug eine schmutzige gelbe Perücke und Handschuhe mit abgeschnittenen Fingerlingen, so daß man seine extrem langen Fingernägel sehen konnte. Seine Gesichtszüge zeigten eine verblüffende Ähnlichkeit mit denen Ludwigs des Fünfzehnten. Zu seinen Füßen hockten ein Dutzend Männer und Frauen in bunten Hausmänteln, alten Livreen, Roben und Federhüten. Die Frauen, von denen keine jünger als vierzig sein mochte, trugen zerschlissene Ballkleider und groteske Morgenmäntel, mit schwarzen und gelben Blumen bestickt.
Kaum hatten die Besucher den Raum betreten, als der König ausrief:
»Kommen Sie näher, Messieurs! Man hat Sie schon früher erwartet! Willkommen Merri, an Ihrem Gesicht sehe ich gleich, daß Sie mir wichtige Neuigkeiten bringen. Sie sind einer der Treuen, die mir geblieben sind. Mein Kompliment. Im übrigen erkennt man die königliche Hand an der glücklichen Wahl der Mitarbeiter. Ihre Huldigung, Messieurs!«
Merri deutete ein Niederknien vor der Majestät an, wobei er seinen Begleitern ein Zeichen gab, dasselbe zu tun. Diese begnügten sich mit einer knappen Verbeugung vor dem Mann im dunkelblauen Morgenmantel. Merri erhob sich verlegen.
»Zauberhaft, ganz zauberhaft!« rief der König in exaltiertem Ton. »Wie unerträglich wäre das Leben ohne große Form und Zeremoniell. – Nun denn, Merri, wollen Sie mich nicht endlich fragen, wie ich heute nacht geschlafen habe? Ich werde es Ihnen sagen. Es war grauenvoll. Immer noch lastet dieser Alptraum auf mir. Ich sorge mich tatsächlich um dieses Land.«
»Majestät!« sagte Merri, »es ist mir gelungen, eine Gruppe von äußerst bemerkenswerten neuen Mitarbeitern für das Komitee zur Wiedergeburt Frankreichs zu gewinnen.«
»Bravo, Merri!« rief der König. »Lassen Sie hören! Berichtvortrag. Rasch, rasch. Aber langweilen Sie mich nicht mit den Einzelheiten. Perfekt! Ich komme wieder auf die Hauptsache: das österreichische Komplott. Es ist schauderhaft. Im königlichen Bett! Die brünstige Österreicherin. Wer wird diesen Alp-

traum von mir nehmen? Merri... ich hoffe doch, daß Sie sich ordentlich ins Zeug legen!«
Der Hofstaat zu Füßen der Throns applaudierte und lachte über die gutgelaunte Sprache, die der Monarch benutzt hatte.
»Wen haben Sie da also mitgebracht, Merri?«
»Eine Reihe vorzüglicher Gelehrter, Majestät, die ausnahmslos über die Lage Ihrer Majestät im Bilde sind. Dies hier ist der Abbé Galiani, berühmt als Autor und Diplomat. Er steht in der Sache ganz auf unserer Seite!«
Der Abbé verbeugte sich heiter.
»Ich wünschte die Zeiten Ihrer Herrschaft wieder herbei, Majestät«, sagte er näselnd. »Der Staat ist seit Ihrem Verschwinden in einem verheerenden Zustand.«
Der König rollte die Augen.
»*L'Etat, c'est moi.* Ich dachte, ich hätte das deutlich genug gesagt.«
Seine Stimme klang schmollend.
»... und was meine Herrschaft angeht, so ist sie zur Zeit keinen Sous wert. Das österreichische Komplott! Auf dem Lager des Königs! Solange das nicht beseitigt ist, kann von einer Wiedergeburt Frankreichs keine Rede sein!«
Merri fuhr in der Vorstellung der Besucher fort.
»Den Doktor Guillotin, die Leuchte der französischen Chirurgie, kennen Majestät von früheren Audienzen. Er ist wie immer Ihr ergebener Diener.«
»Ergebener Diener? Aber die brünstige Österreicherin hat er mir nicht vom Hals geschafft?«
»Weiterhin ist hier der Marquis de Condorcet, seines Zeichens Mathematiker. Er hat das Gesetz des unaufhaltsamen Fortschritts errechnet.«
»Des Fortschritts«, wiederholte der König verblüfft. »Ich staune, in der Tat. Nennen Sie meine Lage ein Zeichen des Fortschritts? Ich muß doch bitten!«
»Und dies ist Doktor Marat, bekannt durch seine Traktate und seine Beredsamkeit zugunsten des Volkes.«
»Zugunsten des Volkes!« rief der König amüsiert. »Es wird immer toller! Was soll das heißen? Zugunsten des Königs, wenn ich bitten darf. Hat man so etwas gehört – zugunsten des Volkes!

Ein prachtvoller Scherz, Merri. Ich schätze an Ihnen neben Ihrer praktischen Tüchtigkeit auch Ihren trockenen Humor. Man könnte Sie für einen Engländer halten. Aber zur Sache nun! Was hat man unternommen, um den falschen Sechzehnten zu stürzen? Rechtfertigen Sie sich, meine Herren. Wie stellen Sie sich den Geboten der Stunde?«

»Majestät«, sagte Marat mit verhohlenem Spott, »wir tun unser Bestes, um die Dinge umzukehren. Man arbeitet fieberhaft an der Herbeiführung einer Lage, in der es möglich sein wird, den Tyrannen in seine Grenzen zu weisen. Dabei muß mit der größten Umsicht vorgegangen werden.«

»Umsicht – und Tollkühnheit!« warf der König lächelnd dazwischen.

Der Hofstaat kicherte und wiederholte kindisch die beiden Wörter: ›Umsicht und Tollkühnheit, Tollkühnheit und Umsicht.‹

»Gewiß, Majestät«, sagte Merri, »Sie rühren wie immer an den Nerv der Dinge. Unser Kollege Guillotin hat vor kurzem einen Mechanismus konstruiert, der demnächst im Dienst Ihrer Majestät erprobt werden soll – eine Maschine, die mit phantastischer Leichtigkeit Köpfe vom Rumpf zu trennen erlaubt. Natürlich wird man auch an den Häuptern des abscheulichen österreichischen Komplotts diese Operation vornehmen. Das wird Ihnen nicht weniger Genugtuung verschaffen als uns.«

»Wirklich, Guillotin«, rief der König, »ich habe Sie bisher unterschätzt. Was für ein genialer Einfall. Ich bin gerührt. Ich verleihe Ihnen den Orden der französischen Staatswürgerschaft. Eine Ovation für den Doktor Guillotin. Die Todesmaschine, sie lebe hoch!«

Der Hofstaat erhob sich vom Boden und von den Hockern und klatschte in die Hände, wobei man Guillotins Namen skandierte. ›Gui-lló-, gui-llo-tín. Gui-lló-, guillo-tín‹.

Dieser stand steif dem verrückten König gegenüber und schickte wütende Blicke zu dem Subintendanten. Als der Lärm sich gelegt hatte, kam Merri auf die Vorstellung der Besucher zurück.

»Zum Schluß, Majestät, möchte ich Ihnen noch den Doktor van Leyden aus Wien vorstellen. Er ist Psychologe und studiert hier in Paris die neueste Seelenwissenschaft. Das nervöse Zittern und

der magnetische Schlaf haben es ihm angetan und die Zustände der Seele in den Großstädten, nicht wahr, Herr van Leyden?«
»Aus Wien!« sagte der König, die Augenbrauen zusammenziehend.
Er ging langsam auf van Leyden zu.
»Österreicher!«
Er stand dicht vor van Leyden und suchte seinen Blick.
»Sie sind gefährlich!« sagte der König eindringlich, »... ein Psychologe, ein Seelenforscher.«
Er betonte jede Silbe einzeln.
»Nun, Herr Seelenforscher!« fuhr der König fort, »sehen Sie mich an! Sie werden meine Seele nicht erkennen. Sie ist eine Königsseele, sie muß unerforscht bleiben. Ich kenne sie selbst kaum. Und Ihre Wissenschaft weiß nichts von ihr!«
Der König stand dicht vor van Leyden und sah ihm mit einem angestrengten Blick in die Augen, als suche er in ihnen einen Anhaltspunkt.
»Königsein«, sagte er, »das ist für eine Seele das schwerste. Diese Melancholie, nicht sein zu dürfen wie alle. Und die unendliche Verantwortung, die so einsam macht. Und die Verfügbarkeit der Dinge, die alle Lust ertötet. Und dann die Gemeinheit der Menschen, so ganz von oben gesehen! Erbärmliches Schauspiel!«
Van Leyden drückte die Hand des Mannes.
»Vielleicht sind Sie deswegen auch sehr wütend und traurig?« meinte er leise.
Der König stieß seine Hand zurück.
»Ich traurig! Hat man jemals etwas Abgeschmackteres gehört! Mesdames, Messieurs, es hat, seit die Welt besteht, keinen fröhlicheren König gegeben. Jagden und Feste, Liebeleien und Empfänge – die Tische brachen zusammen unter der Last der Köstlichkeiten. Zehntausend Kerzen in den Korridoren, sechshundert Gäste an der Tafel, nichts als Strahlen, Lachen, Fanfaren, blinkende Brüste, eleganteste Mode. Den Vielgeliebten nennt mich die Mitwelt, den Glänzenden die Nachwelt. Wozu seid ihr da? Ihr könnt es bezeugen! Wo ist der Küchenchef?«
Ein dicker kleiner Mann mit gezwirbeltem *moustache* erhob sich und deklamierte:

»Majestät, man hat niemals Großartigeres gesehen als Ihre Tafeln. Begeistert stürzte das Vieh in den Schlachthöfen nieder vor den großen Tagen. Das Geflügel drehte sich orgiastisch in den Rôtisserien von Versailles. Auf dem Rücken der Eber und der Trüffelfasanen steckten weiß und schwarz glotzend die Rinderaugen auf Floretten, und über den Torten wehten die Fahnen aus Schokoladeblättern an hohen Stangen, mit den weißen Zuckerlilien des Hauses Bourbon bestickt.«

Der König stand mit geschlossenen Augen da und horchte.

»Ja, so war es. So mußte es sein, das Königsleben, das wundervolle Leben. Alles ist wahr, was gewesen ist. Das Fett rann aus den Mäulern des Adels, und die Weinsuppen quollen über die trunkenen Lippen. Der Bauch von Versailles öffnete seine Innereien und ergoß sich in die Gärten. Wir haschten nach den Hofdamen bei der kleinen Verrichtung und profitierten von aufgehobenen Röcken für die überraschendsten Galanterien. Königlich war das Vergnügen, löwenhaft und frei. Ach, der Hirschpark, der kleine *pavillon*, ach, das frühe Fleisch der Landestöchter, wie die Inspektoren sie lieferten, die unbetretenen Gemächer, die geschlossenen Blüten, die vom Strahl des Sommers träumten. Jungfräuliche Furche, oh reiner Widerspruch, Lust, niemandes Kuß zu sein unter soviel Lippen ... Es war das große Leben, aus bourbonischer Passion, heiß und ohne Ansteckungsrisiko beim königlichen Inauguralverkehr. Zum Teufel, wo bleibt mein Intendant! Was hat er heute aufgetrieben? Man spürt das Drängen. LeBel, sofort hierher!«

Ein Mann mittleren Alters rief aus, indem er die öligen Gesten eines Höflings vollführte:

»Majestät rufen eben zur schlechten Zeit!«

Er führte eine Frau von etwa fünfundvierzig Jahren zeremoniös nach vorn, ihre Hand auf seinem Handrücken. Das Haar der Frau war hellrot und unordentlich gekräuselt. Sie trug ein gelbes geflecktes Kleid, das in der Taille von einem grellgrünen Gürtel gerafft wurde.

»Majestät!« flötete LeBel mit einer Verbeugung, »man hat das Unmögliche getan, um dieses unberührte Geschöpf Ihnen zuzuführen. Ich sage nichts weiter. Mag die Natur selbst sprechen!«

Der König ließ sich ein Lorgnon in seine lässig ausgestreckte Hand legen und hob es sorgfältig vors Auge. Dann ließ er es lächelnd sinken.

»Sehr charmant!« sagte er. »In der Tat ein Fund. Nun, mein Täubchen, komm näher. Laß sehen, was Uns so gefällt!«

Die Frau lachte und zeigte ihre langen Zähne. Mit ein paar Handgriffen streifte sie sich ihr Kleid von den Schultern, bis sie mit entblößtem Oberkörper in der Runde stand, haltlos kichernd und die Blicke der Anwesenden suchend. Ihr Rücken war fleckig, ihre Brüste senkten sich welk auf die Höhe des Magens. Wieder hob der König das Lorgnon und studierte den Anblick. Er schluckte und ließ die Hand mit dem Augenglas sinken.

»*Superbe!*« sagte er, »ich verbeuge mich vor der Macht der Schönheit. Wie ist dein Name, mein Kind? Was ist dein Beruf?«

»Ich heiße Charlotte Comblée, Majestät. Ich habe zuerst Fische verkauft in Saint-Germain, aber dann sagte eine Cousine, ich sei zu hübsch für den Beruf und ich sollte lernen, wie man zu den Herren nett ist.«

»Das alles ist längst vorbei«, sagte der König im Ton eines Mannes, der für vieles Verständnis hat, »man hat Sie in den Adel erhoben, Gräfin Dubarry!«

Die Frau verbeugte sich mit einem tief versinkenden Oooh, die Hände vor der entblößten Brust verschränkend.

»Mein Glanz wird auf Ihr Leben fallen, Madame«, fuhr der König feierlich fort, »und Sie werden als die Schönste gelten. Sie teilen mein königliches Sein und bringen das Lachen an den Hof. Ich werde die Freude in Sie hauchen wie der Gott das Leben in den Tonkloß.«

Der König sprach verzückt vor sich hin, die Augen geschlossen. Nach einer Weile erst kehrte sein Blick zu den Besuchern zurück.

»Was wollen Sie eigentlich hier?« fragte er etwas gereizt. »Warum stören Sie meine Visionen? Sie werden nie etwas davon begreifen!«

Er kam nun wieder auf van Leyden zu.

»Herr Seelenforscher! Ihre Unwissenheit ist skandalös. Ich hasse

Ihre Wissenschaft, die nie etwas verstehen wird. Nichts von der wirklichen Größe und der Melancholie. Ein Schleier liegt über dem Sein nach großen Verlusten – ein Schleier, den Sie nicht lüften können, Sie nicht und niemand. Es ist das Leiden der Könige.«

»Ich will mein Bestes versuchen«, sagte van Leyden verbindlich.

»Von Ihrem Besten zu meinem Sein ist es unendlich weit, Herr Psychologe! Ich bin unerreichbar, dagegen hilft keine Wissenschaft. Die Wissenschaft ist zur Empirie verurteilt, und Empirie spielt sich unten ab, bei den Gegenständen. Von dem, was oben ist, kann sie niemals etwas wissen.«

Van Leyden stimmte zu.

»Ja, mit diesem Befund müssen wir beginnen. Die Höhe ist das Fundament der Psychologie und ihr erstes Problem zugleich. Es ist ähnlich wie beim Ausblick von hohen Kirchtürmen.«

Der König hob kaum merklich die Augenbrauen.

»So völlig unmöglich ist es nicht, mit Ihnen über das Königtum zu reden, Monsieur de...«

»Gewiß«, sagte van Leyden, »ich denke manchmal über den Blick von den Türmen herunter nach. Man ist, glaube ich, zu allein dort oben und muß unwillkürlich nachrechnen, wie tief man stürzen würde.«

Der König sah van Leyden mißtrauisch an, als wittere er in dessen Worten eine Falle.

»Die Wissenschaft«, fuhr van Leyden fort, »arbeitet schon seit einer Weile an solchen Problemen, Majestät. *Pavor altitudinis*, nach einer neueren Hypothese soll man die Seele langsam aus der Höhe herunterführen, man soll Verbindungen anknüpfen zum eigenen Leib. Professor LeBrasseur, der mein Lehrer war, spricht von einer solchen Abstiegskur, die freilich in den ersten Anfängen steckt. In jedem Fall geht es darum, eine unwirkliche Vollkommenheit einzutauschen gegen eine Unvollkommenheit, die den Vorzug hat, wirklich zu sein...«

Der König schaute van Leyden mißtrauisch und ein wenig verächtlich an. Dann gähnte er und ließ sich in den Sessel fallen.

»Die Audienz hat mich aufs äußerste ermüdet. Ich erkläre sie für beendet. Monsieur Merri, haben Sie Dank für Ihre Bemühungen. Herr van... wie war der Name, beim nächsten Mal sprechen wir weiter über die Seele der Majestät. Vielleicht werde ich eines Tages eine Universität gründen, an welcher Majestätologie gelehrt wird. Genug für heute... gehen Sie! Ich bin mehr als erschöpft!«

Die Besucher deuteten wieder eine Verbeugung vor dem König an, der auf seinem Sessel lag, die Beine von sich gestreckt, die Hände vor das Gesicht geschlagen...

Die Besucher zogen sich zurück. Eine Weile standen sie auf dem Korridor, ohne daß einer von ihnen das Wort ergriffen hätte. Schließlich schüttelte Marat den Kopf, wie wenn er das Gesehene von sich abstreifen wollte.

»Nein, ich verstehe das nicht. Es war zuviel... ich warte darauf, daß mich jemand aufweckt.«

Merri sagte gespannt:

»Ich erinnere Sie an Ihr Versprechen, meine Herren!«

Condorcet gab zu bedenken:

»Seltsam ist es zweifellos! Ein wirklicher Verrückter nur und so viele Mitspieler! In allem, was wir hörten, lag doch eine verwirrende Logik. Mein Kompliment übrigens für Sie, Monsieur van Leyden. Sie haben die Sprache des Wahnsinns ausgezeichnet nachgeahmt. Sie haben von uns allen am besten gespielt!«

Van Leyden sah den Marquis de Condorcet erstaunt an.

»Um die Wahrheit zu sagen – mir war keineswegs zumute, als ob ich sehr gespielt hätte, Monsieur le Marquis. Es ergab sich einfach. Habe ich denn mit diesem Menschen nicht ganz normal geredet?«

Der Abbé Galiani bemerkte ironisch:

»Die Psychologie ist wirklich Ihr Fach, Monsieur van Leyden. Man sollte es nicht denken. Aber es war hübsch, wie Sie mit dem Menschen in dem verrückten König zu sprechen verstanden.«

»Aber das ist völlig verkehrt!« gab van Leyden zurück. »Ich habe nicht mit dem Menschen in dem König gesprochen, wie Sie das ausdrücken, sondern mit dem König in diesem Menschen.«

»Lächerlich!« rief Marat unwillig. »Dergleichen sind doch nur Wortspielereien.«

»Aber keineswegs!« protestierte van Leyden. »Was wäre daran so unbegreiflich?«

Der Marquis de Condorcet legte nun beschwichtigend seine Hand auf van Leydens Schulter.
»Mein lieber junger Freund, warum so heftig. Dramatisieren Sie die Dinge nicht über Gebühr. Ist es nicht besser für uns alle, den Wahnsinn auf sich beruhen zu lassen und keine Zusammenhänge zwischen ihm und der Vernunft herzustellen? Mir scheint, solche Versuche müssen zuletzt nur schädlich wirken.«
»Sie sind sehr freundlich, Monsieur«, sagte von Leyden, »aber hier geht es um das Verständnis der wichtigsten Sache. Vielleicht müssen wir sie sogar dramatisieren und mit aller Leidenschaft nach ihr fragen, um nicht durch Halbherzigkeit das Ganze zu verfehlen... und Sie, Doktor Marat, haben Sie nicht vorhin gesagt, wir und sie, die Vernünftigen und die Wahnsinnigen, wir seien wie die Hälften eines zerspaltenen Ganzen... also müßten wir uns ineinander begreifen, nicht wahr?«
»Aber mit Königen wollen wir nichts mehr zu tun haben. So war meine Äußerung wirklich nicht gemeint!«
»Nun weiß ich nicht, was ich sagen soll, Herr Kollege.«
Van Leydens Stimme zitterte. »Ich hätte gedacht, daß gerade Sie das verstehen müßten, da Sie für Emanzipation plädierten. Es liegt doch auf der Hand, wenn man von der Turmproblematik ausgeht, ich meine, sobald man vom vertikalen Komplex her an das Phänomen herantritt, sozusagen majestätologisch betrachtet...«
Van Leyden biß sich auf die Lippen. Guillotin versuchte einzulenken.
»Meine Herren, ich kenne auf der Rue Saint-Germain, nicht allzu weit von hier, ein Restaurant, wo man ausgezeichnet speist. Ich schlage vor, unsere Runde dort zu beenden. Wir haben es nach dieser Tour de France des Elends wahrhaftig verdient. Außerdem erscheinen die Dinge, sobald man gut gegessen hat, oft in einem völlig anderen Licht.«

17
Thérèse oder die Aufklärung

Am Abend desselben Tages fühlte van Leyden schon das Fieber steigen. Er bat Thérèse, ihm eine zusätzliche Decke zu bringen, weil er fror, aber sie half nicht gegen den Frost, der mit dem Fieber kam. Die Nacht brach herein.
Van Leyden war überzeugt, sich in dem Hospital eine Vergiftung zugezogen zu haben. Seine Phantasie kreiste noch einmal durch die Säle. In seinen Händen meinte er wieder die Kälte zu spüren, die von der Granitplatte des Anatomietisches ausstrahlte. War vielleicht an einem seiner Finger eine kleine offene Wunde gewesen? Womöglich hatte er sich am Leichengift irgendwelcher Toter, die als Studienobjekte über die tödliche Platte gegangen waren, infiziert. Schon glaubte er zu spüren, wie die verhängnisvollen Stoffe sich in seinem Leib ausbreiteten. Das Gift pulsierte in seinen Fingern wie glühendes Eis.
So war dies das Ende der Reise. Es mußte wohl so kommen. Hatte er nicht schon mehrmals geahnt, daß er nicht dort ankommen würde, wohin seine Vorstellung ihn hätte bringen sollen? Öfter bereits hatte er in nächtlichen Meditationen empfunden, wie sehr alles in andere Richtungen gegangen war, als er gedacht hatte. In seinem Geist hatte er das Bild einer Landkarte mit sich getragen, auf der eine dünne gepunktete Linie Anfang und Ziel der Reise miteinander verband. Hier war das vertraute Wien und dort das unbekannte Paris – und es ging nur darum, vom Alten ins Neue zu fahren und zurück.
Aber Wien war tot – die alte Habsburgerstadt war irgendwo im fernen Osten untergegangen wie das sagenhafte Atlantis. Er würde es niemals wiedersehen. Aber auch von Paris würde er Abschied nehmen müssen. Die große Stadt versank im Fieber. Der Weg war zu Ende, Paris war nur noch eine große schwarze Wand, und diese Wand würde das letzte sein, was er von der dahinsinkenden Welt begreifen würde. Sie war die Wand des

Todes – sie war undurchdringlich und massiver und schwerer als alles, was er je zuvor gesehen hatte. Nicht einmal ein kleines viereckiges Fenster war in ihr zu finden. Hinter der Wand war etwas, was sich niemand vorstellen konnte – selbst ein Todkranker nicht. Kein Himmel war jenseits der Wand – überhaupt nichts Offenes. Es war einfach die Hoffnungslosigkeit des Unvorstellbaren, das pure Nichts, das den Raum hinter der Wand bewohnte. Aber durfte man sagen, es sei ein Raum, und war nicht auch das schon zuviel?

Du mußt dich in den Stein krallen, hörst du. Nur darauf kommt es an. Du mußt so stark sein wie die Wand, so hart wie der Stein, wenn du nicht vorzeitig aufgeben willst. Was sind Nächte, was sind Jahre, wenn das Leben weitergehen will? Was ist die Salpêtrière, wenn das Leben weitergeht, dieses grauenvolle entschlossene Leben, das sich so leicht nicht aufgibt...

Es frißt sich in die Wand, wie eine geduldige mauerbrechende Pflanze, es gewöhnt sich auch daran, wenigstens zum Schein. Es saugt aus den Quadern, was es braucht, um den nächsten Augenblick zu überstehen – danach wird man weitersehen. Man wird etwas anderes versuchen, um zu probieren, ob es nicht noch für einen weiteren Augenblick reicht... und noch einen, vielleicht den letzten... Aber nicht aufgeben, hörst du... Das Lebendige fängt an, leise zu singen und zu krähen. Es benutzt die kleine absterbende Stimme wie einen Meißel, um sich in die Wand zu bohren. Es stöhnt und singt sich tiefer in die Mauer hinein, tiefer und tiefer. Ein kleiner Tunnel öffnet sich. Das Leben bohrt seine Stimme hinein. Es hört sich selbst, es hört sich im Dunkeln stöhnen. Die Wand wirft den Ton zurück, nach einer Weile wird es ein großer Hall, ein Echo aus der Höhle...

Du mußt weitersingen, du mußt mit deiner Stimme die Höhlung weitertreiben – bohren und bohren, nur das bringt dein Leben noch ein Stück voran. Die Stimme muß bleiben, denn die Stimme, das bist du, das Bohren, die Stimme, das Ich, die Stimme, das Leben, das Schreien, die Welt, die Stimme... die Wand, die Stimme – die Wand, die Stimme – die Wand, die Stimme – die Wand, die Stimme...

Von irgendwoher sagte jemand:
»Seien Sie beruhigt, Monsieur, man hat nach dem Arzt geschickt.«
Später kam eine andere Stimme, die irgendwo außen herumkreiste und sich mit der Stimme von Thérèse den Raum teilte. Ein Löffel kam und fuhr herein. Bitteres lief irgendwohin.
Die fremde Stimme sagte:
»Das nimmt er jede Stunde. Wird es bis morgen früh nicht besser, rufen Sie mich.«
Noch später kamen andere Stimmen. Das Gesicht von Madame de Salé tauchte auf, ziemlich nahe. Ein Satz wanderte durch das Fieber.
»Man muß ihn einladen, sobald er gesund ist.«
Es war aber nicht deutlich, ob es wirklich ein Satz war oder das Gespenst eines Satzes.

Wenige Tage später konnte van Leyden eine Tasse Bouillon zu sich nehmen und ein Biskuit versuchen. Aber erst am übernächsten Tag darauf fühlte er sich erstmals wieder etwas wohler. Als Thérèse ihm den Vormittagstee servierte, fragte er sie:
»Kannst du vielleicht lesen, Thérèse?«
»Gewiß, Monsieur«, erwiderte sie. »Manchmal lese ich gerne. Ein Onkel von mir, der ein Domherr war und es gut mit mir meinte, hat es mir beigebracht.«
»Olàlà«, sagte van Leyden, einen Scherz versuchend, »dann bist du eine richtige *femme savante*. Du könntest gesellschaftlich weiterkommen.«
»Ach, daran liegt mir nichts«, antwortete Thérèse, »wissen Sie, ich habe andere Interessen.«
»Du hast recht«, sagte van Leyden. »Wenn du Lust hast, könntest du mir irgendeine kleine Geschichte vorlesen? Oder einen Roman? Jedenfalls etwas, das einen Genesenden auf andere Gedanken bringt. Vielleicht findest du in der Bibliothek etwas Passendes.«
»Wie Sie wünschen, Monsieur. Ich will sehen, was ich auftreibe.«
Ein wenig später kam Thérèse mit einem Büchlein zurück.
»Schauen Sie nur, Monsieur. Das ist wirklich ein komischer

Zufall. Das Buch heißt tatsächlich Thérèse Philosophe. Ist das nicht drollig?«

»Ja, sehr drollig«, sagte van Leyden angeregt.

»Dann fange ich wohl jetzt an«, sagte Thérèse, indem sie sich auf den Fuß des Bettes niederließ. »Am besten am Anfang.«

»Oh nein, nicht am Anfang«, sagte van Leyden. »Anfänge sind immer tödlich, man langweilt sich furchtbar. Besser beginnt man irgendwo in der Mitte.«

»Wie Sie wollen, Monsieur!« erwiderte Thérèse ein wenig schnippisch und schlug das Buch demonstrativ in der Mitte auf. »Hoffentlich versteht man noch, wovon die Sache handelt, wenn man doch den Anfang nicht kennt!« setzte sie hinzu, bevor sie etwas unbeholfen und mit der eifrigen Betonung eines Kindes, das lesen lernt, ein Stück des Textes vorzutragen begann.

»Also... jetzt!... *Alle Religionen sind auf dem Boden der Furcht errichtet. Die Unwetter, der Donner, die Stürme, welche die Ernten zerstörten und den Menschen der Frühzeit seiner Nahrung beraubten, sind Ursache dieser Furcht* ... ah, Monsieur, das geht über Religion. Das wird Sie wirklich auf andere Gedanken bringen... *Der Mensch, der sich den Naturereignissen gegenüber ohnmächtig fühlte, suchte seine Zuflucht bei Wesen, die stärker waren als er selbst. Erst später haben ehrgeizige Männer, raffinierte Politiker und Philosophen, vom Machthunger getrieben, es verstanden, aus der Leichtgläubigkeit des Volkes ihren Vorteil zu ziehen. Zu diesem Zweck erfanden sie eine Vielzahl von ebenso phantastischen wie grausamen Göttern, die zu keinem anderen Vorsatz dienten, als ihre Macht gegenüber den Leuten zu festigen und zu erhalten. So entstanden die verschiedenen Kultformen, die im Letzten nur darauf abzielten, einer einmal bestehenden Gesellschaftsordnung eine Art von trans-zen-den-ter Le-galität aufzuprägen*...«

Thérèse schaute von dem Buch auf.

»Puh – mein Gott, ist das schwierig. Wollen Sie das wirklich hören, Monsieur? Das ist ja noch langweiliger als ein Anfang. Und was da über Gott gesagt wird, ist wirklich ziemlich unanständig... Warten Sie, Monsieur, wir sollten eine andere Stelle probieren... hier, das sieht wesentlich besser aus, also: *Übrigens tat Madame Bois-Laurier ihr Bestes, damit ich mit ihr schlafen sollte*... oh, Monsieur, ich glaube, wir geraten von einem Extrem ins andere, ob das gut ist für Sie, wo Sie doch Erholung bräuchten? – Soll ich wirklich weiterlesen? Aber nur, weil Sie es unbedingt wollen... *Ihre weichen schwellenden Formen erhitzten meinen Körper bis zu einem Grad, daß so gut wie alles möglich ist*... na, ja, was kann man dafür, so reagieren eben die Männer... *Schließlich schenkte sie mir eins ihrer Hemden und verlangte, daß ich es gleich probieren sollte*... Sehen Sie, Monsieur, in den Büchern sind Frauen raffinierter als in Wirklichkeit... *Aber sie protestierte lachend. Pfui, meine Liebe, wie können Sie nur! Ich glaube gar, Sie wollen dieses Hemd anziehen, ohne daß Sie bei Ihrem Mäuschen Toilette gemacht haben. Wo haben Sie bloß Ihr Bidet*... oh, nein, Monsieur, das geht wirklich zu weit. Das scheint ja keine Mann-Frau-Geschichte zu sein, sondern eine Affaire zwischen zwei Damen. Das hätte ich Ihnen wirklich nicht zumuten dürfen. Aber nur auf Ihre Verantwortung... *Ich war äußerst verlegen und wußte nicht, was ich darauf antworten sollte. In der Provinz, wo ich herkam, war ein derartiger Gegenstand völlig unbekannt gewesen. ›Ich weiß gar nicht, wovon Sie reden‹, sagte ich unwillig und versuchte, mich ihr zu entziehen. Sie starrte mich an, als käme ich geradewegs vom Mond. ›Das darf doch nicht wahr sein!‹ rief sie, von meiner Unwissenheit sichtlich erheitert. ›Meine Liebe, wie können Sie bloß auf einen Gegenstand verzichten, den eine Frau von Welt keinesfalls entbehren kann! Aber lassen Sie mich nur machen. Für heute werde ich Ihnen mein eigenes leihen, aber morgen kaufen wir Ihnen ein neues.‹ Sie brachte diesen in ihren Augen hochwichtigen Gegenstand sofort herbei. Ich mußte mich darauf setzen, und ungeachtet aller meiner Proteste ruhte sie nicht eher, als bis sie mit eigenen Händen jenen Teil meines Körpers gewaschen hatte, den sie immerfort mein Mignon oder mein Mäuschen nannte. Sie sparte nicht mit einem sehr angenehm duftenden Rosenwasser, und ihre Finger waren so geschickt, daß sie mir dasselbe Vergnügen bereitete, das ich einst meinem Bettpfosten verdankt hatte*... oh, Monsieur, ich schäme mich, Ihnen so etwas vorlesen zu müssen. Sie denken sicher, daß jede Thérèse eine solche wäre, aber wenn Sie darauf bestehen, lese ich weiter... *Erst als sie ihrerseits meine rechte Hand ergriff und sie gegen jene Stelle ihres Körpers preßte, der sie an meinem so große Aufmerksamkeit widmete, begriff ich. Natürlich ließ ich mich nicht lange bitten, die Wohltaten, die sie mir in so reichlichem Maß erwies, ebenso reichlich zu vergelten*... meinen Sie immer noch, Monsieur, daß das Ihrer Erholung dient? Noch ein letztes Stück?... *Als uns gegen Mittag ein Fiaker zur Petite Maison des Herrn Bouchon abholte, der uns mit seinem angekündigten Freund erwartete, war ich so geil, daß ich es mir am liebsten selbst gemacht hätte. Wahrhaftig, mein Freund, wäre Ihre Thérèse nicht ein Mädchen mit gesunden Grundsätzen, so wäre ich den beiden Wüstlingen mit ihren Gelüsten völlig hilflos ausgeliefert gewesen. Da können Sie wieder sehen, wohin eine zur Unzeit entfesselte Leidenschaft führen kann*... Oh, Monsieur, ist Ihnen nicht gut, Sie zittern ja.«

»Thérèse!« sagte er leise.

»Ja, Monsieur?«

»Gibst du es zu?«

»Was, Monsieur? Nein – Monsieur! Wie können Sie so etwas nur von mir denken!«

»Aber was du angerichtet hast!«

»Es ist nicht meine Schuld, Monsieur! Nicht doch, Monsieur, das ist noch nicht gut für Sie. Ah, Monsieur... Monsieur!!«

Szenen aus der psychologischen Revolution

Hört, Ihr Liebenden, wie die Flöte ihre Geschichte erzählt!
Hört über Trennungen sie klagen!

Seit aus dem Rohrwald ich geschnitten wurde,
Jammern Männer aus meiner Tiefe.

Meine Brust möchte ich vor Sehnsucht zerreißen,
Um von den Schmerzen des Wunsches zu erzählen.
Wer jemals sein innerstes Anderes verlor,
Auf Wiedervereinigung mit ihm wird er hoffen.

Mit jedem Volk habe ich gejammert.
Mit den Glücklichen und Traurigen war ich eins.
Die Geliebte war ich in den Gedanken von allen.
Mein tiefes Geheimnis jedoch ward nie entdeckt.
Kein anderes ist mein Geheimnis als meine hohle schluchzende
Stimme.

Nach: Mevlana Dschelalledin Rumi

18
Vom Schmerz

Van Leyden saß fröstelnd in einer Ecke der Reisekutsche. In Gesellschaft zweier Advokaten, die in Arras und in Soisson gerichtlich zu tun hatten, war er am Vormittag aus Paris abgereist. Auf einer ziemlich schlechten Straße rollte die Kutsche in Richtung Nordosten. Dichte Nebel verhüllten die Landschaft. Hin und wieder tauchten schwarze kahle Bäume aus dem Dunst auf.

Wie aus großer Entfernung hörte van Leyden die Stimmen der beiden Advokaten, die sich mit Konversation die Zeit zu vertreiben versuchten. Sie sprachen über ihre Prozesse und über Theaterstücke, die sie zuletzt in Paris besucht hatten. Auch von Vorgängen im Ministerium war die Rede, und von der Steuerreform und von den Affairen Marie-Antoinettes, und davon, daß man neuerdings munkelte, die Impotenz des Königs sei keine wirkliche Impotenz, sondern nur die Folge einer Hautverengung, die ihm die Sache zur Qual werden lasse. Von den neuesten Veröffentlichungen der Akademie sprach man und vom Weizenhandel, der den Reichtum der Nation nicht unwesentlich beeinflußt. Häufig kehrte das Wort Vaterland in den Reden der Advokaten wieder. Zuletzt kam man auf das Wetter.

»Wirklich«, hörte van Leyden einen der Anwälte sagen, »eine unangenehme Überraschung dieses Jahr. Man möchte meinen, daß der Winter in diesem Land immer länger würde. War es letztes Jahr nicht auch schon so ungewöhnlich kalt? Und in den Jahren zuvor?«

»Sehr richtig«, sagte der zweite Advokat. »Mitte November und nichts als Nebel und Schnee. Wohin soll das führen? Die Atmosphäre ist in Unordnung.«

Van Leyden bemühte sich, von den Gesprächen nichts zu hören. So abwesend wie möglich sah er auf die nebligen Wiesen hinaus.

Wieso bin ich hier? fragte er sich. Warum bin ich nicht in Paris geblieben? Wieso habe ich nicht Gott und die Welt umgestürzt, um Marthe wiederzufinden? Aber wer wußte denn, ob sie überhaupt nach Paris gegangen war? War es nicht hundertmal wahrscheinlicher, daß sie längst in den Armen irgendeines anderen versunken war und ihn nur fremd ansehen würde, wenn er ihr zufällig wieder begegnete? ›Mein Herr, man hat nicht das Vergnügen, miteinander bekannt zu sein!‹

Nicht bitter werden. Ob sie sich noch manchmal an die Nächte von Saint-Denis erinnerte? Oder war das alles schon ein vergessenes Spiel, das nicht mehr bedeutete als eine von den vielen Rollen in einem der unzähligen Stücke, in denen sie auftreten würde? Sehr wahrscheinlich war es so, denn sie gehörte zu den Menschen, die schnell vergessen, weil sie es sich nicht leisten können, der Vergangenheit nachzuhängen. Auf ihre Weise war sie der tapferste Mensch der Welt. Wenn es erlaubt war, die geliebte Person mit einem Tier zu vergleichen (aber es war ja nicht nur erlaubt, sondern unvermeidlich), so wäre sie ein Raubtier gewesen – eine Pantherin oder eine Leopardin. Vielleicht war das gut so, denn das Frankreich von heute war aufs ganze gesehen immer noch eine Wildnis, in der nur sehr wache böse Tiere eine Überlebenshoffnung behielten. Demnach war es auch richtig, daß etwas irritierend Grausames in ihrer Schönheit lag, das einen Mann, der sie besitzen und hemmen wollte, notwendigerweise entmutigte ... Natürlich hatte sie ihn längst vergessen. Ja, er war ein Niemand geworden für sie, ein Mann von damals, eine ferne Erinnerung, vorbei, vergangen. *Et alors*, Monsieur – worüber denken Sie nach? Wollen Sie sich beschweren? Und bei wem? Und was würde es Ihnen nützen, wenn man Ihnen recht gibt, solange feststeht, daß vorbei ist, was vorbei ist. Sie führen einen Prozeß gegen die Zeit? Und Sie denken im Ernst, Sie könnten gewinnen?

Es war vorüber. Nur deswegen – und nur weil er es im Grunde schon wußte, ohne zu begreifen, was es bedeutete – saß er in dieser Kutsche und reiste weiter. Weiter – wohin? Was konnte nach Saint-Denis und nach Paris noch auf ihn warten?

In diesem Augenblick nieste einer der Advokaten sehr heftig, so daß van Leyden aus seinem Grübeln aufschreckte.

»Pardon, Monsieur«, sagte der Advokat, »mir scheint, ich habe mich erkältet. Man könnte sich auf einer solchen Fahrt den Tod holen.«
Der Advokat nieste erneut mit ersticktem Gebrüll.
»Gesundheit, Monsieur«, sagte van Leyden.
»Besten Dank, mein Herr«, erwiderte der Advokat. »Sie haben wohl auch in Soisson zu tun? Ein hübsches Städtchen.« Er nieste noch einmal heftig.
»Gesundheit«, sagte van Leyden.
»Danke vielmals. Furchtbar ist das. Ich spüre alle Knochen. Ein Cognac wird das erste sein, was ich zu mir nehme. Wenn wir nur schon da wären.«
»Was glauben Sie, wie weit wird es noch sein?« fragte van Leyden.
»Schwer zu sagen«, antwortete der erkältete Advokat. »Bei diesem Nebel kann ich nicht erkennen, wo wir sind. Ich schätze, daß wir noch zwei Stunden unterwegs sein werden. Es wird schon dunkel.«
»Dann werde ich wohl doch in Soisson übernachten müssen«, sagte van Leyden laut vor sich hin.
»Demnach haben Sie gar keine Geschäfte in Soisson?« fragte der andere Advokat neugierig. »Sie reisen weiter?«
»Soisson ist nur eine Zwischenstation«, antwortete van Leyden. »Eigentlich möchte ich in einen kleinen Ort namens Buzancy, das soll eine Wagenstunde von Soisson entfernt sein.«
»Das hätte ich, um die Wahrheit zu sagen, nicht von Ihnen geglaubt, Monsieur«, sagte der erkältete Advokat. »Den meisten, die dorthin fahren, sieht man es irgendwie an, daß sie krank sind.«
»Wie kommen Sie darauf, daß ich krank sein könnte?« fragte van Leyden, etwas verblüfft über die Taktlosigkeit des Advokaten.
»Nun, es sind doch die Wunderkuren des magnetischen Marquis, die die Anziehung von Buzancy ausmachen. Inzwischen kommen Leute schon aus der Bretagne angereist und sogar aus Italien.«
Van Leyden spürte keinerlei Lust, den Herren zu erklären, daß er nicht nach Buzancy fuhr, um sich heilen zu lassen, sondern weil er dort Studien treiben wollte.

»Nur soviel steht fest«, fuhr der andere Advokat fort, »daß die Leute in der Gegend großen Respekt vor dem Grafen haben. Manche halten ihn für einen Heiligen. Er gibt seine Behandlungen außerdem kostenlos. Die niedergelassenen Ärzte sollen sehr aufgebracht sein und behaupten, er sei ein gefährlicher Scharlatan.«

»Das verstehe ich gut!« sagte der erkältete Anwalt. »Man muß wohl Advokat sein, um diese Absurdität würdigen zu können. Behandlungen umsonst! So ruiniert man einen ganzen Berufsstand. Wahrhaftig, Scharlatanerie!«

»Immerhin«, gab der andere Advokat zurück, »soll der Marquis seinen Ruf nicht der Tatsache verdanken, daß die Kuren nichts kosten, sondern daß sie von durchgreifendem Erfolg sind. Die Leute, die er unter seinem Baum kuriert, gehen tatsächlich oft verändert davon und behaupten, daß sie ganz neue Menschen geworden seien. Zumindest sind sie meistens sehr erleichtert. Sie erklären, daß Ihre Schmerzen verschwunden seien und daß ihre Alpträume sie verlassen hätten.«

Van Leyden horchte auf.

»Was sagen Sie da von Kuren unter einem Baum? Ich kann mir nicht vorstellen, daß ein seriöser Magnetiseur seine Behandlungen im Freien abhält, wo jedermann stören könnte.«

»Ich weiß darüber nichts Bestimmtes«, antwortete der Advokat, »ich habe nur gehört, daß der Marquis von Puységur an manchen Tagen, wenn großer Andrang herrscht, seine Kuren unter der Ulme des Dorfes durchführt. Natürlich gebe ich nur ein Gerücht wieder. Aber ich weiß sicher, daß sich in Soisson schon eine regelrechte antipuységursche Fraktion gebildet hat, die gegen die magnetischen Umtriebe agitiert. Der Abt von Soisson soll einem Mönch, der unter Stimmen litt, beim Verlust der ewigen Seligkeit verboten haben, sich zu dem Marquis in Behandlung zu begeben.«

»Aber was wirft man dem Marquis vor?«

»Man sagt, er sei ein nicht autorisierter Geisterbeschwörer. Seine Macht über die Seelen sei von einer Art, die nicht den Segen der Kirche für sich beanspruchen dürfe. Das macht den braven Leuten angst. Und ich kann es verstehen – wenn man sich vorstellt, daß jemand ungebeten in unser Inneres eindringen

könnte! Wer bekäme es da nicht mit der Angst zu tun? Das ist so, als ob man nachts allein in einem verlassenen Haus wäre und hörte auf einmal Schritte im Speicher oder Schaufelklirren im Keller oder ein teuflisches Gelächter im Kamin. Ein Psychologe – das erinnert immer an einen Schatten, der ums Haus schleicht, um an der unvorhergesehensten Stelle einzubrechen.«
»Großer Gott, Herr Kollege!« sagte der erkältete Advokat, »was Sie da sagen, klingt ja schauerlich. Mich brächten keine zehn Pferde nach Buzancy. Wenn ich mir das vorstelle! Die Fledermäuse flattern um die Dächer, unheilverkündend, und aus dem Tal kriecht ein druidischer Nebel zum Schloß hinauf. Entsetzlich. Wer nicht schon schwermütig ist, müßte es bei dieser Gelegenheit werden.«
»Ich verstehe Ihre Sorgen nicht«, sagte van Leyden. »Der Marquis gilt doch überall als Philanthrop und als Wohltäter der Kranken.«
Der erkältete Advokat lächelte zynisch.
»Ein Philanthrop, gewiß! Aber wissen Sie, ein normaler Mensch mag keine Menschenfreunde. Humanität ist immer suspekt. Warum kann einer nicht egoistisch und gleichgültig sein wie jeder andere? Der gute Mensch von Buzancy! Ich weiß nicht wieso – aber um Menschen dieses Typs ist immer ein Zwielicht.«

Van Leyden und die beiden Advokaten unterbrachen ihren Dialog für eine Weile. Es war kein anderer Laut zu hören als das gleichmäßige Rollen der Räder auf dem Kies und hin und wieder das Niesen des Advokaten.
Van Leyden ließ sich in seine Ecke zurücksinken, den Bemerkungen seiner Reisebegleiter nachträumend. Ein Duft von Puder hing in der Luft, der sich mit den Ausdünstungen der alten Ledersitze merkwürdig vermischte. Durch die Türritzen wehte ab und zu ein Hauch von nassen Äckern und Herbstlaub in die Kabine. Die Düfte weckten uralte Erinnerungen...
Es war eine fremdgewordene Welt, durch die er da rollte, dieses flache Land. Es würde nie mehr sein wie früher. Zuviel war geschehen, zu lange hatte er schon die Luft einer Weltstadt geatmet mit all ihren grotesk gesteigerten Individualitäten, ihren sich endlos weiterdifferenzierenden Zeichenwelten und ihren

zivilisatorischen Raffinessen. Alle diese Anmaßungen und diese ineinander verschachtelten Reflexionen und das ganze bedrohliche Gären, das aus dem Mißverhältnis zwischen den neuen vertausendfachten Machtansprüchen und den alten engen Machtverhältnissen entsprang – es würde sich alles in seinem Inneren ablagern und bei späteren Eindrücken leise mitklingen. Es war ein etwas bösartiges Brausen im Kopf, wie es bei dem Wettbewerb unglücklicher Klugheiten in den Großstädten unweigerlich aufkommen mußte. Und dennoch – auch dieses brausende Paris war jetzt in der weiten Landschaft verschwunden, als ob die immense laute Stadt einfach aus der Wahrnehmung gelöscht werden könnte...

Schon war Paris unerreichbar weit entfernt. Es war auch gleichgültig geworden, ob dort wirklich die neue Zeitordnung ausgebrütet werden sollte. Hier herrschten der Nebel und das weite Land, über das die Nacht hereinbrach. Selbst wenn Rauchwolken über der Metropole in den Himmel gestiegen wären, wie sie vor großen Ausbrüchen über den Vulkanen schweben, so hätte man eine solche Wolke von hier aus nicht mehr bemerkt. Der Nebel und die Dämmerung hatten die Stadt ausgelöscht, und mit ihr das hektische Gefühl für die Tendenzen der gärenden Zeit... Das monotone Rollen der Kutsche hatte die Stimmen der Pariser Freunde zermahlen. Mochte dort auch etwas unerhört Neues sich in zehntausend Köpfen vorbereiten – hier dehnte sich nur das zeitlose Land in gestaltlosen Schwaden...

Eine Straße wie diese kennt keine große Geschichte. Für alle Zeiten bleibt sie eine Spur auf der Erdoberfläche, wie eine Fährte im Schnee oder die Abdrücke von Tierklauen im Straßenrand. – Noch eine Stunde nach Soisson. Und morgen eine weitere Stunde in dieses gottverlassene Dorf – Buzancy. Würde man sich jemals an den Namen dieses Dorfes erinnern? Würden spätere Zeiten auf es deuten und erzählen, daß dort einmal das verborgene Herz der modernen Zeit geschlagen habe? – Nein, niemand würde den Namen dieses Ortes kennen. Nur ihn, van Leyden, hatte es durch einen dummen Zufall getroffen, in diesem verfrühten Winter in das Niemandsdorf zu reisen – ohne selber recht zu begreifen, welchem Antrieb er dabei gehorchte. Waren es wirklich bloß LeBrasseurs Empfehlungen? Und wenn es so

war, warum hatte er ausgerechnet diesen verrückten Alten treffen müssen? Mit welchem Recht hatte ihm dieser konspirative Querdenker den Namen des Dorfes ins Ohr gesetzt? Es war im Grunde eine Verrücktheit, diese Reise zu unternehmen! Vielleicht war es sogar unverzeihlich, sich aus der praktischen Welt davonzustehlen, während die Zeichen auf Sturm standen. Welchen Sinn hatte es, die kochende Großstadt zu verlassen und den wichtigsten Menschheitsangelegenheiten den Rücken zu kehren, nur um in einem abgelegenen Provinzschloß ein paar zusätzliche Einzelheiten über den Mesmerismus zu erfahren?
Buzancy. So heißt kein Ort, den die große Geschichte in die Erinnerung der Menschen einzugraben vorhat. So heißen Dörfer, die weder zu einer alten noch zu einer neuen Zeit gehören, Dörfer, denen es bestimmt ist, verborgen zu bleiben im Immergleichen, verloren in den Hügeln unter dem weiten flachen Himmel, von Laubwäldern und Äckern umgeben. Dieses Dorf gehörte noch zu einem Reich ohne Geschichte. In ihm regierte die Erde, die im Herbst nach Laub und Nebeln riechen muß und die im Frühjahr nichts anderes kennt als die tausend Gerüche des aufbrechenden Bodens und das Flüstern und Zirpen des Lebens, das seine Wiederkehr feiert.

Die Seelenwissenschaft hatte sich wirklich einen abgelegenen Geburtsort ausgesucht – freilich nach einer seltsamen Schwangerschaft in den großen Städten. In Wien hatte alles begonnen, als Mesmer seine ersten Experimente mit dem Magneten unternahm. Bald jedoch hatte Mesmer begriffen, daß für die erstaunlichen Wirkungen seiner Therapie nicht der metallische Magnetismus des kleinen Eisenstücks verantwortlich sein konnte, da es öfter vorkam, daß seine Patienten schon vor der magnetischen Bestreichung in ihre Zustände verfielen. Daraus hatte er geschlossen, daß es neben dem bekannten metallischen Magnetismus auch einen animalischen Magnetismus geben müsse, der seine Grundlage in einer allgemeinen Weltelektrizität fluidaler Natur habe... Und von Wien hatte Mesmer seine Idee nach Paris getragen, wo sie eine radikale Metamorphose durchlief, bis der dramatische Kern der Sache, die leidenschaftliche persönliche Elektrizität zwischen dem Magnetiseur und dem Patienten, endlich in einer Form hervortrat, an der auch der böswilligste Leugner nicht vorbeisehen konnte.

Buzancy. Niemand wird mehr wissen, daß hier eigentlich die Psychologie der Neuzeit geboren wurde. Die Großstädte würden diesen Ruhm in sich zurücksaugen, und vielleicht würde er selbst das Seine dazu beitragen, um den Namen des französischen Dorfes auszulöschen, um desto strahlender den Namen Wiens für immer mit der Erinnerung an die Entstehung der Seelenkunde zu verknüpfen. Aber war es nicht gleichgültig, wo die Psychologie zur Welt gekommen war, wenn sie nur eines Tages überall ihre Unabweisbarkeit demonstrierte? Doch niemand konnte in die Zukunft sehen. Vielleicht würde es für das Verständnis der neuen Wissenschaft eines Tages von Bedeutung sein, sich an die genauen Umstände ihrer Entstehung zu erinnern? Wird nicht jede Gegenwart durch unsichtbare Fäden an vergessene Ursprünge gebunden? Und würde in Zeiten der Krise nicht eine geheime Mitgift des Ursprungs wieder zum manifesten Auftauchen gezwungen? So wäre nicht auszuschließen, daß die moderne Psychologie im Augenblick der Gefahr Grund hätte, sich an ihren verschollenen Anfang zu erinnern?

»Ich glaube, wir sind da!« sagte der erkältete Advokat. Die Kutsche war auf einem Platz stehengeblieben, auf dem zahlreiche Fahrzeuge parkierten. Man befand sich auf dem Hof einer Restauration.

»Das ist Soisson«, sagte der Advokat. »Ein Glühwein und ein dickes Federbett, und Sie werden sehen, daß wir uns trotz dieser Tortur morgen wie neu geboren fühlen.«

Van Leyden war froh, nach der langen Fahrt in dem Nebel die Fenster eines Gasthauses zu sehen, aus denen warmes Licht fiel. Da drinnen würde das Gefühl, sich im Dunkeln verirrt zu haben, weichen.

»Sie haben viele Gäste heute«, hörte er den anderen Advokaten zu dem Wirt sagen, der auf den Hof herausgekommen war. »Ihr Geschäft profitiert davon. So viele Fahrzeuge sah man früher während des ganzen Jahres nicht.«

»Das ist wahr«, antwortete der Wirt. »Man bekommt es sehr zu spüren. Mir soll's recht sein. Treten Sie näher!«

»Sie trinken doch noch ein Glas Wein mit uns?« fragte der erkältete Advokat van Leyden, als die drei Reisenden die Gaststube betraten.

Van Leyden nickte geistesabwesend. Er setzte sich mit den Anwälten an einen Tisch. In der Wärme des Raumes spürte er, wie sehr sein Körper durchfroren war. Die Nerven in den Fingern begannen zu pochen und das Rückgrat fühlte sich weich und knorpelig an. Er nahm automatisch das Weinglas in die Hand, das der Wirt serviert hatte, und trank seinen Begleitern zu. Willenlos behielt er das Glas in der Hand und begann es mit kleinen Schlucken zu leeren. Lange würde er heute nicht mehr auf den Beinen sein, fühlte er. Während sein Körper auftaute, lehnte er sich, eine Stütze suchend, an die Wand. Ihm war, als habe er keinen Rücken mehr. Sein Kopf wuchs wie ein weicher Docht gleich über der Hüfte hervor. Sein Blick wanderte haltlos durch den Raum.

Er sah, wie ein Kranker eine schmutzige Binde um seinen von Geschwüren bedeckten Unterschenkel wickelte. Neben dem Mann saß eine sehr fette Frau, die ihre Röcke bis zu den Knien gehoben hatte und ihre Füße in einem Kübel badete. Von den umliegenden Tischen erhob sich ein unruhiges Murmeln. Ein junger Mann erregte Aufmerksamkeit, indem er ein Glas voller Blutegel vor sich auf den Tisch stellte und das Geringel der Würmer in ihrem Behälter mit einem höhnischen Vergnügen studierte.

Van Leyden stand auf.

»Eine sehr angenehme Nacht, meine Herren«, sagte er.

Seine eigene Stimme kam ihm fremd vor. Der Wirt begleitete ihn zu seinem Übernachtungszimmer. Er entriegelte für ihn die Tür und entzündete eine Kerze in einem Glasbehälter.

»*Bonne nuit, Monsieur*«, sagte der Wirt.

»*Merci beaucoup*«, erwiderte van Leyden mechanisch.

»*A votre service, Monsieur*«, sagte der Wirt.

Van Leyden träumte.

Er trug über seinem Kopf einen gelben großen Sonnenschirm, wie ihn die Herrschaften zu tragen pflegten, die an warmen Nachmittagen in den Gärten des Palais Royal umherspazierten. Neben ihm ging Marthe an seinem Arm. Sie trug ihre hellroten Röcke. Sie lächelte und grüßte nach allen Seiten. Man sah die Passanten gestikulieren und ihre Münder sich bewegen. Auch

Marthes Lippen öffneten sich und formten einen Kreis. Die ganze Szene vollzog sich jedoch in gespenstischer Lautlosigkeit, und alle Grüße und Komplimente schienen abgetrennt von den Körpern. Er wollte zu Marthe und den anderen sagen, sie sollten lauter sprechen, damit er sie verstehen könnte. Aber er hatte seine Stimme verloren und merkte nur, wie er den Mund öffnete und sich vergeblich bemühte, seine Worte zu artikulieren. Die Spaziergänger wanderten auf einer Wolke dahin, die alle Geräusche verschluckte. Sie hatten nichts anderes im Sinn als Lächeln und Fächerschwingen und jene unsäglich vornehmen Kopfverneigungen, die eine lebenslange Übung erfordern...

Es begann zu regnen. Ein Sommerregen prasselte auf den gelben Schirm – die Tropfen brachten die Geräusche in die Geisterwelt zurück. Sogleich wurde alles wieder wirklich. Fröhlich streckte er seine Hand aus, um Marthes Arm zu berühren. Aber jetzt, da alles hätte wirklich gut werden können, war sie verschwunden, und obwohl er fühlte, daß ihre Abwesenheit keine vollständige war und daß sie irgendwo als Umgebung noch da sein mußte, blieb jede Mühe, sie zu erreichen, umsonst.

Ein Knurren erfüllte auf einmal den Raum. Es kam, wie er nach einer Weile feststellte, aus seinem Mund. Langgezogene Schreie begannen sich um seinen Körper zu wickeln. Bald war er steif verschnürt von den scharfen Fäden, die aus seinem Mund quollen. Je mehr er davon hervorwürgte, desto länger begann sich die Zeit auszudehnen. Das Warten schwoll in seiner Kehle an wie ein Knebel. Im Gaumen wuchs ein blaues tiefes Gewölbe, von dem nasse Metallplatten in die Brust und die Bauchhöhle herabbaumelten, und wenn die Platten aneinanderstießen, ertönte ein scharfes Schwingen, das den ganzen Raum durchdrang. Die Zeit wuchs weiter und weiter und wurde zu einer Folter, die nicht mehr enden wollte. Aus dem Inneren des Schmerzes quoll ein unendliches Jetzt hervor, vor dem auszuweichen den Sinn des Lebens bedeutete. Der Schmerz prallte in seiner Flucht gegen einen Gong, dessen Schall sich zwischen den Schläfen verfing. In diesem Ton – wußte er – war das Nichts zu Hause, ein ausdehnungsloser Punkt, in den man mühelos die Welt hineingießen konnte, und er würde sie mit der größten Leichtigkeit verschlingen.

Er spürte das Blut am Gaumen und den Würgegriff um den Schädel. Vom Nasenbein her drang ein tödlicher Druck in das rötlich flimmernde Weltall des Kopfes ein. Wie eine Säure fraß sich die Verzweiflung durch den Innenraum, und die Angst strahlte auf, mit der das Leben sich zum ersten Mal unwiderruflich als verlorenes und begrenztes zu fühlen beginnt. Doch war nichts da außer diesem Druck auf den panischen Leib in seiner blutigen Dunkelheit. Wohin gehen, um nicht verloren zu sein?

Mit aller Kraft begann er zu forschen, wohin er geraten war. Er sah sich in einem gemauerten Tunnel sitzen, durchspült von einem trägen Fluß, in dem Klumpen organischer Substanzen und schaumige Brühen dahinflossen. Mit einem verzweifelten Entschluß stieß er sich von der Wand ab und watete mit der Strömung in den dunklen Stollen, an dem gurgelnden Rohr entlang, bis die Flut zwischen den Beinen reißend anschwoll. Die Wände des unterirdischen Kanals wurden weicher. Sie schwankten wie Schläuche, die sich unter dem Gewicht der durchströmenden Massen winden. Die schleimigen Mauern gaben nach, schwangen nach unten fort und wichen zur Seite, um mit einem dringenden Schmatzen wiederzukehren. Er fürchtete, in den sauren Brühen des Schlauches zu ersticken. Die Flut hämmerte in den Ohren. Von weither trug sie ein dumpfes Schreien und Stöhnen in seinen Kopf. Die Flut begann, reißender an seinem Leib zu zerren. Die Schlauchwände drängten ihn abwärts in einen Kamin, an dessen Ende ein gleißender Schlitz aufklaffte. Es war das Furchtbare selbst. Niemals würde er dem hellen Grauen standhalten. Eine purpurne Flutwelle rollte heran, die wie ein großer elektrischer Strumpf von den Fußsohlen bis über den Bauch glitt. Er preßte sich mit unendlicher Wut gegen den Kamin, an dessen Ende das Licht seine Messer schliff. Noch einmal rollte die Flutwelle mit violettem Funkensprühen durch den Leib, der unendlich langsam stürzte, bis eine weitere Welle kam, die sich grünlich leuchtend über ihn warf, und andere Wellen, die blauer und heller in seinem Leib aufschäumten. Schon war etwas von ihm im Freien, einer grausamen Helle ausgeliefert. Er hatte verloren, und hatte zugleich gesiegt in einem Kampf, den er niemals hätte gewinnen sollen …

Etwas Saures begann zu brennen, ein kühles großes Feuer

versengte sein Inneres. Bitterkeit strahlte auf und im Kopf glühte ein unvergeßlich schmerzvoller Geruch von Chlor und Licht, Säure und Dasein. Eine letzte Welle rollte hindurch und wurde zu einem Schrei, der aus den Beinen stieg und durch die Mundöffnung ins Freie brach. Es war ein Schrei der jubelnden Verzweiflung und des nie mehr endenden Vorsatzes, diesem Entsetzen auf den Grund zu gehen, um hinter den Sinn der Katastrophe zu gelangen. Zwischen seinen Schläfen dröhnten die Glocken des Lichts. Was war es, das durch die Hölle gehen mußte, um dort anzukommen, wo es seiner natürlichen Bestimmung zufolge sein sollte?

Van Leyden spürte leichte Schläge auf seinen Wangen und ein paar feste Griffe unter den Armen, die ihn aufrichteten.
»Um Himmels willen, Monsieur, warum schreien Sie so laut? So wachen Sie doch auf!«
Van Leyden erkannte den Wirt, der sich über ihn beugte und ihn ins Bett zurückzuheben versuchte, von dem er kopfüber herabhing, mit den Beinen die Matratze umklammernd. Er schaute verwirrt auf den Wirt und auf die Kerze auf dem Nachttisch.
»Wie spät ist es?« fragte er, um etwas zu sagen.
»Sie hatten einen schlechten Traum, Monsieur, nicht wahr? Es ist erst zwei Stunden nach Mitternacht.«
»Nach Mitternacht«, sagte van Leyden mechanisch.
»Sie sind wohl einer von denen, die vorher böse Nächte haben«, meinte der Wirt höflich mitfühlend. »Das scheint auch dazuzugehören.«
Van Leyden wiederholte verständnislos: »Vorher ...?«
»Vor den Behandlungstagen!« erklärte der Wirt. »Das ist manchmal kein Vergnügen. Ein Haus voll Menschen in Alpträumen ... nein, das ist wirklich kein Vergnügen. Geht es Ihnen besser, Monsieur?«
»Ich denke schon«, sagte van Leyden. »Sicher geht es besser. Vielleicht versuche ich, noch etwas zu schlafen.«

19
Der Zauberbaum – *allez, touchez, guérissez*

Van Leyden sah das Schloß und die ersten Häuser des Dorfes über dem Hang auftauchen, der links des Weges aus einer Senke zur Anhöhe aufstieg. Der Nebel hatte sich gelichtet. Zwei dünne Rauchsäulen quollen aus den zierlichen Kaminen über dem Schloß. Zur Linken, auf der anderen Seite der Talmulde, zog sich eine hohe Parkmauer den Hügel entlang. Der Blick fiel auf die zum Teil schon kahlen Baumkronen eines stattlichen Parks. In dessen hinterem Teil ließen sich durch die dunklen Äste hindurch die Umrisse eines Gartenschlößchens erahnen. Vor der Parkmauer, nicht weit von einem überdachten Dorfbrunnen mit einem großen quadratischen Bassin, stand eine Anzahl von Fuhrwerken, die darauf schließen ließen, daß er an diesem Vormittag nicht der erste Besucher des Dorfes war. Die Pferde senkten ihre Köpfe in die Futtersäcke und bewegten sich sacht in den Geschirren.
In der Nähe des Brunnens erhob sich eine uralte riesenhafte Ulme. Eben hatten ein paar Arbeiter lange Leitern an den Baum gelehnt und zogen beim Hinaufklettern Hanfseile mit sich, um sie in einiger Höhe quer über die ausladenden Seitenäste der Ulme zu werfen. Man hätte meinen können, daß sich an diesem stillen Vormittag im Spätherbst eine Massenhinrichtung vorbereite, bei der die mächtige Ulme als Galgen dienen sollte. Nur die merkwürdige Anordnung der bis zum Boden hängenden Seile paßte nicht ganz in das makabre Bild vom Galgenbaum.
Van Leyden bezahlte den Kutscher, einen Fuhrunternehmer aus Soisson, der sich auf Transporte nach Buzancy spezialisiert hatte. Er gab ihm die Anweisung, nicht auf ihn zu warten – er werde sich vermutlich für einige Zeit im Ort einquartieren. Der Kutscher bestand jedoch darauf, daß van Leyden auch die Rückfahrt bezahlte, da er grundsätzlich keine Beförderungen nur in einer Richtung unternehme.

Etwas beklommen überquerte van Leyden den Hof vor dem Hauptgebäude des Schlosses. Unwillkürlich mußte er an die Bemerkung des Advokaten denken, der beteuert hatte, er ließe sich für nichts in der Welt überreden, sich einer magnetischen Manipulation zu unterziehen. Aber er selber? Tat er jetzt nicht wirklich einen Schritt über die Grenzen der gewöhnlichen Welt hinaus? Ein unerklärliches Glimmen lag in der Luft. Als er die Stufen zum Schloßportal hinaufstieg, empfand er plötzlich den Drang umzukehren. Er dachte, es sei noch nicht zu spät, um in ein alltägliches Leben zurückzufinden. In diesem Augenblick hörte er ein Pferd wiehern, und es fiel ihm ein, daß er nur einer von vielen war, die hierher gefunden hatten. Dies war kein verwunschenes Schloß, und der Marquis war kein Magier, der Menschen verschwinden ließ. Was man hörte, war ein gewöhnliches Wiehern, das von einem Kutschpferd stammte und nicht von einem Dämon in der Luft über dem Tal.

Van Leyden forderte den Diener, der ihm die Tür öffnete, auf, ihn bei dem Marquis von Puységur anzumelden. Der Diener führte ihn in einen kleinen Salon und bat ihn, für ein paar Augenblicke Platz zu nehmen. Er war jedoch zu unruhig zum Sitzen und ging, während der Diener sich entfernte, in dem Raum nervös auf und ab. Man hatte von dem Salonfenster einen weiten Blick über das Tal und die im hellen Dunst verschwimmenden Hügel am Horizont. Von hier oben erschien auch die Ulme wie ein gewöhnlicher Baum, der sich unauffällig in die Landschaft fügte. Nur bei genauem Hinsehen waren die Seile zu erkennen, die verrieten, daß es mit diesem Baum eine außergewöhnliche Bewandtnis hatte. ›Um Menschen dieser Art ist immer ein Zwielicht.‹ Ja, das war die Sprache von außen, und solche Redensarten kamen denen zu, die vom sicheren Ufer aus ihre Urteile fällen und über alles Meinungen haben. Aber galt diese äußere Sprache für ihn? Fühlte er nicht längst, daß alles darauf ankam, sich selbst der Strömung anzuvertrauen...

Van Leyden hörte eine Tür schlagen. Energische Schritte kamen näher. Gleich darauf betrat ein Herr in eleganter Uniform den Salon – es konnte kein anderer sein als der Marquis de Puységur. Als dieser van Leyden am Fenster stehen sah, stockte er und rief mit dem Ausdruck größten Erstaunens: Aah! – dann jedoch sah er van Leyden prüfend und kopfschüttelnd an und kam ihm mit zur Begrüßung ausgestreckten Händen entgegen.

»Seien Sie sehr herzlich willkommen, Monsieur!« sagte er. »Man meldet mir, ein Herr aus Wien habe um ein Gespräch gebeten.«

Van Leyden verbeugte sich und stellte sich vor, indem er sich auf LeBrasseur berief und dessen Brief an den Marquis aus der Tasche zog, um ihn zu übergeben.

»Dies ist ein Schreiben meines Lehrers LeBrasseur, worin er mich vermutlich Ihrer freundlichen Aufmerksamkeit empfiehlt.«

Der Marquis lachte.

»Nun, Monsieur, einer solchen Empfehlung hätte es kaum bedurft, da Sie sich meiner Aufmerksamkeit ohnehin nicht hätten entziehen können. Als ich Sie eben so am Fenster stehen sah, da entdeckte ich eine verblüffende Ähnlichkeit mit meinem Bruder Antoine Hyacinthe, so daß ich einen Augenblick lang glaubte, er sei unverhofft zurückgekehrt. Erst auf den zweiten Blick durchschaute ich meine Täuschung. Es wäre auch gar zu unwahrscheinlich gewesen, ihn hier zu finden, da er auf Santo Domingo seinen Dienst tut!«

»Dienst... in Santo Domingo...?« wiederholte van Leyden verwirrt.

»Und Sie sagen, daß Sie auch noch meinen lieben LeBrasseur kennen?« fuhr Puységur kopfschüttelnd fort. »Ausgerechnet er ist es, der Sie zu mir schickt? Was soll man da noch sagen? Sie erinnern mich fast an eine von den Romanfiguren, bei denen die Umstände immer auf suspekte Weise zusammenspielen, damit der Held an das vom Autor vorherbedachte Ziel gelangt. So haben sich die Helden der Antike vorwärts bewegt, und womöglich reisen noch heute so die wirklichen Psychonauten, die alle Umstände nach innen ziehen, um ihre Geschichte daraus zu fabrizieren. Sie entschuldigen einen Moment?«

Puységur überflog den Brief LeBrasseurs, wobei van Leyden ein leises Lächeln auf dem Gesicht des Marquis bemerkte.

»Nun, Monsieur«, sagte der Marquis, indem er den Brief beiseite legte, »LeBrasseur scheint große Dinge von Ihnen zu erwarten. Von mir verlangt er, daß ich die ganze Technik des magnetischen

Schlafs und das Prinzip des animalischen Magnetismus an Sie weitergeben solle, weil er hofft, daß all diese Dinge in Ihren Händen eine neue Dimension gewinnen könnten.«

»Oh nein!« erwiderte van Leyden sehr verlegen, »das kann unmöglich so sein. Wenn LeBrasseur mit mir redete, hatte ich immer das Gefühl, daß er sich über meine völlige Unwissenheit lustig machte. Aber wahr ist, daß er von Ihnen in den höchsten Tönen gesprochen und mir versichert hat, unter den Heutigen sei keiner, der sich mit Ihnen messen könne, was Einsichten in die Nachtseiten der menschlichen Seele angehe.«

Puységur lächelte.

»Daran erkennen wir den alten LeBrasseur. Für ihn gibt es nur Übertreibungen. Sie täuschen sich, wenn Sie glauben, daß er sich über Sie lustig gemacht hätte. Im Gegenteil. Er war entzückt von Ihrer Bereitschaft zum Zuhören. Er behauptet, daß aus Ihnen etwas Großes werden müsse, weil Sie die Wehrlosigkeit vor der Wahrheit besitzen, durch die sich die groß angelegten Naturen zu erkennen geben. Wer an allem das Wahre sieht, muß früher oder später dazu kommen, die vulgären Meinungen über Wahres und Falsches umzustürzen.«

»Nun weiß ich nicht mehr, was ich antworten soll«, sagte van Leyden. »Ich dürfte solche Charakterisierungen nicht mit anhören – oder mich zumindest nicht mit ihnen aufhalten... Bitte verstehen Sie es nicht als eine Unhöflichkeit, wenn ich sofort zur Sache komme. Was bedeutet für Sie der animalische Magnetismus?«

Der Marquis von Puységur antwortete nicht sofort. Er sah van Leyden eine Weile an, jedoch nicht mit dem Ausdruck von jemandem, der über eine präzise Antwort nachdenkt, sondern der sich auf das Wesen des Gesprächspartners einzustimmen versucht.

»Das ist eine sehr massive Frage«, sagte er schließlich. »Sie klingt geradezu, als wollten Sie mit einem Schlag die ganze Wahrheit hören.«

»Ich verstehe«, erwiderte van Leyden nachgiebig. »Ich verlange immer zuviel auf einmal. Ich weiß, daß es ein Laster ist, so ungeduldig zu sein. Vielleicht kann ich es lernen, der Wahrheit Schritt für Schritt näherzukommen.«

»Nein, darum geht es nicht«, sagte Puységur sehr ernst. »Auf diesem Gebiet können Sie Schritt für Schritt gar nichts erreichen. Hier müssen Sie alles mit einem Griff nehmen oder alles verfehlen. Ich will sicherstellen, daß Sie das einsehen. Das Prinzip des animalischen Magnetismus läßt sich nicht allmählich lernen, sondern nur mit einem einzigen leidenschaftlichen Aufschwung der Seele vollziehen. Alles übrige sind Äußerlichkeiten.«

»Es tut mir leid«, sagte van Leyden, »daß ich mich so schwerfällig anstelle, aber ich verstehe Sie nicht, Monsieur. Wie könnte ich eine Kunst, von der ich nichts weiß, mit einem Schlag erlernen, wenn ich nicht einmal weiß, was ich lernen soll? Zuerst müßte ich mir doch ein Bild von der Sache machen, um sie mir nach und nach anzueignen?«

Der Marquis lächelte wieder.

»Sehr gut, Monsieur. Ich glaube, wir werden uns schnell verständigen. Sie wollen etwas lernen, nicht wahr? Sie meinen natürlich, nicht zu haben, was Sie lernen wollen, sonst könnten Sie nicht das Bestreben haben, es zu lernen. Richtig? Bis hierher scheint alles sehr einfach. Wenn die Strömung Ihres Bestrebens völlig eindeutig ist, dann sind Sie ein heiler Mensch, der aus der Eindeutigkeit seines Bestrebens heraus zu leben versteht. Was immer Sie dann lernen wollen – Sie werden es lernen, und Sie werden sich aus Ihrer Strebung heraus alles aneignen können, was Sie sinnvollerweise lernen wollen können. Nur eines brauchen Sie in dieser Strebung nicht zu lernen: das eindeutige Streben, das gar nichts anderes ist als das Leben Ihres Lebens. Eben dies macht das Geheimnis des animalischen Magnetismus aus. Wer die Kraft zum reinen Wollen und zum eindeutigen Streben in sich trägt, der kann alles wollen, und wird es erreichen, wenn es überhaupt erreichbar ist. Nur den animalischen Magnetismus kann er nicht lernen wollen, weil eben dieses reine Wollenkönnen selber reiner animalischer Magnetismus ist. – Verstehen Sie, Monsieur? Es ist fast zu einfach, um es zu verstehen. Man kann das Wollen nicht lernen wollen, ohne die Reinheit und Einfachheit des Wollens zu zerstören. Entweder Sie wollen oder Sie wollen nicht, das ist die einfache Grundwahrheit. Der animalische Magnetismus ist nichts anderes als die

Ausübung des reinen Wollens, das seiner Natur nach nichts anderes sein kann als reines Wohlwollen. Verstehen Sie nun, warum das nicht erlernbar ist? Entweder Sie machen Ihr Leben zu einer Ausübung Ihres Willens, dann praktizieren Sie immer schon, ob Sie es so nennen oder nicht, eine Art von animalischem Magnetismus. Oder aber Ihr Leben und Ihr Wille laufen in getrennte Richtungen und Sie werden zerrissen sein und sich nach etwas sehnen, wovon Sie glauben, daß es Ihnen die Einheit von Leben und Wille wiedergibt. Am besten arbeitet man dann mit einem Lehrer, der den Einheitspunkt in sich gefunden hat und von diesem her wirkt. Früher geschah das natürlich vor allem in den Formen der Religion – sofern sie mehr waren als Konventionen. Wer wirklich leidenschaftlich um den Glauben bemüht war, der konnte auch darin die Verschmelzung des abgesplitterten Willens mit dem tieferen Grund des Lebens wiederfinden. Aber für moderne Menschen ist dieser Weg fast unmöglich geworden, weil unsere Köpfe von der paradoxen Symbolik der Religionen unweigerlich Abstand nehmen. Außerdem ist das moderne Ich noch so tief in seine Selbstbehauptungskämpfe verstrickt, daß es unmöglich Verständnis aufbringen kann für die Paradoxien einer radikalen Unterweisung. Aber die Zerrissenheit wächst mit jedem Tag, da in der heutigen Zeit immer mehr verschiedenartige und entgegengesetzte Kräfte an unserem Willen zerren und ihn in tausend Richtungen auseinanderreißen.«

Van Leyden fühlte sich, während der Marquis seine Ideen darlegte, von einer tiefen Unruhe ergriffen. Er empfand mit großer Gewißheit, Dinge zu hören, die sein konfus dahintreibendes Leben in eine unerhörte Bahn lenken könnten – wenn er es darauf ankommen ließ, mit dem, was er zu ahnen begann, ernst zu machen. Aber konnte er das – ernst machen? Konnte er wirklich radikal verstehen wollen, oder war es ihm nicht nur darum zu tun, eingefleischten Träumen von seiner eigenen Entwicklung nachzuhängen? Träumen von mächtigerem Sein und größerem Wissen und glühender Lust in unbekannten dunklen Schößen? – Van Leyden begriff, daß diese Träume in Gefahr waren, durch ein helleres Licht vertrieben zu werden. Er hatte sein Leben gewissermaßen schon ganz auf die Haltung des

Suchens und Forschens eingerichtet ... zum ersten Mal ahnte er, daß die Forschung die größte aller Lebenslügen sein konnte, weil sie auf der Hypothese aufgebaut war, durch das Sammeln der sogenannten Erfahrungen hindurch derselbe zu bleiben, der sich in seinem Suchen und Denken fühlt. Nichts war bequemer als die immerwährende Strebsamkeit und die gierige Bewegung ins Unendliche. Plötzlich hatte sich ein Abgrund vor ihm aufgetan ... das Ziel war sichtbar. Es fühlte sich an wie eine tödliche Falle.

»Ich bin etwas verwirrt«, sagte er zu Puységur. »Ich verstehe wohl, was Sie erklärt haben, oder ich bilde mir ein, es zu verstehen. Aber ich kann nicht begreifen, was für mich selbst daraus folgt. Mir scheint es auf einmal irgendwie unpassend, den animalischen Magnetismus als therapeutische Technik erlernen zu wollen. Denn um ihn zu praktizieren, müßte man, wenn ich recht verstanden habe, die Einheit des Willens haben, und wenn ich jemand wäre, der diese besitzt, so wäre ich mit Sicherheit gar nicht hier – nicht wahr? Was raten Sie mir, Monsieur?«

Der Marquis schaute van Leyden offen und ernst an.

»Ich habe keinen Rat für Sie. Auch das gehört zum Prinzip des animalischen Magnetismus. Der Magnetiseur kann nichts für seinen Patienten wollen. Er hat keinen Rat für den anderen. Jedoch stellt er eine Situation her, in der deutlicher wird, was der andere im Grunde für sich selber will. Jede Krankheit spricht von einem tiefen Unwillen. Meine Arbeit besteht darin, das positive Wollen unter diesem Unwillen in Kraft zu setzen – und wo dies geschieht, verschwindet sehr häufig die Krankheit mit einem Schlag.«

»Das mag wohl sein«, erwiderte van Leyden zögernd. »Aber was mich angeht, so fühle ich mich nicht eigentlich krank.«

»Sie müssen sich keineswegs krank fühlen, um an einer Zersplitterung der Seele zu leiden. Es gibt Krankheiten, die sich als Stärke äußern oder als Zukunftshoffnung oder als rastlose Forschung. In jedem Fall lebt der Mensch nicht an der Quelle seines Willens, sondern ein anderer will für ihn, oder viele andere.«

»Sie haben recht«, räumte van Leyden ein. »Aber Sie treiben mich geradewegs zur Verzweiflung. Wenn ich nun einmal verwirrt bin, was nützt es mir, von der Entschiedenheit und von der Einheit des Willens zu träumen? Damit werde ich nur noch mehr verwirrt.«

»So ist es!« sagte Puységur erfreut. »Aber wer hat Ihnen gesagt, daß Sie entschieden sein *müßten*? Wenn Sie verwirrt sind, so ist das Beste, was Sie tun können, mit aller Kraft verwirrt zu sein. Mir scheint aber, daß Sie nicht einmal ordentlich verwirrt sein wollen und es darauf anlegen, zur selben Zeit verwirrt und nicht verwirrt zu sein – indem Sie eine Theorie aufstellen und inmitten der Konfusion schon von Klärungen träumen. Damit zerstören Sie die heilsame Kraft der tiefen Verwirrung – und Sie erzeugen, wie Sie sagen, eine doppelte Konfusion, wo zuvor eine einfache war. An diesen Verdoppelungen erkennt man die falschen Geister. Sie können aufgrund ihrer psychischen Verfassung unmöglich ein reines Wohlwollen sein, aber sie pflanzen sich mit ihrem Willen zum Willen inmitten der Gesellschaft auf und stiften Verwirrung. Aber das Ich des Willens zum Willen ist oberflächlich und falsch. Das ontologische Lokal des reinen Willens liegt so tief unter allen bloßen Ansprüchen, daß das Ich, das wollen will, es im Leben nie erreichen kann. Es könnte sich nur durch eine totale Abdankung aus seiner Flachheit befreien.«

»Ich beginne zu verstehen«, sagte van Leyden wie im Selbstgespräch. »Ich bin verwirrt, und es bleibt mir nur das eine übrig, mich der Verwirrung zu beugen. Wenn Sie erlauben, Monsieur, soll das mit Ihrer Hilfe geschehen!«

Der Marquis von Puységur verbeugte sich leicht.

»Wenn Sie sich von mir magnetisieren lassen wollen, so wird mir das eine Ehre sein. Aber Sie dürfen niemals vergessen, daß zwischen Ihnen und mir keine wirkliche Kluft besteht. Sie müssen nur ein wenig tiefer in sich gehen – meinetwegen mit meiner Hilfe –, um zu erkennen, daß Sie nur für sich selbst tun können, was Sie zunächst unweigerlich bei mir oder einem anderen suchen müssen. Ich sage zu Ihnen dasselbe wie zu meinen Logenbrüdern in der Straßburger Gesellschaft, vor denen ich kürzlich einen Vortrag hielt. ›Meine Herren‹, rief ich ihnen zu, ›ich glaube an die Existenz einer Kraft in mir, und für diesen Glauben brauche ich keine weiteren Gründe als das unmittelbare Bewußtsein von dieser Kraft, in der ich lebe, webe und bin. Aus diesem Glauben leitet sich mein Wille ab, sie wirksam werden zu lassen. Die ganze Lehre vom animalischen Magnetismus ist in den zwei Worten enthalten: Glauben und Wollen. Ich glaube, daß ich die Kraft habe, das vitale Prinzip meiner Mitmenschen in Gang zu setzen; ich will diese Kraft gebrauchen; dies ist alles, was ich weiß, und dies sind alle meine Mittel. Glauben Sie und wollen Sie, meine Herren, und Sie werden ebensoviel tun wie ich!«

»Aber ist das keine gefährliche Lehre?« fragte van Leyden besorgt. »Wenn Sie den ganzen animalischen Magnetismus an zwei so allgemeine und unkontrollierbare Prinzipien wie Glauben und Wollen knüpfen, steht dann nicht jedem Mißbrauch Tür und Tor offen? Was wird geschehen, wenn trübe Motive sich einmischen? Wer kann verhindern, daß die Magnetiseure ihre Patienten mißbrauchen und ausbeuten und ihnen unter dem Vorwand, es sei ihr eigener, einen fremden Willen aufzwingen?«

»Die Sorge ist verständlich, aber falsch«, erwiderte Puységur ruhig. »Diese Sorge oder besser diese Befürchtung ist selber ein Ausdruck des zersplitterten Willens, also des Willens, der kein eindeutiges und frei sich verausgabendes Wohlwollen kennt, sondern der von argwöhnischen, machtgierigen und genußhungrigen Strebungen in verschiedene Richtungen auseinandergetrieben wird. Die Sorge kommt aus dem Mißtrauen, sie zeugt von der Doppelung der Tendenzen, einerseits die Heilung zu begehren, andererseits sie zu hintertreiben, weil man erwartet, von einem fremden Willen mißbraucht zu werden. Und tatsächlich entspricht dies der Erfahrung, die die Menschen im Rahmen des egoistischen Verkehrs miteinander machen. Für diese ganze Sphäre gilt der Satz *homo homini lupus.* Aber der animalische Magnetismus gehört zu einer anderen Welt. Er gründet wie jedes tiefgewordene Bewußtsein im Vertrauen auf die heilende Kraft der Gemeinschaft.«

»Aber gerade diese Kraft habe ich in Frage gestellt!« sagte van Leyden beharrlich. »Ist es nicht so, daß Menschen, die einander sehr nahe sind, einander auch das Schrecklichste zufügen? Wer kann also garantieren, daß nicht unter dem Vorwand der Heilung der entsetzlichste Mißbrauch geschieht?«

»Es gibt keine Garantie«, sagte Puységur nachdenklich. »Aber sie wäre sowieso völlig unbrauchbar, weil jemand, der so fragt, mit Notwendigkeit jemand ist, der an keine Garantie glauben würde. Im Gegenteil, je mehr Garantien, desto mehr Betrug. Je seriöser die Versicherungen, desto tiefer die Verzweiflung. Der animalische Magnetismus ist nichts anderes als eine sehr tiefe heilende Kommunion. Wo diese nicht stattfindet, weil die Trennungstendenzen tiefer reichen als die Verbindungsfähigkeit, dort gibt es keinerlei Magnetismus – und wo er nicht stattfindet, kann man auch nicht behaupten, er sei mißbraucht worden. Der Mißbrauch hat eine völlig andere Logik – die der gegenseitigen Irreführung. Aber das hat mit der magnetischen Kommunion nichts zu tun. Der Zweifel und die Unruhe über den Magnetismus gehören zum System der falschen Seelenformen, zur Isolierung und zur Abgetrenntheit vom lebendigen Strom. Aus dieser Getrenntheit heraus argumentieren wir wunderbar scharfsinnig gegen das Verbindende, nicht ahnend, daß wir uns doch nur immer tiefer in die Getrenntheit hineinreden. Aber die Kraft, die wir zum Trennen und Abstandnehmen einsetzen, ist dieselbe, die sich als das Medium aller Verbundenheit bewähren könnte. Sobald sich die Kraft entscheidet, in eine einzige Richtung zu gehen, hört die Zertrennung auf. Sich entscheiden heißt nur, die Trennung beenden. Mit deiner Entscheidung wird deine Seele geboren – die Isolation und das Schwanken sind vorüber. Die Kraft kehrt heim und wandelt sich zum reinen Willen, der sich ohne Sorge um Urteile verausgabt. Die entschiedene Seele ist nichts als sprühende Beseeltheit und reine Verausgabung, die kein Mißtrauen kennt und keinen Mißbrauch fürchtet.«

Van Leyden sah den Marquis de Puységur eine Weile staunend an. Er fühlte sich zutiefst hingezogen zu allem, was der Magnetiseur erklärt hatte, und zugleich abgestoßen und entmutigt. Er empfand die völlige Unmöglichkeit, diese Äußerungen direkt auf sich selbst anzuwenden.

»Ich hätte große Lust, Ihnen zu widersprechen«, sagte er schließlich offenherzig zu dem Marquis, »am liebsten würde ich alles, was Sie gesagt haben, mit ein paar kräftigen Argumenten widerlegen – aber nicht, weil ich davon überzeugt wäre, daß es nicht die Wahrheit ist, sondern weil ich allzu deutlich spüre, daß ich dieser Wahrheit in meinem seelischen *status quo* nicht gewachsen bin. Ich möchte Sie bekämpfen, Monsieur, ... Sie demütigen mich!«

Der Marquis von Puységur sah van Leyden aufmerksam an. »Es ist gut, daß Sie das offen aussprechen, Monsieur. Ich sehe mit großer Genugtuung, daß Sie das Spiel des animalischen Magnetismus sofort aufgenommen haben. Sie spüren den Widerwillen und verausgaben diesen auf der Stelle. Schon ist der Magnetismus am Werk. Sie machen aus Ihrem Widerspruch keine Privatsache. Sie erklären Gott sei Dank Ihre Verneinung nicht zu einer inneren Angelegenheit, sondern schenken Sie unserem Gespräch. So kommt die magnetische Arbeit in Gang. Der Magnetismus bricht die faulen Verneinungen auf, die als isolierte und privatisierte Abwehren in unseren Körpern und Gedanken schlummern. Ihretwegen stagniert doch das Leben. Jeder zivilisierte Mensch, von wenigen Ausnahmen abgesehen, ist ein Sumpf aus stagnierter Negativität. Sie sehen es sofort: er leuchtet nicht, er ist routiniert und stabil, kein Glanz, keine Schärfe. Damit ist alles gesagt.«

»Also glauben Sie, daß der Magnetismus nicht notwendigerweise den künstlichen Somnambulismus oder die hypnotische Trance voraussetzt?« fragte van Leyden.

»Keineswegs«, erwiderte Puységur. »Magnetismus ist überall am Werk, wo die Kraft- und Sinnflüsse ununterbrochen bleiben – in lebendigen Gesprächen genauso wie in leidenschaftlichen Umarmungen, in reinen Appellen nicht anders als im selbstvergessenen Tanz. Die Trance ist hier nur ein Kunstmittel, um schnell unter das verkehrte Selbstbewußtsein zu gelangen. Sie ist kein Wert an sich. Sie erlaubt uns lediglich das direkteste Gespräch mit dem vitalen Prinzip des anderen. Der Magnetismus weiß, daß die wirkliche Welt nur aus Intensitäten gewoben wird.«

»Demnach«, spann van Leyden den Gedanken weiter, »müßte es auch möglich sein, sich selbst zu magnetisieren, ohne sich erst einem Magnetiseur auszuliefern? Braucht man denn unbedingt den anderen dazu, um an die Quelle des eigenen Willens zu kommen? Genügt es nicht, daß ich mein Inneres aufmerksam beobachte, um allen meinen geheimen Verneinungen und Unterbrechungen meines Lebensstroms auf die Spur zu kommen? Ich gestehe, daß sich in mir etwas gegen die Vorstellung empört, mich an den Willen eines anderen auszuliefern, und sei es der des wohlwollendsten Menschen.«

Puységur wartete eine Weile.

»Viele Menschen denken wie Sie«, sagte er dann. »Es sind meistens Menschen, denen man beigebracht hat, sie seien autonome kritische Subjekte, kleine Könige gewissermaßen, die in der Mitte der Welt residieren und alles überblicken und mitregieren müßten. Aus solchen Köpfen entspringt wie automatisch die Idee, daß sie sogar ihre Befreiung – wo sie wünschbar wäre – in eigener Regie herbeiführen müssen, ohne zu bemerken, daß sie damit das Unmögliche fordern. Aber wer sich für ein autonomes kritisches Subjekt hält, ist ohnehin im Unmöglichen zu Hause, und so fällt ihm eine weitere Unmöglichkeit nicht mehr besonders auf. Man ist krank, man ist unzufrieden, man ist stagniert – man sehnt sich nach einem anderen Leben und nach dem Anderen überhaupt, doch man beharrt natürlich darauf, daß man es mit den Mitteln des kritischen Ichs machen muß. Jedoch ist gerade das Mittelpunktich das Prinzip der Stagnation – wie soll es aus eigener Kraft in Fluß kommen? Die Selbstbeobachtung gehört wesentlich ins System der Hemmungen, wie könnte gerade sie zur Auflösung der Hemmung führen können? Das sich selbst und die Außenwelt bewachende Ich ist das Hauptsymptom – und doch sollte durch seine weitere Verstärkung Heilung geschehen! Sehen Sie nicht, wie absurd diese Überlegung ist? Eine wahre Therapie darf nie mit dem Symptom zusammenarbeiten, sondern muß es überlisten und neutralisieren, wo immer es möglich ist. Sie muß das Lebendige an seiner Hemmung vorbeilocken und den Einheitspunkt des lebendigen Willens direkt ansprechen, ohne mit den Widerständen lange zu verhandeln. Die Zauberformel heißt: *allez – touchez – guérissez!* In diesen drei Worten liegt das ganze Geheimnis der magnetischen Praxis. Zuerst muß sich das gekränkte Leben aus seiner Lähmung aufraffen: *Allez!* sagt das Leiden zu dem Kranken, du lebst falsch, es muß etwas geschehen. *Touchez!* sagt der Magnetiseur zu demjenigen, der gekommen ist, um bei ihm das zu suchen, was zu geschehen hat: fühle, begreife, daß Berühren und Verbundensein das gleiche bedeuten; fühle, begreife, daß die

Hingabe an die Berührung den kommunikativen Strom in dir fließen macht. *Guérissez!* sagt zuletzt der fließende Strom zu dem Kranken, der spürt, daß die Hemmung vorbei ist und daß kein Grund besteht, länger auf dem Leiden zu insistieren.«

»Also behaupten Sie«, sagte van Leyden, gleichsam um die Darlegung des Marquis für sich zusammenzufassen, »daß die Heilung im Grunde durch die völlige Hingabe an den Magnetismus geschieht und daß die geringste Zurückhaltung dabei die Sache zerstört?«

»Nein«, erwiderte Puységur, »was Sie sagen, ist zwar richtig gezielt, aber im Ergebnis völlig falsch. Sie wollen es schon wieder nur denkend vorwegnehmen, statt es geschehen zu lassen, und sofort kommen die Verdoppelungen auf, die alles hintertreiben. Wo das Reden über etwas beginnt, ist das Entscheidende schon verloren. Es gibt keine ›Hingabe an den Magnetismus‹. Denn völlige Hingabe oder Willenseinheit ist eben der Magnetismus selbst, somit ist es absurd, von einer Hingabe an den Magnetismus zu sprechen. Hingabe allein genügt völlig. In ihr liegen alle Elemente des Gelingens. Hören Sie auf, Vorstellungen darüber zu produzieren – das wären alles nur Vermeidungen oder unreine Kontrollversuche. Sie werden es selber erleben, sobald wir miteinander arbeiten. Heute ist Mittwoch? Sagen wir also am Samstag? Kommen Sie bitte gegen Abend zu mir, es geht leider nicht früher, weil ich vor Ihnen noch eine Patientin habe ... Wir verstehen uns somit? Geben Sie sich keine Mühe, es vorwegzunehmen, machen Sie um Himmels willen keine Theorie darüber. Es liegt wirklich alles nur daran, es entweder zu tun oder zu unterlassen – so entfällt alles dazwischen schwebende Gerede, das zur Unentschiedenheit gehört.«

»Sie sind streng, Monsieur«, sagte van Leyden, »aber ich habe immerhin begriffen, daß es in Ihrem System darauf ankommt, streng zu sein.«

Puységur lächelte.

»Ich freue mich sehr, Monsieur, daß es Ihnen gelingt, die Dinge so zu sehen. Ich schlage vor, daß Sie zur Einstimmung nachher als Zuschauer an der öffentlichen *séance* unter der Ulme teilnehmen. Sie entschuldigen mich jetzt? Ich pflege mich vor den Behandlungen für eine Stunde zurückzuziehen. *A toute à l'heure*, Monsieur.«

Etwa zwanzig Personen waren unter der Ulme versammelt, als Puységur und van Leyden auf dem Schauplatz der Behandlung eintrafen. Die Hälfte der Anwesenden mochten Patienten sein, die übrigen waren teils Schüler oder Helfer des Marquis, teils Angehörige der Patienten.

Alle Blicke richteten sich auf den Marquis, als dieser zum Beginn der Behandlung durch die Runde ging und sich von jedem Patienten einen kurzen Bericht über dessen Beschwerden geben ließ. Die meisten von ihnen waren Handwerker und Bauern aus der näheren Umgebung – zwei darunter sogar Leibeigene des Marquis. In den Augen dieser Patienten meinte van Leyden eine traurige Härte und eine hoffnungsvolle Unterwürfigkeit wahrzunehmen. Manche von ihnen küßten dem Marquis die Hände und verbeugten sich, als seien sie dankbar dafür, daß er von ihrem bloßen gequälten Dasein Notiz nahm. Bei der Beschreibung ihrer Leiden gestikulierten sie bekümmert und deuteten auf die betreffenden Körperpartien. Einer der Bauern, der sich Victor Race nannte, schien mit dem Marquis ein wenig vertraut zu sein, denn mit ihm sprach der Marquis länger als mit den übrigen.

Ein paar Schritte neben der Gruppe der einfachen Leute standen vier Personen, die offenkundig höheren Schichten angehörten und von weither angereist waren. Zwei sehr dicke Frauen – wahrscheinlich Mutter und Tochter – sahen dem Marquis mit flehenden Blicken entgegen, sobald er seine Aufmerksamkeit ihnen zuwandte. Die ältere der Frauen überschüttete den Marquis, der sich nach ihren Beschwerden erkundigte, mit einem wortreichen Lamento und rang die Hände. Die jüngere – aufgequollen und altjungferlich, mit einem Mund, der wie ein kleiner säuerlicher Halbmond in ihrem tellerrunden Gesicht schwamm, blieb stumm. Puységur hörte den Wortschwall der älteren eine Weile an, bevor er ihr die Anweisung gab, unter den Baum zu treten und eines der Seile um ihren Leib zu schlingen. Er forderte sie auf, die Augen zu schließen und sich auf den Kontakt des Seiles mit ihrem Körper zu konzentrieren. Dieselben Anweisungen galten für die Tochter.

Daraufhin widmete sich der Marquis den beiden letzten Patienten. Der eine von ihnen war ein vornehm gekleideter Herr von

vielleicht vierzig Jahren, der dem Marquis eindringlich flüsternd seine Beschwerden vortrug. Der andere war jener junge Mann, den van Leyden schon am Vorabend im Rasthof von Soisson wegen seiner bizarren Manieren und seinem makabren Spiel mit den Blutegeln bemerkt hatte. Er sprach jetzt zu dem Marquis mit einem kindlich bittenden und bekümmerten Ausdruck. Van Leyden, der nicht weit entfernt stand, fing einige Sätze der Erzählung des jungen Mannes auf. Sein Name lautete Alphonse Merri, junior – er war niemand anderes als der Sohn des Subintendanten des Pariser Hôpital Général. Er berichtete, daß er seit Jahren unter einer Schwermut leide, die sich zunehmend verdüstere und nur unterbrochen würde von Perioden, in denen er sich mit Haß und Selbstverachtung überschütte. Gegen diese Beschwerden habe er kein anderes Mittel gefunden als ein hochmütig provozierendes Auftreten in Gesellschaft, wodurch er sich die Ablehnung der Mitmenschen zuzöge und somit fortwährend neue Gründe zur Melancholie finde.
Der Marquis befahl dem jungen Merri, ihm in die Augen zu sehen. Nach wenigen Sekunden füllten sich Merris Lidränder mit Tränen. Puységar nickte dem jungen Mann zu.
»Halten Sie die Spannung noch eine kleine Weile aus, Monsieur. Geben Sie dem Gefühl Zeit, sich weiter aufzuladen. Ich komme zu Ihnen, wenn es soweit ist!«
Puységur winkte nun die Patienten zu sich unter die Ulme. Er forderte jeden einzelnen auf, eines der herabhängenden Seile zu ergreifen und es um den am meisten leidenden Körperteil zu schlingen. Seine Assistenten wachten über die korrekte Befestigung der Seile und halfen den Kranken beim Anbinden, Puységur selbst sorgte dafür, daß der junge Merri sich das Seil um die Brust schlang. In einem weiten Kreis standen die Patienten um den Stamm der Ulme und hielten mit beiden Händen ihre Seile fest.
»Es ist soweit!« rief Puységur etwas feierlich. »Meine Herrschaften, schließen Sie nun den magnetischen Kreis! Breiten Sie Ihre Arme seitlich aus, bis sie links und rechts die Hand Ihres Nachbarn berühren. Fassen Sie die beiden Hände! Bilden Sie den Kreis so, daß Ihre rechte Hand die Nachbarhand von oben faßt und daß die linke von unten sich fassen läßt! Halten Sie die

Hände lebhaft fest – aber pressen Sie nicht, fühlen Sie nur den Kontakt. Atmen Sie tief, und konzentrieren Sie sich auf die Berührung der Hände und auf den Kontakt des Seils mit Ihrem Körper! Fühlen Sie, wie durch die Seile die Kraft der Ulme auf Sie übergeht! Spüren Sie, wie der Strom des Fluidums durch Ihre Hände zu wandern beginnt! Ein elektrischer Regen prickelt durch Sie hindurch! Nun bestreiche ich den Baum mit dem Magneten! Das Fluidum sammelt sich in dem Stamm und fließt durch das Seil zu Ihnen! Atmen Sie tief! Nehmen Sie die Gaben des Fluidums auf! Lassen Sie es zu, daß die Spannung wächst und bleiben Sie in ihrem Strom!«

Die Kette der Magnetisierten begann sich zu spannen. Durch die ausgestreckten Arme ging ein nervöses Beben. Man hörte die Atemstöße und die sich gegenseitig anfachenden Seufzer der Kranken. Es war, als übten die Menschen aufeinander eine erregende Wirkung aus. Gleich würde aus ihren stummen privaten Leiden ein gemeinsamer Aufschrei hervorbrechen.

»Halten Sie aus!« rief Puységur mit eindringlicher Stimme. »Hören Sie nicht auf, tief zu atmen! Bleiben Sie in dem Fluß! Heißen Sie alles willkommen, was jetzt in Ihnen aufsteigt – das Vibrieren, das Pulsieren, das Fließen. Lassen Sie die Seufzer zu, aber schreien Sie möglichst nicht. Halten Sie die Spannung aufrecht!«

Eine Frau stieß ein gellendes Kreischen aus. Die Unruhe der Magnetisierten trieb einem Höhepunkt entgegen, so daß der magische Zirkel jeden Augenblick zerreißen mußte. Die Körper der Männer und Frauen schwankten auf ihren Plätzen, als kämpften in ihnen die Schwerkräfte mit einem unwiderstehlichen inneren Auftrieb. Die ausgestreckten Arme wanden sich qualvoll bebend auf und ab. Nun öffnete Puységur einen kleinen schwarzen Instrumentenkoffer, in dem neben einem länglichen Metallstab eine gläserne Panflöte lag. Der Marquis hob die Glasharmonika an den Mund und entlockte dem seltsamen Instrument langgezogene heulende Töne. Es klang wie eine schauerliche orientalische Hirtenmelodie mit jähen Sprüngen und schmerzlichen Trillern zwischen Höhen und Tiefen. Die Patienten begannen zu stöhnen und zu schreien mit kaum noch menschlichen Stimmen. Es war, als ob eine Herde von unsichtbaren Geistern in ihre Körper gefahren wäre und durch die Münder der Menschen hindurch zu heulen anfing. Die Atmosphäre um die Ulme flimmerte in unerklärlichen Energien. Der Marquis blies unerbittlich seine wehmütigen lockenden Triller auf der gläsernen Flöte. Es klang wie das Gurren einer mechanischen Taube, die schluchzende und schmelzende Sehnsuchtstöne aus ihrem hohlen Inneren hervorbrachte.

»Bleiben Sie im Kreis!« sagte der Marquis beschwörend zu den Kranken, während er auf einen der Männer zuging und ihn aus der Runde herausführte. Einer der Helfer sorgte sogleich dafür, daß die Kette der übrigen sich wieder schloß.

»Halte die Augen geschlossen, Victor!« sagte Puységur zu dem Mann, indem er ihn ein paar Schritte beiseite geleitete – soweit die Länge des Seils es zuließ.

»Setz dich vor mir auf die Decke, Victor!« fuhr er fort. »Folge dem Magneten!«

Der Marquis strich mit dem Eisenstab an den Armen des Mannes entlang, sodann die Beine abwärts und bewegte zuletzt das Metall in kreisenden Figuren vor der Brust des Kranken. Nach einigen Kreisungen sank der Mann mit einem Seufzer nach hinten. Ein Helfer fing ihn mit einem dicken Kissen auf.

»Kannst du mich verstehen, Victor?« fragte der Marquis.

Victor Race gab keine Antwort, sondern seufzte nur tief.

»Bleib hier, Victor!« sagte Puységur beschwörend, »halte die Verbindung, Victor. Hörst du? Sammle dich und gib Antwort!«

Wieder seufzte Victor, bevor er mühevoll hervorbrachte:

»Es ist so dunkel. Ich bin müde.«

»Sag mir, wo du bist, Victor! Was siehst du?«

»Ich suche das Schloß...«

»Was willst du dort tun, Victor? Wen suchst du da?«

»Ich will den Marquis... ich bin müde...«

»Bleib hier, Victor!... was hast du zu sagen? Besinne dich!«

Durch Victor Races Körper ging mit einem Mal eine energische Bewegung, er richtete sich auf und nahm die Manieren eines vornehmen Herrn an, der es gewohnt ist, Befehle zu geben. Puységur beugte sich weit vor und flüsterte dem im künstlichen Schlaf versunkenen Bauern zu:

»Sag es jetzt!«

»Die ganze Angelegenheit ist von höchster Wichtigkeit!« brachte Victor Race hervor – mit einer sehr gewählten und kraftvollen Betonung. »Man soll mich sofort anmelden!« rief er im Tonfall eines großen Herrn. »Auch wenn er schlafen sollte, bestehe ich darauf, daß er geweckt wird. Ich dulde keinen längeren Aufschub mehr. Gehen Sie endlich!«

»Victor! Hörst du mich?« sagte Puységur, »ich bin hier. Du kannst mit mir sprechen! Was hast du mir zu sagen?«

»Du sollst mich nicht länger zu deinem Affen machen, Puységur, verstehst du. Es geht mir wieder viel schlechter, seit wir diese wissenschaftlichen Demonstrationen unternommen haben. Sie ist wieder da – meine Migräne. Die verfluchten Reisen mit dir sind daran schuld, Puységur. Wir müssen das unterlassen. Dafür ist dir deine Kraft nicht gegeben worden. Ich will nicht von dir benutzt werden!«

»Es wird nie mehr vorkommen, Victor. Du wirst selber sagen, was zu tun ist. Victor ist Victors einziger Arzt! Sprich aus, was geschehen soll!«

»Du sollst mich nicht länger als Demonstrationsobjekt benutzen, Puységur. Mein Kopf tut weh von den vielen Blicken.«

»Nie mehr, Victor! Hast du gehört? Nie mehr. Deine Migräne wird verschwinden.«

Puységur musterte den Kreis, um den nächsten einzeln zu behandelnden Patienten auszuwählen. Er ging zu einer Bäuerin, die über Schmerzen im Unterleib klagte, und bestrich sie mit dem Magnetstab. Danach holte er den vornehm gekleideten Herrn und behandelte ihn auf ähnliche Weise.

Schließlich wandte er sich zu den beiden dicken Frauen, die heftig atmend und wimmernd in dem Kreis um die Ulme standen. Er führte beide ein paar Schritte abseits und befahl ihnen, sich in einer Linie Kopf an Kopf auf eine auf dem Erdboden ausgebreitete Plane zu legen. Er kniete sich neben den Frauen nieder und begann deren Frisuren aufzulösen, indem er ihre Haare in die Höhe zog und die Strähnen von beiden ineinander verquickte, so daß sie wie ein monströser Doppelkopf aussahen, aus dessen braunem Haarknäuel zwei runde weiße Gesichter in entgegengesetzten Richtungen hervorwuchsen. Dann ergriff der Marquis die Arme der Frauen, die willenlos keuchend am Boden lagen, und breitete sie so nach beiden Seiten auf dem Boden aus, daß sie an den Händen einander berührten.

»Fühlen Sie, wie Sie miteinander zusammenhängen!« sagte er leise beschwörend zu den Frauen. »Nehmen Sie wahr, daß Sie zusammen einen Kopf und einen Leib haben. Fühlen Sie, wie ich diesen gemeinsamen Leib mit dem Magnetstab berühre und nachzeichne. Gehen Sie beide in Ihrem Innern mit dem Stab am Umriß Ihres Körpers entlang. Sie spüren den Stab ständig, gleich, ob ich die eine oder die andere berühre.«

Puységur führte den Stab, von den sich berührenden Händen der beiden ausgehend, an dem feisten Oberarm der Älteren entlang zu deren Kopf und fuhr von dort zum Kopf der Jüngeren weiter, umkreiste deren Arm und strich dann an ihrer Seite entlang. Als er die Hüfte der jungen Frau berührte, begann die Mutter zu schreien und zu stöhnen und bäumte ihr unförmiges Becken in die Höhe. Es machte den Eindruck, als ob die beiden Frauen durch ein gemeinsames Nervensystem zusammengeschlossen wären. Puységur umkreiste die Körper der Frauen langsam mehrere Male, während die beiden mit zuckenden Bäuchen schluchzend und lallend in eine tiefe Trance verfielen. Die von der Ulme herabhängenden Seile, die um die Leibmitte der Frauen geschlungen waren, bebten in der Luft.

»Madame«, sagte der Marquis zu der Mutter, »Sie fühlen sich ganz leicht. Sie werden sich, wenn ich Ihnen das Zeichen gebe, aufrichten und drei Schritte vorwärtsgehen! Und Sie, Mademoiselle, werden sich ebenfalls auf das Zeichen hin erheben und drei Schritte vorwärtstun. Stehen Sie auf, gehen Sie: jetzt!«

Die beiden Frauen erhoben sich eigenartig mühelos und bewegten sich wie von einem unhörbaren Kommando gelenkt mit nahezu identischen Bewegungen in derselben Geschwindigkeit voneinander weg – drei langsame Schritte weit. Dann standen Sie still unter dem Baum. Der Marquis ging zu der Mutter und strich mit dem Stab über ihren Kopf an ihren Armen abwärts. Die Frau begann heftig zu zittern. Puységur fuhr mit dem Eisen langsam über ihre schwammige Brust und ihren vorgewölbten Bauch. Die Frau gab einen knarrenden Laut von sich. Es klang wie eine alte Tür, die man langsam aufstößt. Die Tochter hob währenddessen ihre Hände und begann, die Schultern rollend wie eine fanatische Bäckerin, in ihren Brüsten und in den Wülsten ihres Bauches zu kneten – als wollte sie aus ihrem Körper ein Geräusch oder eine Botschaft hervorwalken. Sie hatte ihren Unterkiefer gewaltsam aufgeklappt und brachte qualvoll leise, dann mit zunehmender Heftigkeit einen Ton hervor, der von fassungslosem Ekel zeugte. Sie krähte und schluchzte und legte eine furchterregende Kraft in das Würgen, das aus dem Innersten ihres Leibes hervorbrach.

Währenddessen blieb der Marquis der Mutter zugewendet. »Fühlen Sie das Zittern, Madame! Geben Sie ihm einen Namen. Sprechen Sie aus, was in dem Zittern steckt!«

Die dicke alte Frau beugte sich langsam nach vorn und sagte zischend und im beschwörenden Ton einer Zauberin, die machtvolle Verwünschungen ausstößt:

»Du sollst tot sein! Geh fort! Geh weg aus meinem Leben!«

Die Tochter begann nun zu schreien und zu keuchen.

Puységur wandte sich ihr zu.

»Was ist es, was Sie sagen müssen, Mademoiselle?«

Die fette junge Frau stammelte brüllend unverständliche Wörter, unter denen nur die Silbe ›fort, fort‹ deutlich vernehmbar war.

»Sie werden sich lösen, Mademoiselle«, sagte Puységur sehr eindringlich.

»Sie ist überall«, keuchte die junge Frau. »Überall, es gibt nirgendwo einen Platz für mich.«

»Sie werden alles von sich werfen, Mademoiselle. Sie werden sich lösen, hören Sie, Sie werden sich loslösen.« Puységurs Stimme war schneidend geworden. »Und vor allem werden Sie nicht mehr insgeheim darum kämpfen, frei zu sein. Sie werden frei sein, aber nicht heimlich und allmählich, sondern offen und mit einem Ruck. Ich befehle es Ihnen. Sie werden alles von sich werfen. Jetzt.«

Puységur nahm noch einmal seinen Stab zur Hand und umkreiste die Gestalt der jungen Frau. Dann befahl er den beiden, sich mit geschlossenen Augen auf der Stelle mehrmals umzudrehen. »Heben Sie die Arme, meine Damen!« rief er. »Fühlen Sie den Raum um sich herum. Das ist für immer Ihr eigener Bezirk. Niemand wird jemals wieder ohne Einladung diese Sphäre

betreten. Sie spüren die Grenzen Ihres Raumes deutlich – tasten Sie den Raum ringsum ab. Er ist offen und gehört Ihnen allein, Ihnen und sonst niemandem auf der Welt. Niemand kann ihn betreten, wenn Sie ihn nicht hereinrufen, niemand. Sie werden nichts mehr hereinlassen, was Ihnen nicht wohltut. Kein fremdes Unglück wird sie überfallen und bei Ihnen unterschlüpfen. Sie werden ganz leicht, meine Damen. Viel Gewicht fällt ab. Sie sind frei, nichts mehr zu tragen als sich selbst.«
Die beiden Somnambulen tasteten mit hochgehobenen Händen in der Luft. Ungläubig lächelnd drehten die dicken Frauen sich an ihren Seilen auf der Stelle wie Figuren einer gespenstischen Spieluhr und ertasteten vorsichtig den leeren Raum um sich herum.

Zuletzt ging der Marquis auf den jungen Merri zu, der schwer atmend auf seinem Platz kauerte, mit beiden Händen das Seil umklammernd.
»Richten Sie Ihren Blick auf meine Hand, Monsieur«, sagte Puységur. »Lassen Sie meine Hand keine Sekunde aus den Augen. Folgen Sie ihren Bewegungen ... Sie werden müde. Der Kampf ist aus. Sie dürfen ruhen und können ihn endlich vergessen, den Zwang zum Wachen ... Sie sind müde und schwach und doch ganz ohne Angst. Sie können sagen, was Sie seit langem bewegt ... Wie alt sind Sie, Monsieur?«
Der junge Merri drehte wie im Traum den Kopf hin und her. Er schien nichts gehört zu haben.
»Monsieur, sagen Sie, wie alt Sie sind!« wiederholte Puységur.
»Ich weiß nicht«, sagte Merri mühsam.
»Besinnen Sie sich!« beharrte Puységur. »Geben Sie sich noch ein wenig Mühe, es zu sagen.«
»Ich weiß es nicht ... ich habe kein richtiges Alter«, sagte Merri leise.
»Was für ein Alter haben Sie?«
»... viele Alter ... am Tag so alt wie ein hundertjähriger Greis – nein, nicht hundert Jahre, es sind mehr, es sind Jahrtausende, wie die Steine ... innen, so alt wie ein Quader von den Pyramiden ...«
»Weiter!« sagte Puységur. »Sprechen Sie weiter!«
Der junge Mann fiel in einen tiefen Schlaf.

»Sagen Sie, wie Sie sich fühlen... so alt...«

»Alles ist nur eine Wiederholung«, fuhr Merri flüsternd fort, »nichts erregt mich mehr, ich mache immer nur nebenher beim Leben der anderen mit, als hätte ich keinen eigenen Grund zu leben... mit dreitausend Jahren hat man zuviel gesehen. Aber nachts kehrt sich alles um. Ich verjünge mich schwindelerregend schnell. Gegen Mitternacht hält mich der Weltschmerz wach wie einen Sechzehnjährigen nach der ersten Enttäuschung. Um zwei Uhr sitze ich wie ein verlassenes Kind auf meinem Bett. Gegen vier Uhr früh holt mich die Angst, so wie sie Säuglinge faßt und sie durch den Weltraum trägt...«

»Wie alt sind Sie, Monsieur?« fragte Puységur abermals.

»Vierundzwanzig.«

»Seit wann kennen Sie diese Zustände?«

»Viele Jahre...«

»Erinnern Sie sich! Gehen Sie an den Anfang zurück. Suchen Sie das erste Bild, das zu dem Komplex gehört!«

Merri zögerte.

»Ich weiß es doch nicht mehr.«

»Suchen Sie!«

»Ich kann nicht, ich schäme mich.«

»Das erste Bild, Monsieur!«

»... ich bin ein sehr böses Kind. Ich träume viel, ich gehorche nicht gern, ich bin störrisch und viel zu wild. Ja, ich bin böse... Man überrascht mich, wie ich eine kleine Cousine einmal zwischen den Beinen genau untersuche. Jetzt tritt das Familientribunal zusammen, um über mich zu urteilen... Mein Vater thront über der ganzen Tafel. Neben ihm sitzt meine Mutter, wortlos, kränklich und sehr bekümmert über das mißratene Kind – und gegenüber die Tanten mit ihren zerknitterten Hälsen. Am Ende heißt es, daß ich ein verdorbenes Subjekt bin, das unter strengerer Aufsicht gehalten werden muß. Was ist ein Subjekt? Ich bin zu verworfen, um danach zu fragen. Nur soviel ist klar, daß es etwas Abscheuerregendes ist, eine Art Insekt oder ein Wurm im Glas, vor dem sich die Frauen angewidert abwenden. Ich bin ein Subjekt, weil man mich ertappt hat, wie ich tue, was ich will. Ich bin ein Subjekt, weil ich entdeckt bin, und bleibe gezeichnet durch die Entdeckung meiner Tat. Seither ist die

Aufsicht immer da, um das Subjekt zu überwachen. Immer sieht die Aufsicht mir zu, wie ein strahlendes Auge, das die Eingänge bewacht und alles sieht, was ich beginne ... einmal will ich mit Freunden auf ein Fest gehen, da reflektiert sich der Kerzenschein auf einer blanken Trompete, der Lichtstrahl trifft mich, und schon bin ich verloren ...«

»Gehen Sie weiter, dieses Mal!« sagte Puységur eindringlich. »Lassen Sie sich von der Aufsicht nicht beirren. Bleiben Sie auf dem Ball! Was sehen Sie?«

»Sie – sie ist auch da. Sie steht in der Ecke des Saales und scherzt mit den Kavalieren. Sie ist schöner als je zuvor ...«

»Gehen Sie zu ihr!«

»Ich kann nicht ... Sie wird mich gar nicht sehen. Auch diesmal nicht, so wie sie mich noch nie wirklich gesehen hat. Wenn SIE es wüßte, wäre alles anders. Manchmal schaut sie in meine Richtung, aber sieht mich nie. Ihr Blick geht über mich hinweg wie über ein gleichgültiges Ding, eine Inschrift an der Wand, die sie nicht interessiert ...«

»Wie heißt die Inschrift, Monsieur?«

»Ich weiß es nicht.«

»Lesen Sie sie vor, die Inschrift!«

»Ich kann nicht.«

»Sie müssen lesen. Geben Sie sich die letzte Mühe, den Text vorzulesen. Die schönen Augen ... Sie lesen diese Schrift, nur diese Augen können es lesen. Fühlen Sie die ganze Schrift, lesen Sie!«

Puységur hatte den jungen Merri behutsam am Arm gefaßt und ihn zu dem Stamm der Ulme geführt. Merri begann die Rinde des Baumes zu berühren.

»Können Sie es jetzt fühlen? Was sagt die Inschrift auf der Wand?«

»Wer mich liest ... hat mich erlöst.«

Der junge Mann fing an zu schluchzen. Sein Körper bebte, wie von starken Energieströmen durchflutet. Sein Schluchzen ging in einen langen Aufschrei über, der sich am Ende in ein fassungsloses Gelächter auflöste. Die Herumstehenden betrachteten den jungen Mann, der, von unwiderstehlichen Lachkrämpfen geschüttelt, sich gegen den Stamm der Ulme lehnte. Zuerst schien es, daß der Patient nur eine nervöse Krise durchlief, die sich in wahnsinnigem Lachen äußerte. Nach einer Weile aber wurde spürbar, daß dieses Gelächter keine Entladung von hysterischen krankhaften Energien bedeutete, sondern den erlösenden Ausbruch einer Heiterkeit, die vom Erwachen und von der Befreiung einer allzu lange bedrückten Seele zeugte.

Auch Puységur lachte, und während die Kranken sich allmählich von den Seilen losbanden, schallte ein Gelächter wie von einer fröhlichen Tafel durch das in der Mittagssonne gleißende Tal.

20
Die Pagode auf dem Teich

Zwei Tage waren seit der öffentlichen Kur unter der Ulme vergangen. In dieser Zeit hatte van Leyden sein Zimmer in dem Gartenschloß des Puységurschen Parks kaum verlassen. Während vieler Stunden hatte er an dem kleinen Schreibpult gesessen, über ein weißes Blatt Papier gebeugt, die Feder in der Hand, gequält von dem Drang, endlich niederzuschreiben, wovon er fühlte, daß es an der Zeit wäre, es mit der nötigen Explizitheit auszusprechen. Zugleich lähmte ihn die Empfindung, vor einer unlösbaren Aufgabe zu stehen. Alle Versuche, mit den bekannten Wörtern nach dem zu greifen, was ihm sonnenklar vor Augen stand, blieben vergeblich. Er wußte, daß wenig fehlte, um mit einem Schlag ein neues System zu entdecken, aber zur selben Zeit war ihm klar, daß dieses Wenige alles bedeutete. Nur selten konnte er sich überwinden, ein paar isolierte Gedankenfragmente niederzuschreiben. Am Ende von zwei Tagen hatte er nicht einmal zwei Blätter mit vermischten Bemerkungen beschrieben. Er begann zu resignieren. Oder war es nur dies, daß er begriff, wie wenig er selbst den Zeitpunkt bestimmen konnte, an dem die Dinge zu ihrer Sprache kommen wollten? Vielleicht, dachte er, liegt es daran, daß er nicht in der richtigen inneren Verfassung sei. Fehlte es an Hingabe? Womöglich war er sich mit seinem Ehrgeiz, etwas Neues zu sagen, selbst im Wege? Oder mangelte es an der Fähigkeit, eine einzige Sache auf der Welt zu wollen?

Ein kühler Wind blies durch den Puységurschen Park, als van Leyden das Schlößchen verließ, um sich in den Hügeln ein wenig Auslauf zu verschaffen. Er marschierte sehr kräftig und bemühte sich, durch festes Aufstampfen seinen Körper stärker zu fühlen. Sobald man den Körper spürt, weichen die Gespenster zurück, und wenn der Wind ins Gesicht schneidet, ist es absurd zu meinen, daß man im Leben eine besondere Aufgabe hat.

Er war eine knappe Stunde querfeldein gewandert, als er nach einem dichten Waldstück auf eine Lichtung gelangte. In deren Mitte lag ein von Schilf umsäumter kleiner See. Eben spritzte das Wasser des Sees an einer Stelle auf – wie wenn ein großer Fisch jäh aufgetaucht und wieder verschwunden wäre. Van Leyden erschrak, als sei er nicht darauf gefaßt gewesen, in diesem einsamen Gewässer ein Zeichen von Leben zu entdecken. Noch einmal spritzte das Wasser auf – wobei ein glucksendes Geräusch zu hören war, etwa von einem schweren Gegenstand, der aus der Luft in den See stürzte.

Van Leyden sah sich nervös um. Dann bemerkte er, etwa fünfzig Schritte von sich entfernt, eine schwarze Frauengestalt, die zwischen umgestürzten Baumstämmen am Ufer stand. Von Zeit zu Zeit hob sie einen Arm und warf einen Gegenstand in das Wasser, wobei sie jedesmal dem Flug des Wurfobjekts mit gespannter Aufmerksamkeit nachschaute. Sobald das Ding auf dem Wasserspiegel aufschlug, machte die Frau eine heftig kommentierende Geste und murmelte irgend etwas vor sich hin. Van Leyden begann sich zu erinnern. Er erkannte die Fürstin Golowin, von der ihm gesagt worden war, sie halte sich seit ein paar Tagen in Buzancy auf, um sich von dem Marquis magnetisieren zu lassen. Er war ihr, wie er sich entsann, nach seiner Einquartierung in dem Gartenschlößchen kurz vorgestellt worden.

Sie mochte auf die vierzig zugehen. Am auffälligsten an ihrer Erscheinung war, daß sie überaus schmal wirkte, und obwohl sie auf den ersten Blick zerbrechlich scheinen mochte, besaß sie etwas Dunkles, Unbeugsames und Undurchdringliches. Ihre Haare waren bereits grau. Warum sie diese sehr kurz geschnitten trug und sie seitlich kämmte wie ein Mann, ließ sich unmöglich sagen.

»Guten Tag, Madame«, rief van Leyden, als er noch ein gutes Stück von ihr entfernt war. Er wollte es vermeiden, ihr unbemerkt nahezukommen. Die Fürstin schaute noch eine Weile aufs Wasser, warf erneut einen Stein und drehte sich langsam um. Van Leyden stapfte durch das Ufergras ihr entgegen, sprang über einen Baumstamm und stand vor der Dame. Sie schaute ihn mit großen Pupillen an. Van Leyden versuchte, ihren Blick zu erwidern. Aber ihm schien, als sei die Frau in ihrem Blick nicht anwesend. Es war für ihn nicht möglich festzustellen, ob sie wirklich ihn anschaute oder nur in seine Richtung sah.

»Ah, Monsieur ... ich vergaß Ihren Namen. Sahen wir uns nicht vor ein paar Tagen beim Marquis?«

»Van Leyden ist mein Name, aus Wien«, sagte er mit einer Verbeugung. »Ich habe tatsächlich die Ehre, Ihr Nachbar zu sein, im Palais.«

»Ach ja, ich weiß«, antwortete die Fürstin mit einer Handbewegung, die resigniert wirkte. »So sind wir Nachbarn. Ein seltsamer Platz, nicht? Das Energiefeld pulsiert ständig, es wandert unaufhörlich, besonders nachts. Und vor allem von Westen rufen viele Stimmen. Nun ja, es ist die Todesrichtung. Sie, lieber Doktor, gehören zu denen, die unruhig schlafen und oft ans Fenster gehen, ist es nicht so?«

»Woher wissen Sie das?« fragte van Leyden verblüfft.

»Es ist mir gegeben, so etwas gleich zu merken. Ich muß mehr sehen als viele andere. Es zehrt ziemlich an den Nerven – ich bin immer wach, müssen Sie wissen, da ist etwas in mir, das nie schläft. Das sieht auch durch Mauern und hört Gedanken in den Köpfen der anderen. Wußten Sie, daß die Pflanzen in der Nacht summen, Doktor? Aber die vielen Verknüpfungen tun den Nerven weh. Ich habe zuviel Phosphor im Blut, glaube ich, das glimmt in der Nacht wie ein vermodernder Baumstamm.«

Die Fürstin lachte spöttisch auf.

»Natürlich sind meine Knochen auch viel zu leicht«, setzte sie hinzu.

Van Leyden fühlte sich verlegen, weil er keinen Weg sah, wie er den verwirrenden Eröffnungen der Fürstin hätte begegnen können.

»Sie verzeihen mir«, sagte er, »wenn ich so unbeholfen bin. Ich möchte Sie nur wissen lassen, daß ich die Schuld ganz bei mir suche, wenn ich nicht imstande bin, Sie völlig zu verstehen.«

Die Fürstin spitzte den Mund.

»Na, was das wohl heißt! Immerhin ist es nicht aussichtslos mit Ihnen. Es gibt ja zwei Arten von Menschen, die Schalentiere und die Weichtiere, ich meine, nervlich gesehen. Sie sind wenigstens ein Weichtier, Doktorchen, immerhin!«

»Und woran können Sie das wieder erkennen?« fragte van Leyden teils beunruhigt, teils staunend.

»Sind Sie ein Weichtier oder sind Sie keins?« erwiderte die Fürstin ironisch.

Van Leyden biß sich auf die Lippen und maß die Frau mit einem abschätzenden Blick. Dann, um das Thema zu wechseln, fragte er:

»Wie sind Sie eigentlich hierher gekommen? Ich meine, wie haben Sie von Puységur erfahren?«

Die Fürstin blinzelte ihn an.

»Ja, das ist auch wieder eine von diesen Verknüpfungen – eine fast unglaubliche Geschichte. Vor einigen Monaten war Scaferlatti in Moskau. Haben Sie diesen Namen schon einmal gehört? Jedenfalls war er in Moskau auf einer *soirée* des Fürsten Arsenjew. Da kam er plötzlich auf mich zu! Sie müssen sich das leibhaftig vorstellen! Man hatte ihm die Augen verbunden, er trug nur ein kleines Pendel in der Hand, das ihm verriet, mit wem er es zu tun hatte. Er sagte den Anwesenden, zu denen das Pendel ihn hinführte, die ungeheuerlichsten Dinge auf den Kopf zu. Und da kommt er zu mir, hebt das Pendel über meinen Kopf und sagt: Reisen Sie, Fürstin, fahren Sie der untergehenden Sonne nach... Und so bin ich gefahren, und hier bin ich gelandet.«

Van Leyden schüttelte den Kopf. Ein Anflug von Verärgerung stieg in ihm auf.

»Verzeihen Sie, Madame, aber das scheint mir völlig unverständlich. Wie kann man aus einem solchen Grund eine so weite Reise machen? Sie müssen sowieso vorgehabt haben, wegzufahren... außerdem gilt Scaferlatti als ein Scharlatan, als ein ganz besonders raffinierter Betrüger.«

Die Fürstin Golowin riß ihren Mund auf und lachte mit einem Geräusch, wie wenn steifes Papier in der Luft heftig geschüttelt wird. Ihr Mund war groß und verschlingend und schien das lebendigste Organ an ihr zu sein – zusammen mit den Augen, die stets ein wenig feucht waren und in einem etwas mutwilligen und gegenstandslosen Jubel verschwammen. Sie kniff die Augen zusammen und sah van Leyden prüfend an. Ihr Gesicht bekam dabei einen tatarischen Zug.

»Doktorchen, warum sich ärgern? Verschwenden Sie nicht Ihre schöne Energie. Bei Weichtieren geht die Energie direkt durch die Poren hinaus, reine Vergeudung. Wußten Sie, daß man Wut deutlich riechen kann? Bei jungen Männern riecht sie etwa nach Steinpilzen, bei Frauen nach Hefe. Außerdem, sagen Sie mir doch, aus welchen Gründen Sie hierhergekommen sind!«

Van Leyden hatte den Eindruck, in der Falle zu sitzen. Es wäre zu unhöflich gewesen, einfach guten Tag zu sagen und alleine weiterzugehen. Mochte die verrückte Russin doch auf der Lichtung bleiben und Steine werfen.

»Sie halten mich für eine Verrückte«, sagte die Fürstin mit einem wehen Lächeln. »Dabei ist es nur, weil Sie unsicher werden und Ihnen nichts einfällt, womit man eine kleine Konversation in Gang hält. Warum sorgen Sie sich um unnötige Dinge? Kommen Sie, wir werfen zur Versöhnung ein paar Steine miteinander. Das ist wirklich interessant.«

»Nun gut«, sagte van Leyden und lachte, »um einen Stein ins Wasser zu werfen, müßten meine Talente so eben ausreichen.«

»Wer weiß, vielleicht liegt es Ihnen?« erwiderte die Fürstin. »Da drüben sind schöne Steine. Wir müssen die richtigen auswählen.«

Van Leyden ging ein paar Schritte durch das Ufergras bis zu einer mit Kies gefüllten kleinen Bucht. Er bückte sich, hob einen größeren Stein auf und warf ihn schwungvoll auf den Teich hinaus, wo er mit einem dumpfen Prall versank.

»Aber nein und nochmals nein!« rief die Fürstin im Ton der Verzweiflung. Van Leyden sah sich ein wenig unwillig nach ihr um – was mochte er jetzt wieder falsch gemacht haben?

»Sind Sie denn von jeglichem Gefühl verlassen?« fragte die Fürstin, wobei sie ihn anstarrte, als wäre er ein in seiner Roheit unbegreifliches Monstrum. »Unterscheiden Sie denn gar nicht zwischen falschen und richtigen Steinen?«

Van Leyden nahm sich vor, sich nicht mehr zu entschuldigen und keine Frage mehr zu stellen. Diese Russin bewegte sich offenbar in Sphären, in denen fremde Gesetze galten. Als Nichteingeweihter mußte er sie bei jedem Schritt übertreten. Er begann erneut, sich etwas zu ärgern. Warum wanderte er nicht längst allein über die Felder, ohne zu reden und ohne Risiko, irgend etwas falsch zu machen?

»Richtige Steine, falsche Steine«, sagte er mürrisch, »ich fürchte, das ist zu hoch für mich. Ich eigne mich wahrscheinlich nicht für solche Finessen.«

Wieder schaute die Fürstin Golowin ihn auf eine Weise an, bei der er nicht wußte, ob sie ihn wirklich sah oder über ihn hinwegblickte.

»Wie ein trotziges Kind«, sagte sie provozierend, »und es ist schon wahr, wenn Sie denken, daß ich verrückt bin, aber ganz anders, als Sie sich das vorstellen!«

»Nun, wie verrückt denn!« fuhr es plötzlich aus ihm. Als er sich reden hörte, erschrak er über sich selbst und biß sich auf die Lippen. Was war nur mit ihm passiert, um sich gegenüber einer hochstehenden Dame derartig gehen zu lassen?

»Och, Doktorchen schmollt«, kicherte die Fürstin. »Ich werde es Ihnen zeigen.«

Sie blickte auf dem Boden umher, wählte einen Stein aus, den sie sorgfältig in der Hand wog, und schleuderte ihn dann mit einem konzentrierten Wurf in den See hinaus. Das Wasser spritzte in einem Krater hoch und zerfloß in gleichmäßigen Wellenkreisen.

»Ist es nicht faszinierend?« sagte sie. »Das Wasser türmt sich auf, und eine Welt entsteht, die niemals wiederkehrt. Man muß genau hineinschauen, wenn es hochspritzt.«

Sie wählte erneut einen Stein und warf ihn hinaus. In der Sekunde, in der das Wasser unter der Wucht des Steines nachgab, um sofort in die Höhe zu spritzen, sah van Leyden für den Bruchteil eines Augenblicks eine bizarre Form, die ihn an eine Abbildung eines geheimnisvollen chinesischen Tempels erinnerte. Nachdenklich schaute er zu, wie die Wellenkreise still auseinanderliefen.

»Merkwürdig war es doch«, sagte er nach einer Weile, »es sah aus wie eine gläserne Pagode inmitten eines Waldes von glitzernden Stämmen.«

»Doktorchen!« rief die Fürstin, »großer Gott, Sie sehen es! Sie sehen es tatsächlich. Aber um alles in der Welt, warum stellen Sie sich dann so störrisch an?«

»Ich wußte nichts davon«, sagte van Leyden sehr verlegen. Es war ihm peinlich, sich für einen zufällig gebrauchten Vergleich besondere Erkenntnisfähigkeiten bescheinigen lassen zu sollen.

»Doktorchen«, fuhr die Fürstin fort, »dann haben Sie wohl auch die Mönche gesehen? Diese lange Prozession unter der Pagode,

als werde ein wichtiges Fest begangen? Ist das nicht ein rätselhafter Hinweis? Das Wasser – müssen Sie wissen – enthält alle Formen und Vorgänge in der Welt. Alles, was es gibt, ist auch im Wasser, man muß es nur hervorrufen und es aufmerksam betrachten. Kommen Sie, jetzt werfen Sie für mich!«
Sie bückte sich und wählte einen großen, fast runden Stein aus. »Das ist ein besonders guter, fühlen Sie es?«
Die Fürstin war vor Freude überschwenglich.
Van Leyden unterdrückte ein Lächeln und konzentrierte sich auf den Wurf. Als der Stein eintauchte, wölbte sich der Wasserspiegel für einen Sekundenbruchteil wie eine Schale abwärts, dann schoß er wie ein Krater sprühend in die Höhe. Bevor van Leyden das Bild festhalten konnte, hatte sich die Form wieder aufgelöst und verlief zu gleichmäßigen Wellenringen.
»Ein Vulkan«, sagte er etwas unsicher.
Die Fürstin nickte zufrieden.
»Sie sehen es wirklich, Doktor. Das freut mich. Es war ein besonderer Vulkan. Können Sie sich vorstellen, in seiner Nähe zu leben? Am Morgen aufwachen und auf das bläulich schimmernde Glasgebirge schauen? Und wissen, daß hier alles zerbrechlich ist, so überwältigend es scheinen mag. Wenn die Sonne unter dem Planeten hervorrollt, beginnen die Wurzeln des Vulkans zu glühen wie Rubine und dunkelblaue Scheiben. Im Herbst fallen die Glasblättchen von den Bäumen, um nie mehr zu wachsen, und knistern unter jedem Schritt.«
»Sie träumen wirklich schön«, sagte van Leyden.
»Träume ich?«
Die Fürstin hob einen rechteckig geformten Stein auf.
»Man müßte viele Leben haben«, flüsterte sie, »um in allen Welten wenigstens einmal zu sein. Manchmal tut es mir weh, daß ich es in diesem Körper aushalten muß und nicht sofort weiter kann.«
Van Leyden sah die Frau erstaunt an. Er war nicht wirklich bestürzt über die Empfindungsweise der Fürstin, aber es beunruhigte ihn, einen Menschen getroffen zu haben, bei dem es keine blindwütige Solidarität mit dem vorhandenen Leben gab – gerade so, als schaute die Fürstin über den Rand des Gegebenen hinaus.

»Aber hier ist es doch sehr schön«, sagte er versuchsweise.
Die Fürstin lächelte. Van Leyden wurde sich nicht darüber schlüssig, ob sie ihn nicht im stillen verspottete.
»Ach, Doktorchen«, sagte die Fürstin, indem sie ihm den rechteckigen Stein in die Hand legte, »werfen Sie doch noch einmal. Wir können so vielleicht mehr über den Vulkan erfahren. Es soll der letzte Stein sein für heute.«
Van Leyden nahm zwei Schritte Anlauf und schleuderte den schweren Stein in den See. Der Stein wühlte die grüne Wasserfläche heftig auf. Es war, als ob die Silhouette einer phantastischen Stadt in die Höhe schösse – mit Türmen und Kuppeln und zinnenbesetzten Palastmauern. Über diesem Bild huschte ein Feuerwerk von gläsernen Tropfen dahin.
»Ein Palast«, meinte van Leyden zögernd.
Die Fürstin riß die Augen auf und flüsterte erregt:
»Das Palais von Sankt Petersburg! Haben Sie es denn nicht erkannt! Mein Gott, ich glaube, daß ich so bald wie möglich zurückkehren sollte. Ich muß zu Silvester wieder dort sein – vielleicht zu einem Ball im Winterpalais? Vielleicht um viele Tote zu sehen ... Oh, ich danke Ihnen, Doktor, Sie haben mir so sehr geholfen!«
»*Je vous en prie*, Madame, ich bin es, der zu danken hat. Immerhin habe ich durch Sie ein anregendes Spiel kennengelernt. Ich werde darüber nachdenken müssen.«

Die Fürstin und van Leyden machten sich gemeinsam auf den Rückweg zum Puységurschen Park. Schweigend gingen sie nebeneinander her. Van Leyden schaute im Gehen öfters heimlich zu der Fürstin, wie um sicherzustellen, daß ihr Stillschweigen keinen feindlichen Sinn habe. – Normalerweise, dachte er, würde er versuchen, sich vor einer solchen Person in Sicherheit zu bringen, zumindest so lange, als nicht erwiesen sei, daß Verrücktheit nicht ansteckend ist. Aber wieder nahmen die Dinge einen anderen Lauf. War es nur, daß er sich selber nicht mehr so wichtig nahm? Oder hatte er auf dieser Reise mehr Selbstvertrauen gewonnen? Sicher war, daß er vor der Fürstin im Grunde keine Angst hatte und daß er sich nur wenig Sorgen machte, wenn diese Frau so mühelos über die Grenzen des

Vernünftigen hinausschweifte. In ihrer Welt setzte man andere Brillen auf, um in dem großen Plasma der Gegebenheiten ganz andere Verbindungen wahrzunehmen. Andere Verbindungen, das sagt sich so leicht. Andere Welten, andere Wahrheiten: Es war schon fast eine neue Koketterie unter den Gebildeten von heute geworden, sich nach dem Anderen die Lippen zu lecken, als wäre man vom Einerlei des Eigenen gelangweilt. Das Andere – man sprach das aus wie eine Zeitungsneuigkeit oder so wie man »Amerika« sagte. Aber konnte man es wirklich denken? War es nicht eine Lüge der Vernunft vor sich selbst, wenn man sich einredete, in der anderen Welt gälten andere Regeln – und deswegen seien die eigenen nicht mehr verbindlich?

Eine Pagode auf einem französischen Teich. Was für ein gefährlicher Übergang von einem Vergleich zu einer Behauptung! Und dann die Mönche und die Prozession – wenn das nicht entschieden zu viel war! Wohin würde man geraten, wenn Imagination und Wirklichkeit nicht mehr eindeutig voneinander zu unterscheiden wären? Ein gläserner Vulkan – ein schönes Bild. Aber wer würde um Himmels willen ein Bild zum Anlaß nehmen, sein wirkliches Leben dafür in Frage zu stellen? Das Winterpalais von Sankt Petersburg! Ein paar zufällige Wasserspritzer, nichts Weltbewegendes. Aber da ging eine Person, die allen Ernstes glaubte, sie müsse daraufhin ihrem Verhalten eine andere Richtung geben und nach Rußland heimreisen. Wahrscheinlich war vielmehr, daß sie ohnehin längst wieder nach Hause wollte ... Nun gut. Als Kinder hatte man in die Wolken geschaut und Tiere gesehen, Löwen und Drachen, und großartige Fregatten, auf denen der Weg nach Amerika und zu den Wilden in Tahiti eine Kleinigkeit wurde.

»Doktorchen«, sagte die Russin, »mir scheint, Sie sind ein Philosoph!«

Ihr Lachen klang etwas boshaft.

»Ich weiß genau, was Sie denken!« setzte sie hinzu, »also los, geben Sie schon eine philosophische Definition der Verrücktheit, Doktorchen. Das wird Sie erleichtern, nicht? Eine Definition tut immer gut!«

»Madame, Sie wollen sich doch nur über mich lustig machen«, erwiderte van Leyden beschämt.

»Weichen Sie nicht aus, Doktor!«

»Also gut«, sagte van Leyden, »die Verrücktheit – ich glaube, sie besteht darin, daß einer die Gesellschaft der Menschen verläßt, weil ihm seine Vorstellungen mehr bedeuten als seine wirklichen Verbindungen.«

Die Fürstin nickte.

»Das ist für den Anfang nicht schlecht. Aber diese Definition bleibt ziemlich halbherzig. Denn woher wissen Sie, ob die sogenannten Verbindungen nicht nur eine besonders zähe und raffinierte Form von Vorstellungen sind?«

»Darüber habe ich, um die Wahrheit zu sagen, noch nicht nachgedacht«, gab van Leyden zu. »Aber wenn es so wäre, wo bliebe dann die objektive Wirklichkeit? Es gäbe überhaupt keine Sicherheiten mehr.«

»Es gibt auch keine«, erwiderte die Fürstin. »Man kann sich in Wahrheit an nichts festhalten.«

Van Leyden schüttelte den Kopf.

»Ich höre sehr gut, was Sie sagen, Madame, aber was Sie damit meinen, kann ich mir einfach nicht vorstellen. Ich habe den Eindruck, daß mein ganzes Denken sich in nichts auflösen müßte, um Sie ein wenig besser zu verstehen.«

»Na und«, sagte die Fürstin sehr trocken. »Es wäre das Beste, was Ihnen passieren könnte. Man muß sowieso durch die Vorstellungen hindurchgehen, nur dann macht man Fortschritte. Hier fällt mir eine kleine Geschichte ein, die mir vor langer Zeit erzählt wurde. Auf unserem Landsitz bei Moskau gab es einen alten Gärtner, der aus dem südlichen China stammte. Ich liebte diesen Mann, weil er so würdevoll und still war, ganz anders als wir übrigen mit unserem Geschwätz und unserer Unruhe. Er sprach immer nur das Nötigste, und es schien nichts auf der Welt zu geben, was ihn aus seiner Stille hätte aufschrecken können. Manchmal folgte ich ihm in den Park und half ihm bei kleinen Arbeiten. In seiner Gesellschaft fühlte ich mich auf unerklärliche Weise wohl, obwohl wir fast nie ein Wort miteinander wechselten. Nur einmal erzählte er eine kleine Begebenheit, an die ich eben denken mußte. Wollen Sie sie hören?«

»Gewiß, Madame, aber Sie müssen schon bemerkt haben, daß ich mit vielem, was Sie sagen, etwas Mühe habe.«

»Gut, gut, es geht in dieser Geschichte ohnehin um Fortschritte beim Verstehen«, erwiderte die Fürstin.
»›Yen Hui sprach: Ich bin vorwärtsgekommen!
Kung Dsi fragte: Was meinst du damit?
Er antwortete: Ich habe Güte und Gerechtigkeit vergessen.
Kung Dsi sprach: Das ist nicht übel, aber es ist noch nicht das Höchste.
Nach zwei Jahren kam Yen Hui zurück und sagte: Ich bin vorwärtsgekommen.
Kung Dsi fragte: Was meinst du damit?
Er antwortete: Ich habe Umgangsformen und Musik vergessen.
Kung Dsi sagte: Das ist nicht übel, aber es ist noch nicht das Höchste.
Wieder nach zwei Jahren kehrte Yen Hui zurück und sagte: Ich bin vorwärtsgekommen.
Kung Dsi fragte: Was meinst du damit?
Er antwortete: Ich bin zur Ruhe gekommen und habe alles vergessen.
Kung Dsi fragte: Was heißt ›Ich bin zur Ruhe gekommen und habe alles vergessen?‹
Yen Hui sagte: Ich habe meinen Leib gelassen, wo er ist, und mein Wissen weggeworfen. Fern vom Leib und frei vom Wissen, bin ich eins geworden mit dem, das alles durchdringt.
Da verbeugte sich Kung Dsi vor ihm und sagte: Wenn du die Einheit erreicht hast, bist du weiter gegangen als ich, und ich bitte dich, dein Schüler sein zu dürfen.‹«

21
Traité de la philosophie maudite oder Parva Psychologica

Den Rest des Weges gingen die Fürstin und van Leyden still nebeneinander. Die Mittagssonne stand flach über den Hügeln und erwärmte die Luft. Van Leyden spürte ein unerklärliches Vergnügen, das Laub unter seinen Schritten knistern zu hören. Einige dünne helle Rauchsäulen hoben sich aus den Kaminen des Puységurschen Schlosses zum Himmel. Auf den Äckern spazierten Krähen mit der Kopfhaltung von wichtigen Beamten. Van Leyden stellte gleichmütig fest, daß es ihm im Grunde genommen an Ehrgeiz fehlte und daß er keinen glaubhaften Antrieb in sich fand, sich an einer Stelle der Welt nützlich oder unentbehrlich zu machen.
Er betrachtete die Krähen und schaute hin und wieder zur Fürstin, die in ihren unberechenbaren Welten verloren schien. Aller Ehrgeiz, sich zu produzieren, dachte er, war im Grund ein bloßes Verlangen, ehrgeizig sein zu können, und das wiederum bedeutete nichts anderes als den Wunsch, selbst so zu sein wie die Besten der anderen. Natürlich war es für eine Gesellschaft unentbehrlich, daß alle danach strebten, wie ein anderer zu sein. Mit ein wenig Aufmerksamkeit mußte man jedoch erkennen, daß man immer schon wie alle anderen war, indem man, gleich ihnen, alles daransetzte, anders zu sein als sie. Was würde geschehen, wenn einer aufhörte, an dem Unterscheidungswettbewerb teilzunehmen? Aber wer war so ehrlich oder so verzweifelt – was dasselbe bedeutete –, daß er sich ohne weitere Bedingungen seinem eigenen Dasein unterwarf und nicht mehr weiter an seiner imaginären Differenzierung arbeitete? Was wäre die Folge davon, daß einer den Aufschub nicht länger praktizierte, den jeder sich gibt, bevor er sich definitiv vom Spiegel abwandte und sich als ein im Grunde unverbesserliches Sein hinnahm?

Aber wäre das in Wahrheit noch ein Hinnehmen? Wer wäre der Hinnehmer und wer der Hingenommene?
»Doktorchen«, sagte die Fürstin, »ich möchte Sie um einen Gefallen bitten. Ich nehme morgen nachmittag meine erste Einzelsitzung beim Marquis. Ich fände es schön, wenn Sie mich begleiten würden.«
»Sehr gern komme ich mit Ihnen«, antwortete van Leyden erstaunt. »Also sind Sie es, die vor mir an der Reihe ist? Ich habe meine Sitzung gegen Abend. Ob das auch so ein Zufall ist?«
Die Fürstin nickte.
»Ich sagte es Ihnen ja, diese Verknüpfungen können an den Nerven zehren. Aber ist es nicht wundervoll, sich an ein anderes Dasein auszuliefern? Du läßt dich fallen – und jede Pore läßt das Wesen des anderen in dich ein...«
»Ich denke nicht gern an so etwas«, sagte van Leyden. »Die Vorstellung ist mir unheimlich.«
»Das ist unnötig«, erwiderte die Fürstin. »Oder Sie lieben eben das Unheimliche und halten darum an ihm fest, um etwas zu haben, wogegen Sie sich sträuben können. Der kritische Intellekt ist im geheimen so wollüstig hingabesüchtig wie das sprödeste Weibsbild.«
»Vielleicht«, sagte van Leyden, »aber ich kann meine Empfindungen nicht willkürlich ändern. Frauen haben es wohl etwas leichter dabei. Sie wehren sich nicht so sehr gegen das Fallen.«
»Was wissen Sie denn?« fragte die Fürstin lächelnd. Wieder erschien das tatarische Glitzern in ihren Augen.
»Es ist alles gut eingerichtet, nicht wahr? Auf morgen nachmittag also!«
Als van Leyden auf sein Zimmer im Parkschloß zurückgekehrt war, setzte er sich ans Pult und versuchte, mit seinen psychologischen Überlegungen fortzufahren. Sicher war es nützlich, vor dem Beginn der praktischen Experimente seine Ideen zu ordnen – und sei es nur, um hinterher merken zu können, wie naiv man einmal dachte. Noch vierundzwanzig Stunden. Wahrscheinlich würden alle Spekulationen danach nicht mehr schwer wiegen. Aber was sprach dagegen, trotzdem ein paar Gedanken zu fixieren? Man würde sie den neuen Einsichten entsprechend modifizieren – hinterher! War nicht dies die Aufgabe der For-

schung, die Ideen fortwährend mit der Wirklichkeit zu vergleichen? Aber was war genau genommen eine Idee? Woran konnte man erkennen, daß man es mit der Wirklichkeit zu tun hatte und nicht mit einer anderen Sorte von Ideen?

Bis zum Abend brütete van Leyden über den unbeschriebenen Blättern. Ab und zu notierte er einen Satz, der nicht völlig unbrauchbar schien. Er spürte, daß er diesmal auf einer besseren Fährte war, und wenn auch jetzt die Sätze nur zögernd zu Papier kamen, so empfand er dabei kein Versagen und keinerlei Ungeduld. Die Zeit spielte keine Rolle mehr. Schließlich würde in weniger als einem Tag alles in einem veränderten Licht dastehen.

Auch den folgenden Vormittag verbrachte van Leyden damit, seine Überlegungen zu ordnen. Er überflog hin und wieder das Geschriebene, um zu prüfen, ob es nicht schon genug sei. Er war mit sich selbst weder zufrieden noch unzufrieden, sondern nur darum besorgt, die wesentlichen Gedanken deutlich zu fassen. Er sah, daß es in Wirklichkeit nur zwei, drei wesentliche Gedanken gab, die sich zeigten, sobald man die Kraft aufbrachte, alles andere fallenzulassen. Im Grunde war alles ungeheuer einfach. Wichtig war nur, mit den Steigerungsphantasien des Erkenntniswillens aufzuhören. Man mußte als Forscher zugrunde gehen und sich einem Wissen stellen, das keine Macht gibt, sondern Verstehen.

Am Nachmittag klopfte es an der Tür. Die Fürstin Golowin rief von draußen, daß sie bald bereit sei zum Ausgehen. Er möge sie in einer halben Stunde in der Halle abholen. Van Leyden rief zurück, er werde pünktlich zur Stelle sein.

Von einer leichten Unruhe erfaßt, ging er im Zimmer auf und ab. Dann setzte er sich auf die Bettkante und schaute zum Fenster. Über den Linden des Parks wellten sich graugrüne Wolken. Ein paar Krähen fielen in den Park ein und ließen sich im kahlen Geäst nieder. Die Außenwelt erschien durch die kleinen Buckel und Luftbläschen in den quadratischen Glasscheibchen des Fensters ein wenig verzerrt.

Noch einmal überflog van Leyden, was er geschrieben hatte. Es kam ihm mit einem Mal wieder lächerlich vor – Wörter, nichts als Wörter. Gleich würde er aufstehen und die Türklinke berühren und die Treppe hinuntergehen. Das war etwas. Die Wörter auf

dem Papier – er würde sie vergessen haben, noch bevor er einen Fuß aus dem Haus gesetzt hätte.
Sich fallen lassen ... man sagt das so gedankenlos. Van Leydens Blick glitt über die Tapeten an den Wänden, auf denen in gelber Seide mythologische Gestalten eingewebt waren – Nymphen, Delphine und Tritonen. Es fielen ihm die gebackenen Figuren ein, die man auf den Wiener Weihnachtsmärkten verkaufte. Dann ärgerte er sich über diese albernen Assoziationen. Plötzlich sah er sich in seinem Wiener Café sitzen und einen Mokka bestellen. Er trank zufrieden und stellte das heiße Getränk behutsam auf den Tisch zurück. Eine Meernymphe zerging mit glühenden Augen in der Tasse. Es waren Marthes Augen – und wieder war das Glimmen in ihnen, das ihm vertraut und bedrohlich vorkam. Marthe lächelte ihm mit einem zugleich geduldigen und verheißungsvollen Ausdruck zu, als sei sie nur vorausgefahren und wolle auf den Nachzügler warten. Dann stieg LeBrasseur aus dem dunklen kreisenden Fluß, er trug einen schwarzen Gehrock, den Dreizack in der Hand, das Haar von langen Algen bedeckt, und winkte ihm zu, sich endlich auf den Weg zu machen ...
Ein letztes Mal nahm van Leyden seine Aufzeichnungen vor.

Tractatus psychologico-philosophicus

§ 1

Die moderne Philosophie ist verflucht. Sie ist ihrer wissenschaftlichen Ambitionen wegen dazu verurteilt, die ganze Geschichte der ganzen Welt zu verstehen, und kennt doch weder die Geschichte, noch die Welt, noch das Ganze aus allem. Nur soviel kann die Philosophie wissen, daß die Geschichte der Welt die Geschichte eines Erwachens sein muß. Wie wäre es anders möglich, daß im Unermeßlichen ein Lebendiges auftritt, das in den Pausen und Lücken seines Lebens staunend sich über den Rand des unmittelbar Gegebenen beugt? Aber sobald das wache Lebewesen von der unmittelbaren Gegenwart absieht, begreift es auch schon, daß es sich selbst nach allen Richtungen entgeht. Es weiß, daß hinter dem Horizont unsichtbare Berge oder Meere sich auftun und daß hinter allem Sichtbaren ein ungeheurer

Raum sich öffnet, der beherrscht wird von unsichtbaren Koexistenzen. Es weiß ferner, daß es einem Ursprung entstammt, in dessen dunklen Kalendern es noch nicht vorkommt. Und es muß sich vorstellen, daß mit ihm eines Tages das geschieht, was es sich nicht vorstellen kann – ein Verschwinden, ein Nichtmehrdasein, für welches ich selbst als Bezugspunkt nicht in Frage komme. Somit ist das wache Leben ein meteorisches Phänomen, das aus dem Unermeßlichen auftaucht und das glühend und sich fühlend in einer flüchtigen Gegenwart seine Spur zieht, um in einer zweiten Nacht zu verschwinden, von der wir nicht einmal wissen, ob sie derjenigen gleicht, aus der das große Hervorgehen geschieht. Der Mensch ist ein denkender Meteorit. Nur in der Reibung mit dem Vorhandenen beginnt seine Hülle zu glühen. Durch mein Glühen wird das Vorhandene für mich geöffnet und als Umgebung bedeutsam. Ich glühe, also kann es nicht sein, daß nichts da wäre. Wenn ich glühe, bin ich da, um mit dem, was da ist, umzugehen.

Die Versuchung ist jetzt groß zu fragen, was es mit diesem Glühen auf sich hat. Aber wer so fragt, gerät sofort auf die schiefe Ebene und kann nur noch an Höhe verlieren. Auf den ersten Blick erscheint es wie eine legitime philosophische Frage, vor der man soviel Respekt hegen sollte wie vor dem Tiefsinn der Philosophie im allgemeinen. In Wahrheit ist die Frage absurd wie eine Kinderkritzelei auf einem Blatt Papier. Denn Glühen heißt nichts anderes als die Möglichkeit haben, sein Dasein zu fühlen. Es ergibt daher keinen Sinn, nach dem Grund des Glühens zu fragen. Das Glühen ist mit dem Fragen selbst unauflösbar verbunden, so daß es gar keine Möglichkeit gibt, hinter das Phänomen der fragenden Glut zurückzugehen. Im Sturz durch unsere Zeit glühen wir und fragen wir und geben Antworten nach besten Kräften (das ist das Lebensunternehmen selbst), bis eines Tages die Dinge uns dahin gebracht haben, daß diese lebendige Frageantwortglut erlischt. Aber das Erlöschen als solches geht uns nichts an, weil alle Dinge, die uns angehen, uns nur sozusagen auf der Glutseite des Lebens betreffen. Nur die Wahnsinnigen mögen versuchen, so zu denken, wie die Toten von drüben her denken würden (wenn sie drüben glühen könnten – oder es nötig hätten so zu tun, als nähmen sie

Gewohnheiten der Glutseite ins Erloschene hinüber). Tatsächlich schließt jedes Denken, das von oben und außen zu schauen vorgibt, ein Bündnis mit den Toten. Nur die lebenden Toten mit ihren rastlos wandernden Vorstellungen können glauben, daß es möglich sei, jenseits des Glühens zu denken. Aber das Glühen hat für sich kein Jenseits und Außen. Damit ist nicht gesagt, daß es alles umfaßte, was den Kosmos ausfüllt. Im Gegenteil, wahrscheinlich ist es darin so verloren wie der Meteorit auf seiner unvorhersehbaren Bahn. Aber dieses Verlorensein im Nichtglühenden geht das Glühen nichts an. Wo das Glühen einsetzt, gibt es nur seinen eigenen Raum, und was wir die Welt zu nennen pflegen, ist nichts anderes als ein Inbegriff für die Angelegenheiten des Glühens.

§ 2

Die moderne Philosophie ist verflucht, weil sie mit ihrem Verlangen nach wissenschaftlicher Sicherheit das Erscheinungsprinzip des Glühens vergißt. Meteore kennen keinen Halt und finden keine Sicherheit im Vorstellen der Welt. Mit allem Glühen sind sie nie über ihrer Welt oder jenseits ihres eigenen Sturzes durchs Vorhandene. Was über der Welt sein will, ist nur der glühende Drang über sich selbst hinauszugehen – wie wenn das Glühen sich durch Erlöschen in Sicherheit bringen wollte. Aber es gibt kein Über im Glühen. Das Schicksal des menschlichen Geistes wird zwischen den Polen von Gegen und Innen entschieden. Sie sind die Pole des Lebendigen schlechthin. Nur wer alles Glühen ausgelöscht hätte, könnte zum Schein sich ins Außerhalb stellen und »über« alles reden, als wäre er dem Gesetz des Innen und Gegen entronnen. Eben das haben die Philosophen zu allen Zeiten versucht. Indem sie es nicht unterlassen konnten, ihre Vorstellungen mit dem Sein selbst gleichzusetzen, haben sie alles getan, was hilft, das Glühen zu verdunkeln. In der modernen Philosophie schließlich kam es soweit, daß man das Sein selbst als einen Inhalt des Vorstellens mit Beschlag belegte. Wenn Descartes in seinen Meditationen versucht, alle Vorstellungen auf den Felsgrund des »Ich denke« zu bauen, dann ist der Augenblick gekommen, in dem das Denken den Rachen so weit aufreißt, um auch Gott und Sein darin zu verschlingen. »Cogito sum« heißt in Wirklichkeit nicht: ich denke, also bin ich (also ist der Grund erreicht), sondern: ich denke, daß ich bin. Von dem Tage an, an dem sich dieser Gedanke in modernen Seelen niederläßt, verwandelt sich menschliches Leben in einen Tanz von Gespenstern, die vorgeben zu sein, was sie sich über sich vorstellen.

§ 3

Wenn die Gespenster herrschen, beginnt die Epoche der Psychologie. Psychologie ist selbst nichts anderes als eine Philosophie, die Buße tut – Buße für die gespenstischen Folgen des Ich-bin-Sagens. Die Psychologie ist unsere *philosophie maudite.* Sie ist die schwarze Philosophie der Moderne. Mit ihr betreten das abgedunkelte Glühen und das totgedachte Sein wieder die Bühne der Betrachtung – aber sie kommen, wie es ihrer Herabwürdigung entspricht, nicht über die Haupttreppe des Ich-denke empor, sondern über die verpönten Hinteraufgänge des Bewußtseins. Unruhig wandern nichtfeststellbare Schmerzen durch die leeren Gänge des Körpers, und Träume ziehen wie schwer beladene Karawanen über den zwielichtigen Horizont. Je mehr Menschen sich mit einem Ich denke aus der Rüstkammer der modernen Ideologien bewaffnen, desto mehr Psychologie muß in dieser Gesellschaft aufkommen, um den Gespensterverkehr zu regulieren.

Die Wahrheit ist freilich, daß die Psychologie selbst völlig wehrlos ist gegen die Gespensterherrschaft. Denn die Psychologen unterliegen der Herrschaft des Ich denke, daß ich bin (mit seinen tausend Zusatzvorstellungen) genauso wie alle übrigen Zeitgenossen. Niemand kann garantieren, daß alle Psychologie nicht in einem absurden Zirkel endet, wo Gespenster Gespenstern beim Ablegen der Gespenstigkeit zu helfen vorgeben. Wenn es eines Tages so weit gekommen sein wird, dann kann dem gespenstischen verletzten Leben wohl nur noch dadurch geholfen werden, daß die Psychologie in ihren Ausgangspunkten heimkehrt – jedoch nicht ohne die Philosophie unentwegt daran zu erinnern, daß sie nur dann nicht dem Wahnsinn in die Hände arbeitet, wenn sie darauf verzichtet, mit dem verfluchten Ich denke, daß ich bin, zu kooperieren. Wenn die Psychologie in die Philosophie zurückgekehrt wäre, hätte sie sich im besten Sinne überflüssig gemacht – sie hätte sich flüssig gemacht, um dem verfluchten »Über« zu entgehen. Die Philosophie ihrerseits jedoch müßte, um die Heimkehrerin aufnehmen zu können, erst recht wahre Wunder an Entsagung vollbringen, weil es bedeutete, auf ihre eigenste Tendenz zu verzichten, alles aus der Perspektive eines falschen »Über« zu sehen. Aber die Psychologie kehrt nicht zurück, und die Philosophie wird nicht auf sich verzichten, solange der arbeitsteilige Weltzustand den Inhabern von isolierten Kanzeln Gewinn verspricht. Nur wenn der Schmerz über die Trennungen größer wird als jeder Respekt vor den Einrichtungen, können die glühendsten Fragen die Grenzen in Brand stecken und neue Fusionen bestimmen.

§ 4

Die Psychologie bearbeitet den Raum, der durch das Ich denke, daß ich bin abgesteckt wird. Jedoch fungiert das Cogito im seelischen Leben keineswegs als reiner Seinsgedanke, sondern erscheint immer in der Form eines aufgefüllten Ich denke, daß ich so und so bin. Dieses So und so verleiht dem Ich seine Farben (etwa so, wie man sagt, daß die Person durch die Summe ihrer Eigenschaften charakterisiert wird). Das So-und-so-Sein oder Charakterhaben bewegt sich nunmehr immer zwischen zwei extremen Polen.

Entweder stürzt sich das Bewußtsein ganz in seine Eigenschaften und beteuert mit Blut und Leben so-und-so zu sein und nicht anders. Am positiven Pol identifiziert sich das Ich denke also ganz mit einer definierten Vorstellung von sich und versucht, sein ganzes Sein unter diese persönliche Phantasie zu zwingen. In dieser Stellung treten wir als massiver Jemand auf, der auf seinem Selbstbild und seinen Eigenschaften besteht wie ein Grundeigentümer auf seinem Territorium. Wir präsentieren uns in der Pose des massiven Ich, das im Vollbesitz seiner selbst kraftvoll in der Welt steht. Wie ein hartgesottener Name geht dieses volle Ich-bin-so in Stellung und erhebt allenthalten Anspruch auf Anerkennung. Dieses Ich füllt sich mit einem geliehenen Vorrat an Sinn und Macht, ganz wie ein Erbe großer Häuser, von dem man erwartet, daß er die überlieferte Masse sich völlig zu eigen macht und in die Spur der Vorfahren tritt. Jedes volle Ich gleicht somit einem Wahnsinnigen, der sich für einen anderen hält – und somit auf dem besten Wege ist, zu werden, was er sich einbildet. Wer voll sein will, für den steht die ganze Garderobe der menschlichen Größen bereit, und es müßte mit dem Teufel zugehen, wenn das Ich unter all den Kostümen des positiven Engagements keines fände, das ihm paßte. Der Verrückte aus der Salpêtrière gehörte zu dieser Kategorie von Menschen. Aber jeder von uns, insofern er ein positives Ich-bin-dieser inszeniert, gehört in gleicher Weise dazu. Auch Ludwig der Fünfzehnte selbst war bereits ein Verrückter, der sich für Ludwig den Fünfzehnten hielt. Jeder von uns ist (nach dieser Definition) Paranoiker in dem Maß, wie er sich mit seinem inneren Namen wie mit einer Mission identifiziert. Mein Name gehört nämlich niemals mir, oder allenfalls in der Form der Leihgabe, oder schlimmer: der Verwechslung, denn er verrät nur meine Ernennung durch den anderen. (Man muß hier Ernennung sagen, so wie man Erzeugung oder Erschießung sagt.)

Das natürliche Gegenbild zu dem Paranoiker mit seinem massiven Ich liefert der deprimierte Mensch. In seiner Niedergeschlagenheit gleicht er einem entthronten König, der mit unendlicher Melancholie seinem verlorenen Glück nachträumt. Auch er wird zum Opfer seiner Selbstvorstellung, nur daß diesmal kein Bild einer mit sich identischen Persönlichkeitsfülle geboten wird, sondern ein Bild des unendlichen Mangels und der untröstlichen Trennung vom wirklichen Sein. So wie sich der paranoide Ichträger seiner Umwelt aufzwingen möchte, um sie unter die Herrschaft seines Ich-denke-daß-ich-so-bin zu nehmen, so möchte sich der Deprimierte am liebsten ganz aus aller Welt herausziehen, um ihr als massiver Niemand gegenüberzustehen. Er neckt das Leben und trotzt ihm auf allen Gebieten, indem er seine Angebote ausschlägt mit der Begründung, sie gälten nicht für ihn – in seiner tiefen Müdigkeit. Er mauert sich ein in der leeren Festung seiner Entmutigung. Für ihn ist Abdankung und Verlust alles. Er kennt nichts als niederschmetternd schmerzliche Erinnerungen und Abgetrenntsein vom unerreichlichen Wesen. Er inszeniert sein Ich-denke-daß-ich-so-bin in der negativen Potenz – als Niemandsein, als Verstoßensein, als Beraubt-

sein, als Abgeschnittensein. Über seinem Dasein schwebt das metaphysische Stigma einer untilgbaren Schuld.
Betrachten wir beide zusammen – den verrückten Ichinhaber und den deprimierten Ich-nicht-Sager – mit einem Blick, so sind sie leicht als feindliche Zwillinge im Nichts zu erkennen. Darum wandern so viele Menschen im Lauf ihres Lebens von dem einen Pol zum anderen, beginnen im Überschwang und enden in Erstarrung; oder fangen in der Nichtigkeit an und hören als Weltkämpfer für das Gute auf. Sie liefern die positive und die negative Ansicht dessen, was psychische Identität heißt. Wichtig ist aber, daß jeder Mensch unentrinnbar in dieser Polarität steht. Er ist Charakter oder Person in dem Maß, wie er einen Platz innehat auf der Skala zwischen der Selbstverwechslung des Paranoikers und der Selbstverneinung des Deprimierten. Nur in der hauchdünnen Mitte zwischen den Extremen liegt die Zone der psychischen Gesundheit, die zugleich der philosophische Ort der Wahrheit ist. Es ist der schmale Grat des Weder-Noch.

§ 5

Die therapeutische Arbeit muß demnach darin bestehen, durch eine kunstvolle Balancierung die Nullzone zwischen den Extremen zu finden. Denn je nachdem, was ein Mensch an Beschwerden mitbringt, muß er durch das Gegenteil geheilt werden. Der Depressive wird durch Erregung und Teilhabe an Bedeutendem geheilt, der Paranoide durch Entspannung und Befreiung von hyberbolischen Missionen. Dem Depressiven hilft das Ernstmachen, dem Paranoiden der Humor. Der Niedergeschlagene muß lernen, einzuatmen und den Wind einer existentiellen Inspiration durch sich hindurch wehen zu lassen. Der Paranoide hingegen muß das Ausatmen lernen und einsehen, daß der Wind der großen Zusammenhänge sich um sein geblähtes Ich nicht kümmert. Zu den großen Paradoxien der menschlichen Psyche gehört aber, daß in dieser Polarität Kraft und Wahrheit sich in entgegengesetzte Lager begeben haben und fast wie zueinander finden. Niemand hat mehr Elan als der vom Wahn Bewegte, aber niemand ist der Wahrheit näher als der in Depression Erstarrte. Der Verrückte ist der Prototyp des Tatmenschen, während der Deprimierte dem Seher nahekommt. Der eine vollführt mit geliehenen Flügeln grandiose, verhängnisvolle Flüge, der andere starrt mit versteinerten Augen auf die Welt, als wäre er einer, der nichts in ihr zu suchen hätte. – Aber erst wo Kraft und Wahrheit einander begegnen, öffnet sich Raum für das Wunder des gelungenen Lebens. Ja, man darf sagen, daß die Wahrheit der Kraft selbst das ist, was die Kraft der Wahrheit und das Leben des Gelingens ausmacht.

Psychologisch gesehen hieße leben lernen nichts anderes als durch eine Schule des Schwebens gehen. Schweben heißt: weder-noch sagen können. Der Lebendige läßt sich niemals zwingen zu wählen, weil er intuitiv weiß, daß er weder jemand noch niemand ist. Er hat unweigerlich von allem etwas und ist doch auch nichts von allem. Wer weder Gefangener seiner Selbstfindung noch Gefangener des Selbstverlustes ist, ist frei. Wer die Freiheit kennt, kommt zu sich wie ein Kind zur Welt. Er zieht sich aus allen Vorstellungen und aus jedem Urteilen zurück. Darum kennt er keine Aufgaben mehr (nur die Verrückten haben immer große Aufgaben), sondern nur noch Äußerungen. Wer das Auge des Zyklons gefunden hat, löst sich in absolute Lebendigkeit auf, die sich nirgendwo verstrickt in die kämpfenden Brutalitäten mit ihren Positionen, ihren Werten, ihren Interessen, ihren Begründungen. Er macht sein Leben zu einer Expedition in die unerforschten Regionen des Seins, die zwischen der Aufrichtigkeit und der Erfindungsgabe liegen. Immer tiefer wird er eindringen in das wirkliche Niemands-Land der Wahrheit. Es ist ein Land ohne Lüge und ohne Vergangenheit. Nur in dieser unbetretenen Welt kann sich Neues ereignen. Das Neue ist das, was wir nicht entdecken können, ohne es zu erzeugen, und nicht erzeugen, ohne es zu entdecken. Wenn die Wachheit steigt und die Vorstellungen fallen, treten wir unter den Himmel der Gegenwart, schweifend wie Nomaden, ekstatisch wie Derwische, still wie Bäume.

§ 6

Der historische Mensch ist, wie er ist, nur darum, weil von ihm stets mehr gefordert wird als bisher. Der Mensch ist ein offenes Tier. Er trägt alle Züge eines unvollendeten Lebewesens, das durch Anlage und Erziehung nur eine rohe Skizze seiner Wer-

densrichtung mit auf den Weg bekommt. Immer muß er sich aus seiner Herkunft weiterführen, einer unbekannten und ungesicherten Vollendung entgegen. Wer für dieses Wesen eine Psychologie entwerfen will, muß wissen, daß er dies nicht tun kann, ohne die Arbeit der menschlichen Evolution weiterzutreiben. Denn von der Psyche des Menschen zu sprechen ist unmöglich, ohne von ihrer Weiterentwicklung zu sprechen – wobei dahingestellt sei, ob diese mehr die Form eines Wachstums oder eher die einer Ausarbeitung besitzt.
Grundsätzlich kann es nur drei Psychologien geben – der Dreiheit ihrer Gegenstände entsprechend. Die *erste* Psychologie ist die Betrachtung des Tieres als des dem Menschen nächsten und zugleich fernsten Lebewesens. Nur Tiere sind als Subjekte einer reinen Psychologie geeignet, weil sich allein in ihnen ein reines Seele-Sein verkörpert, das erfüllt ist von purer Bewegtheit und Sensitivität. In den Tieren leuchtet jenes Optimum des Seelischen auf, das allen instinktsicheren Wesen eigen ist, die sich noch nicht reflektieren, von keiner Zerrissenheit gezeichnet sind und kein anderes Verhältnis zur Welt kennen als das der Anschmiegung und des wachsamen Einsseins mit allem, was ihre Umgebung ausmacht. Nur im Menschenkind erscheint eine Ahnung dieser seelischen Seinsweise auf menschlicher Stufe. Ansonsten ist für uns das Tierreich nur noch im Modus des Verlustes gegenwärtig – als ein absolutes und schmerzliches Nie-Mehr. Wir sind dazu verurteilt, dem Gott näher zu sein als dem Tier (und es war wohl eine großartige List unserer ältesten Vorfahren, daß sie Tiere als Götter verehrten, um nicht allzufrüh die Nähe zur animalischen Welt so völlig zu verlieren, wie der sie verlieren muß, der sich für den Verwandten eines Gottes zu halten hat). Aber wie sich diese Gottesverwandten dem Tier gegenüber aufführen, weckt keine günstige Meinung über den Menschen. Es ist offenbar kein Segen, einen Gott in der Familie zu haben, denn seine Angehörigen benehmen sich gegenüber der animalischen Welt nicht anders als Rameaus Neffe gegenüber der zivilisatorischen. Es sind jedesmal Gebärden, die eine depressive Aggression gegenüber dem zum Ausdruck bringen, was man weder besitzen noch loswerden kann. Wie Rameau die Größen mit Füßen tritt, mit denen er unwiderruflich verwandt ist, ohne

ihnen gleichen zu können, so mißhandeln die Menschen insgesamt das göttliche Tier, das unablösbar ist von ihrem eigenen Dasein, aber dessen ursprüngliche Vollkommenheit für sie unerreichbar geworden ist.

Die *zweite* Psychologie – die uns als die einzige und eigentliche erscheint (zu Unrecht, wie ich zeige) – hat es mit dem zwiespältigen Seele-Haben des Menschen zu tun. In Wahrheit gibt es aber gar keine Psychologie vom Menschen im *status quo.* Psychologie kann es eigentlich nur vom Tier geben oder von einem Gott. Für den Menschen kommt die Psychologie immer zur falschen Zeit, zu spät, weil er die einfache Beseeltheit des Tieres nicht mehr besitzt, zu früh, weil er die Psyche des vollendeten Menschen nicht erreicht hat. Von den Individuen des *status quo* kann es darum keine Psychologie geben, sondern nur Psychopathologie – Psychomechanik, Psychodynamik, Psychophysik. Die zweite Psychologie kann daher niemals mehr werden als eine Wissenschaft von den objektiven Entschuldigungen, warum der Mensch nicht ist, wie er sein könnte. Aus dieser eigentümlich gebrochenen (apologetischen oder anklagenden) Beziehung zu ihrem Gegenstand muß die zweite Psychologie unweigerlich in ein moralisches Zwielicht geraten. Sie schwebt immer in Gefahr, selber nur ein Faktor im Getriebe der psychopathischen Mechanik zu werden. Erliegt sie dieser Gefahr (und wie sollte sie ihr nicht erliegen?), so führt sie keinen Schritt über die Probleme hinaus, von denen sie handelt. Wenn sie nicht der Weiterführung des Menschen über seinen biologisch-sozialen Entwurf hinaus dient, so bleibt sie nur eine Fortführung der menschlichen Psychopathie mit anderen Mitteln.

Erst eine *dritte* Psychologie (wenn es sie eines Tages geben sollte) wäre die wirkliche Wissenschaft vom Menschen (wenn es ihn eines Tages geben sollte). Sie wäre die Psychologie des vollendeten Lebens – eine Betrachtung der Psyche jenseits ihrer zivilisatorischen Zerrissenheit. Die dritte Psychologie birgt somit die Utopie der realen Freiheit. Diese wird niemals erreicht werden, bevor nicht jeder einzelne begriffen hätte, daß er sich selbst eine Revolution schuldig ist. Erst auf dieser, soll ich sagen, Stufe wäre die Seele über die Zersplitterung ihrer Selbstvorstellungen hinausgegangen. Sie hätte die Zentralillusion eines Ichs, das sich wie ein Knoten in das Selbstverhältnis des bewußten Lebens eingeschlungen hat, aufgelöst. Die Seele wäre dann kein Privatverhältnis des einzelnen Lebens zu einem Äußeren mehr, sondern die durch meinen leeren Körper hindurch sprühende Tat des Seins. Das völlige Beisichsein der Seele ist ohne Selbstreflexion; es geschieht als pure Verausgabung einer wachen Kraft. Erst in dieser Form würde die Seele versöhnt mit ihrer meteorischen, leidenden und glühenden Natur. Einer solchen Versöhnung jedoch muß die Unterwerfung des leidenden und leidenlassenden Ich unter die ganze Last der eigenen Lebendigkeit vorausgehen. Nur mit dem Untergang des Ich denke, daß ich so bin mit all seinem eingefleischten Über- und Gegenüberseinmüssen könnte aus dem zerrissenen Subjekt ein Ganzes höherer Ordnung werden. Wenn das Ich sich auflöst, verwandelt sich sein Leben aus dem begrenzenden Über und Gegen in ein unermeßliches In und Mit.

Aber dieses Eintauchen ins Unermeßliche ist kein Rückfall in den bewußtlosen Ursprung, sondern ein Aufschwung in die höchste und bewußteste Produktion. So wird erst vom Rand der dritten Psychologie her das Grundproblem der zweiten deutlich. Das Ich der zweiten Psychologie behält immer die Struktur einer mit sich selbst Krieg führenden Zweiheit. Entweder ist es ein Rebell, der zur ewigen (kritischen) Revolte verdammt ist, oder es ist ein zur Selbstmißhandlung verurteilter Herr. In jedem Fall bleibt das Subjekt das aktive Umkehrbild seiner passiven Prägung – ein unterworfener Unterwerfer, ein isolierter Isolierer, ein geschlagener Schläger, ein verrücktgemachter Verrücktmacher, ein ausgebeuteter Ausbeuter. Demnach muß das Subjekt seinem innersten Wesen nach immer nur ein Glied in der Kette der Verletzungen und der Defensiven bleiben. Wo es sich erhebt, tut es dies, um unweigerlich mit der Proliferation des Leidens fortzufahren. Es liegt also in der Natur der Sache, daß die Psychologie dieses Subjekts wesentlich Sozialpsychologie ist, also in letzter Instanz Psychologie der gegenseitigen Täuschung und Mißhandlung. Die dritte Psychologie beginnt erst, wo das Spiegelkabinett der Sozialpsychologie mit ihrer Mechanik und ihrer Pädagogik endet. Unter der Herrschaft der Spiegelreaktionen ist jeder der andere und keiner er selbst.

Die dritte Psychologie spräche nicht mehr von Spiegelungen, sondern von Wahrnehmungen; nicht mehr von Reaktionen, sondern von Erfindungen. Nicht mehr von Leidenschaften, sondern von Begeisterung. Nicht mehr vom Wahnsinn, sondern von Komik. Sie spräche nicht mehr von Problemen und Lösungen, sondern von der Hochzeit der Transparenz mit dem Geheimnis. Vor allem aber würde diese Psychologie wissen, wie man aufhört, über menschliche Beziehungen zu reden. Wo Menschen beginnen, ganz Menschen zu werden, verzichten sie mehr und mehr darauf, sich durch ihre Verhältnisse zu bestimmen. Es wird keine Beziehungen mehr geben und keine Entschuldigungen. Was bleibt, sind ferne Begrüßungen an den Kreuzungen im Unermeßlichen – Winke von Meteor zu Meteor, ein Austausch von Glut zu Glut, und ein behutsames Nebeneinanderschreiten mit den unhörbaren Schritten der Liebe.

Van Leyden traf die Fürstin in der Halle, wo sie mit einem älteren Herrn angeregt plaudernd auf und ab ging.
»Oh Doktorchen«, rief sie, als sie van Leyden die Treppe herunterkommen sah, »gut daß Sie kommen.«
Ihre Wangen waren stark gepudert, die Augen mit dunkler violetter Tusche ummalt. An ihren Ohren glitzerten silberne Gehänge aus kleinen runden Plättchen. Bei jedem Schritt verbreitete sie eine Welle von schwerem Parfum.
»Madame!« sagte von Leyden mit einer Verbeugung, »Sie sind schön wie vor einem Ball.«
Die Fürstin hatte einen schwarzen, enganliegenden Anzug mit Männerhosen angelegt, die unter den Knien in engen Bünden endeten – dazu hohe weiße Stiefel und weiße Handschuhe, was ihr im Gehen einen magischen katzenhaften Ausdruck verlieh.
»Ich bin mir immer noch nicht schlüssig«, sagte sie klagend, »ob man zu einer magnetischen Sitzung besser einen Hut trägt oder nicht. Was meinen Sie dazu, meine Herren?«
»Ich weiß es nicht!« sagte van Leyden brav.
»Nach meiner Meinung«, erwiderte der ältere Herr im graukarierten Anzug mit dem Stöckchen, »ist ein Hut absolut unerläßlich.«
»Übrigens, Monsieur van Leyden«, bemerkte die Fürstin, »dies

ist Monsieur... ach, ich kann mir Namen niemals merken. Jedenfalls ein sehr großer Philosoph aus Italien...«

»Oho!« sagte der Herr geschmeichelt und strich mit einer Hand über seine eng am Kopf klebenden grauen Löckchen, »die Fürstin hat die Güte, mich zu überschätzen. Mein Name ist Girolamo Decembrini, aus Siena. Ich hatte bisher nicht das Vergnügen.«

»*Il piacere è mio*«, sagte van Leyden, um Schlagfertigkeit bemüht.

Der Philosoph sah van Leyden mit südländischer Jovialität an.

»*Bravissimo,* Signore. Ich weiß, daß Sie im Gehen sind, um sich magnetisieren zu lassen. Die Fürstin verriet mir Ihren Plan. Ich hoffe, wir finden bald eine Gelegenheit, uns über die philosophisch fragwürdigen Aspekte Ihres Vorhabens auszusprechen.«

Van Leyden zwang sich zu einer verbindlichen Antwort.

»Gewiß, Signor Decembrini«, sagte er förmlich. »Wir werden eines Tages ausführlicher diskutieren, als es jetzt möglich ist. Sie entschuldigen mich!«

Zur Fürstin gewandt, setzte er hinzu:

»Madame, ich bin bereit zum Gehen.«

»Ja, ja«, sagte sie aufgeregt, »wir müssen gehen. Ich will den Marquis auf keinen Fall warten lassen.«

»Es wäre mir eine Ehre«, schob sich Decembrini dazwischen, »und ein Vergnügen zugleich, wenn ich die Herrschaften ein Stück des Weges begleiten dürfte. Ohnehin habe ich drüben in der Bibliothek etwas zu besorgen. Ich biete sozusagen philosophischen Begleitschutz auf den Nebenwegen des Bewußtseins.«

Er lachte herzlich über seinen Scherz, während sie zu dritt das Schlößchen verließen. Sie überquerten die ovale Lichtung vor dem Gebäude und folgten dem Kiesweg, der den Parkwald durchschnitt. Die Schritte der Spaziergänger knirschten auf dem Kies. Van Leyden hörte ein paar Krähen aus dem Geäst aufflattern. Ihm war jetzt sehr beklommen zumute.

Ob der Marquis eigentlich sichere Methoden kannte, seine Patienten aus dem magnetischen Schlaf zurückzuholen? Bestand nicht die Gefahr, daß einer für immer in den hypnotischen Zustand verfiel und nicht mehr in seine vorherige Verfassung zurückgerufen werden konnte? Durfte man sich bei soviel

Ungewißheit auf solche Experimente überhaupt einlassen? Experimente mit dem wirklichen Leben – war das nicht etwas Frivoles und völlig Abseitiges? War es nicht ein kurzer Weg vom gefährlichen Spiel zum tödlichen Ernst? Aber ging es hier eher um das Gegenteil – den Versuch, aus dem tödlichen Ernst wenigstens ein gefährliches Spiel werden zu lassen? Es war ein ernstes Spiel, was er vor sich hatte – denn mochte es in gewisser Hinsicht nur ein Spiel sein, so hatte es seinen Ernst darin, daß man dabei nicht die Rückfahrkarte in der Tasche trug – wie sonst, wenn es nicht um viel geht.

»Kennen Sie das Gefühl, Doktorchen«, sagte die Fürstin, »wenn man im Scheunendach auf dem obersten Balken sitzt, ins Heu hinunterschaut und weiß, daß man gleich springt? Dieses Heulen zwischen den Beinen?«

Van Leyden lächelte und nickte. Es war ein wenig tröstlich zu denken, daß er auch bei seiner Angst eine Mitwisserin hatte.

»Die Psychologie als solche«, begann Decembrini ganz unvorbereitet, »ist ohne Zweifel eine Sumpfpflanze. Oder wie wollen Sie es anders nennen, wenn in einer Wissenschaft das Erkennende und das Erkannte sich undurchsichtig vermischen? Eine Sumpfblüte – ich wiederhole es. Schon mancher ist um den Verstand gekommen bei dem Versuch, sie zu pflücken. Es ist ein bedenkliches Wissen, obszön und schlüpfrig, eine Liederlichkeit des Denkens. Wahre Theorie gibt es nur von trockenen Dingen – das ist das A und O der Wissenschaft.«

Van Leyden warf dem Philosophen einen befremdeten Blick zu, ohne sich um eine Anknüpfung zu bemühen. Die Fürstin schien nicht zugehört zu haben.

»Natürlich«, fuhr Decembrini fort, »könnte man auch an das klassische Motiv der Unterweltfahrt denken, den *descensus ad inferos*, wo sich die suchende Seele auf den Weg zu den Schatten macht. Denken Sie an Orpheus, der den Fehler beging, sich zu früh umzudrehen, oder an Aeneas, der in die dunkle Welt unter dem Vesuv hinabstieg, um sein Schicksal zu erfahren... somit fällt die magnetische Exkursion möglicherweise unter den Begriff des Reisens – eines generalisierten Spazierens sozusagen. *Spaziare,* immerhin, bedeutet in meiner Muttersprache ursprünglich in den Raum verstoßen, das Weite gewinnen, weiß Gott eine philosophische Angelegenheit...«

Van Leyden bemühte sich, nicht auf Decembrinis Ausführungen zu hören. Er zog sich in sein Stillschweigen zurück. Wie ungeheuer lästig, dachte er, doch Menschen sein können, die kein Gefühl dafür haben, wann ihre Exkurse unwillkommen sind. Es wäre überhaupt besser, wenn weniger geredet würde.
»Doktorchen«, sagte die Fürstin, »finden Sie nicht auch, daß es nach Steinpilzen riecht?«
»Aber durchaus nicht«, erwiderte Decembrini an van Leydens Stelle, »der Pilzgeruch, der sich hier im Park bemerkbar macht, stammt nicht vom Steinpilz, sondern von einem Pilz, den man Phallus impudicus nennt, oder auch Stinkmorchel oder Hexenei, einem Pilz, der durch seine Form die Phantasie beflügelt, wie der Name andeutet, gewissermaßen, als wollte sich die harmlose Erde einen bösen Spaß erlauben und das Maximum männlicher Animalität auf rein pflanzlichem Wege darstellen. Dem okkulten Sinne nach handelt es sich um eine vegetarische Option der Natur. Dieser Pilz pflegt junge Frauen aus gutem Haus mit seinem pflanzlichen Exhibitionismus zu terrorisieren und läßt sie an tote Kavaliere denken, die sich unter dem Rasen versteckt haben und nicht davon lassen können, den pneumatischen Finger aufzurichten, als wollten sie aller Welt ihre Anträge machen. Obendrein verströmt dieser Pilz in der Phase der Verwesung einen zynischen Geruch, zu dem ich bei passenderer Gelegenheit einiges ausführen könnte. Aber man soll in Gegenwart von Damen nicht über Biologie reden.«
»Verehrte Fürstin«, bemerkte van Leyden, »könnte es nicht sein, daß es jetzt ein wenig nach Hefe riecht?«
»Eines fällt mir hier im Westen auf«, sagte die Fürstin, wobei sie Decembrini mit ihren großen Pupillen ansah, »man redet hier sehr viel. In Rußland reden die Philosophen nur, wenn man sie dazu aufgefordert hat.«
»Ach wirklich?« erwiderte Decembrini mit nachgiebiger Stimme. »Ich weiß nicht, ob das eine allgemein empfehlenswerte Sitte ist. Aber wenn Sie wünschen, Madame, verfahren wir auf dem Rest des Weges nach der russischen Methode...«

Die Spaziergänger hatten den Ausgang des Parks zur Schloßseite hin erreicht. Die untergehende Sonne reflektierte sich rotglühend in den Fenstern der Fassade. Van Leyden fühlte, wie sein Hemd, trotz der kühlen Temperatur, am Kragen und unter den Armen naß war. Sollte er nicht dem Marquis erklären, er sei heute nicht wohl und er wolle sich für diesmal entschuldigen, um es bei besserer Gelegenheit wieder zu versuchen?

Die Fürstin berührte leicht seinen Arm.

»Monsieur van Leyden, wir sind da. Leben Sie wohl und gute Reise.«

»Auf Wiedersehen, Madame«, sagte er wie in Trance. »Und für den Fall, daß wir uns nicht wiedersehen, wünsche ich Ihnen schon jetzt eine glückliche Heimreise.«

Die Fürstin stieg die Treppe zum Portal hinauf.

»Man kann nie wissen«, rief sie van Leyden zu, »auf bald – vielleicht?«

Sie winkte mit ihren weißen Händen und verschwand in dem Gebäude.

Decembrini räusperte sich und sagte mit gespielter Leichtigkeit: »Nun, Monsieur, ich überlasse Sie jetzt Ihrem Abenteuer. Mögen Sie es glücklich bestehen! *Placet experiri* – es ist das Privileg der Jugend. Auf ein anderes Mal, mein Freund.«

22
Von der Revolution der Revolution

»Sind Sie bereit, Monsieur van Leyden?«
Die Stimme des Marquis klang beruhigend und alltäglich, und van Leyden fragte sich, ob er jetzt nicht erst recht mißtrauisch werden solle. Aber wogegen und mit welchen Konsequenzen – an einen Abbruch des Versuchs war jetzt im Ernst nicht mehr zu denken.
»Bitte vergessen Sie nicht«, sagte der Marquis, während er van Leyden durch ein *antichambre* in das verdunkelte Behandlungszimmer führte, »solange Sie dem Gang der Dinge vertrauen, kann unser Vorhaben nicht mißlingen. Wollen Sie bitte hier Platz nehmen?«
In van Leydens Kopf wirbelten die Vorstellungen durcheinander. Er sah kaum noch, wie Puységur damit beschäftigt war, eine Kerze anzuzünden und sie neben der Chaiselongue bereitzustellen ...
Nun kommt es, dachte er, nun rollt es auf dich zu, und du weichst nicht länger aus, sie ist im Grunde ja nicht aufzuschieben, diese Todesangst, nichts ist aufzuschieben, was wirklich geschieht, nichts, denn der Augenblick kommt doch, wo es dich findet, das Absolute, wo es dich übernimmt und forträgt, und wo die tödliche Gegenwart einsetzt, in die wir ein Leben lang den Keil des Aufschubs hineinschlagen, um nicht aufgesogen zu werden von dem permanenten Tod. Ja, ihm wollen wir entgehen, Sekunde für Sekunde, und retten uns hinüber in den nächsten vorgestellten Augenblick, um etwas zu sein, was sich mitnimmt von hüben nach drüben ... aber zuletzt kommt der Moment, in dem der nächste Augenblick nicht mehr der meine ist ... er findet dich, und wenn er dich findet, dann wende dich nicht weg ...
Du schließt die Augen, und es flimmert in den dunklen pulsierenden Hemisphären. Die Atome tanzen nur für dich, siehst du

die roten Lagunen am Rand der Hemisphären – nur du kannst sie erreichen, nur du, es sind deine Himmel und deine Länder der Verheißung, für jeden anderen sind sie ein Spuk oder eine Lüge. Wenn du der Wahrheit nachgibst, weißt du auch, daß du im Grunde immer nur dorthin kommen wolltest, zu den innersten Lagunen, ans große Meer, an dessen Strand die Unterschiede baden... jetzt sind sie tödlich nahe, und die Angst ist schon vorausgegangen und wartet auf dich... es ist nur ein Sprung, ein kleiner Sprung, ein bedingungsloser, der nichts hinüberrettet... du kannst nur noch mitten hineinfallen, wenn du dich losläßt, aber wer bin ich, um loszulassen, wenn nicht das Lassen mich holt und für mich tut, was ich soll und bin... Adieu, Herr van Leyden, auf kein anderes Mal...

Puységurs Stimme erschien sehr nahe an seinem Ohr.

»Nun, Monsieur, es ist soweit. Sind Sie aufgeregt? Dann ist alles sehr gut. Gehen Sie in die Mitte der Aufregung hinein und folgen Sie ihr willenlos. Ja, lassen Sie Ihren Willen mit ihr gehen... sie weiß es besser, sie kennt den Weg. Ihre Hände öffnen sich und wollen nichts mehr festhalten. Ihr Kopf sinkt frei zurück, Ihr Wille beginnt endlich zu schlafen, tief und fest, seinen ersten richtigen Schlaf. Die Vorstellungen verschwinden im Dunkeln. Alles ist still um Sie herum, und auch in Ihnen selbst wird es ruhiger und ruhiger. Ihr Körper schläft seinen besten Schlaf. Ihre Augenlider sind schwer, Ihre Brust ist frei und offen. Sie rasten in Ihrem Körper wie ein müdes Kind in seinem Bett... nur ganz tief im Inneren sehen Sie noch ein fernes Licht. Richten Sie Ihre inneren Augen auf dieses Licht. Fühlen Sie, wie es heller wird, wenn Sie es entschlossen betrachten, heller und heller... es ist ein Licht, das niemals erlischt, gehen Sie langsam auf es zu. Tauchen Sie ein in das Licht... es fließt auf Sie zu, es wird immer heller, es fließt unaufhörlich, hell und gleißend, wie eine innere Sonne, an der Sie sich niemals die Augen versengen... nun sind Sie völlig eingetaucht in das fließende Licht... wenn es nicht mehr heller wird, beginnen Sie darin einzelne Gestalten zu unterscheiden... das Licht erzeugt Figuren... was können Sie erkennen?«

Er sah einen gewaltigen Turm, der sich majestätisch in den Himmel erhob. Der Himmel war schwarz wie eine unterirdische Höhle, und vor ihm stieg die helle Masse des Turmes empor, Stein um Stein, hart und bleibend, tödlich der Höhe zugewandt, als reines unerbittliches Hinauf ins Ewige, Tote. Gott ist tot, und wie könnte es anders sein, wenn Gott doch der Stein ist, der hinauf will und bleiben will. Alles, was tot ist, ist Gott, alles, was oben und Gott ist, ist tot... Gott, mein Gott, warum hast du mich verlassen? Du mußt verlassen werden, um zu leben, oder soll der tote Gott sich über dich wälzen und dich in seinen Turm verschlingen?... Auf einmal ist ein Kettenrasseln zu hören und das Schnarren eines mechanischen Werkes. Jetzt schlägt der Hammer auf den Rand der Glocke, ein zweites Mal, ein drittes Mal, ein viertes, fünftes, sechstes, siebentes, achtes Mal...

Van Leyden richtete sich langsam auf, um zu begreifen, was geschehen war. Acht Uhr. Also war erst eine Stunde vergangen seit damals? Und alles wäre nur ein Traum gewesen? Nur ein Durcheinander von Stimmen, die nicht wirklich werden konnten, nur ein Spuk in den Buchstaben, nur ein Wirbel im gärenden Gehirn? Nur eine Illusion, nur ein Ausflug aus dem, was wirklich aufgegeben ist...

Ja, Herr van Leyden, es ist so, wie Sie fürchten, es war nicht viel mit Ihnen, und es ist an der Zeit, Ihr provisorisches Leben zurückzugeben, von dem Sie doch immer wissen mußten, daß es nur ein Durchgang war – eine Ahnung von Möglichkeiten in einer geliehenen Zeit, eine Geschichte, zu wahr, um schön zu sein, zu möglich, um wirklich zu sein, eine Geschichte aus lauter Erinnerung und Trennungsschmerz... Ihre Stunde ist noch nicht gekommen, erst müssen die Dinge sich mehr entwickeln, dann werden wir weiter sehen, und nur soviel wissen wir schon jetzt, daß es zur Natur der Dinge gehört, sichtbar zu werden, wenn sie sich weiter entwickeln...

Sie sind noch nicht der richtige Mann für die kommenden Aufgaben, denn Sie haben nicht den Mut, Ihre Verrücktheit zu übernehmen und Ihre Aufgabe zu erfüllen. Die großen Aufgaben suchen sich immer ihre Verrückten, ohne diese geschieht nichts. Nur sie sind mutig genug, dem Traum einen Körper zu geben... Das ist Ihre Sache nicht. Für eine wirkliche Unternehmung zur Sabotage des Schicksals haben Sie nicht die Mittel, noch sind Sie zu weich, zu diffundierend, zu reaktiv, zu klug und zu zeugenhaft, um etwas Hilfreiches zustandezubringen ... aber Sie werden wiederkehren, wenn Sie die Kraft gesammelt haben, um eine Sprache zu schaffen, die der Sehnsuchtswahrheit hilft, es endlich mit den Sprachen der Realität und des Todes aufzunehmen ... doch die Reise bis dahin ist lang und voller Gefahr, und wir wollen nicht hoch wetten, daß Sie ans Ziel gelangen. Doch findet ein wirklicher Argonaut seinen Weg nicht immer nur am Faden der Gefahr ...?

»Jan, du mußt aufstehen!« Er fühlte eine Hand auf seiner Stirn und eine sachte Berührung auf seinen Augenlidern. Er öffnete die Augen und sah die Frau in dem dunklen Reisekostüm vor sich.

»Mama!« rief er. »Wie kommst du hierher? Wie hast du mich gefunden?«

»Aber mein Junge, weißt du nicht, daß ich dir den ganzen Weg gefolgt bin? Du hattest kaum einen Tag Vorsprung – immer warst du ein klein wenig schneller als ich. Aber nun habe ich dich eingeholt – ich bin so froh. Ich muß mich jetzt schönmachen für den Ball heute abend.«

Van Leyden sah, wie seine Mutter das Kleid auszog und es wie nebenbei über einen Garderobestuhl warf. Sie trat vor den Spiegel und lächelte sich zu.

»Hilfst du mir ein wenig, Jan?«

»Gewiß, Mama!«

Sie kehrte ihm den Rücken zu, damit er die Bänder ihres Unterkleides lösen konnte.

»Und jetzt, Jan, die Dose mit der blauen Tusche!«

»Ich muß gehen, Mama, die Kutsche wartet schon!«

»Aber Jan, der Ball! Willst du mich denn so enttäuschen?«

»Nein, Mama, aber dafür ist keine Zeit mehr. Ich habe viel zu tun – draußen. Es ist sehr wichtig für mich.«

»Ich verstehe dich nicht, mein Sohn. Was kann denn so wichtig sein, daß du ...«

Ihre Augen füllten sich mit Tränen. Er sah seine Mutter zum ersten Mal ruhig an.

»Ich muß jetzt gehen, Mama, adieu ...«

Er lief eilig durch die Flure des Schlosses. Von der Veranda herab hörte er noch Puységurs Stimme, der ihm nachrief:
»So warten Sie doch, Monsieur, die Sitzung ist nicht zu Ende!«
Van Leyden winkte ihm zu.
»Ich weiß, Monsieur le Marquis, aber die Zeit drängt. Ich muß abreisen. Wir kommen auf all das später noch einmal zurück ... ich verspreche es, später wird sich alles klären ... später ...«

Die Kutsche setzte sich in Bewegung. Im rasenden Galopp stürmten die Pferde den Hang hinab und liefen eilig nach Westen – immer nach Westen. Bald war Buzancy in den Hügeln verschwunden und für immer verloren. Gleich darauf erschienen die Türme von Soisson am Horizont, seltsam drohend mit ihren ungleich geformten Spitzen. Vor dem Rasthof wartete bereits der Wagen nach Paris. Einer der Advokaten lehnte sich aus der Tür und rief van Leyden entgegen:
»Rasch, Monsieur. Man hat auf Sie warten müssen!«
Die Kutsche machte sich in stürmischer Fahrt auf den Weg zu der Hauptstadt. Die Advokaten waren sehr nervös und vertrieben sich die Zeit mit hitzigen Debatten über die politischen Bewegungen in Paris, in der Provinz und in Europa. Van Leyden saß erschöpft in seiner Ecke. Nur hin und wieder fing er ein paar Worte auf ...
Menschenrechte, Tugend, Notwendigkeit, *volonté générale*, Wohlfahrtsausschuß, Vaterlandsverräter, Freiheitsbaum, Guillotine ... Am häufigsten kehrte die Wendung Feinde der Freiheit in ihren Gesprächen wieder.

Eine knappe Stunde vor Mitternacht hatte der Wagen Paris erreicht. Van Leyden erwachte von den Rufen der Bürgergarden, die die Porte de la Vilette besetzt hielten. Die Wagentür wurde von außen heftig geöffnet, und ein Wächter forderte die Reisenden zum Aussteigen auf.
»Ihre Papiere, Bürger!«
Irgendwo aus dem Hintergrund rief eine Stimme:
»Feinde des Vaterlandes zertreten wir!«
Van Leyden zog seine Urkunden und Empfehlungsbriefe hervor und gab sie einem der Gardisten.

»*Sacré nom de dieu*, ein Österreicher! Durchsuchen!«

Van Leyden hob die Arme, während ein Gardist seine Taschen umkehrte und seine Kleider abtastete.

»Bürger Kommandant, schnell! Hast du so etwas schon einmal gesehen?«

Van Leyden versuchte zu erklären, daß es sich um ein kleines chirurgisches Besteck handle, das er als Arzt natürlicherweise immer bei sich trage.

»Raffiniert!« sagte der Kommandant mit schlauem Gesichtsausdruck, während er die langen Nadeln, Skalpelle und Haken betrachtete.

»Teuflisch raffiniert. Aber wir haben jetzt Beweise. Er wird vor den Ausschuß kommen!«

Van Leyden wurde gefesselt und in den Torturm geführt. Eine Nacht lang hockte er in völliger Dunkelheit auf dem Boden. Gegen Morgen erwachte er von polternden Schlägen an der Tür. Ein paar Gardisten schleppten ihn ins Freie. Man befahl ihm, auf einen Leiterwagen zu steigen, auf dem sich schon sieben, acht andere Männer zusammendrängten – auch sie Verdächtige. Der Karren ratterte durch die noch menschenleeren Straßen. Ein Bettler, den der Lärm der Räder geweckt hatte, schwang seine Krücken und schrie den Gefangenen nach:

»Tod den Verrätern! *Vive la France!*«

Sein wahnsinniges Lachen gellte von den Hauswänden zurück. Ein älterer Mann im flohbraunen Gehrock, der neben van Leyden auf dem Karren saß, schaute traurig auf und sagte:

»Seit der Verdacht herrscht, sind die Verrückten die einzigen, die lachen.«

Nach einer Weile hatte der Karren die Conciergerie erreicht. Ein Gardist, der den Wagen begleitete, sprang ab und rief die Wache heraus. Man wechselte ein paar Worte. Dann kehrte der Gardist zum Wagen zurück.

»Weiter! Alles voll. Wir versuchen's bei der Salpêtrière.«

Der Karren rollte durch die zum Leben erwachende Stadt. Einige Händler, die an den Straßenrändern ihre Stände aufbauten, fluchten hinter den Gefangenen her und bewarfen sie mit Gemüseabfällen.

»Rösten sollte man euch, allesamt. *On les aura, les salauds.*«

Vor einer mit Brettern zugenagelten Bäckerei drängten sich Frauen mit erhobenen Fäusten.

Der Vorsitzende des Ausschusses lehnte sich weit über die Tischkante nach vorn, die Hände auf die Platte gestützt.
»Es ist Ihnen bekannt, van Leyden, wie man mit Spionen verfährt? Erst recht mit österreichischen Spionen? ... Gestehen Sie immer noch nicht? Dabei liegen Ihre Absichten sonnenklar zutage. Aber Sie haben zu früh triumphiert! Unsere Wachsamkeit zerstört eure Geheimnisse! Unser wohltätiger Verdacht reicht weiter als die Verstellung der Feinde der Freiheit! Diese Instrumente sprechen eine deutliche Sprache, die wir nicht mißverstehen! Wir nicht – denn man weiß, wie Feinde denken. Die Revolution zerschmettert die Heimtücke ihrer Gegner!«
Van Leyden versuchte die Dinge klarzustellen. Schließlich handle es sich, wie jedermann deutlich sehen könne, um ein gewöhnliches chirurgisches Besteck. Daß er mit Aristokraten Verkehr gepflogen habe, sei einzig und allein auf den Umstand der wissenschaftlichen Kollegialität zurückzuführen. Er sei nach Frankreich gereist, um wissenschaftliche Studien über Heilkunde und psychische Freiheit anzustellen. Und somit sei er zutiefst solidarisch mit den vernünftigen Absichten der Revolution.
Der Vorsitzende des Ausschusses lächelte.
»Meine Gratulation zu Ihrer Verteidigung. Sie werden nicht glauben, wie viele Freunde der Revolution plötzlich auftreten ... Die Leute werden phantasievoll, sobald man sie durchschaut hat ... Über das Urteil kann es keinen Zweifel geben. Wer für den Tod ist, hebe die Hand! Der Spruch ist einstimmig, sehen Sie – der Betrug hat hier keine Chance, Gefangener! Wollen Sie noch etwas sagen?«

Van Leyden lag im Dunkeln auf einer Holzpritsche und dachte über seine Lage nach. Die Stunden schlichen mühevoll dahin. Der Morgen kam herauf mit einem grauen dumpfen Licht, das durch die kleinen viereckigen Öffnungen in den Kellerwänden in die Verliese herabfiel. Vom Hof hörte man helle Kommandorufe und von den Korridoren das Knallen von Stiefeln.

Die Gefangenen begannen sich aufzurichten und auf die Vorgänge draußen zu lauschen. Man hörte mehrere Male ein sausendes Geräusch, das in einem trockenen Schlag endete – wie wenn ein schweres Messer auf einen Holzblock schlägt.

»Sie probieren wieder«, sagte einer der Häftlinge.

Kurz danach wurde die Tür des Kellers geöffnet, und die Wärter begannen mit der morgendlichen Inspektion, um die Häftlinge zu entdecken, die sich möglicherweise während der Nacht die Pulsadern geöffnet hatten. Ein Offizier verlas die Namen der Verurteilten, die sofort zur Exekution geführt werden sollten – es war eine Litanei, die eine gute Viertelstunde dauerte. Als van Leyden seinen Namen hörte, erhob er sich von der Pritsche und stellte sich in die Reihe der Kandidaten, die sich vor der Tür hintereinander aufreihten. Er staunte ein wenig, daß alles so ohne Stockung und Panik vonstatten ging. Auch der Tod schien etwas äußerst Einfaches zu werden, sobald man ihn als ein Ereignis in einer fortlaufenden Geschichte betrachtete. Die Dinge besaßen einen so fest gefügten Ablauf, daß es völlig unnötig und skandalmacherisch erschienen wäre, sie anzuzweifeln oder sich gegen sie zu wehren. Denn in der äußeren Zeit folgt immer eins aufs andere, und wenn man sich mit dem Strom dieser Aufeinanderfolge bewegte, so passierte nie etwas wirklich Unüberwindliches. Für den äußeren Zeugen ging immer alles weiter, und der Tod der anderen war ein fernes Phänomen, nicht anders als ob irgendwo in einem Wald ein Blatt von einem Baum fiele und zur Erde taumelte. Wen ging das etwas an – wer sollte sich um ein gleichgültiges Blatt sorgen?

Van Leyden hatte das Empfinden, in der Reihe der Todeskandidaten wie ein ferner Zeuge zu stehen, der die Geschichte von außen betrachtete. Nur äußere Geschichte, nur empirische Tode, nur ein Verlies von vielen. Auch die Todesangst war für ihn nur ein winziger Teil des ungeheuren Ganzen. Immer würde es jemanden geben, der diese Geschichte weiter erzählte – über den Untergang der anderen hinaus. War es denn nicht gerecht, daß die Republik sich zur Wehr setzte gegen die tödlichen Drohungen der Konterrevolutionäre und der alten Machthaber, die in ihrer Panik zu allen Greueln aufgelegt waren? Und wenn die Republik nun den Arm der Gewalt brauchte, so war das in ihrer verzweifelten Lage recht und billig. Aber unverzeihlich blieb, daß sie in ihrem Rasen gegen eine Welt voll Feinden mehr Unschuldige als Schuldige ergriff. Vom Fieber der Selbstbehauptung geschüttelt, hatte sie die Fähigkeit zur Unterscheidung verloren und begonnen, alles niederzuwälzen, wovon sie nicht glauben wollte, daß es sie selber war. Und schon jetzt mußte sie sich fragen lassen, was mit ihr geschehen würde, wenn ihr eines Tages die klare Besinnung wiederkäme. Mußte sie nicht Berge von Toten entdecken und einen Preis aussetzen für die Ergreifung des Urhebers der Verbrechen? Und würde es ihr nicht ergehen wie dem unseligen Ödipus, der an seiner Selbsterkenntnis zugrundegehen sollte? Oder könnte das verhängnisvolle Drama einen anderen Ausgang finden – wenn der politische Ödipus die Kraft fände, dem Entsetzen über sich selbst und über seine Verführer standzuhalten?

Schon im Zwielicht des kleinen Morgens waren Tausende von Schaulustigen auf dem Gefängnisvorplatz zusammengeströmt. Eine Abteilung Soldaten hatte ein Carré abgesperrt, in dessen offenem Feld ein etwa zwei Meter hohes Podest aufragte. Daneben stand, hellblau lackiert, mit matt blinkendem Messer, die Hinrichtungsmaschine. Neben dem Blutgerüst sah man eine zweite Maschine mit einem dünnen Blechkamin, aus dem brauner Rauch hervorquoll. Am vorderen Teil der Maschine waren zwei Heizer damit beschäftigt, Kohlen ins Innere der Feuerstelle zu schaufeln. Den mittleren Teil der Maschine bildete ein mächtiger walzenförmiger Kessel aus Metall, auf dem ein Gewirr von Röhren, Ventilen und Klappen verteilt war. Ab und zu strömten kleine weiße Dampffähnchen durch ein Ventil aus, und es hatte dann den Anschein, als ob ein mechanischer Wetterhahn seine Flügel spreizte und einen schmetternden Pfiff gegen den Himmel steigen ließe. Der Maschinist schrie dem diensthabenden Oberhenker etwas zu – worauf dieser seinen Gehilfen ein Zeichen gab. Auf der der Guillotine zugekehrten Seite der Dampfmaschine ragte eine Pleuelstange hervor, die mit dem anderen Ende an einem schweren Schwungrad befestigt war. Nun begann sich die Stange mit einem Ruck in Bewegung zu setzen, vorwärts, dann rückwärts, und wieder vorwärts, und immer hin und her, wobei sie das Schwungrad zu langsamen machtvollen Umdrehungen antrieb. Durch einen breiten Lederriemen wurde die Umdrehung des Rades auf eine Welle unter der Guillotine übertragen, die wiederum einen Mechanismus in Gang setzte, durch den das schwere schräge Messer im Bruchteil einer Sekunde nach oben gezogen wurde, wo es kaum einen Augenblick lang feststand, bevor es ausklinkte, um mit einem trockenen Schlag auf das rund ausgesägte Holzbecken niederzusausen. Noch einmal gab der Maschinist ein Zeichen zu einem Probelauf. Die Treibstange hastete beflissen hin und her, und zum Geheul des Kessels zuckte das Messer wie ein blanker Schatten zwischen den hellblauen Pfosten der Todesmaschine auf und ab.

In langer Reihe wurden die Gefangenen auf den Hinrichtungsplatz geführt. Man befahl ihnen höflich, sich auf die Holzplanken zu legen, und verschnürte sie dann auf den Brettern, so daß nur Kopf und Hals über das Holz hervorragten. Anschließend stapelte man die Bretter mit den daraufgebundenen Kandidaten übereinander in ein eigens dafür vorgesehenes Gerüst am Fuß des Schafotts. Van Leyden fand, daß der Anblick dieser Regale um vieles entsetzlicher war als der des fatalen Messers. Wie Brotstangen auf Backbrettern lagen die Verurteilten mit ihren reglos geschnürten Leibern. Nur die Köpfe wanden sich kläglich hin und her.

Soeben band man den Mann, der vor van Leyden in der Reihe stand, auf das Brett, als Jan fühlte, wie ihn jemand an der Schulter berührte.

»Bürger Leyden, kommen Sie mit, der Subintendant will mit Ihnen sprechen!«

Der Gardist führte ihn durch die Neugierigen, die sich hinter den Soldaten drängten, zu einem Podium, von wo aus die Offiziellen die Exekutionsprozedur überwachten. Unter einem hellen Segeltuch saßen einige Ausschußbeamte sowie Schreiber mit aufgeklappten Pulten, auf denen die Listen lagen. Eine Handvoll schaulustiger Damen umgab den Subintendanten, aufgeregt plaudernd.

»Ich habe es oft gesagt, meine Teure, daß er ein Genie ist!«

»Und der geborene Organisator dazu, nicht zu vergessen!«

»Eine *guillotine à vapeur*, man mußte darauf kommen! Was für eine glänzende und patriotische Idee!«
»Meine Damen«, rief Merri in das Stimmengewirr, »Sie entschuldigen mich für eine Minute. Ein Bekannter ist aufgetaucht!«
Er kam van Leyden ironisch lächelnd entgegen.
»O mein Freund, ich darf Sie doch so nennen? Wie um alles in der Welt sind Sie hierhergekommen? Ich dachte, Sie wären längst nach Wien zurückgefahren. Sie haben Glück, ich fand Ihren Namen heute früh bei der Durchsicht auf der Liste und wollte sehen, ob Sie wirklich derselbe sind. Sie müssen Frankreich auf dem schnellsten Weg verlassen, ich lasse Ihnen einen Paß ausstellen! Ein Leben wie das Ihre ist hierzulande zur Zeit wenig wert, Sie werden es bemerkt haben – die Umstände haben sich geändert.«
Van Leyden nickte, ohne besondere Erleichterung zu empfinden. Er wunderte sich über seine plötzliche Errettung ebenso wenig wie zuvor über seine Verurteilung. Er deutete auf das Gerüst in der Mitte des Platzes.
»Was ist das?« fragte er.
Merri faltete die Hände.
»Sie sehen es selbst, Monsieur! Man kommt vorwärts. Der anarchische Sondertod an der Laterne mit johlender Menge und Pfeifkonzert zum Jenseits ist abgeschafft. Vorbei die Zeit der verspielten Einzelhinrichtungen. Das Vaterland hat sich das *ius primae noctis* mit den neuen Verfahren gesichert. Sie werden es in wenigen Augenblicken selber beobachten können – es ist ein Triumph der Organisation, die vollkommene Vermählung der bürgerlichen Exekutive mit den neuen Produktivkräften. Man wohnt einer Premiere bei, die nichts Geringeres zur Aufführung bringt als die erste Allianz von Schwerkraft, Thermodynamik und Patriotismus ...«
Kinder des Vaterlandes, der Tag der Glorie ist angebrochen, zu den Waffen, Bürger, schließt die Reihen, unsere Feinde geben uns Kraft, laßt uns den Boden der Heimat tränken mit dem unreinen Blut der Feinde ... Eine unendliche Minute lang dröhnt der Trommelwirbel, die Menge wogt und schwankt, sie fordert das Schauspiel, zu lange hat man Geduld gezeigt mit den

Ruchlosen, der Augenblick, sie zu zerschmettern, ist endlich da... Die Schreie hallen von der Fassade zurück. Endlich zieht der Subintendant ein sorgfältig zusammengelegtes Taschentuch aus seiner Brusttasche, das Tuch ist weiß wie die Unschuld, andächtig faltet er es auseinander, das Warten ist vorbei und die Dinge sollen ihren Lauf nehmen...

Er winkt, der Subintendant hebt die Hand mit dem Tuch, er winkt mit dem weißen Tuch, und jeder weiß nun, was er zu tun hat, jeder kennt seine Signale, jeder kennt seine Kommandos, oft genug geübt hat man die Griffe und die Handlungen, und oft genug gedacht, daß man das Seine dazu beitragen muß, damit das Richtige geschieht, oft genug, und von nun an gibt es kein Zögern mehr und keine Schwäche, und niemand ruft den Arm der Gerechtigkeit zurück, wenn er sich anschickt, sein Werk zu tun, sein blutiges Werk, das Werk der Notwendigkeit, das die Geschichtsbücher füllt und die Brust der Patrioten schwellen macht, das Werk der Verteidigung und der Hoffnung...

Der Maschinist kennt das Zeichen, in einem Zeichen erkennt sich alles, was Gewalt ist... der Maschinist gibt das Zeichen weiter, er gibt es einfach weiter, und es ist deutlich, was er meint, denn das Zeichen und die Tat und der Sinn sind eins miteinander wie Stein und Gott und Tod, er gibt es weiter, damit endlich, endlich geschieht, was das Herz der Gewalt will, damit das Blut der Feinde die Äcker des Vaterlandes befruchte...

... die Männer auf dem Gerüst haben es gesehen und wissen, was sie zu tun haben. Denn sie wissen, was sie tun, es ist beschlossen im Schoß der heiligen Gewalt, die ihre Hände findet, wann immer sie ruft. Der mechanische Wetterhahn über dem Kessel heult frenetisch auf. Brett um Brett wandert über die Hände der Helfershelfer hinauf, Freunde des Vaterlandes, es ist unreines Blut, das noch unvergossen in den Adern des Bösen rollt, aber schon rollt und pocht die Maschine, der Schatten des Messers hastet auf und ab, bereit, zu trennen, was nicht eins sein wollte mit dem Vaterland. Im Nu ist das Podium mit den Spritzern des Blutes bedeckt, unreines Blut und falsche Wärme in den Leibern der Feinde. Die Hilfshenker schreien sich durch den Lärm der Maschine ihre Zeichen zu, schneller, die abgehackten Ladungen beiseite, noch schneller, die frischen Köpfe hochgehoben und vorwärtsgeschoben in die sausende Maschine, die mit einem dröhnenden Jubel sich auf die Köpfe des Bösen stürzt und pochend auf und ab wetzt wie eine gewaltige Ramme, bis das Podest erzittert von den schnellen Schlägen …

»Verschwinden Sie, Bürger Leyden, Sie haben hier nichts mehr zu suchen. Niemand kann für Ihre Sicherheit garantieren. Das ist die Realität, sehen Sie! Vergessen Sie Ihre verstiegene Psychologie, man darf es Ihnen doch in dieser eindeutigen Situation offen sagen! Das alles ist Vergangenheit, Innerlichkeit, Firlefanz, *parti, terminé, adieu.* Es war eine dekadente Blähung des Gemüts, eine Fäulnis, eine Verirrung. Heute beginnt eine Zeit von Politik und Industrie, da braucht man keine Seelenkunde mehr. Die Industrie gibt uns die Tagesläufe, der Staat versorgt uns mit Lebensinhalten und Todesursachen, da hört die Psyche ganz von selber auf. Ja, der innerliche Zauber ist vorbei, das Jenseits hat seine Rolle ausgespielt – es war der nützliche Narr der Industrie, die offene Märkte suchte – aber einmal mußte die Spielerei ein Ende haben. Es gibt kein Inneres, es gibt nur Redensarten. Auch unser armer Fünfzehnter ist tot samt der Mätresse, auch ihn haben wir aus dem Idyll reißen müssen und ihn im Katzenornat aufs Brett geschnallt, die welke Dubarry hinterher, und den schwärmerischen Koch mit seinem lyrischen Küchenfeudalismus dazu. Es war eine arge Posse. So endet einmal jedes Spiel, der Ernst des Lebens entläßt keinen. Jetzt zählen wieder die Tatsachen. Wieviel Divisionen hat das Unbewußte, Monsieur? Nichts für ungut! Gehen Sie, bevor es zu spät ist!«

Man muß vor allem auf die Milizen achten, die allenthalben umherspuken. Die Bauern auf dem flachen Land sind nicht mehr wie früher, heute jagen sie Briganten, die es nicht gibt, und durchstöbern die Wälder nach den Urhebern ihrer Angst. Geben Sie acht! Vor allem die Straße nach Koblenz – die sollten Sie nicht nehmen. Machen Sie lieber den Umweg nach Süden. Auf den nördlicheren Straßen sucht die Miliz überall die Königstreuen, die sich der Alliiertenarmee anschließen wollen. Schon hat die deutsche Interventionstruppe Verdun genommen und stößt durch die Champagne vor. Nur der Regen hält sie noch etwas auf. Tatsächlich hat der tolpatschige Braunschweiger gedroht, die Patrioten zu schlagen und auszurotten. Überall Panik. Die Nation blickt in begeisterter Verzweiflung auf Dumourier. Nur er könnte sie noch retten, er und Kellermann mit seiner Feldartillerie. Hält ihre Kanonade die Invasoren nicht auf, so ist die Republik verloren. Man hat im preußischen Lager feierlich gelobt, dem Patriotenspuk in weniger als drei Wochen das Licht auszublasen. Die Interventionsarmee habe vor, hört man überall, gegen den Waffenplatz Châlons zu marschieren, schon wühlt sie sich durch den Argonnerwald nach Westen voran, aber der Weg ist eng und vor zwei Wochen können Sie den Ort nicht erreichen.

... Valmy? Wissen Sie, was dort geschah? Ist es noch wichtig? Oder vergißt man auch solche großen Tage, von denen andere behaupten, es seien von ihnen neue Zeitalter der Weltgeschichte ausgegangen und die Zeugen dürften später stolz von sich sagen, sie seien dabeigewesen? Dabeigewesen sein, was ist das überhaupt? Geschichte – was bedeutet sie und wer erinnert sich an die entscheidenden Dinge? Hat einer der Beteiligten ermessen, worum es ging? Haben jene, die um den Freiheitsbaum tanzten, begriffen, daß solche Tänze unweigerlich zu Totentänzen werden, solange der Freiheitsbaum nicht identisch ist mit dem Baum der Selbsterkenntnis? Ist nicht die große Geschichte zur Lüge geworden, weil man in ihr die kleinste verschwieg, die Geschichte von einem, der auszog, und sich vor unserer Wahrheit fürchten lernte?

Die Guillotine, Valmy, Marengo, Austerlitz, Jena, Moskau, Leipzig, Waterloo ... wissen Sie das alles noch? Erinnern Sie sich noch an diese Tage, die blutrot eingetragen sind im Buch der großen Geschichte? Wir überspringen sie, um die kleine weiterzuerzählen – weiter bis zu einem naßkalten Tag im Mai des Jahres 1825. Es ist der Tag, an dem Sie ein letztes Mal Gelegenheit haben, dem Marquis von Puységur die Hand zu drücken und ihm ein paar wichtige Fragen zu stellen ... seit Tagen rollten aus allen Himmelsrichtungen des französischen Königreiches (Sie haben richtig gehört: des Königreiches) die Equipagen in die alte Krönungsstadt Reims, wo man Charles den Zehnten zum legitimen König von Frankreich salben sollte. Auf dem Platz vor der Kathedrale und zahlreichen anderen Schauplätzen von Reims waren Prunkzelte aufgeschlagen, bevölkert von den stolzesten Herren und Damen und geschmückt mit den Bannern der großen Häuser. Es war das größte Heerlager der alten Aristokratie seit Menschengedenken. Die sakrale Stadt erstrahlte im Glanz der wiederhergestellten alten Ordnung, feierlich und arrogant wie in den besten Tagen vor den Ereignissen, die man jetzt nur noch die bedauerlichen oder die überwundenen nannte. Wer an diesem Tag in Reims unterwegs war, mußte den Eindruck gewinnen, daß dem Adel mehr Köpfe nachgewachsen waren, als ihm eine Generation früher unter dem Sausen der Guillotine verlorengegangen waren. Es war der dunkelste Tag des Jahrhunderts für alle, die die Revolution im Herzen trugen und nun verzweifelten über den höhnischen Rückschlag der Zeit...

... van Leyden mischte sich traurig in den Trubel der Straße. Er war ermüdet, ja sogar ein wenig angewidert von dem Gewimmel der Federbüsche und von der langwierigen Krönungszeremonie vor dem erzbischöflichen Palais, welcher er von einem Fenster an der Hauptstraße aus gleichmütig zugesehen hatte. Er ging über den Festplatz vor der Kathedrale. In einem Zelt entdeckte er den Marquis von Puységur. Der alte Herr saß erschöpft und äußerst zerbrechlich auf einem Sessel. Ein Diener hatte ihm heiße Steine unter die Schuhe gestellt und ihm eine Decke über die Schultern gelegt. Puységur hustete und rang mühsam nach Luft. Er hob den Kopf, als er am Eingang des Zeltes eine Bewegung wahrnahm, und fragte, ob der Wagen endlich fertig sei. Er finde es unpassend, ausgerechnet an dem Tag der Krönung des neuen Herrn von Frankreich in Reims zu sterben.

Van Leyden ging auf den alten Mann zu.

»Monsieur le Marquis, wie geht es Ihnen? Ich hatte wenig Hoffnung, Ihnen noch einmal zu begegnen. Vielleicht ist heute doch ein Glückstag?«

Puységur hob die Hand und ließ sie in den Schoß sinken.

»Ach, van Leyden, Sie sind es? Ich erwartete meinen Diener. Nun, mein Freund, Sie kommen zu spät – oder rechtzeitig, um einen alten Mann sterben zu sehen. Ich habe den Befehl gegeben, mich nach Buzancy zurückzubringen. Sie war zuviel für mich – diese Zeremonie und alles, das Zeltleben taugt nicht für einen

Mann meines Alters, der Luftzug, die Feuchtigkeit, Sie verstehen...«

Wie von ferne begann sich van Leyden an die Vorgänge während der magnetischen *séance* zu erinnern.

»Sagen Sie, Monsieur«, bat er Puységur, »was ist damals wirklich vorgefallen?«

»Was verstehen Sie unter damals, und was heißt wirklich?« gab Puységur mit einem müden Lächeln zurück.

»Damals, als ich zu Ihnen kam, um den künstlichen Somnambulismus an mir zu erproben!«

»Haben Sie das?« fragte Puységur nachdenklich. »Ja, es ist wahr«, fuhr er fort, »ich erinnere mich... war es nicht diese merkwürdige Sitzung, in der man Sie kaum daran hindern konnte, auf und davon zu laufen? Sie redeten, glaube ich, mit einer Frau, von der Sie glaubten, es sei Ihre Mutter, und lieferten danach ein eigentümliches Gezappel auf der Chaiselongue mit Pfeifen und Schreien, und phantasierten von Blut und abgeschnittenen Broten...«

Puységur schüttelte den Kopf, wie von großer Müdigkeit übermannt.

»Und danach?« fragte van Leyden atemlos. »Was geschah danach?«

Puységur öffnete noch einmal mühsam die Augen.

»Wozu die Vergangenheit aufrühren, mein Freund? Es ist so lange her, und es würde Ihnen jetzt doch nicht mehr nützen. Tun Sie, was Sie zu tun haben. Ich bin erschöpft ... leben Sie wohl...«

Van Leyden fühlte, wie sein Inneres hohl und glasig wurde. Je weiter er nach Osten wanderte, desto mehr vergaß er, wo er gewesen war. Der Regen strömte unaufhörlich. Nur hin und wieder begegnete er auf seinem Weg einem Menschen, den er nach der Richtung fragen konnte. Bei Dunkelheit suchte er nach geschützten Plätzen, um bis zum nächsten Morgen zu rasten. Die Nächte waren noch sehr kalt...

... jetzt war im Osten ein leises Grollen zu hören, ein weißes flackerndes Licht leuchtete ab und zu am Horizont auf. Wahrscheinlich ging irgendwo ein Frühjahrsgewitter nieder...

Bald stieß er auf ein Tal, das in die nordöstliche Richtung zeigte. Durch die Talkerbe zog sich eine endlose Straße, auf der sich eine seltsame Prozession bewegte. In träger unaufhörlicher Folge krochen unzählige braune Fahrzeuge in beiden Richtungen über die Straße dahin. Es waren Militärlastwagen, auf denen schlafende Soldaten hockten. Nach Südwesten rollten Sanitätswagen, beladen mit zerschossenen Leibern, und leere Munitionstransporter, während nach Nordosten große Lastwagen mit intakten Soldatenkörpern fuhren – dazwischen auf beiden Seiten Verpflegungszüge, Panzerwagen und schwere Feldkanonen. Es war eine ununterbrochene, wimmelnde Kette, die sich über unsichtbare Triebräder im Norden und Süden umzuwälzen schien – Gerät und Mannschaften hinauf-, Krüppel und Trümmer hinuntertransportierend.
Van Leyden sah eine junge Frau, die Töpfe auswusch.
»Was ist das?« fragte er, ins Tal hinunterdeutend.
»Das ist doch die Heilige Straße nach Verdun, sie kommt von Bar le Duc herauf. So geht das schon seit Monaten Tag und Nacht. Wir hören den Lärm nicht mehr, man gewöhnt sich daran.«
Van Leyden lief den Hang hinunter und sprang auf das Trittbrett eines Munitionswagens, der zur Front rollte. Über Mittag schienen die Feindseligkeiten zu ruhen. Gegen Nachmittag nahm das Feuer zu. Im dumpfen Sturm der Geschosse unterschied van Leyden eine Tonleiter von helleren und tieferen Explosionen. Hinter den zerschossenen Wäldern, in einer von Gräben und Trichtern zerpflügten Landschaft, kauerte unselig das alte Fort. Der Wagen schwenkte auf einen Stellplatz innerhalb der französischen Verschanzungen ein. Sofort machten sich die Soldaten an das Abladen der Kisten.
Van Leyden lief weiter auf die zerfetzten Wälder östlich der Stadt zu. Er näherte sich den vorgeschobenen Stellungen. Der Douaumont rauchte trostlos über dem farbigen Hang. Als das Artilleriefeuer wieder einsetzte, warf van Leyden sich zu Boden und horchte in das Gebrüll der Explosionen.
Plötzlich schaute er auf – er sah vor dem Horizont eine graue Wolke, die rasch näherkam und gerade in den Himmelssektor über der Front hineintrieb. Die kleine Wolke hatte die Form eines flachen Keils, der zielstrebig seine Bahn zog. Ein Schwarm

von Graugänsen zog vorüber... ein riesiger Schwarm von großen Vögeln, die mit ihrem kraftvollen Flug den Himmel durchquerten – die Hälse strebend nach vorn gerichtet wie fliegende Flaschen. Eben schnitt die Flugbahn der Vögel durch die Feuerlinien, auf der sich die Artilleriestellungen zu beiden Seiten wechselseitig beschossen. Ein paar von den Gänsen zerplatzten mit einem reißenden Geräusch in der Luft. Ihre Innereien und Federn stäubten auf und verwirrten den Schwarm, der jäh auseinanderstieß und in alle Richtungen zerfiel. Immer mehr Vögel platzten in dem unsichtbaren Feuer und sprühten ihr Blut über die Gefährten, die in wilder Panik hin und her schossen, die Richtung verloren und erneut in die Schußbahnen gerieten, wo sie zerrissen wurden und mit gerötetem Gefieder und abgerissenen Flügeln zu torkeln begannen und in steilem Bogen zur Erde stürzten.

Van Leyden lag auf den Knien und schrie laut auf, während graue und rote Tierfetzen neben ihm auf den Boden fielen. Eine Wolke aus Federn wirbelte am Himmel dahin, und in ihr verloren schreiend, drehten sich, auf gezackten Bahnen, die großen Vögel, verrückt vor Angst, hoffnungslos rasend zu dem Horizont, der eben noch unermeßlich offen gewesen und nun verschwunden war...

... einige Meilen hinter dem Douaumont durchquerte van Leyden ein völlig menschenleeres Dorf, das am Fuß eines kahlgeschossenen Hügels lag. Auf der Hügelkuppe war ein Bauwerk von gewaltigen Dimensionen im Entstehen, geformt wie eine Halbtonne aus dunklem Stein mit einem riesenhaften Obelisken auf dem Scheitel des Gewölbes. Als van Leyden sich dem Gebäude näherte, entdeckte er einen Offizier, der sich in einer Bauhütte über Pläne und Listen beugte. Der Alte blickte von seinen Papieren auf und schien nach einer Weile den Besucher zu erkennen.

»Tod und Teufel«, fluchte er, »täusche ich mich, oder waren Sie der junge Spund von Doktor, mit dem ich einst eine Reise gemacht habe? Es ist verdammt lange her, verdammt lang, es war im tiefsten Frieden, Sie wußten noch nichts von französischen Krankheiten. Aber was in aller Welt haben Sie hier zu suchen? Der Krieg, das ist nichts für einen nervösen Psychologen.«

Van Leyden deutete auf das Gewölbe.
»Was soll es werden?« fragte er.
»Unsere Pyramide«, sagte di Canetti knarrend. »Man baut ein Ossuarium für die jungen Männer Europas. Weshalb, glauben Sie denn, daß man sich seit zwei Jahren ständig durchlöchert? Für das Vaterland, für die Freiheit, für die Anteile an den Weltmärkten? Kindereien. Wir brauchen die Knochen für das definitive Monument, dafür wird geschossen, denn wie sollte man sonst das Material requirieren? Wüßten Sie vielleicht eine bessere Methode, heutzutage, wo man um jeden Toten dieses Legitimierungsgeschrei erhebt? Man will bauen, und diese Herren machen uns jeden Knochen sauer mit ihrem Gezeter von Menschenrecht, Verteidigung der Freiheit, Notwehrparagraph, Völkerrecht – man könnte in diesem idiotischen Wust fast vergessen, worum es geht ... Verschwinden Sie, Doktor, bevor Sie noch mehr Haare lassen müssen. Der Jüngste sind Sie ohnedies nicht mehr und für unser Beinhaus glatt unbrauchbar. Nicht verwendungsfähig, mein Lieber, das ist Ihr Glück, nur darum haben Sie noch etwas Zukunft ...«
Van Leyden marschierte im Gefolge der zurückflutenden deutschen Truppen auf den Rhein zu. Er durchquerte das Elsaß, indem er ab und zu einige Meilen auf alten Armeelastwagen mitfuhr. Die Soldaten erzählten vom Gas, das die Lungen verbrannte, und von den Genter Etappenschweinen, die mit ihren Huren im Champagner badeten, während man vorne draufging, und von den Negern, die beim Sturmangriff mit weiß rollenden Augäpfeln in die Gräben sprangen und entsetzlicher waren als die ersten Tanks ...
... das Heer zog in die grauen deutschen Städte ein. Frauen vom Roten Kreuz verteilten Rübensuppen und Brotrationen auf den Bahnhöfen. Die überfüllten Züge rollten stockend durch das im Novembernebel versunkene verzweifelte Land. Durch die Abteile flogen Gerüchte von der Flucht des Kaisers und von Revolutionen in den Städten. Als der Zug im Münchner Bahnhof einfuhr, saß van Leyden von all dem Elend betäubt auf dem Boden des Waggons. Er fühlte sich enttäuscht und alt. Eine Granate detonierte auf dem Bahnsteig, ein feiner Regen von Glassplittern fiel auf die stehenden Züge

herab. Van Leyden machte sich auf den Weg zum Klinikviertel...

Der diensttuende Arzt stand im Bereitschaftszimmer vor einer Wand und war dabei, mit bunten Stecknadeln den aktuellen Stand der Bettenbelegung darzustellen. Der Alte war so sehr in seine Tätigkeit versunken, daß er van Leydens Eintritt nicht bemerkte. Dieser klopfte daraufhin, obwohl er schon im Innern des Zimmers stand, noch einmal mahnend an die Tür. Der Alte drehte sich um und schaute seinen Besucher traurig an. Dann hob er resigniert die Schultern und drehte sich, ohne ein Wort zu sagen, wieder zu der Wand mit den Stecknadeln.

Van Leyden verließ das Zimmer. Er schloß sich einem Schwarm von Jungärzten an, die eben durch den Gang eilten. Vor ihnen schritt Professor Kraepelin mit knallenden Stiefeln durch den gekachelten Flur der Anstalt. Seine Anweisungen hallten durch das Treppenhaus.

Pfleger, Unruhe zwei öffnen. Rascher, meine Herren, wenn ich bitten darf. Ein Blick auf die Exponate erläutert Wesentliches: Cerebrum des Manisch-Depressiven mit signifikant vorgeschobenen peripheren Lappen, daneben Abusus alcoholicus letzten Grades, hier ein Präparat von Paranoia mit dem kräftig hypertrophierten rechten Sektor... weiter zur Fallvorstellung ins Auditorium. Heute ein Kasus aus dem Kreis der Schizophrenien. Pfleger, bitte.

Zwei Wärter führten einen alten Mann in den Hörsaal. Der Alte hatte seinen Körper in einige Anstaltsleintücher gehüllt und trug eine schwarze Katze mit weißen Pfoten in den Händen. Behutsam setzte er das Tier auf ein Tischchen neben dem Katheder.

»Wir freuen uns sehr, daß Sie heute bei uns sind«, sagte Kraepelin. »Als erstes wüßten wir gerne, ob Sie uns sagen können, wie Ihr Name ist und welches Datum wir heute schreiben.«

Der Alte wandte sich stumm von Kraepelin ab. Sein Blick wanderte die Stufen des Amphitheaters hinauf, von denen die Studenten auf ihn herabschauten. Der Alte zog die Falten seiner Toga über der Schulter zurecht.

»Als erstes, Signori, muß immer gesagt werden, daß es für den

Menschen darauf ankommt, in den offenen Raum hinauszuschreiten, aufrechten Ganges, dem Himmel zugewandt, der Erde verbunden. Gemeinsam ist die Reise leichter – über unseren Köpfen südliches Blau, leuchtend wie ein für immer ausgesetztes Urteil, darunter wir, heiter, mit vielem versöhnt. Die Argumente fliegen zwischen uns wie Scherze hin und her, wir handeln leicht von den Weltzahlen und vom Wesen der Sympathie, vom Ingenium und von der Natur der Zeichen. Und es zittert, während wir wandern, wie in Platons Tagen, die Luft vom Konzert der Zikaden, und lange glückliche Sätze flattern von unseren Mündern in den Mittag. Es kommt die Stunde Pans – alles Leben dehnt sich aus in seliger Bewußtheit – die Wörter duften nach Gras und Ginster – sentite, amore – desio – iddio – virtù – anima – gioia – ingenio – uomo – uomo – donna – donna – donna –, der glänzende sommerliche Korso von geflügelten Begriffen, die dem Menschen über die Lippen gehen, wenn er einmal das Unmögliche sagen will und mit dem Recht, das der Überschwang verleiht, weitergibt, was keiner hatte, und weitersagt, was nie gehört wurde.«

Van Leyden fuhr weiter nach Osten. Als er die schweren grauen Häusermassen Wiens auftauchen sah, wurde ihm schwer ums Herz. Er fühlte, wieviel Hoffnung und Jugend er auf seiner Reise verloren hatte. Es ging schon auf den Winter zu. Die Wiener Stadt sah hungrig und überreizt aus. Sinnlos prächtig standen die Häuserfronten da, gleichsam frierend, als hätten sie Menschen zu beherbergen, die nicht mehr wissen, wer sie sind und wozu sie sich einrichten. Die Leute auf den Straßen wirkten verschlagen und ziellos. Unter den Passanten erschienen zahlreiche Physiognomien aus vergangenen Jahrhunderten, die wie eine morbide Komparserie durch die Straßen liefen, als hätten sie nach dem Bankrott eines großen Theaterunternehmens ihre Kostüme anbehalten und irrten nun etwas lustlos umher auf der Suche nach einem neuen Engagement.

Kreuz und quer ging van Leyden durch die Straßen der alten Hauptstadt. Er betrachtete erstaunt die prunkenden Fassaden am Ringstraßenkorso und fragte sich, wie es möglich war, daß dies alles während seiner kurzen Abwesenheit errichtet werden konnte. Zugleich fühlte er sich eigentümlich zu Hause inmitten dieses anmaßenden Prunks und dieser hohlen Fassaden, als sei er niemals anderswo gewesen und als habe er es längst gelernt, mit der Ironie des Einheimischen auf die Schauspiele der häuslichen Macht zu sehen, bei der man aus alltäglichem Umgang weiß, was von ihr zu halten sei. Wie eh und je drängten sich die Menschen in den Cafés zusammen. Hier und dort hockten die Schachspieler und reflektierten grüblerisch über ihre Züge. Lärmende Wagen fuhren über die mittleren Spuren der Straßen. Man sah Männer mit Zylinderhüten darin sitzen, Zigarren in den Händen, von Damen mit kurzen Haaren und Federboas begleitet. Aus einem offenen Fenster klang aufgewühltes Klavierspiel...

Van Leyden wanderte an der ehemaligen Hofbuchhandlung vorbei und ließ seinen Blick flüchtig über die ausgestellten Titel gleiten. Der Geist als Widersacher der Seele, Bewußtsein als Verhängnis, Drei Abhandlungen zur Sexualtheorie, Die Zukunft einer Illusion, Der ewige Buddha, Der Untergang des Abendlandes, Der Stern der Erlösung, Trommeln in der Nacht, Brennende Ruhr... Er dachte im Vorübergehen, daß er einiges aufzuholen hätte und daß die Verleger ihrem Publikum vieles zumuteten...

Es meldete sich eine absurde Vergnügtheit angesichts des Gedankens, daß er nach allem, was geschehen war, an einen Ort zurückkehrte, an dem er sozusagen zu Hause wäre. Er mußte lächeln bei der Vorstellung, tatsächlich die alte Wohnung wieder zu betreten, wo sich nichts geändert haben würde, und seine Bücher wiederzufinden, wie er sie sich vor der Abreise auf dem Pult zurechtgelegt hatte. Es war fast unmöglich, nicht an den heimkehrenden Odysseus zu denken, der unerkannt wie ein Bettler ins eigene Haus zurückkam, wo die lärmenden Freier sich breitgemacht hatten, als sollte der Platz des Abgereisten für immer offen bleiben.

Er genoß das schwebende Gefühl, auf der Schwelle zwischen zwei Zeitaltern zu stehen, oder auf dem schmalen Grat zwischen den gegensätzlichsten Ordnungen des Lebens entlangzuwandern, noch erfüllt von den Nachklängen des Unterwegsseins und des Existierens in der puren Möglichkeitsform, und doch schon wieder bereit, sich in eine bodenständige Ordnung einzuschmuggeln und ein tapferer Bürger der Gegenwart zu werden, der ihre Herausforderungen annahm, wie sie ihn treffen würden. Schon seit einer Weile hatte er bemerkt, daß einzelne Passanten ihm Blicke nachgeworfen hatten. Einige hatten sogar den Hut gezogen und ihn mit allen Zeichen der Ehrerbietung gegrüßt. Man mußte es den Wienern lassen, daß sie ein aufmerksames Volk waren. Er lächelte wieder bei der Vorstellung, daß sich unter dem Äußeren des seriösen Herrn, den die Passanten zu erkennen meinten, ein Vagabund, ein Quergänger, ein Somnambuler verbarg, der scheinbar harmlos über die Bürgersteige spazierte und sich Platz machte, als gehöre er geradewegs hierher. Und doch hätten die höflichen Passanten mehr als einen Grund gehabt, mißtrauisch einen großen Bogen zu schlagen um den langsam promenierenden Herrn, der Umwege suchte, um sich den Heimweg ein wenig zu verlängern. Niemand von ihnen konnte wissen, von welch verbotenem Reiz es für ihn war, die Freuden des Zwischenzustandes auszukosten und mit der unvermeidlichen Ironie des Zurückgekehrten auf die Verhältnisse zu sehen, die von den Einheimischen für die Ordnung der Dinge schlechthin gehalten wurden. Oder wußten vielleicht auch sie inzwischen mehr von der Labilität der Welt und hatten auch sie von dem bösen Taumel gekostet, der uns seit den großen Tagen der Revolution zwang, in irgendwelchen ausweichenden Tiefen zu suchen, wenn wir uns selbst verstehen wollten? Vielleicht flüchteten sie sich nur in eine vorgebliche Einfachheit und ahnten doch längst, für welches schwindelerregende Spiel sie mit ihrem physischen und moralischen Dasein engagiert waren? Man würde über alle diese Fragen nachdenken müssen und aus ihnen einen wesentlichen Teil der Praxis machen...

Denn es stand fest – ab morgen würde er selbst auch wieder, wenn es denn sein müßte, ein Einheimischer werden und würde allen anderen darin gleichen, daß er sich stellte, als wüßte man nicht, daß hinter Wien das eigentliche Indien begann und als müßte man als Bewohner einer Stadt am Strom nicht ohnedies immer etwas vom Sog des Weltmeeres fühlen... Aber nun kam es darauf an, nicht zuviel zu wissen und nicht zu schwer zu sein. Man mußte auf die Straße gehen können und Servus sagen zu den

Freunden und Küßdiehand zur Hofrätin von gegenüber und Vorträge halten und den Leuten ein aufmerksames Ohr schenken für ihre Phantasien, bis die panischen Versteinerungen der Seele sich etwas erweichten, und immer sorgfältig den Gedanken beiseite stellen, daß die Welt mit all unseren Höflichkeiten und Engagements im freien Fall dahinstürzt... Das Nachhausekommen forderte seinen Preis und legte es dringend nahe, die Flügel zusammenzufalten und sich statt dessen die Schuhe zu putzen... Aber was hieß es denn, nach Hause zu kommen, wenn man einer von denen ist, die nirgendwo mehr daheim sind, einer von den Argonauten, denen es längst an die Stirn geschrieben steht, unterwegs zu sein zu anderen Ufern...

... hier war die Berggasse – Haus Nummer 19. Nur noch wenige Schritte trennten ihn von seiner Wohnung. Er stieg langsam die Treppen hinauf, bei jeder Stufe zögernd, als wolle er sich auf etwas Wichtiges besinnen, was er unterwegs vergessen haben könnte.

»Guten Abend, Herr Professor«, sagte die Assistentin.

Er legte Mantel und Hut auf die Kommode im Flur. Es gefiel ihm in seiner alten Behausung recht gut, mußte er feststellen, auch wenn die Vitrinen im Flur mit den zahllosen Terrakotten, Statuetten und Altertümern schon etwas überfüllt wirkten. An der Wand hing eine Photographie von Martha als junger Frau. Er lächelte dem Bildnis leise zu. Dann drehte er sich um.

In diesem Augenblick sah er im Garderobenspiegel einen fremden älteren Herrn, der neben der Kommode stand und ihm mit einem Ausdruck entgegenschaute, der zugleich Mißtrauen und Überraschung ausdrückte. Er fühlte in sich ein leises Schwindelgefühl aufsteigen. Er neigte leicht den Kopf nach vorn und beobachtete den Fremden, woraufhin der Herr im Spiegel ebenfalls den Kopf neigte und nicht aufhörte, ihn befremdet anzusehen. Als er einen Schritt auf den Mann zuging, bemerkte er, wie der Herr im Spiegel mit derselben Geste einen Schritt nach vorn machte, um ihm entgegenzukommen. Ratlos fixierte er den Blick des anderen und lächelte ihm mühsam entgegen. Der Fremde sah mit einem ironischen Zucken um den Mund und brennend eingesunkenen Augen zurück. Er trug einen sehr sorgfältig gepflegten Bart, der seinem Kopf ein würdevolles, gleichsam patriarchalisches Aussehen verlieh. Sein Kopfhaar und sein Bart waren vollkommen grau. Das Gesicht zeigte einen Ausdruck, wie man ihn bei einem Mann finden mochte, der das Dasein als eine Gelegenheit auffaßt zu beweisen, daß auch er trotz allem wie ein Erwachsener standzuhalten fähig sei – einem Mann, der seinen Ehrgeiz darein setzt, sich bei keiner wesentlichen Schwäche überraschen zu lassen und das kleine Licht der Vernunft mutig hochzuhalten gegen die düstere Gewaltsamkeit der Welt.

»Guten Abend, Herr Professor«, flüsterte er dem Mann im Spiegel entgegen. »Ich glaube, ich verstehe.«

Sein Herz krampfte sich ein wenig zusammen.

Wir werden es also bis auf weiteres miteinander versuchen, dachte er. Wir sind kein gemütlicher Platz in dieser Welt, Sie und ich, nicht wahr? Es wird nicht leicht sein, sich zu vertragen, und ohne eine Dosis an Humor und eine noch größere an Stoizismus wird zwischen uns die Sache schwerlich gut verlaufen. Wer konnte wissen, daß der Taugenichts und der Professor einmal so enge Nachbarn werden sollten, daß keiner von beiden sich mehr als Herr im eigenen Hause würde fühlen können? Aber es ist zu spät zum Raisonnieren. In unserem Alter geht man seinen Weg zu Ende und erfüllt die Aufgabe, unter der man angetreten ist. Gewiß, es würde Ärger geben und die Schalentiere in ihrer soliden Kruste würden so ohne weiteres nicht hinnehmen, was sie aus eigener Erfahrung nicht wissen konnten. Wissenschaft – du bist ein böser Traum, aber das Gesetz der Verhältnisse will es heute nicht anders. Wir werden sehen, wie vorzugehen ist. Ein seriöses Auftreten kann Wunder bewirken – warum nicht auch in unserem Fall? Und so erstarrt in Förmlichkeit werden wir am Ende nie sein, daß wir nicht fähig blieben, an kommende Tage zu denken, an denen vieles von dem, was heute unentbehrlich scheint, nur noch eine Erinnerung an zwanghafte Zeiten sein wird und an denen wir neue Reisen unternehmen zu den Lagunen... Glücklicherweise sind heute die Schmerzen im Mund etwas erträglicher. Man darf nicht soviel an den Tod denken, wenn man arbeiten will...

Im Flur der Wohnung näherten sich Schritte.

Die Assistentin räusperte sich.

»Verzeihen Sie, Herr Hofrat, die Baronin von Rosenkotz wartet schon seit zehn Minuten.«

Er nickte.

»Führen Sie sie einstweilen ins Behandlungszimmer. Sie möge sich bereits hinlegen. Sagen Sie ihr, ich kehrte soeben von einer dringenden Visite zurück. Ich komme zu ihr in einer Minute.«